U0141620

佛教神通

漢譯佛典神通故事敘事研究

丁敏◎著

自　序

　　生命的起承轉合隱隱然彷彿自有其時節曲韻，經過多年來從事佛教神通敘事的探索研究，終於來到一個可以劃上階段性句點的時刻。

　　回首自一九九八年發表第一篇有關神通故事的論文至今，在這個領域的探索已近十年，當初觸發我關注此議題的，是由於九〇年代常見各大媒體報導有關台灣社會出現以神異法力為召號，此起彼落的宗教亂象。那個時期，我正從事當代台灣僧侶傳記及僧團組織運作等研究，目睹當時宗教亂象之起因，多因人們被所謂的神異能力所吸引；遂興起想接續博士論文的研究，回到經典中耙梳「神通」的意涵，釐清佛教神通的本來面目，或可提供社會面對宗教的奇蹟魅力，有所借鏡參考。

　　有趣的是，在進行經典閱讀之際，發現即使是神通的重要理論或規則，大多是放在神通敘事中來論述，神通故事才能具體呈現佛教神通的各個面向，且神通故事本身即具有敘事性，可從敘事學角度發掘文本自身的文學特質；由是展開佛典神通敘事研究的旅程。這一趟旅程相當的漫長，一則因為範圍相當廣泛，牽涉相當多的層面，本身就耗時費事；另一則是夾在教學、研究與家庭之間，不擅時間管理的我常常出現左支右絀，難以兼美的情況；已是大二學生的小兒子就曾對我說：「媽媽！妳從我小學就說要寫一本書，到現在我都上大學了，怎麼還是沒寫完……」。是的，栽種有時，成長有時，終於到了完成一本書的階段。

本書各章架構先已確立，然其中的第四章〈「神足飛行」的空間敘事〉，已發表於台大《佛學研究中心學報》第12期（2006.12）；第八章〈目連「神足第一」的形象建構：文本多音的敘事分析〉，經審核通過收錄於（《聖傳與詩禪：中國文學與宗教論集》，中央研究院文哲所主編，預定2007年底出刊）、第九章〈「神通」與「幻術」多音複調的敘事〉，經審核通過收錄於《宗教、文學與人生國際學術研討會論文集》，元智大學中國語文學系出版，2006.12）；此三篇都作了些小幅度的修改。至於第七章〈「前世今生」故事的敘事主題與模式〉，已發表於《文與哲》第8期（國立中山大學中文系印行，2006.06），此篇作了相當幅度的修改後收入；感謝各篇匿名審查人所提供的寶貴意見，讓我繼續從事論文撰述之時，能有更寬廣的思考。除此之外，其餘各章則於此書中第一次發表。

一路走來，生命中有許多珍貴的因緣，感恩我的老師羅宗濤教授的督勉指導；同事好友王文顏、高桂惠、林麗娥、馮藝超、鄭文惠、高莉芬、胡悅倫等教授的切磋勉勵，讓我的學術生涯充滿了師友情誼的芬芳。也要感謝多年來國科會研究計畫的支持；並謝謝這些年來先後擔任我國科會研究助理的博碩士班同學：黃琛傑、釋諦玄、陳弘學、鄭淑梅、黃詩茹，他們的協助諸事宜；還有論文最後階段盡心盡力幫忙查對資料以及校稿的楊璟惠、陳英傑同學。

回首兩年前赴廣州暨南大學作一學期的訪問學人，讓我暫時得以放下教學與家務，專心完成此書初稿；期間承蒙蔣述卓副校長、中文系朱承平主任在學校資源與設備上的提供；此外並與中文系劉紹瑾、張海沙、聶小平、李鳳亮、傅瑩、閆月珍等教授往

來交流談學論道；在生活上也受到他們及駱保國老師的照顧，都讓我銘感在心。

此外，我也由衷感激佛教電子佛典及佛教各網路圖書館對佛教學術資源無私的奉獻，相對於寫博士論文時只能憑借紙本，在資料的搜集檢索上便利太多。也很感謝法鼓文化出版社，他們對梵巴文字的嫻熟處理，使我無後顧之憂。

最後要感謝父母、公婆、先生、孩子，對我的始終支持與陪伴；是的，感恩天地。雖然關於大小乘佛典中還有許多可以繼續研究的神通議題；就留給下一個旅程吧！

目　次

緒　論

一、神通與神通故事

　　「神通」在佛教世界圖像中是被承認為真實存在的，因此儘管千百年來，愈來愈沒有人親見神通的事蹟，但是有關神通的傳說卻從來不曾消失，反而一再活躍於佛教歷史發展的各個時期，乃至於今日的社會仍有其蹤跡。「神通」一方面是宗教傳播的重要魅力，一方面迷信神通卻成為宗教的亂源之一。

　　自《阿含經》以來的各大小乘經典中記載了眾多的神通故事，這些神通故事將骨架式的神通理論，建構繁衍成具體可感的神通故事；這些神通故事的敘事話語，一方面具有文學敘事性，可以由敘事學角度分析其敘事的諸種特色，一方面展現了神通理論所無法概括的神通諸種面向，因此本書欲研究佛教大小乘經典中的神通故事。

　　我們可以發現佛教「神通」觀在原始、部派及大乘經典中皆佔有一定地位，此由《大正藏》中有若干以「神通」或「神變」為經名者如《佛說菩薩行方便境界神通變化經》，或若干標有「神通」的「品目」如「十通品」、「神變品」、「十八變品」等可見一斑。[1]許多經典中都記載釋尊成道的歷程，於第四禪中先發起「宿命通」，其次「天眼通」，最後發起「漏盡通」滅除無明煩惱，超脫生死輪迴，正覺成佛。釋尊的正覺成佛來自個人深刻的宗教體

---

[1] 見本章附錄。

驗，和深邃的冥想修鍊，[2]因此「禪定與神通」實貫穿釋尊開悟證道的整個歷程。[3]但是「禪定與神通」並非佛教所獨有，佛陀之前印度就已發展出古老的瑜伽（yoga）[4]歷史，有「四禪八定」、「五神通」等修鍊技術，佛陀於其基礎上改造並超越之，越過「四禪八定」而入「滅盡定」，超越「五神通」而獨證「漏盡通」證道成佛，[5]可以說佛陀建構了佛教特色的「神通」觀，而佛教也並不否

[2] 柳田聖山著，毛丹青譯：《禪與中國》：「佛陀的宗教，乃是來自深邃的冥想和精神集中的實踐，這已廣為人知。」、「對佛陀而言，唯有瞑想與精神的統一，才是觀正理、取明知的正確方法。……著名的十二因緣的觀察正如現代學者所理解的那樣，不僅窮盡對純邏輯性存在的說明，**而且還通過神通的特殊能力**，觀察所有生命過程的姿態，它包括過去與未來的自己，以及現在正充滿活力的生命。神通是超感覺的透視力，只有靠精神集中和瞑想的實踐，才能獲得。」（台北：桂冠出版，1992），頁13-15。

[3] 關大眠（Damien Keown）著，鄭柏銘譯：《當代學術入門——佛學》：「初夜時分，佛陀證得『宿命通』憶起前世種種；中夜他證得『天眼通』，他看見天地間一切眾生依據各自的善惡行為，到了二更他便天眼洞開，清楚見證天地間一切眾生依據各自的善惡行為歷歷不爽的生死輪迴。三更時分他終於明白自己的污染消失殆盡，一切嗔痴愚妄連根拔去一勞永逸。他已經『完成一切應做之事』——『解脫漏盡成道』了。」（香港：牛津大學出版，1998），頁22、23。（以上參考原著 Damien Keown, *Buddhism: A Very Short Introduction*, Oxford: Oxford University Press, 1996, p.24, 27，再將中譯本略作順文）。

[4] 此點可進一步參考：Bradley S. Clough, "Abhijñā as Part of the Indian Yogic Heritage", *Noble Persons and Their Paths: A Study in Indian and Theravāda Buddhist Soteriological Typologies*, Ph.D. Dissertation, New York: Columbia University, 1999, pp.114-116. 關於佛教興起之前印度其他宗教的「禪定與神通」修鍊，亦可參考默西亞·埃里亞德（Mircea Eliade）著，廖素霞、陳淑娟譯：《世界宗教理念史——從釋迦牟尼到基督宗教的興起（卷二）》（台北：商周出版，2001），頁50-72。Mircea Eliade, *Yoga: Immortality and Freedom*, New Jersey: Princeton University Press, 1973.

[5] 可參考丁敏：〈阿含廣律中佛陀成道歷程「禪定與神通」的敘事分析〉，《政大中文學報》第3期（2005年6月），頁87-124。

認神通。

　　佛陀曾公開稱揚證得各種神通第一的弟子，如：大目犍連（Mahāmoggallāna）是神足第一，阿那律（Anuruddha）是天眼第一等，[6]由此可見「神通」在佛教的世界圖像中，被認為是經由禪定修鍊所開發出來的神異能力，是修行境界的真實表徵。[7]因此，神通在佛教中具有二項重要特色：一是成為佛陀在開悟成佛過程中的重要指標；二是具有神異的超人能力，帶來奇蹟的魅力。我們也可以發現大小乘佛典中，多處記載與「神通」相關的內容、種類、理論、修習方法、行使作用和限制；以及許多佛陀、阿羅漢眾弟子、或十方諸佛菩薩所展現的神通事蹟。神通的奇蹟魅力，正和生命典範、教法戒律、哲理奧義等，在不同的時代同是構成佛教宗教傳播的重要一環。[8]但是若開發神通偏離正向涅槃的目標，傾向於以神通帶來的奇蹟或救贖作為宣教工具，則不可避免地開了一條信仰崇拜之路，而有日趨世俗化甚至導致宗教亂象

---

[6] 參見《增壹阿含・第37經》：「阿那律比丘天眼第一。彼以天眼觀三千世界，猶如有眼之人，掌中觀珠。阿那律比丘亦復如是，彼以天眼觀此三千大千世界而無疑難。……目連比丘有大威力，神足第一，心得自在，彼意欲所為，則能成辦之，或化一身，分為萬億，或還合為一，石壁皆過，無有罣礙，踊沒自在；亦如駛水亦無觸礙；如空中之鳥亦無足跡；猶如日月靡所不照，能化身乃至梵天。」（T.2, no.125, p.711b-c）。

[7] 柳田聖山著，吳汝鈞譯：《中國禪思想史》：「但**神通自身，則確實是瞑想的重要內容**。因在具體的實踐中，必有神通跟著瞑想而生起。**神通是一種能徹底實現人的自由的特殊能力**。」（台北：台灣商務印書館，1982），頁48。又：關大眠（Damien Keown）著：「他還經常被形容為活生生的奇迹，具備了通過修習禪定開發出來的心理力量。」中譯本參考鄭柏銘譯：《當代學術入門——佛學》（Buddhism: A Very Short Introduction）（香港：牛津大學出版，1998），頁26。

[8] 柳田聖山著，吳汝鈞譯：《中國禪思想史》：「總之，佛教一種宗教，它在致力於實際的現實社會的福利時，一般民眾對它的最深刻的印象，**正是這種如奇跡樣的魅力**。」（台北：台灣商務印書館出版，1982），頁48。

的危機；神通的迷思（myth），正在其擺盪於聖（六神通）與俗
（五神通）之間，也因此神通具有多重的面向。

綜觀「神通」在佛教大小乘經典中的敘述，可以發現不是以
哲理奧義的思辯形式為主，而多是以「神通故事」的敘述來呈
現。西方學者崔默（Willam Calloley Tremmel）在《宗教學導論》
一書中，提出神學理論的形式除了信條或系統化外，也可有更接
近大眾的形式，例如所謂的「故事神學論」（Story Theology），他
認為毫無疑問地，人們都喜愛聽故事，所以神學的解答往往包含
在故事當中，基督教的福音（Gospel）也是故事神學論的一種，
福音可以說是耶穌的故事與歷史，但同時也是作者利用歷史來建
立神學觀點，他們藉由耶穌一生的事蹟表達某些神學理論。在這
種故事形式的神學理論中，故事被說出、被一再重複，經過編
排、系統化、正式認可，最後形成經典。[9]

借用崔默的觀點，可以發現佛教經典中大量的神通書寫，的
確不是以「理論佛學」的哲學思辯形式為主，而多是以「故事佛
學」的形式來呈現，往往透過神通故事的書寫，來闡釋印證神通
的觀念和理論。更有趣的是我們可以發現在《阿含經》中，重要
的神通理論常是安置在一系列神通事件的敘述中，將非敘事性的
理論與敘事性的故事，平等共存的合成完整的有機體。這或許是
因為佛教神通雖有理論的依據、具體可操作的修鍊步驟和方法，
但它是在禪定的內證經驗中獲致的，是非常個別化的經驗，因此
不同的修鍊者在不同時空、不同生命情境、事件中所展現出來的
神通事蹟，也是千姿百態各有殊異；這些神通故事的記敘書寫，

---

[9] 崔默（Willam Calloley Tremmel）著，賴妙淨譯：《宗教學導論》（Religion: What
is it?）（台北：桂冠出版，2000），頁246-256。

賦予佛教神通觀以血脈肉身，見證神通的可能性；所以雖然不是人人都可鍊得神通，卻成為引人入勝的宗教魅力所在，而某些佛理的奧義也往往寓含其中。

　　本書將佛教經典中的神通事蹟，視之為神通「故事」，這是因為神通的宗教體驗一旦以語言、文字的形式被僧團結集紀錄成經典的形式存在，它就不再是宗教經驗的本身，而是宗教語言的論述，變成經典的文本世界。因此我們可以視佛教經典中的神通事蹟，為指涉佛陀及弟子們悟道歷程及證道後生命境界與風姿的導覽地圖，是神通「故事」的敘事文本；故事總是介於真實記錄與精神印記之間，在此「故事」是指已經筆錄的故事，並非實際發生的或可能發生的故事；10它既不是非得信以為真，也非完全不可信；對於信仰者而言，理解神通故事的意義，接受那些故事所要傳達的教理信念才是重點所在；是以本書視佛經神通事蹟的書寫為佛教的神通故事。

　　本書所研究的佛教神通故事，以漢譯佛典《大正藏經》中的《阿含經》、五部廣律，以及大乘佛典《般若部》、《寶積部》中的經典為主。有關佛教神通的理論，南傳巴利文佛典與北傳漢譯佛典應大致相似，而某些神通故事也有相似性的記載，11然就神通故事的文學表達形式而言，不同的語言文字就會有不同的敘事方式，而漢譯佛典從語法、修辭、文體、敘事等各方面，都可列入「中國佛教文學」研究的範疇。12是以本書以漢譯佛典神通故事為

10　王靖宇：《中國早期敘事文研究》（上海：上海古籍出版，2003），頁6-7。

11　可參考郭良鋆：《佛陀和原始佛教思想》（北京：中國社會科學出版，1997），第三章「五、神通觀」，頁172-182。

12　蕭麗華：〈近五十年（1949-1997）台灣地區中國佛教文學研究概況〉：「由此看來，佛教文學可分為兩大類，一是佛教經典中具文學色彩的部份，即前述經典

研究範圍，將之視為「中國佛教經典文學」的一環，嘗試運用敘事學的方法，擷取適用於分析神通故事的敘事理論，研究漢譯佛典中神通故事的敘述方式。

在章節架構的安排上，由於佛教神通故事是依照神通的原理原則建構而成的，是以在進行神通故事的敘事研究之前，宜先探討大小乘經典中有關神通的理論及其修鍊諸向度，本書第一章至第三章即是針對此議題的研究。接下來的神通敘事，則依大小乘佛典中共同認定的「六神通」類型，其中具有敘事性的五神通

中的佛教文學。另一部份為中國歷代文學中詩、文、小說、戲曲、俗文學等作品中具佛教色彩者。其實，以漢譯佛經三藏十二部之繁浩；魏晉以降，佛教深入中國文化影響文學之深遠，這兩部分綜合起來的佛教文學，內容之豐碩已無法計數，實在值得文學研究者皓首窮經，加以勾稽整理。」《中國唐代學會會刊》第9期（1998年11月），頁132。丁敏：〈當代中國佛教文學研究初步評介——以台灣地區為主〉：「綜合上述所論，再參考國內學者的一些零星論述，個人認為：『佛教文學』一詞，可從較寬廣的角度來界定它，約可分為兩大部分：一是佛教經典文學的部分。自阿含以來的各大小乘經典及律藏中，都有許多充滿文學色彩的地方。十二分教中的本生、本緣、本事、譬喻更是經典文學中的主流。另一是佛教文學創作部分，即以文學手法來表現佛理，帶有佛教色彩的文學創作。包括歷來文人、僧人及庶民的佛教文學創作，表現在小說、戲曲、散文、詩歌及俗文學中的作品。至於『中國佛教文學』的範圍，循『佛教文學』的界定，大略亦可粗分為漢譯佛典中的經典文學部分及中國文學作品中不論是詩、散文、小說、戲曲、俗文學等，帶有佛教色彩的作品。」台大《佛學研究中心學報》第2期（1997年6月），頁234-235。此外，林朝成、張高評指出近二十年來，海峽兩岸對中國佛教文學的研究，成績顯著，在研究方法上已有普遍的自覺。孫昌武與丁敏兩位教授曾分別針對大陸與台灣的研究概況進行評介與前瞻。此文則是就中國佛教文學的研究課題與論題，以詩禪交涉為中心，評介佛教文學研究的脈絡意義與方法上的進展，將佛教文學研究的課題放到文學史、美學史與文化史的脈絡中，以闡明佛教文學研究論題的發展、學者在異音交響中所顯發的多重論述空間以及佛教文學研究的洞見與不見。見林朝成、張高評：〈兩岸中國佛教文學研究的課題之評介與省思——以詩、禪交涉為中心〉，《成大中文學報》第9期（2001年8月），頁135。

（漏盡通幾乎皆為非敘事），依其神通敘事數量的多寡，共分為四章，分別從空間敘事（神足飛行）、母題敘事（神足變身）、敘事動機（天耳、他心、天眼）、敘事主題與模式（宿命通），分析各類型神通故事的敘述特色。接下來以「多音複調」的角度切入，第八章研究「神足第一」的目連，不同經律對其神通究竟發出何種敘事聲音？暗寓對其神通的何種定位？第九章研究「神通」與「幻術」的相涉與相異；此二章正可藉由神通故事凸顯神通的諸面向。此外，由於本書採取歸納漢譯大小乘佛典中有關五神通故事的方式，所以在數量龐大的故事中，只能舉出具有特色的經文文本為例，進行敘事話語的分析。

二、前人研究綜述

歷來研究佛教神通的國內外專著或論文並不多，且多著重於神通與禪思的關係以及神通的種類、內容、修習的方法、神通的作用等方面，又多是在全書或單篇論文的某一部份，進行與其他議題相關的討論。以日本學界而言，研究「神通」的論文亦不多見，目前搜集到有：伊藤瑞叡〈法華經如來壽量品如來秘密神通之力考〉，[13]山口務〈《十地經》における他心通について〉、〈《十地經》における如意通について〉、〈《十地經》における天眼通について〉，[14]〈《般若經》における宿命通について〉[15]、以及舟橋

---

[13] 伊藤瑞叡：〈法華經壽量品如來秘密神通之力考〉，《成田山佛教研究所紀要》第11期（1988年3月），頁1-12。

[14] 山口務：〈《十地經》における他心通について〉，《印度哲学仏教学》第16期（2001年10月），頁104-112；〈《十地經》における如意通について〉，《印度哲学仏教学》第15期（2000年10月），頁70-85；〈《十地經》における天眼通について〉，《印度哲学仏教学》第7期（1992年10月），頁142-152。

[15] 此篇收錄於真野龍海博士頌壽記念論文集刊行會：《般若波羅蜜多思想論集》（東京：山喜房佛書林，1992），頁25-45。

尚哉〈『大乘莊嚴經論』の考察──神通品を中心として〉、小沢
憲珠〈瑜伽論における神通行〉、大南龍昇〈般若經における
māyā（幻）と māyākāra（幻術師）〉[16]等。

　　這些篇章多是精細探討各經典中神通的理論，如山口務
〈「十地經」における天眼通について〉，以《十地經》為主要文
本，並比對上座部及有部系的經典，說明天眼通在佛教各種經典
的發展。該文認為《十地經》及《般若經》都是初期大乘經，但
是《十地經》後來成為《華嚴經》的重要核心。作者為了找尋
《十地經》及《般若經》的關聯，將《十地經》與南方上座部經、
有部系的《中阿含》及《集異門足論》、法藏部系的《長阿含》、
《四分律》、《舍利弗阿毘曇論》、大眾部系的《摩訶僧祇律》、《增
壹阿含》等經加以比對。發現這九部經中，《十地經》中論及的天
眼通與法藏部系、有部系、大眾部系的天眼通有相近的說法，乃
至於一致的內容，但是《般若經》並沒有出現一般說法的天眼
通，因此《十地經》及《般若經》兩者並無直接的關聯。[17]又如
舟橋尚哉〈『大乘莊嚴經論』の考察──神通品を中心として〉，以
Lévi 版梵本《大乘莊嚴經論・神通品》進行研究，發現《瑜伽論》
的菩薩地的五通並沒有「天眼通」，反而出現「死生之見」，同樣
的情況《大乘莊嚴經論・神通品》也出現「死生通」，亦即是採用
「死生通」取代了「天眼通」。天眼通是用來看穿未來生存狀態的
能力，與「死生通」的意味相同，僅是《瑜伽論》及《大乘莊嚴
經論・神通品》表現方式，與過去一般對五通的說法相異，直接

以「死生通」取代「天眼通」。[18]而小沢憲珠〈瑜伽論における神通行〉，則是探討代表瑜伽行派的《瑜伽師地論》，在全部的菩薩行中，佔有清楚位置的神通，希望探究瑜伽論菩薩地中靜慮和神通的關係。[19]

　　對佛教神通定位較早提出看法的應是日本學者柳田聖山，[20]他指出「神通」在佛教中有其重要性，其《中國禪思想史》認為印度早期佛教將修道的綱領歸結為節制（戒）、冥想（定）、覺悟（慧）。神通自身則確實是冥想的重要內容，因在具體的實踐中，必有神通跟著冥想而生起，神通是一種能徹底實現人的自由的特殊能力。柳田氏更進一步指出，作為一種宗教，當佛教在現實社會中發揮作用，讓民眾產生強烈印象的正是源於這種神奇的魅力。因此他認為**在做禪學研究時，首先要把握原始佛教中的「樂道」和「神通信仰」兩方面特質，並指出很多西方學者研究原始佛教思想時，往往多偏重於研究原始佛教所具有的強烈倫理性和邏輯性，而有忽視神通的嚴重傾向。**[21]

　　近年來西方佛學界中最引人注目，且最具影響力的重要理論之一，即何離巽（Paul Maxwell Harrison）所提出的「大乘起源理論」。何離巽以漢藏譯本對讀之方式研究《般舟三昧經》，並引用

18　舟橋尚哉：〈『大乘莊嚴經論』の考察——神通品を中心として〉，《印度學佛教學研究》第42卷第1期（1993年12月），頁214-218。

19　小沢憲珠：〈瑜伽論における神通行〉，《佛教の実践原理》（東京：山喜房佛書林，1977），頁19-39。

20　關於柳田聖山在禪學研究上的學術貢獻和研究可進一步參考，何燕生：〈禪宗研究的第一人——柳田聖山與中國禪宗史研究〉，《圓光佛學學報》第11期（2007年3月），頁115-146。

21　柳田聖山著，吳汝鈞譯：《中國禪思想史》（台北：台灣商務印書館出版，1982），頁15-51。

Gregory Schopen 之一系列與印度考古學相關的研究，提出下列論點：**大乘經典中最重要，最受忽略之要素，即為禪修、神通與大乘經典間的密切關係**。何離巽認為，唯一能解釋為何大乘佛教能獲得如此全面性成功之主因，**乃在於大乘禪修者透過更深刻的禪修後所獲得之神通和智慧，使其能受到大眾信服，因而得以宣揚大乘教理和經典**。[22]

此外，Bradley S. Clough 在其博士論文《Noble Persons and Their Paths: A Study in Indian and Theravāda Buddhist Soteriological Typologies》中說到，**西方學界因受到現代理性主義的思潮影響之故，在1999年之前專門研究「神通」的文獻並不多**，其書試圖探討巴利語佛典中印度佛教和上座部佛教的「聖人」類型和其解脫道，並說明「神通」在解脫道上所扮演的角色。首先，作者概括了巴利佛典中提出的「六神通」類型，也約略提到大乘佛典《般若經》的文獻、《大智度論》、《菩薩藏經》、《瑜伽師地論》、《菩提

---

[22] Paul Harrison, "Searching for the Origin of Mahayana Sutras: What are We Looking for?" *The Eastern Buddhist*, vol.28, no.1, 1995. pp.48-69. 並參見其近作 "Mediums and Messages: Reflections on the Production of Mahayana Sutras." *The Eastern Buddhist* 35, no.2. 2003, pp.115-151. 轉引自王晴薇：〈慧思禪觀思想中之「四念處」〉，《佛學研究中心學報》第13期（2007年6月），頁49。關於 Paul Harrison 在其文〈Searching for the Origin of Mahayana Sutras〉所提出的五個關鍵議題以探討大乘佛教的起源，五者為：1.居士的角色；2.佛陀、佛塔、菩薩信仰的實踐（cult-practice directed towards bodhisattvas, the Buddha and stūpas）；3.廣泛的新文化運動（the wider cultural context of the new movement）；4.禪修的角色（the role of meditation）；5.神通的重要性（the significance of magic）。對於最後一點，他說：神通的重要性是最重要卻最乏人重視的大乘經典特色，就佛教整體而言，神通確實具有樞紐的角色（作用）。Paul Harrison, "Searching for the Origin of Mahayana Sutras: What are We Looking for?" *The Eastern Buddhist*, vol.28, no.1, 1995, pp.57, 63。

道燈論》等神通說法；其分析的文獻以巴利語為主，而其主張的「大乘佛教文獻」與漢語學界長久以來區分大乘和密續經論的觀點有所分殊。[23]

　　大陸學者陳兵在《佛教禪學與東方文明》[24]一書的第五章第四節「禪定與特異功能」中，曾觸及神通的課題。陳氏探討的子目，分別是「佛教與神通異能」、「五通八悉地與特異功能」、「禪定得通之方法」及「禪定得通的原理」。在「佛教與神通異能」中，陳氏先就佛教所說的神通，作一意義上的界定：「佛教所言神通，指意念超越時空、物質等障礙而實現所願的超級能力。」接著則就不同時空環境對待神通的態度，作一概略的考察。陳氏指出，在釋迦牟尼佛時，其說法的特點，是結合了神通表演與講演的方式，亦即除了作為弘法的手段外，還將神通視為自物質世界解脫的一種表現。然而，佛教諸乘諸宗，皆不以神通為根本目標，而認為「只有證得出世間的般若慧，才堪斷滅生死之根，而只要超出了生死流轉，不愁神通不得」，因此，特別禁止張揚神通，以免世人誤入歧途。雖然如此，卻並不意味著神通在修學過程中不具重要性。**陳氏特別說明，在大、小乘的典籍中，都有神通禪，而大乘、密乘更以神通為菩薩度化眾生不可或缺的「方便」。至於後來神通修學之被取消，係因進入末法時期，絕大多數修學者不具即生證聖果此一修學神通的條件，所以在諸宗祖師的禁止下，神通漸趨罕見。**

---

[23] Bradley S. Clough, *Noble Persons and Their Paths: A Study in Indian and Theravāda Buddhist Soteriological Typologies*, Ph.D. Dissertation, New York: Columbia University, 1999.

[24] 陳兵：《佛教禪學與東方文明》（上海：上海人民出版，1992），頁574-577。

　　另一大陸學者郭良鋆所著《佛陀和原始佛教思想》[25]，也指出神通在原始佛教思想中佔有一定的地位，在佛教的發展過程中，對神通的重視和渲染也有增無減。但自近代以來，隨著科學實證主義的興盛，佛教研究界常故意迴避佛教中的神通問題，甚至佛教學者也自覺地對神通問題進行淡化處理。因為按照近代科學標準，佛教的神通觀類乎神話傳說。但隨著二十世紀現代科學的發展，尤其是人體科學的興起，一些學者開始對佛教神通另眼相看，將它納入了人體特異功能領域。因此郭良鋆認為有必要追根溯源，對原始佛教神通觀做一番考察。

　　此外，吳海勇《中古漢譯佛經敘事文學研究》[26]則是屬於中國佛教經典文學研究的範疇，以中古漢譯佛經為出發點作斷代研究，在充分吸取前人成果的基礎上，採用平行比較與影響研究相結合的方法，在佛經翻譯文學、民間文學、敘事分析、佛經翻譯理論、影響研究等多個方面展開論述。該書第一章是對佛經翻譯文學的概說，此項研究上承胡適《白話文學史》佛經翻譯文學有關章節，近接孫昌武先生在其《佛教與中國文學》一書中，對於重視「漢譯佛經及其文學價值」的呼籲，同時也是對謝天振先生將翻譯文學寫入中國文學史這一主張的一個實踐。[27]而關於「神通」的文學表現，則放在「讚頌文學」中來論述，認為讚頌文學以誇誕的敘述方式重組、結構神幻故事，是其主要熔裁方式，讚

---

[25]　郭良鋆：《佛陀和原始佛教思想》（北京：中國社會科學出版，1997），頁172-173。

[26]　吳海勇：《中古漢譯佛經敘事文學研究》（高雄：佛光出版，2001），頁60、64、275-361。

[27]　參考張煜：〈佛教與中國文學關係研究的晚近力作——讀吳海勇《中古漢譯佛經敘事文學研究》〉，《中國比較文學》第2期（2005年2月），頁172-173。

頌類經典的兩大文學特徵正由此鑄成；神通描寫賦予佛經無比的
神幻敷彩，而讚頌文學敘修行者神通無礙，更是有過之而無不
及，給人耳目一新的感覺。至於與「敘事」有關的是該書第四章
「敘事分析」，然其著重是佛經「語言風格」與「偈散結合」的分
析，以及「講述體」分析，此是綜觀全覽的敘事分析，而非針對
經文文本的敘事分析。

　　台灣學界關注神通的論述，有楊惠南〈「實相」與「方便」
──佛教的神通觀〉，[28] 此文透過實相與方便兩個概念，藉由神通
在這兩方面意涵的對比，以思想史的方式，從原始佛教、部派佛
教、大乘佛教乃至佛教傳入中國後，依序探討佛教神通觀的演變
和類型，從中得出佛教面對神通時的基本態度：所謂實相與方
便，即是指兩種面對神通的態度。作者在結語部分提到，原本作
為方便的神通，隨著時空流變，卻成為永恆實相，變成佛門中不
可缺少的要素。但神通畢竟只是方便，佛教若無法在方便之外提
供實相，則只是世俗門派而已。因此作者要批判視神通為實相的
思想，而認為佛教應以神通為方便。

　　此外，拙作〈佛教經典中神通故事的作用及其語言特色〉，[29]
認為在原始佛教《阿含經》中，神通故事被當成神通理論的印
證；到了部派佛教的大眾部，將神通作為證明佛陀法力無邊，證
明神通帶來奇蹟與救贖；到了大乘佛教，十方佛、菩薩的興盛，

---

[28] 楊惠南：〈「實相」與「方便」──佛教的神通觀〉，《論命、靈、科學──宗教、靈異、科學與社會研討會論文集》（台北：中央研究院社會學研究所籌備處、行政院國家科學委員會人文及社會科學發展處、聯合報出版，1997），頁127-145。

[29] 丁敏：〈佛教經典中神通故事的作用及其語言特色〉，收於《佛教文學與藝術學術研討會論文集・文學部分》（台北：法鼓文化出版，1998），頁23-57。

關於神通故事的描繪也愈趨瑰麗壯闊。佛教傳入中國後,「神通」方面的影響痕跡一直是斑斕可觀,在《經律異相》、《法苑珠林》兩大佛教百科全書中,有關神通、奇蹟、救贖的故事亦充斥其中,並悄然加入佛教要融入中國社會的一些觀念主旨。此外,在神通故事的語言特色方面,則指出其語言特色在於「似真非真」的朦朧性。從文學的角度來看,神通故事藉由神奇魔術的語言開展神奇妙幻的虛構空間,使想像力得以肆意盡情地馳騁。

綜上所述可知,東西方學界截至目前為止,關於神通的研究相當冷清,但也有逐漸重視的趨勢,然整體而言還是偏向於神通理論與影響作用的論述。本書則另闢蹊徑,以漢譯佛典中有關神通故事為研究對象,企圖透過敘事學的操作方法,細膩深入多層次、多面向的挖掘神通故事的話語特色及其所承載的敘事意涵;此可能是對佛經故事文本分析嘗試性的新途徑,未來仍有相當多可開發的研究空間。

三、敘事諸問題

(一)以敘事學研究佛經神通故事的可能性

「敘事」一詞,在中國典籍之中作為記載事件的意涵,已可確定,[30] 浦安迪在《中國敘事學·導言》中指出:

> 「敘事」又稱「敘述」,是中國文論裡早就有的術語,近年用來翻譯英文(narrative)一詞,我們在這裡所研究的「敘

---

[30] 康韻梅:《唐代小說承衍的敘事研究》(台北:里仁書局出版,2005),頁6。
楊義:《中國敘事學》:「敘事作為一種文類術語,則是唐宋時代的事情。」(嘉義:南華管理學院出版,1998),頁12。

事」，與其說是指它在《康熙字典》裡的古義，毋寧說是探
索西方「narrative」觀念在中國古典文學上的運用；……簡
而言之，敘事就是「講故事」。[31]

　　浦氏界定「敘事就是『講故事』」，並運用西方敘事
「narrative」的觀念，進行對中國五大奇書的研究，取得良好的研
究成果，可見西方敘事學的確可借鏡採用來進行對中國文學的研
究。[32]胡亞敏在《敘事學》一書中，曾綜合西方諸家敘事學的理
論，為敘事學作界定：

　　敘事學是研究敘事文的科學，狹義的敘事文即敘事文學。
　　敘事文有故事情節，有敘述者以及以敘述者為中心的一套
　　敘述方式，有一系列的事件界定，敘事文的特徵是敘述者
　　按一定敘述方式結構起來傳達給讀者（或聽眾）的一系列
　　事件。[33]

由此看來，佛經的神通故事，具有故事情節，有敘述者以及以敘
述者為中心的一套敘述方式，有一系列的事件。從西方敘事學的
界義來看，符合敘事文的特徵，[34]佛經神通故事即是佛經的神通

---

[31] 浦安迪（Andrew H. Plaks）著：《中國敘事學‧導言》（北京：北京大學出版，
　　1996），頁2。
[32] 薛瑩：《敘事之技與敘事之道——論浦安迪的中國四大奇書研究》：「『敘事學』
　　（Narratology）這一理論突破了小說研究的舊有模式，抓住了小說的本質——敘
　　事。小說之所以為小說，關鍵在於它必定要有故事，而故事必定要有其獨特的
　　講述，因而只有以敘事為核心建立起來的理論，才是最符合小說文體特徵的批
　　評理論。正是在這個意義上，運用敘事理論研究中國古代小說可謂得其所在。」
　　（武漢：華東師範大學碩士論文，2004），頁1-2。
[33] 胡亞敏：《敘事學》（武漢：華中師範大學出版，2001），頁11。
[34] 可參考丁敏：〈漢譯佛典《阿含經》神通故事中阿難的敘事視角試探〉，台大
　　《佛學研究中心學報》第11期（2007年7月），頁1-30。

敘事，是具有敘事性的宗教文學作品，可採用敘事學方法來進行文本的分析研究。[35]

西方「敘事學」（Narratology）是一門持續發展中的學科，[36]傳統西方的敘事學主要的研究對象是小說，不過，當代西方敘事研究已非只侷限於小說文類或文學領域，而擴展運用到歷史、哲學、心理學、社會學等領域。近來有不少學者將敘事學的理論運用於中國文學的研究，不過，到目前為止，研究的文類多集中於小說：如浦安迪：《中國敘事學》主要探討西方「narrative」的觀念在中國古典文學分析上的運用；楊義《中國敘事學》企圖融合中西文學表現的觀點來分析中國敘事學的特色，將敘事分析劃分為結構、時間、視角、意象四個層面；陳平原《中國小說敘事模式的轉變》[37]則由敘事時間、敘事角度、敘事結構三個層面來探

---

[35] 張素卿認為「敘事」文體呈現的是一種理解方式，就其為「理解方式」而言，「敘事」對人的行為具有解釋的功能；就其「普遍而基本」的理解方式而言，**中西敘事觀念是殊途同歸的**。參見氏著：《敘事與解釋——左傳經解研究》（台北：書林出版，1998年），頁97。

[36] 可參考胡亞敏在《敘事學・導論》中曾討論過二十世紀六〇、七〇年代西方敘事學的生成歷程和敘事學吸取相關學科和各種文學批評成果的現象，如討論何謂敘事學、敘事學的誕生、敘事學與現代語言學、敘事學與俄國形式主義及普洛普、結構主義敘事學、敘事學與後結構主義、接受美學、敘事學與小說理論。並總括而言，敘事學是一門包容性很強的學科，是眾多學科和學派共同建構產物，許多國家的文藝理論家、語言學家、符號學家、人類學家、民俗學家、心理學家、聖經學者都不同程度地為敘事學的發展作出了貢獻。此外，並論及九〇年代知識模式的不斷改變，巴赫金對話理論、解構主義、女權主義、修辭學乃至計算機科學等紛紛進入敘事學領域，「敘事學」由單數的Narratology逐漸變成眾聲喧嘩的複數Narratologies。（湖北：華中師範大學出版，2001），頁1-10，及〈再版後記〉。此外，申丹：《敘述學與小說文體學研究》前言中亦對西方敘事學由六〇年代到九〇年代的發展有所評述。（北京：北京大學出版，2004），頁1-14。

[37] 陳平原：《中國小說敘事模式的轉變》（北京：北京大學出版，2003）。

討中國小說敘事模式的轉變；此外，也運用在史傳的分析上，如王靖宇、張素卿等；[38]康韻梅《唐代小說承衍的敘事研究》以敘事學的方法，分析從「粗陳梗概」的魏晉六朝小說到「敘述宛轉」的唐人傳奇，敘事性的各方面差異。諸家各有其側重點，也取得良好的研究成果；[39]因此本書亦嘗試將其運用在佛經神通故事的文本分析上。

---

[38] 張素卿：《敘事與解釋——左傳經解研究》（台北：書林出版，1997）。又，以上論述引自黃敬家：《高僧傳記的文學敘事：贊寧《宋高僧傳》研究》（台北：國立台灣師範大學國文研究所博士論文，2007），頁22-23。

[39] 薛瑩：《敘事之技與敘事之道——論浦安迪的中國四大奇書研究》：「1979年，袁可嘉在《世界文學》第2期上發表《結構主義文學理論述評》，為結構主義在中國的傳播開了先河。此後，結構主義文學批評方法就在中國被評論界採用，敘事學便是作為結構主義文學理論的主要分支，隨之傳播發展。但最初國內學界大部分側重於對西方理論的譯介，或用於現當代小說上的評論和發揮，而在中國古代小說中研究率先引進敘事學理論的是幾位國外的漢學家，美國學者韓南1981年在美國和英國出版了《中國白話小說史》，這部專著最早在中國古代小說研究領域運用了敘事學的理論。但敘事學理論只是整部專著的研究方法之一，因而還不是以純粹敘事學的眼光對中國古代小說所作的系統研究。而美國的另一位漢學家浦安迪1989年春夏之交，在北京大學為中文系和比較文學研究所的青年教師和研究生開設了一門題為「中國古典文學與敘事文學理論」的演講，後以此為基礎，作了大量的改進和補充，撰成了《中國敘事學》一書。1993年，他的另一部著作《明代小說四大奇書》的中文版出版，它以個案研究的方法，詳實的例證，細致分析了中國敘事傳統。在此之前，中國文學界尚未產生一本以敘事學眼光分析中國古代文學的專著。而開始涉及敘事學方法的幾部比較有影響的著作，如：董乃斌的《中國古典小說的文體獨立》、石昌渝的《中國小說源流論》、趙毅衡的《苦惱的敘述者》、楊義的《中國敘事學》，都是在20世紀90年代中期推出的，從此形成了敘事學文學研究的高潮，迄今為止，敘事學研究的熱度未曾稍歇，研究成果層出不窮，而且呈現了更為全面，更為系統的趨勢，如：高小康的《市民、士人與故事：中國近古社會文化中的敘事》、王平的《中國古代小說敘事研究》等。」（武漢：華東師範大學碩士論文，2004），頁2。

（二）敘事與敘述

　　大陸學者申丹指出大陸學界一般將法文「narratologie」（英文的narratology）譯為「敘述學」或「敘事學」，但其認為兩者並非完全同義。「敘述」一詞與「敘述者」緊密相連，宜指話語層次上的敘述技巧；而「敘事」一詞則更適合涵蓋故事結構和話語技巧這兩個層面。換言之，敘事由兩部分構成：敘述和故事。因此申氏認為「敘事學」一詞較為合適，因為它不僅涵蓋了敘述和故事兩大方面，而且突出了敘事的性質。[40]徐岱謂：「**所謂『敘事』，也即採用一種特定的言語表達方式——敘述，來表達一個故事。換言之，也即『敘述』＋『故事』」，**[41]吾人或可以說「敘述」，是一種講述的行為。「敘事」，則意指「敘述故事」。**因此在本書中所謂的神通「敘事」即意指神通故事的敘述；而用「敘述」則指敘述神通故事。**

（三）故事／情節／故事與文本

　　佛斯特（E. M. Forster）著《小說面面觀——現代小說寫作的藝術》定義小說的本面是故事（story），而故事是依時間排列的事件的敘述頁。情節（plot）也是事件的敘述，但重點在因果關係（causality）上。[42]

　　關於「故事」在經典敘事學中，雖然有許多不同的界義，但

---

[40] 申丹：《敘述學與小說文體學研究》（北京：北京大學出版，2004），〈前言〉註1、頁2。

[41] 徐岱：《小說敘事學》（北京：中國社會科學出版，1992），頁5。

[42] 佛斯特（E. M. Forster）著，李文彬譯：《小說面面觀——現代小說寫作的藝術》（台北：志文出版，2002），頁46、115。

基本上認為故事是由事件（event）構成。米克・巴爾（Mieke Bal）在其所著的《敘述學・敘事理論導論》（Narratology: Introduction to the Theory of Narrative）中如此界定「事件」、「故事」、「文本」的關係：

> 所謂**敘述文本**（narrative text）是敘述代言人，用特定的媒介諸如語言等，敘述（講）故事的文本。而所謂的「**故事**」（story）是以特定的方式表現出來的**素材**（fabula）。而被編入故事中的「素材」，則被界定為一系列的「事件」（event）。而所謂「**事件**」是從一種狀況到另一種狀況的轉變。也就是說：敘述文本是故事在其中被講述的文本。這一主張表明文本並不等同於故事，可以有各種不同的文本，其中講述的是同一個故事。換句話說：同一故事，可有各種不同的文本。這是牽涉到組成故事的事件。事件數量的多寡，描述方式的異同，及事件順序的先後安排等，以及用什麼視角看待事件，以什麼聲調敘述事件；都在在影響到敘述文本的彼此相異，即使講述的故事相同。[43]

在此「故事」是一系列的「事件」所組成的「素材」；而「文本」則是「敘述代言人」（指故事的敘述者）所敘述的故事。此外，並強調「故事」具有相對的獨立性，同一故事可由不同的文本表達出來，不同的文本所表達的可以是同一故事素材。

　　在《敘事性的虛構作品》（Narrative Fiction: Contemporary Poetics）一書中，里蒙・凱南（S. Rimmon-Kenan）效法熱奈特對

---

[43] 米克・巴爾（Mieke Bal）著，譚君強譯：《敘述學・敘事理論導論》（北京：中國社會科學出版，1995），頁3。

「histoire」（故事）、「récit」（敘事）和「narration」（敘述）的分類，認為這三個基本方面的命名，在英文中可譯為「story」（故事）、「text」（文本）和「narration」（敘述）。他的界定是：

> 「**故事**」是指從作品文本的特定排列中抽取出來，並按時間順序重新構造的一些被敘述的**事件**，包括這些事件的**參與者**。「**故事**」是一系列前後有序的事件；而「**文本**」則是口頭講述或書面描寫這些**事件的話語**。[44]

在此「故事」不只包括一系列前後有序的事件，亦包括事件的參與者；而「文本」即是**敘述事件的話語（discourse）**。

《講故事——對敘事虛構作品的理論分析》中，史蒂文·科思（Steven Cohan）、琳達·夏爾斯（Linda M. Shires），將故事界定為：

> 故事由安置在某個序列中以展示某種變化過程——一個**事件**向另一個事件轉化——的事件組成。一個事件（event）描述某種物質的或精神的活動，即發生在事件中的某事（某個由作為人的施動者引發或及於該施動者的行動）或存在於時間中的某種狀態（諸如思、感、存在或存有）。事件構成故事，這並不是孤立地而是屬於某個序列（sequence）。每個序列至少包含兩個事件，一個建立起一種敘述的情境或前提，一個改變（至少是略不同於）那個最初的情境。[45]

---

[44] 里蒙·凱南（Shlomith Rimmon-Kenan）著，姚錦清等譯：《敘事虛構作品》（Narrative Fiction: Contemporary Poetics）（北京：三聯書店出版，1989），頁5-6。

[45] 史蒂文·科思（Steven Cohan）、琳達·夏爾斯（Linda M. Shires）著，張方譯：《講故事——對敘事虛構作品的理論分析》（Telling Stories: A Theoretical Analysis of Narrative Fiction）（台北：駱駝出版，1997），頁57。

在此具體指出**故事為敘事中的事件**，並探析事件的組構方式。

綜上所述可知，「故事」是由一系列前後有序的「事件」組成；「文本」則是敘述故事的「話語」；此外 「故事」與「話語」的區分，必須建立在「故事」的相對獨立性之上，無論話語層次怎麼表達，故事基本上並不會隨話語形式的變化而發生變化。[46]

佛經神通故事即是由一系列前後有序的「事件」組成，經文文本則是敘述神通故事的「話語」，此外，同一神通故事有時可見於不同經文文本的敘事之中，故事基本上不隨話語形式的變化而發生變化，例如在《雜阿含經》、《增壹阿含經》、《別譯雜阿含經》中都有一則經文，以對話性的敘述為主體，記載赤馬天子請問佛陀是否可以神足飛行來越過生老病死輪迴不斷的世界邊界，到達不生不老不死的彼岸。[47]事實上，佛教經典中有許多同一故事，有著各種不同經文文本的敘事，[48]是以佛經神通故事，是可以放在西方敘事學「講故事」脈絡中來探討。

（四）敘述者與敘事視角

任何敘事文學作品都須具備兩個必不可少的要素，即一個故事和一個故事敘述者，[49]而敘述者從什麼角度觀察故事，就是敘

---

[46] 參考申丹：《敘述學與小說文體學研究》（北京：北京大學出版，2004），頁23。

[47] 《雜阿含經》（T.2, no.99, p.359a-b）、《增壹阿含經》（T.2, no.125, p.756a-c）、《別譯雜阿含經》（T.2, no.100, p.477b-c）。

[48] 可參考丁敏：《佛教譬喻文學研究》中：「附表：將阿含律部中的『阿波陀那』，見於譬喻經典中的列出」、「附表：《賢愚經》中的故事見諸其他經律者」、「附表：《大莊嚴論經》故事見諸其他經律者」等（台北：東初出版，1996），頁135、172、211。

[49] 羅鋼：《敘事學導論》（昆明：雲南人民出版，1999），頁158。

事「視角」（perspective）的問題。胡亞敏指出，「視角」指敘述者或人物與敘事文中的事件相對應的位置或狀態，或者說敘述者或人物從什麼角度觀察故事。換言之，視角是敘事文的基點，[50]關係著敘述者敘述故事的位置與觀察點。敘事視角是一部作品或一個文本看世界的特殊眼光和角度。因此，敘事視角是一個敘事謀略的樞紐，它錯綜複雜地聯結著誰在看？看到何人、何事、何物？以及要給讀者何種「召喚視野」等。[51]這也意謂著觀察的角度不同，同一事件會出現不同的結構和情趣。[52]

　　有關敘事視角的問題，眾說紛紜並無定論，申丹在《敘事學與小說文體研究》中耙梳各家說法，提出四種不同類型的敘事視角：(1)零視角或無限制型視角（即傳統的全知敘述）。[53](2)內視角（它仍然包含熱拉爾‧熱奈特（Gérard Gnette）提及的三個分類（固定式內聚焦、轉換式內聚焦、多重式內聚焦），但固定式內視角不僅包括第三人稱「固定性人物有限視角」，而且也包括第一人稱主人公敘述中的「我」正在經歷事件時的眼光，以及第一人稱見證人敘述中觀察位置處於故事中心的「我」正在經歷事件時的眼光）。(3)第一人稱外視角（即固定式內視角涉及的兩種第一人稱（回顧性）敘述中敘述者「我」追憶往事的眼光，以及第一人稱見證人敘述中觀察位置處於故事邊緣的「我」的眼光。(4)第三人稱

---

[50] 參見胡亞敏：《敘事學》（武漢：華中師範大學出版，1994），頁19、208。

[51] 楊義：《中國敘事學》：「敘事作為一種文類術語，則是唐宋時代的事情。」（嘉義：南華管理學院出版，1998，頁208）。

[52] 胡亞敏：《敘事學》（武漢：華中師範大學出版，1994），頁19。

[53] 申丹：《敘述學與小說文體學研究》：「全知敘事者不是故事中的人物，無論他／她敘述的是人物的內心活動還是外部言行，他／她的觀察位置一般均處於故事之外。全知敘述者在轉用故事內人物的眼光敘事時，視角也就從「外視角」轉換成了「內視角」。」（北京：北京大學出版，2004），頁215。

外視角（同熱拉爾・熱奈特的「外聚焦」[54]）。在此種狀態下，敘述者一般僅起攝像機的作用。[55]

　　楊義《中國敘事學》認為所謂視角是與敘述者締緣，而視角有全知、限知、外視角、內視角之別。此外，楊氏分別「視角」與「聚焦」云：

> 所謂視角是從作者、敘述者的角度投射出視線，來感覺、體察和認知敘事世界的；假如換一個角度，從文本自身來考察其虛與實、疏與密，那麼得出的概念系統就是：聚焦與非聚焦。視角講的是誰在看，聚焦講的是什麼被看，它們的出發點和投射方向是互異的。[56]

本文是從敘述者的角度出發進行論述，是以選擇用「視角」一詞，並採取以申丹的分類為主。

　　以敘事學來研究分析佛經神通故事，是一個新的嘗試途徑，期待沿著敘事學這條新途徑，能夠重新審視佛經神通故事的敘事藝術，獲得對其嶄新的感受和理解。

四、關於本書採用「大小乘」用語的原因

　　「大、小乘佛法」一詞歷來為中國佛教所慣用，「大乘」之名首見於《般若經》中，最早音譯為「摩訶衍」；與其對立的「小

---

[54] 申丹：《敘述學與小說文體學研究》：「其特點是敘述者所說的比人物所知少。」（北京：北京大學出版，2004），頁213。

[55] 以上四種類型見申丹：《敘述學與小說文體學研究》（北京：北京大學出版，2004），頁218。

[56] 楊義：《中國敘事學》（嘉義：南華管理學院出版，1998），頁217、227、265。

乘」一語則不見於古《般若經》及其他初期大乘經典，[57] 迄至革新性比較強烈《法華經》中，形象始鮮明起來。[58]

　　儘管「小乘」一詞長期具有輕視的意味，經歷史學者周伯戡考證佛教初傳中國時所稱「小乘」並無貶義，他認為道安所使用「小乘」與漢朝所傳下來的「小學」意義相通，「小乘」之《阿含》於佛教中地位，實與漢代儒學中之小學地位一般。然至鳩摩羅什譯出《大智度論》後，印度大乘佛教的「小乘」觀影響了中國佛教徒對此字彙的認識，道安眼中代表「基礎之學」的「小乘」意義始退居其次，甚至為人遺忘。[59]

　　近代西方學者以巴利語著手研究佛典，這些地區長期均為小乘佛法流行地區，因緣際會下恰巧避開大乘佛教價值觀的影響，而能採取另外一種全新視野看待「小乘佛法」。英國佛教學者大衛斯（Thomas William Rhys Davids）將其著作命名為《Early Buddhism》，日本學者木村泰賢遂於大正十三年（西元1924年）出版之《原始佛教思想論》中，正式將「Early Buddhism」一詞譯為「原始佛教」，亦即今日所說之「初期佛教」。與「初期佛教」

---

[57] 《增壹阿含經》卷18中有「小乘」一詞：「舍利弗當知：如來有四不可思議事，非小乘所能知：云何為四？世不可思議、眾生不可思議、龍不可思議、佛土境界不可思議，是謂舍利弗，有四不可思議。」（T.2, no.125, p.640a）。水野弘元著：《佛教的真髓》中云《增一阿含》出現大乘的語詞，如大乘、小乘、法身、六度無極、大慈大悲等，這些是大乘佛教宣說的內容。（嘉義：香光書鄉出版，2002），頁327。

[58] 水野弘元、中村元等著，許洋主譯：《印度的佛教》（台北：法爾出版，1988），頁108。

[59] 周伯戡：〈早期中國佛教的小乘觀──兼論道安長安譯經在中國佛教史上的意義〉，《國立台灣大學歷史系學報》第16期（1991年8月），頁235-270。又可參照周伯戡：〈早期中國佛教的大乘小乘觀〉，《文史哲學報》第38期（1990年12月），頁63-79。

類似之用語，有「原始佛教」、「根本佛教」、「最初期佛教」等。
其中「原始佛教」一詞則有廣、狹兩種見解：以宇井伯壽《印度
哲學研究》為代表之「狹義原始佛教限定說」，即區分「根本佛
教」（西元前431～350年，佛陀教化活動的時期）與「原始佛教」
（西元前350～270年，從佛滅後到部派未成立之前）兩組概念。而
木村泰賢《原始佛教思想論》所採之「廣義原始佛教說」，則主張
從佛陀時代到大眾部與上座部分立前，即可稱為「原始佛教」。[60]

　　國內學者王開府在2003年發表〈原始佛教、根本佛教、初期
佛教與最初期佛教〉[61]一文，試圖彙整各方學者（包括日本、歐
美及我國），對此一時期佛教之不同用語、定義及看法。其文主要
在探討日本學界有關「原始佛教」之用語，包括「根本佛教」、
「初期佛教」、「最初期佛教」等。國內對於這些用語之用法常受到
日本學者影響，故作者以日本、國內資料為主，西方資料為輔進
行分析。

　　作者首先舉出望月信亨《望月佛教大辭典》、中村元《廣說
佛教語大辭典》為例，二者雖然對於「原始佛教」、「根本佛教」
之定義不同，但當時顯然未將「初期佛教」、「最初期佛教」視作
專門術語。1987年藤田宏達〈原始佛教、初期佛教、根本佛教〉[62]
對於這些用語之來歷及相關問題做了深入的研究，故作者在本文
以藤田氏此文及國內外資料進一步探討。他分別討論「原始佛
教」、「根本佛教」、「初期佛教」、「最初期佛教」四個用語，並補

---

[60] 元弼聖：〈原始佛教的佛陀觀〉，《圓光佛學學報》第5期（2000年12月）。

[61] 王開府：〈原始佛教、根本佛教、初期與最初期佛教〉，《冉雲華先生八秩華誕壽
慶論文集》（台北：法光出版，2003），頁55。

[62] 藤田宏達：〈原始佛教、初期佛教、根本佛教〉，《印度哲學佛教學》第2期
（1987年10月），頁20-56。

充這些用詞之西文對應語,以及國內相關用語,最後總結並提出個人的看法;其認為「初期佛教」最適當的用語,與西方學界常用的「Early Buddhism」之意近似,是單純的學術使用之中性、客觀用語,無判教意味。

綜上所述可知,受到西方及日本學者影響,今日學界已逐漸採取這些名詞,不過由於「初期佛教」一詞定義在學術界中尚未取得共識,對於部派分裂前之佛教,該用那一個詞去定義它較合適,仍然各持己見、未有定論,學者僅能就自己接受的概念進行論述。而在這些名詞概念已都通行使用尚未取得共識前,本文仍採傳統慣用之「小乘」一詞,用以指稱佛教成立後迄大乘佛教興起前,主要記載於《阿含經》及律部所流傳之教法。需要特別說明者,這裡並無任何貶抑或者比較的意味,而是基於這個詞彙至今仍為許多人所使用及熟習,更重要的具有一定的行文方便性及概念共通性,方便鋪陳開展本文所欲論述的課題。

五、《阿含經》及五廣律概述

本書一、二章以《阿含經》為主軸進行有關神通理論、類型、作用、修鍊方式及神通諸面向進行討論,這其中也多少都延伸到五部廣律的資料;而在神通敘事各章中,也常常用到《阿含經》及五部廣律,是以對此部份在此先作概述,以後出現則不再作背景介紹;至於其他本書中重要經典的簡介,則於該書第一次出現的章節加以概述。

(一)《阿含經》概述

「阿含」是梵語 Āgama 之音譯,有「到來」、「傳來」之意,

其義為「傳來之經」，北傳譯稱「阿含經」，南傳巴利稱「尼柯耶」（nikāya）。漢譯阿含經典，主要以收錄於《大正新脩大藏經》「阿含部」之四阿含——《雜阿含經》、《長阿含經》、《中阿含經》、《增一阿含經》為主，其他本緣部、經集部亦有阿含類之經典。四部阿含從原始佛教到部派佛教，一直為口語傳承，即由弟子記憶諷誦而流傳下來。直到西元前一世紀才有「寫經」的傳本。阿含經典所記載的是釋迦牟尼教授弟子的教學對答和生活實錄，所以承載了佛教的基本學說和修行義理，因此無論是要理解佛教核心教義或深入研究佛學的思想發展，《阿含經》都是必要的入門經典。以下針對漢譯四阿含的成立及其內容特色，簡略說明：

1.《長阿含經》

　　《長阿含經》與巴利佛典長部（Dīgha-nikāya）相對應，由佛陀耶舍（Buddhayaśas）與竺佛念於後秦弘治十五年，奉詔翻譯而成，以北傳梵本（即長阿含佛教梵語原本）為漢譯底本。《長阿含經》主要為佛陀駁斥婆羅門和外道的思想記錄，此部每則經文篇幅較其餘阿含長，故有此題名。

　　《長阿含經》有四分，二十二卷，30經；其四分即四大部分：「第一分」，從第1經《大本經》至第4經《闍尼沙經》，以敘說佛陀之本始及事蹟為主。「第二分」包含《小緣經》乃至《大會經》等15經，主要為佛法的法義和修習之綱要說明。「第三分」包含《阿摩晝經》乃至《露遮經》等十經，為佛陀對弟子、其他宗教領袖（如得梵分婆羅門）、政治君王（如阿闍世王）等，講述說明佛法教義、修持和證果等之記錄。「第四分」，僅《世記經》一經，包括閻浮提洲品、鬱單曰品等十二品，代表了佛教的世界

觀宇宙觀，記述有情世間與物質世間之種種。

2.《中阿含經》

佛滅後，佛教經典「第二次結集」（西元前三世紀）以原始的「相應修多羅」（即雜阿含經）為底本，增添其他教說編成《中阿含經》。漢譯《中阿含經》於前秦建元二十年（西元384年）由曇摩難提口誦梵本，竺佛念傳譯，慧嵩筆受首譯，梁代以後失傳。第二譯由僧伽羅又於東晉隆安元年（西元397年）執梵本口誦，僧伽提婆轉譯為晉語，道慈記錄。

現存常用的版本是東晉罽賓三藏瞿曇僧伽提婆所譯，共六十卷，222經，內容可以分為五誦、十八品。本經各篇經文長度適中，內容主要記敘佛陀和弟子之間的對答，亦有佛陀回答君主、居士、和其他教派徒眾等之疑問，此中比《雜阿含經》更為詳盡地分說佛教的法目，如「五取蘊、六入處、十二因緣、四聖諦、因果業報、禪定修行」等之義理，故有「對治悉檀」之稱（「悉檀」梵字原意為成就，或可說為成就之法），和澄清法理，破除疑惑之用。

3.《雜阿含經》

漢譯《雜阿含經》與巴利本的「相應部」相當，根據《瑜伽師地論》的說明：一切事相應教，間廁鳩集，故稱雜阿笈摩（雜阿含）。漢本題名為《雜阿含經》的版本有三：（一）《雜阿含經》（T.2, no.99）為求那跋陀羅和寶雲傳譯，慧觀筆受，劉宋元嘉年間（西元435～443年）譯出的五十卷本，1362小經（依大正藏編目）。此本最常被採用。（二）《別譯雜阿含經》（T.2, no.100），大正藏題為失譯人名附秦錄，但學者推測可能於西秦時代（西元

385～431年）被譯出，共十六卷，364經。《別譯雜阿含經》中，除了第87經、139經及299經以外，其餘諸經全可見於《雜阿含經》中。（三）《雜阿含經》（T.2, no.101）為一卷本27經，大正藏題記為：附吳魏二錄。

巴利本「相應部」是最早被結集的經典，故《雜阿含經》也可視為「佛教教義的母體」，記載佛陀講說最根本的教義、哲理、修行次第和修證成果；（教義）針對弟子程度傾向相應而教「五蘊、六處、十八界、善業法、現世安樂法、究竟安樂法……」等；（哲理）四聖諦、十二因緣法等；（修行）三十七菩提分法；（證果）四果、辟支佛、無上正等正覺佛陀等等。

4.《增一阿含經》

《增一阿含經》，與巴利本「增支部」相當，成立時期為四阿含中最晚者。《大正藏》題名為東晉瞿曇僧伽提婆譯，但據宇井伯壽考證最早由符秦・曇摩難提譯出，後有東晉經僧伽提婆增改校譯，故歷代佛典經錄有題為曇摩難提譯，或僧伽提婆等不同說法。

依現存《增一阿含經》（T.2, no.125）的版本來看，有五十一卷，分為52品，472經，主要的內容為：佛陀教化弟子修習世出世善業，而其教法特色為以數字為法目和逐一增上為編排，如「一法」說的有十三品，「二法」中以善、不善行，正、邪見，正、邪語，正、邪業等編集的有六品；次第增進演生「三法」、「四法」……乃至「十一法」。

另一特點為，《增一阿含經》出現了許多與大乘思想相關的語詞，如大乘、小乘、法身、六度無極、大慈大悲等。[63]內容上，

---

[63] 水野弘元著：《佛教的真髓》（嘉義：香光書鄉出版，2002），頁327。

經中所引的「因緣」、「譬喻」極多,以及本生、因緣、譬喻的文學故事,都和大乘思想的特徵有關,值得進一步研究。

附表:【漢譯四阿含與巴利本的經名對照】

漢譯	長阿含經	中阿含經	雜阿含經	增一阿含經
巴利尼柯耶	長部 Dīgha-nikāya	中部 Majjhima-nikāya	相應部 Saṃyutta-nikāya	增支部 Aṅguttara-nikāya

(二)五部廣律

1. 律藏的性質

律藏(梵 vinaya-piṭaka),音譯毘奈耶藏、毘尼藏,意譯調伏藏。係指佛陀所制之律儀,其目的在於調伏眾生心性、對治修行者之惡念。舉凡佛陀所制定之教團生活規則及細行等,皆可歸屬律部類。因律典種類甚多,若依內容而定,約可分為六部分:

(1)聲聞戒法:對象以比丘、比丘尼為主,列舉各種行為所違犯之罪名,並說明其制戒因緣、如何制定及其對於戒文之解釋,同時列舉各種實例,作為出家眾修持的依歸。

(2)菩薩戒及律儀:主要說明大乘菩薩所受持之戒律,其內容為三聚淨戒,即「攝律儀戒」、「攝善法戒」、「饒益有情戒」等三項,亦即聚集持律儀、修善法、度眾生等三大門。

(3)犍度部:[64]記載僧團主要行事及各項制度規定,包括受戒、布薩、安居及生活衣食等細節,分類整理後,將同類之行事軌範編輯一處。

---

[64] 「犍度」之梵語為 skandha,犍度之名為音譯,其原意是指蘊、聚。

(4)結集事要：記述五百結集、七百結集等佛教聖典編纂主要事情。

(5)調部毘尼、毘尼增一：[65]於比較細微之戒律行持、犯戒情事加以組織及重述。

(6)律論：內容主要解釋諸家律典，如《善見論》以解釋《四分律》為主，而《薩婆多論》則係解釋《十誦律》為主。

2. 律藏分化及五廣律之產生

佛典第一次的集結始於佛陀滅度後王舍城中舉行，其中阿難誦出經藏，優波離誦出律藏，由於律藏分八十次誦出，故又名《八十誦律》。其後《八十誦律》又分出《四分律》、《五分律》等律典。部派時期各家論師因對於律藏內容取捨產生歧異，故又有二部律、五部律，以及二十部律產生。[66]

所謂的「二部」係指「上座部」及「大眾部」。而「五部律」則為優婆崛多五位弟子，依各自對律典的內容取捨不同，因此分為：(1)曇無德部所主之《四分律》；(2)彌沙塞部所主之《五分律》；(3)說一切有部（即薩婆多部）所主之《十誦律》；(4)大眾部所主之《摩訶僧祇律》；(5)迦葉遺部所主之《解脫戒經》。此五部律中迦葉遺部之《解脫戒經》只有戒本，並無廣律傳出。

「廣律」內容乃記錄佛陀時代弟子持守律儀之各別事緣，當弟子中犯過者漸多時，佛陀即依緣而將該條戒律一一廣說，故稱之為「廣律」。廣律的中心部分主要為「經分別」及「犍度部」。而「戒經」的分別廣釋，各律稱為「波羅提木叉分別」，巴利《銅

---

[65] 「毘尼」為律（梵vinaya）之舊音譯，新譯毘奈耶。

[66] 慧嶽：〈律宗教義及其紀傳〉，見於《律宗概述及其成立與發展》，張曼濤主編「現代佛教學術叢刊」第88冊（台北：大乘文化出版，1981），頁30-31。

鍱律》簡稱「經分別」；漢藏所譯的廣律，每稱為「毘尼」或「毘奈耶」，義譯為「律」。漢地所傳之廣律分別為：曇無德部《四分律》、彌沙塞部《五分律》、說一切有部《十誦律》、大眾部《摩訶僧祇律》，及根本說一切有部的《根本說一切有部毘奈耶》等五部。

由於佛陀制戒乃採「隨犯隨制」原則，必待不如法之事件發生始制訂戒律，因此有許多關於為何要制戒的敘事，被記錄下來稱為「因緣」，和「本生」及「譬喻」並存於「波羅提木叉分別」及「律藏」的其他部分。因此在廣律記載「因緣」、「本生」及「譬喻」的部分中，保存佛陀弟子各種行誼事蹟，乃佛學研究者之寶藏。

五部律中，中國最先譯出《十誦律》。《十誦律》是薩婆多部的廣律。姚秦弘始六年（西元404年）專精《十誦律》沙門弗若多羅至長安，與鳩摩羅什共譯《十誦律》，律文尚未譯完弗若多羅便即逝世，而後又有曇摩流支攜此律梵本復與羅什共譯，成五十八卷。譯文尚未刪改整理，羅什又逝世。後又有卑摩羅叉於長安對譯本重加校訂，改最後一誦為「毘尼誦」，同譯出〈十誦律毘尼序〉置於最末共六十一卷，此即今日流行之《十誦律》。

曇無德部廣律《四分律》，於弘始十年（西元408年），由善誦曇無德部律的佛陀耶舍誦出梵文，竺佛念譯為漢文，初成四十四卷，今開為六十卷。

《僧祇律》梵本是由法顯從印度求來，於義熙十四年（西元418年）於道場寺與佛陀跋陀羅共同譯出，成四十卷。

彌沙塞部的廣律《五分律》亦經佛陀什和竺道生於劉宋景平

二年（西元424年）譯出，成三十卷。[67]

　　至於最晚譯出的是《根本說一切有部毘奈耶》，其梵本由唐・義淨攜回中土，於武后長安三年（西元703年）譯出。《根本說一切有部毘奈耶》共五十卷。於漢譯諸律本中，本律與《十誦律》最近似。

附表：【《大正藏》之五部廣律的譯者與譯年整理】[68]

卷號	律部名稱	卷數	譯者
No. 1421	彌沙塞部和醯五分律	30卷	劉宋・佛陀什共竺道生等譯
No. 1425	摩訶僧祇律	40卷	東晉・佛陀跋陀羅共法顯譯
No. 1428	四分律	60卷	姚秦・佛陀耶舍共竺佛念等譯
No. 1435	十誦律	61卷	後秦・弗若多羅共羅什譯
No. 1442	根本說一切有部毘奈耶	50卷	唐・義淨譯
No. 1443	根本說一切有部苾芻尼毘奈耶	20卷	唐・義淨譯
No. 1444	根本說一切有部毘奈耶出家事	4卷	唐・義淨譯
No. 1445	根本說一切有部毘奈耶安居事	1卷	唐・義淨譯
No. 1446	根本說一切有部毘奈耶隨意事	1卷	唐・義淨譯
No. 1447	根本說一切有部毘奈耶皮革事	2卷	唐・義淨譯
No. 1448	根本說一切有部毘奈耶藥事	18卷	唐・義淨譯
No. 1449	根本說一切有部毘奈耶羯恥那衣事	1卷	唐・義淨譯
No. 1450	根本說一切有部毘奈耶破僧事	20卷	唐・義淨譯
No. 1451	根本說一切有部毘奈耶雜事	40卷	唐・義淨譯

---

[67]　溫金玉釋譯：《四分律》（台北：佛光出版，1997），頁280-281。
[68]　上述版本參見新文豐出版。

說明：五部廣律加上根本說一切有部苾芻尼毘奈耶、出家事、安居事、隨意事、皮革事、藥事、羯恥那衣事、破僧事、雜事等九部律典共十四部，三百四十八卷。

六、附錄

附表：【《大正藏》中各部別有關「神通」之經名或品名】

部別	經名	出處
本緣部	《生經・佛說比丘尼現變經》	T.3, no.154, p.100a-b
	《大乘悲分陀利經・立願舍利神變品》	T.3, no.158, p.270a-271a
	《普曜經・十八變品》	T.3, no.186, p.530c-531b
	《修行本起經・現變品》	T.3, no.184, p.461a-c
	《撰集百緣經・帝釋變迦蘭陀竹林緣》	T.4, no.200, p.212c-213a
	《百喻經・破五通仙眼喻》	T.4, no.209, p.548b-c
般若部	《放光般若經・問幻品》	T.8, no.221, p.17a-b
	《放光般若經・摩訶般若波羅蜜度五神通品第五》	T.8, no.221, p.9c-10a
	《放光般若經・摩訶般若波羅蜜如幻品》	T.8, no.221, p.40a-b
法華部	《佛說菩薩行方便境界神通變化經》	T.9, no.271, p.300b-316b
	《正法華經・如來神足行品》	T.9, no.263, p.124a
華嚴部	《大方廣佛華嚴經・十通品》	T.10, no.279, p.229c-230a
	《最勝問菩薩十住除垢斷結經・神足品》	T.10, no.309, p.998b-c
	《等目菩薩所問三昧經・等目菩薩神變品》	T.10, no.288, p.577c-578c
寶積部	《大寶積經・大神變會》	T.11, no.310, p.492b
	《大寶積經・富樓那會・神力品》	T.11, no.310, p.449b
	《大寶積經・善住意天子會・文殊神變品》	T.11, no.310, p.578a
	《大寶積經・善住意天子會・神通證說品》	T.11, no.310, p.590a
	《佛說幻士仁賢經》	T.12, no.324, p.31a

涅槃部	《菩薩從兜術天降神母胎說廣普經・文殊身變化品》	T.12, no.384, p.1049c-1050a
	《中陰經・神足品》	T.12, no.385, p.1064b-c
大集部	《大方等大集經・佛現神通品》	T.13, no.397, p.270a-c
	《大方等大集經菩薩念佛三昧分・神變品》	T.13, no.415, p.838c-839a
	《大方等大集經菩薩念佛三昧分・彌勒神通品》	T.13, no.415, p.843b-844a
經集部	《佛說大乘善見變化文殊師利問法經》	T.14, no.472, p.515a-516b
	《寂照神變三摩地經》	T.15, no.648 p.723a-727b
	《修行道地經・天眼見終始品》	T.15, no.606, p.200a-b
	《修行道地經・天耳品》	T.15, no.606, p.200c
	《修行道地經・念往世品》	T.15, no.606, p.200c-201a
	《修行道地經・神足品》 同本異譯：《道地經・神足行章》	T.15, no.606, p.212c-213a T.15, no.607, p.235b-236a
	《修行道地經・知人心念品》	T.15, no.606, p.201a-b
	《佛說華手經・神力品》	T.16, no.657, p.128c-130a
	《佛說華手經・現變品》	T.16, no.657, p.135c-136c
	《大乘入楞伽經・變化品》	T.16, no.672, p.622b-c
	《佛說道神足無極變化經》	T.17, no.816, p.800c
	《佛說大乘不思議神通境界經》	T.17, no.843, p.922b-931a
密教部	《大法炬陀羅尼經・入海神變品》	T.21, no.1340, p.721b-722a
	《佛說宿命智陀羅尼經》	T.21, no.1383, p.904b
諸宗部	《華嚴經內章門等雜孔目章・六神通章》	T.45, no.1870, p.567b
	《法界次第初門・六神通初門》	T.46, no.1925, p.678b-c
	《法界次第初門・八種變化初門》	T.46, no.1925, p.693b-c

第一章 《阿含經》敘事中的神通觀

一、前言

「神通」（梵abhijñā，巴abhiññā）[1] 在 佛 教 初 期（Early Buddhism）、部 派 佛 教（Scholastic Buddhism）及 大 乘 佛 教（Mahāyāna Buddhism）中都佔有一定的地位。[2]據巴利聖典協會（Pali Text Society）的 *The Pali-English Dictionary* 說明「abhiññā」一字最早的字義是指一種 special knowledge（特殊的知識）；[3]其原

---

[1] 以下引自梵文、巴利語，直接簡略標明為「梵」、「巴」。

[2] 可參考前章緒論以下略為補充，佛滅後的一百到四百年之間，佛教教團分裂，形成許多部派，佛教史稱此期為「部派佛教」；分裂之前稱之為「原始佛教」（Early Buddhism or Primitive Buddhism）。參考林朝成、郭朝順：《佛教概論》（台北：三民書局出版，2000），頁30。大乘佛教（Mahāyāna Buddhism；英文又稱 Great Vehicle or Large Vehicle）其稱法乃相對於初期佛教（Early Buddhism），被 視 為 小 乘（Hīnayāna，the small or even called "inferior vehicle"），或 稱 上 座 部 佛 教（Theravāda，the teaching of elders）或簡稱為經院佛教（Monastic Buddhism）。這些說法、名稱、譯法仍具爭議。請參考Robert E. Buswell, Jr., Encyclopedia of Buddhism, New York: Macmillam Reference USA, 2004, pp.492，關於 "Mahāyāna" 之解釋。又「初期佛教」（Early Buddhism）是現代佛教史學的稱法。根據《佛教百科》對初期佛教（Early Buddhism）的說明，初期佛教即小乘佛教，包括上座部、有部等20個派別，含部派佛教時期。請參考Robert E. Buswell, Jr., *Encyclopedia of Buddhism*, N.Y: Macmillam Reference USA, 2004, p.492.

[3] T.W. Rhys Davids and William Stede ed., *The Pali-English Dictionary*, New Delhi: Asian Educational Services, 1997, p.64. Abhiññā在當代的英譯中也是譯為 *Encyclopedia of Buddhism*：「higher knowledges」、*A Dictionary of Buddhism*：「supernormal knowledge or supernatural cognition」、*A Concise Encyclopedia of Buddhism*：「higher knowledge」，以上皆提到了「knowledge」一詞。反觀，漢譯所譯的「神通」一詞，字面上並沒有譯出「知識」的概念。以上參考：Robert E. Buswell, Jr. ed.,

由字根abhi-（殊勝）[4]加上動詞詞根√jñā（知）的字基所構成，在
《長部・第3經》（D. III 281）曾描述六種「神通」能力的短文，
這些文字並未出現統稱的「神通」（abhiññā）一詞。而 *The Pali-
English Dictionary* 所提到的《D. III 281》，相當於漢譯《長阿含・
第20經・阿摩晝經》（Ambaṭṭha Sutta），[5]漢譯經中對六神通的內
容與功用亦多所描述，然的確沒有出現單獨的「神通」一詞，[6]這
或許也是漢譯五部阿含中關於「神通」的用語並不統一的緣故。
換言之，早期巴利經典「abhiññā」一字的用法，是廣義指稱一種
「經過長久的生命歷練和思考訓練才可獲得的特殊的、超凡的統覺
能力和知識」[7]，這也許是「神通」（abhiññā）最原始的意涵。至
於偏向特異能力（supernormal power）的「神通」之說，*The Pali-*

Encyclopedia of Buddhism, N.Y.: Macmillan Reference, 2004, p.8. Damien Keown, *A Dictionary of Buddhism*, N.Y.: Oxford University, 2003, p.3. John Powers, *A Concise Encyclopedia of Buddhism*, Oxford: Oneworld publications , 2000, p.14.

[4] 按《パーリ語辞典》指出 Abhi-接頭詞為「面對（to face）、向、勝、過」的意思，水野弘元亦指出：abhiññā「通智」是從abhijānāti「善知」之動詞所形成的名詞，帶有abhi「殊勝」（superior）意思的接頭詞。參考：水野弘元：《パーリ語辞典》（東京：春秋社，1992），頁31。水野弘元，釋惠敏譯：〈原始佛教及部派佛教的般若〉，《佛教教理研究——水野弘元著作選集》（台北：法鼓文化出版，2000），頁89。

[5] 《長阿含・阿摩晝經》，其他的漢譯本尚有：吳・支謙所譯的《佛開解梵志阿颰經》（T.1, no.20）。參考赤沼智善：《漢巴四部阿含互照錄》（台北：華宇出版，1986），頁5。

[6] 唯一一次「神通智證」也不是單獨「神通」一詞，它指的即是「神足通」，但巴利本原文作iddhi-vidhāya cittaj abhinīharati abhininnāmeti（心傾注種種神變）；種種神變，即神境智證通，為六神通之一。參考《佛光大藏經電子版・阿含藏》（高雄：佛光山文教基金會出版，2002）。佛光電子版的「cittaj」，應是「cittaṃ」，佛光電子版的巴利字詞詞尾j應是ṃ。

[7] "...wider meaning of special, supernormal power of apperception and knowledge to be acquired by long training in life and thought." T.W. Rhys Davids and William Stede ed., *The Pali-English Dictionary*, New Delhi: Asian Educational Services, 1997, p.64.

*English Dictionary*認為可能是「尼柯耶（Nikāya）」結集的晚期才成立。在漢譯《阿含經》中「神通」就其變化又稱「神變」，[8]就其展現的力量又稱「神變力」[9]、「神通力」[10]或「神力」[11]。以下則將漢譯五部阿含中有關「六神通」的名稱與異稱作一表格，以約略鳥瞰《阿含經》中「六神通」的不同名稱：

【漢譯《阿含經》中「六神通」的名稱與異稱一覽表】

六神通						
簡稱	神足通	天耳通	他心通	天眼通	宿命通	漏盡通
長・5	神足					
長・10	神足通證	天耳通證	知他心通證	天眼通證	宿命通證	漏盡通證
長・11	神足通證	天耳通證	知他心通證	天眼通證	宿命通證	漏盡通證
長・18	神足（證）			天眼智	自識宿命智證	
長・20	神通智證	天耳智	他心智	見生死智證	宿命智	
中・20	如意足	天耳智	他心智	生死智	宿命智	
中・80		天耳智通	他心智通	生死智通	宿命智通	漏盡智通
中・81	如意足	天耳	他心智	生死智	宿命智	
中・104	神足					
中・218	如意足	天耳	他心智	生死智	宿命智	漏盡
雜・571	神足					
雜・814		天耳	他心智	生死智	宿命智	漏盡智

8　《雜阿含・第1074經》：「上昇虛空，作四種神變。」（T.2, no.99, p.279b）。

9　《長阿含・闍尼沙經》：「汝今見我神變力不？」（T.1, no.1, p.36a）。

10　《雜阿含・第494經》：「禪思得神通力，自在如意。」（T.2, no.99, p.128c-129a）。

11　《長阿含・自歡喜經》：「神足證者；諸沙門・婆羅門以種種方便，入定意三昧、隨三昧心、作無數神力，能變一身為無數身，以無數身合為一身，石壁無礙，於虛空中結加趺坐。猶如飛鳥，出入於地。」（T.1, no.1, p.78b）。

雜・964		天耳	他心智	天眼／生死智	宿命智	漏盡智
雜・1142		天耳	他心智	生死智	宿命智	漏盡智
雜・1144	神通境界智證 神通境界作證智	天耳 （作證智）	他心通 （作證智）	生死智 （作證智）	宿命智 （作證智）	漏盡作證智通
增・8				天眼通		
增・9	神足（力）					
增・24	神足力	天耳		天眼		
增・119		天耳通	知他心通	生死智通	宿命通	漏盡通
別雜・13	神足					
別雜・117		天耳	他心智	天眼	宿命	漏盡
別雜・119	如意通	天耳通	知他心通	生死智通	宿命通	漏盡通
別雜・198	身通	天耳	他心智	天眼	宿命	漏盡智
備　　註	說明： 1.「六神通」又稱「六神通智」，簡稱「六通」，可參考《雜阿含・1144經》、《增壹阿含・280經》。 本表主要試圖統整六種神通在不同阿含經典中使用的不同稱法。 2.「長・9」為經證出處，前者代表出自《長阿含經》，後者為經號「第9經」。 3.「雜阿含・第1144經」表明括號（作證智），表示根據經文文意可加入「作證智」。					

　　以上「神足通」的名稱最不統一固定，「天耳通」的稱法最一致。《雜阿含・第885經》說於「生死智證明、宿命智證明、漏盡智證明」[12] 三處悉通達者為「三明」（梵 tri-vidya；巴 ti-vijjā）；《長阿含・第9經》又謂「三明：天眼智明、自識宿命智明、漏盡智明」。[13]「三明」又可稱為「三達」或「三明達」。

---

[12]　《雜阿含・第885經》（T.2, no.99, p.223b-c）。

[13]　《長阿含・第9經》（T.1, no.1, p.50b）。

二、《阿含經》敘事中的神通定位

　　《阿含經》中有許多不帶敘事形式（narrative form），直接針對法義（doctrine）來詮釋說理的經文，即使有譬喻（metaphors）的詞語或句子也都是作為法義的例證而已，如對五陰、十二因緣、四聖諦等的論述多是如此呈現。[14] 然而《阿含經》中論述神通定位及類型的重要經文，往往是將神通論述放置在「敘事」中來展現，在一則經文故事的眾多事件（events）中，暫停故事情節的進行，展開或長或短的對於某些法義的論述，神通的論述往往是置於這些法義的某一環節之中。可以說是將有關神通的論述帶進敘事中，使非敘事的神通論述、鑲嵌於敘事的框架中；使故事情節與神通論述，彼此照應合成有機的統一體。這是頗為特殊的敘述形式，一般而言在故事中說理，將使故事的趣味性大減，並不是說故事很好的表達形式。如劉世劍在《小說敘事藝術》中討論到米蘭‧昆德拉（Milan Kundera）關於小說的形式時，指出米蘭‧昆德拉認為「必須有一種獨具小說性質的論文（essai spécifiquement romanesque）式的新藝術」，所以米蘭‧昆德拉談到「複調」（polyphony）[15] 小說時，把議論（argumentation）也作為藝術結構中與其他若干故事線索同時共存、平等相對的一條線索。劉氏舉出其之《生命中不能承受之輕》第六章作為例證，並毫不隱諱地說「這一章不是建立在一個故事的提綱之上，而是在一篇論文（關於媚俗的論文）之上」。米蘭‧昆德拉並讚揚奧地利

---

[14] 例如對「五（受）陰」法義的譬喻：「愚癡無聞凡夫……於此五陰保持護惜，終為此五受陰怨家所害，如彼長者為詐親怨家所害而不覺知。……多聞聖弟子於此五受陰，觀察如病、如癰、如刺、如殺。」（《雜阿含‧第104經》T.2, no.99, p.31c）。

[15] 米蘭‧昆德拉所提及的「複調」和巴赫金（M. Bakhtin）的複調理論不同。

作家海·布洛赫的小說《夢遊人》「把非小說的類合併在小說的複調法中」，是一個「革命性的創舉」。劉世劍認同米蘭·昆德拉這一說法對於如何既保持小說文體個性，又敢於不拘一格地進行創作，是富有啟示性的。但他同時又批評米蘭·昆德拉將大量議論帶進小說，使小說成為理性色彩過濃的東西。[16]

　　觀察佛經在敘事中說理的文本形式，竟然與米蘭·昆德拉所肯定的將非敘事性的議論與敘事性故事同時共存平等相對，把非小說的文類合併在小說的複調法中的小說形式遙相呼應。[17]這是因為佛經以傳達佛理奧義、修法證界、教誡律儀為核心主旨，無論是粗陳梗概或敘述宛轉的故事情節，都是表達佛理的手段。因此在故事中放入大量的說理，正是有意為之的敘述手法，往往以故事情節與說理論述共構，巧妙地完成經文主題意旨的表達。尤其關於神通的論述，多是在因著某時某地針對某人某事的時節因緣下所發出的論述，也就是說常是在情境（situation）與事件的觸發下才會討論神通，這是何以《阿含經》中有關論述神通定位及類型的重要經文，多是在敘事中來展現的原因；也是佛經敘事形式的特殊表現。

---

[16] 劉世劍：《小說敘事藝術》（長春：吉林大學出版，1999），頁68。

[17] 本書並不想進一步討論有關米蘭·昆德拉（Milan Kundera）「複調小說」（Polyphonic Fiction）的理論與佛經敘事文體之間的相同相異比較，那將涉及另一專門的議題。在此只是要指出其論小說形式與佛經在敘事中說理形式的相似性而已。有關米蘭·昆德拉「複調小說」的理論可參考相關著作：1.劉世劍曾評論米蘭·昆德拉《小說的藝術》。見氏著《小說敘事藝術》（長春：吉林大學出版，1999），頁68。2.米蘭·昆德拉著，董強譯：《小說的藝術》中云：「一種小說對位法的新藝術（可以將哲學、敘述和夢幻聯成同一種音樂）。」（上海：上海藝文出版，2004），頁89。此外，研究其理論的之相關學術論著亦甚多，其中力著如李鳳亮著：〈複調小說：歷史、現狀與未來——米蘭·昆德拉的複調理論體系及其建構動因〉，《沉思與懷想》（北京：中國社會科學出版，2003），頁90-108。李鳳亮、李艷編：《對話的靈光：米蘭·昆德拉研究資料輯要》（北京：中國友誼出版，1999）。

　　本章主要是探討《阿含經》中神通的定位與分類偏重理論的呈現，作為探討佛教神通觀發展的脈絡；是以對於在敘事中論述神通的故事文本，並不進行文本的細緻分析，只對經文故事做摘要式的敘述。然在經文故事中提出理論，必然有故事事件的敘述者、敘述此理論的敘述者、以及在場傾聽此理論的受敘者等，因此將簡單分析敘述者與受敘者等問題。

（一）佛教「如實觀」敘事中的「神通」定位

　　在《阿含經》中「神通」是放在「如實觀」（yathābhūta-pratyavekṣā）[18]的視域下予以定位，[19]「如實觀」是佛教的核心觀

---

[18] 「如實觀」之梵文可為：yathābhūta-pratyavekṣā、bhūta-pratyavekṣā、yathābhūtadarśanā等等；但根據巴利文佛經，「如實觀」一詞在原始佛教時期可與下列數詞相通：「yathābhūtañāṇadassana（如實知／智見）」、「yathābhūtaṃ jānāti passati（如實知、見）」、「yathābhūtañāṇa（如實智）」、「sammādassana（正見）」，以及「kaṅkhāvitaraṇā（斷惑之法）」、「yathābhūtam pajānāti（了知如實）」，這些字詞也同於佛教最強調的「止觀雙運」的「觀」（Vipassanā），其指出的義理皆為對事物真相能如其所如的（如實地）知見。此說參考潘順堂：《原始佛教的止與觀之研究——以「如實智見」作為切入點》（台北：華梵大學東方人文思想研究所碩士論文，2005），頁75-76, 81,111。溫宗堃：〈從巴利經文檢視對應的雜阿含經文〉，發表於南華大學「第一屆巴利學與佛教學研討會」（2006年9月29日）。根據溫氏研究指出漢譯《雜阿含經》常使用的「如實觀察」（yathābhūtaṃ passati）一詞，對應現存巴利經典的原文只有yathā bhūtassa二字，換言之，只有「如實」之意，「觀察」二字可能是漢譯佛典中無意增加的衍文。對此限於主題不再於漢巴字詞作更細究的分析，但綜觀漢巴佛教經典都指出「如實知見」或「如實觀（照）」本即佛教一向所強調的重要觀點。有關yathābhūta（如實）一詞之相關研究，可參考羽矢辰夫（Tatsuo Haya）：〈「原始仏教におけるyathābhūtaの概念」〉（An interpretation of yathābhūta in early Buddhism），《仏教学》第35期（1993年12月），頁25-40。黃國清：〈竺法護《正法華經》「自然」譯詞析論〉，《中華佛學研究》第5期（2001年3月），頁105-122。

[19] 西方研究「冥契主義」（Mysticism）的學者，常將印度教的瑜伽（yoga），以及佛教的「禪那」（梵語dhyāna，巴利語jhāna）都視為是密契證悟最重要的訓

念，[20] 意思是對實相能有一「如其所如」的把握，這是在禪定中

練方法。瑜伽的修行者、或說印度教的門徒們，也都是藉由這個方法來克服較低層次的本性蒙昧，以期能進入「三摩地（Samadhi）狀態。James 在《宗教經驗之種種》云：對佛教徒而言，「禪那」（dhyana）是他們稱比「三摩地」具更高深的**密契冥思狀態的**專有名詞。佛教徒認為禪那有四個進階階段，而在達到淡漠、記憶與自我意識達到圓滿的狀態之後，他們還能提出一個更高階段的境界──一個空無的境界；在此他們說「絕對無所有」。之後又有另一境界：「既無觀念，也無無觀念。」之後又達到另一個境界：「到達觀念知覺的盡頭」，也許這還未到涅槃的境界，卻已有可能是人類此生所能達到的最接近涅槃的境界了。我們在此不討論 James 整段論述是否完全正確，但 James 所言的「禪那有四個進階階段」，的確是佛教及印度教所謂的由初禪、二禪、三禪至四禪的四個禪定階段。而「神通」是佛教及印度教修鍊者在禪定中發起的超常能力，循此脈絡我們亦可視「神通」是一種「密契經驗」（the mystical experience）。然而何謂「密契經驗」呢？不同的學者有不同的界定，如 James 在《宗教經驗之種種》歸類出密契經驗的四個特性：一、不可言說（Ineffability）；二、知悟（Noeticquality）；三、頃現性（Transiency）；四、被動性（Passivity）。而 Stance 在《冥契主義與哲學》（Mysticism and Philosophy）一書中，引另一宗教心理學家 E. D. Strarbuck 列出冥契經驗有七個特點；然 Stance 本人又另闢蹊徑，探討冥契主義的「共同核心問題」，在其中分冥契主義為「外向型冥契主義」與「內向型冥契主義」兩類，並分別歸納出此內外兩型冥契主義各有七點共同特色；此外另立一小節討論「小乘佛教的冥契是否為特例？」其結論是「涅槃，換言之也就是佛陀的冥契體驗，可以融入其他文化系統的冥契情境當中，他的體驗確實是內在型的，但他不像其他的冥契主義者那般，將它詮釋為自我的統一體」。事實上「冥契主義」是體系非常龐大的論述，西方討論冥契主義的學術著作或論文數量相當多。本書的目的不在將佛教神通放在冥契主義的脈絡下，討論佛教神通與冥契主義的關係；而是欲將佛教的神通觀，放在**佛教經典發展**的脈絡中來論述其內部有關**神通意涵的原始意涵及其發展演變**。因此以下將從《阿含經》中佛教的「如實觀」來看佛教對神通的界定及類型。以上綜合參考：詹姆斯（William James）：《宗教經驗之種種》（The varieties of religious experience: a study in human nature）（台北：立緒文化，2001）。司泰思（Walter Terence Stace）：《冥契主義與哲學》（Mysticism and Philosophy）（台北：正中出版，1998）。

20 霍韜晦《現代佛學》：「根據佛教經院哲學的說法，『如實觀』是禪定中斷除各種煩惱、執著的十八種觀法之一，亦『如實知見』（yathābhūtañāṇadassana，見南

「如實正觀」、「如實觀察」，所獲得「**見如實、知如真**」的境界，並不是一般理性思惟的觀察與知識，《雜阿含經》云：

> 是故，比丘！常當修習方便禪思，內寂其心。比丘！**禪思住，內寂其心**。精勤方便，**如實**觀察。[21]

《中阿含・說處經》中亦云：

> 阿難！比丘、比丘尼**因心定故，便得見如實、知如真**。因見如實、知如真故，便得厭；因厭故便得無欲，因無欲故便得解脫；因解脫故便得知解脫。生已盡、梵行已立、所作已辦、不更受有、知如真。[22]

二則經文強調在禪思禪觀中進行「**如實**」（yathābhūta）觀察，與實相直接接觸看清生命的實相，如觀察五陰無我、觀察「緣起法」、觀察苦諦、集諦等，[23] 就可「**見如實、知如真**」達到

傳《清淨道論》第二十二品）。但在《阿含經》中，則往往用作破除自我，體証生命的無我狀態的睿智，稱為『如實正觀』（即『以正慧如實現之』之意，見《雜阿含經》卷一、卷三等及南傳《相應部》處）。這一用法，顯然是宗教意義的：佛教要通過這種『觀』法，來成就其解脫境界，及理想人格（如來）的智慧。換句話說，『如實觀』成為修行者邁向的目標，及解脫的設準。」（北京：中國社會科學出版，2003），頁38。

[21] 《雜阿含・第65經》（T.2, no.99, p.17b）；巴利本可參閱：《相應部・三昧》（S. 22 5-6 Samādhi）。

[22] 《中阿含・說處經》（T.1, no.26, p.564a）；巴利本可參閱：《中部・六六經》（M.148 Chachakka-sutta）。

[23] 如《雜阿含・第121經》中所言：「佛告羅陀：若多聞聖弟子於此**五受陰如實觀察**非我・非我所者，於諸世間都無所取，無所取者無所著，無所著故自覺涅槃。我生已盡，梵行已立，所作已作，自知不受後有。」（T.2, no.99, p.39c-40a）「若比丘此苦聖諦如實知，此苦集聖諦・此苦滅聖諦・此苦滅道跡聖諦如實知，是名增上慧學。」（《雜阿含・第832經》T.2, no.99, p.213c）「如實正觀世間集者，則不生

解脫。因此「如實觀」是破除自我、體證生命無我狀態的睿智，是解脫的關鍵，[24]是佛陀自己的一種典型教義，是佛陀獨有的體會，在《阿含經》中論述「如實觀」下的神通定位，以及論述神通類型的重要經文，多是在敘事中來展現，以下選擇幾則具有神通理論代表性的神通故事經文，來看佛教的神通觀。

（二）佛陀神通「盡皆如實」敘事中的論述

關於佛陀具有神通能力的敘述，見於《阿含經》中的許多經文，且多是出於佛陀之口，由佛陀自說，如《增壹阿含・第4經》[25]中論及「如來十力」（daśa tathāgata-balāni），[26]於其中佛陀

世間無見。如實正觀世間滅，則不生世間有見。迦旃延！如來離於二邊，說於中道；所謂此有故彼有，此生故彼生；謂緣無明有行，乃至生、老、病、死、憂、悲、惱苦集；所謂此無故彼無，此滅故彼滅，謂無明滅則行滅，乃至生、老、病、死、憂、悲、惱苦滅。」（《雜阿含・第262經》T.2, no.99, p.67a）。

24 同註11。

25 《增壹阿含・第4經》：「爾時，世尊告諸比丘：如來成十種力、得四無所畏，在大眾中能師子吼。……復次，如來知他眾生心中所念，**如實知之**：有欲心知有欲心、無欲心知無欲心、有瞋恚心知有瞋恚心、無瞋恚心知無瞋恚心……如實知之。……復次，如來盡知一切所趣心之道：或一二生、三生。……無量生，成劫、敗劫、無數成敗劫中，我昔生彼處，名是、字是、食如此之食、受其苦樂、壽命長短、死此生彼、彼死生此，自憶如是無數宿命之事。復次，如來知眾生生死之趣，以天眼觀眾生之類，善色、惡色、善趣、惡趣、隨行所種，皆悉知之。……是謂名為天眼清淨，觀眾生類所趣之行。復次，如來有漏盡，成無漏心解脫、智慧解脫、生死已盡、梵行已立、所作已辦、更不復受有，**如實知之**，是謂如來有此十力。」（T.2, no.125, p.776b-c）。《增壹阿含・第4經》的相關譯本有：《雜阿含・第684經》、《雜阿含・第701經》、唐・勿提提犀魚譯《佛說十力經》（T.17, no.780）、宋・施護等譯《佛說十力經》（T.17, no.781）、宋・法賢譯《佛說信解智力經》（T.17, no.802）；巴利本有：《增支部・師子經》（A.10.21. Sīha）、《中部・師子吼大經》（M.12. Mahāsīhanāda-sutta）。

26 「如來十力」（梵daśa-balāni；巴dasabala）的內容，按《阿毘達磨大毘婆沙

對其每一力，包括他心通、宿命通、天眼通、漏盡通等神通，[27] 且都特別強調是「如實知之」。[28]《長阿含經》中舍利弗為諸比丘說法，對宿命智（pubbenivāsānussatināṇa）、天眼智（cutūpapāta nāṇa）、漏盡智（āsavakkhayanāṇa）三明神通，亦強調是「**如實無虛**」的：

> 云何三證法？謂三明：宿命智、天眼智、漏盡智。諸比丘！是為三十法，**如實無虛**。[29]

在《長阿含・清淨經》[30]中佛陀亦曾自言其以宿命通和天眼

論》可簡說為：「一、處非處智力；二、業法集智力；三、靜慮解脫等持等至發起雜染清淨智力；四、種種界智力；五、種種勝解智力；六、根勝劣智力；七、遍趣行智力；八、宿住隨念智力；九、死生智力；十、漏盡智力。」（T.27, no.1545, p.156c）。所謂「如來十力」是指如來具足之十種（神）智力；「第一力：處非處智力」（梵sthānāsthāna-jñāna；巴ṭhānāṭhāna-ñāṇa）中的「處」（ṭhāna）是指理所當然之理，而「非處」（aṭhāna）是指非理所當然之理。佛陀面對任何事情，能知是否合於道理，所以「第一力」就是描述佛陀為一切知者。……「第八力」（宿命通）、「第九力」（天眼通）、「第十力」（漏盡通）三種與「神（足）通」、「天耳通」、「他心通」合起來稱為「六通」，「六通」也是屬於「共凡功德」，所以實際上決不是「不共佛法」，而且此六通中除了「漏盡通」外，前五通非純粹佛教特有的，本來是源自外教的說法。參考元弼聖：〈原始佛教的佛陀觀〉一文並略作修改，此文原載於《圓光佛學學報》第5期（2000年12月），頁134-135。「如來十力」的相關經證尚可見於：《雜阿含・第684經》（T.2, no.99, p.186c）、《阿毘達磨大毘婆沙論》（T.27, no.1545, p.156c）。

27 「第八力」（宿命通）、「第九力」（天眼通）、「第十力」（漏盡通）。上述種種神通名和具體內容下文將再說明。

28 見前註《增壹阿含・第4經》之引文。

29 《長阿含・十上經》（T.1, no.1, p.53b）；本經的相關譯本有：後漢・安世高譯《長阿含十報法經》（T.1, no.13）；巴利本可參閱《長部・十上經》（D.34. Dasuttarasuttanta）。

30 相當於巴利本《長部・清淨經》（D. 29. Pāsādika-Suttanta）。

通所言之事「**盡皆如實**」，此論述是夾在一則經文故事來表明的。

　　此則故事敘述有一名曰周那（Cunda）[31]的沙彌在波波國（pāvā）[32]結夏安居（vassa）後，來到佛與大比丘們同住的迦維羅衛國緬祇[33]優婆塞樹林中，告訴阿難（Ānanda）[34]他在波波城時，遇到尼乾子（Nigantha-Nātaputta）[35]命終而其門下弟子立刻分裂成兩派，雙方都堅持唯有自己領受了正確的教法，而彼此諍訟毀罵不休，弄得波波國信奉尼乾子的人民都心生厭患。[36]阿難聽後並不作評論，並告訴周那沙彌一起到佛陀那報告此事，聆聽佛陀對此事的看法。可見對於關於「外道」[37]的事件，阿難非常謹慎，自己不表示意見，要請佛陀發聲。當他們向佛陀報告此事後，佛

---

[31] 周那（巴Cunda），又作「純陀」。

[32] 波波國，位於王舍城附近。

[33] 緬祇（巴Vedhaññā），城邑名。

[34] 佛陀十大弟子之一，以多聞為第一。

[35] 此處的「尼乾子」應該指的就是「尼揵親子」（巴Nigantha-Nātaputta），漢譯又稱為「尼揵（陀）若提子」；「尼乾子」本意為「脫離繫縛」，即「離繫」，「若提子」指若提族出身的人。尼揵陀若提子即與佛陀同時代的「耆那教」（Jainism）的教團首領，以「大雄」（Mahāvīra）之名著稱，追隨其出家者也被稱為「尼乾子」，或說：尼乾、尼揵、尼犍子或離繫若提子等等。此教以嚴格的苦修聞名，漢譯阿含經典常說其為「苦行」尼揵（《中阿含‧大品‧優婆離經》T.1, no.26, p.628a）。參考呂凱文：〈當佛教遇見耆那教——初期佛教聖典中的宗教競爭與詮釋效應〉，《中華佛學學報》第19期（2006年7月），頁179-207。中村元著，釋見憨、陳信憲譯：《原始佛教其思想與生活》第一章「原始佛教的時代背景——原始耆那教」（嘉義：香光書鄉出版，1995），頁24-32。平川彰著，莊崑木譯：《印度佛教史》（台北：商周出版，2002），頁37-38。

[36] 關於周那提及的耆那教教主「尼乾子」死亡而教團內部發生衝突的事件，除了《長阿含‧清淨經》一文有所記載外，也可見於其他經文如《中阿含‧周那經》、《長阿含‧眾集經》、宋‧施護譯《佛說息諍因緣經》；或巴利本《中部‧舍彌村經》（M.104. Sāmagāma sutta）等。學界對此事件的相關研究可參考呂凱文：〈當佛教遇見耆那教——初期佛教聖典中的宗教競爭與詮釋效應〉，《中華佛學學報》第19期（2006年7月），頁191-192。

[37] 「外道」（梵tīrthaka、tīrthika，巴titthiya）佛教對非佛教徒，其他教派者的統

陀對沙彌周那展開了長篇的教導與告誡，佛陀除了指出尼乾子是
「非法邪見」，不足聽聞外，並提到弟子如何辨認其所跟隨的師父
是否為明師的方式：

> 周那！導師出世，出家既久名聞亦廣，而諸弟子未受訓
> 誨、未具梵行、未至安處、未獲己利、未能受法分布演
> 說、有異論起不能如法而往滅之、**未能變化成神通證**，是
> 為梵行支不具足。周那！導師出世，出家既久名聞亦廣，
> 而諸弟子盡受教訓、梵行具足至安隱處、已獲己利，又能
> 受法分別演說，有異論起能如法滅，**變化具足成神通證**，
> 是為梵行支具足滿。[38]

在種種觀察一個教派的「導師」是否梵行具足的標準中，[39]其中
能否「**變化具足成神通證**」是指標之一。佛陀並且肯定自己是具
有神通變化，他對周那說：「周那！我以廣流布梵行，乃至變化具
足成神通證」。此外佛陀又告訴周那，若有外道梵志
（brāhmana）[40]說沙門瞿曇（Gotama）[41]只能盡知過去世事，不能

　　稱，佛陀時代常見的有「六師外道」（six heretical masters）之說。

[38] 《長阿含・清淨經》（T.1, no.1, p.73c）。

[39] 「梵行具足」是印度各教派都強調的修行典範，然而各教的「梵行」
　　（brahmacariya）意義不盡相同；在佛陀時代使用最廣的涵義是指「高貴、完
　　美、至上無上」的德行風範，關於細部的分析，可參考黃柏棋〈初期佛教梵行
　　思想之研究〉，《正觀雜誌》第42期（2007年9月）。

[40] 外道梵志：在此為對非佛教「外道」的出家修行者之統稱。梵志，梵語
　　Brāhmana曾被譯為婆羅門、梵士，意譯淨裔、淨行，又稱淨行者、淨行梵志，
　　主要指離欲的清淨修行者。《大智度論》卷56：「梵志者，是一切出家外道，若
　　有承用其法者，亦名梵志。」（T.25, no.1509, p.461b）。

[41] 在此「沙門瞿曇」是佛陀的自稱；「沙門」（梵śramaṇa；巴samaṇa）一詞是印
　　度宗教對求取脫離輪迴、獲證解脫的出家修行者之稱呼。瞿曇（巴Gotama），
　　梵文作「喬答摩」（Gautama），為釋迦牟尼的姓。自古以來，有關釋尊之姓，

知未來事，其所言虛妄，這是因為：

> 如來於彼**過去事**，若在目前，無不知見；於未來世，生於
> 道智。過去世事虛妄不實、不足喜樂、無所利益，佛則不
> 記；或過去事有實、無可喜樂、無所利益，佛亦不記；若
> 過去事有實、可樂、而無利益，佛亦不記；若過去事有
> 實、可樂、有所利益，如來盡知然後記之。**未來、現在，**
> **亦復如是**。如來於過去、未來、現在，應時語、實語、義
> 語、利語、法語、律語，無有虛也。佛於初夜成最正覺，
> 及末後夜，於其中間有所言說，**盡皆如實**，故名如來。復
> 次，如來所說如事，事如所說，故名如來。以何等義名等
> 正覺，佛所知見、所滅、所覺，佛盡覺知，故名等正覺。[42]

此段經文中，佛陀針對外道梵志的質疑，自言其對過去之事，觀
看的如在目前無不知見，對未來亦是如此。但是，佛陀雖然對發
生於過去、現在、未來的事件，都看得宛若在眼前般清楚，然其
並不會告訴人們有關過去現在未來所有的一切。佛陀言說的標準
是：只要無利於眾生解脫的事，他都不說；他只揭示記說關乎有
益於眾生解脫的事。此外，佛陀強調自己證道歷程初、中、後夜
的所有言說「**盡皆如實**」，所謂「如來所說如事，事如所說，故名
如來」，如來所說的就是事情本身的真相，事情本身的真相就如如
來所說，故名如來（tathāgata）；[43]也因為佛陀所言「盡皆覺知」，

計有：瞿曇、釋迦、甘蔗、日種、舍夷等五種。「喬答摩」原意為「最優良的
牛」，自古以來在印度就被視為是優秀的姓。參考中村元著，釋見憨、陳信憲
譯：《原始佛教──其思想與生活》（嘉義：香光書鄉出版，1995），頁34。

[42] 《長阿含·清淨經》（T.1, no.1, p.75b-c）。

[43] 關於《阿含經》「如來」（tathāgata）一詞的細部說明，可參考元弼聖：〈原始佛
教的佛陀觀〉，《圓光佛學學報》第5期（2000年12月），頁126-128。

所以其是「等正覺」（sammā-sambuddha）；**由此可見「神通」能力是佛陀如實所證，並予以肯定的。**

此外，在此則經文故事中阿難不但是故事的敘述者，其本身也是故事中的人物，帶領沙彌周那向佛提問；又讓佛陀以原音重現的方式，展開對周那的教導；在經文最後特別敘述聽法的過程，阿難皆在世尊後執扇扇佛的動作「爾時，阿難在世尊後執扇扇佛」，以增加敘事的生動性；阿難並接著稱讚佛陀的說法清淨微妙第一，請問佛陀：「此法，當云何名？云何奉持？」，佛告阿難：「此經名為清淨，汝當清淨持之」；全文最後以「爾時，阿難聞佛所說，歡喜奉行」[44]結束。因此阿難不但是敘述者，同時是和周那並列的受敘述者。而佛陀對沙彌周那的殷殷教誨，又特別強調其神通的「**盡皆如實**」，以及阿難的稱讚佛陀說法清淨微妙第一，皆不無含有針對佛教與外道的區隔而說的意味。

（三）敘事中「神通可映障」的論述

由於神通是在禪定中進行的修鍊，是極個人化的宗教修鍊，並不是每個佛弟子都修得神通，對神通有如實無虛的體認，是以摩訶迦葉（Mahākassapa）曾表示其成就六神通可以「映障」，若有人對神通境界有所懷疑疑惑則他能夠為那人分別印證確有神通境界，而這敘述是包含在《雜阿含經》[45]的一則摩訶迦葉責備阿難（Ānanda）的故事中。

---

[44] 以上周那的經文俱見《長阿含・清淨經》（T.1, no.1, p.72c-79a）。

[45] 以下摩訶迦葉和阿難的故事，所引經文俱見《雜阿含・第1144經》（T.2, no.99, p.302c-303c）；相關經文段落可見：《別譯雜阿含・第119經》（T.2, no.100, p.418c）；和巴利本為《相應部・衣經》（S. II 217 Cīvara）。

　　故事敘述世尊涅槃不久，阿難和摩訶迦葉所在的王舍城（Rājagṛha）發生飢荒，阿難與眾多年少比丘卻又食不知量，樂著睡眠、不能徹夜精懃禪思，而常想乞食。然由於乞食困難，阿難就帶著眾多的年少比丘，遊行乞食至南天竺，結果有三十年少弟子捨戒還俗，留下來的多是童子，阿難又帶著留下來的少許弟子回到王舍城。摩訶迦葉看到這種情形，就責備阿難怎麼可以在發生飢荒時，帶著眾年少弟子到處乞食，導致多人還俗致使教團的「徒眾減損」，摩訶迦葉責罵阿難簡直還像童子般幼稚，不知計畫打算：「汝是童子！不籌量故」；阿難回問摩訶迦葉：「我已頭髮二色，猶言童子？」他的頭髮已是黑白二色夾雜，為何還說他是童子呢？

　　當低舍比丘尼聽聞摩訶迦葉責備阿難猶似童子，心生不悅，就口出惡言：「云何阿梨摩訶迦葉本外道聞，而以童子呵責阿梨阿難，……令童子名流行。」她譏諷摩訶迦葉本是外道，竟然還敢批評阿難是童子，讓阿難是童子的批評四處流行，造成對阿難的傷害。

　　沒想到摩訶迦葉竟以天耳聽聞到低舍比丘尼對他的譏諷批評。摩訶迦葉聽到後，就把低舍比丘尼批評譏諷的話告訴阿難，阿難安慰摩訶迦葉：「且止！尊者！忍之！尊者摩訶迦葉，此愚癡老嫗無自性智。」阿難要摩訶迦葉忍耐，並安慰摩訶迦葉低舍比丘尼只是沒有自性智的愚癡老嫗而已，不要和她計較。但是自覺被誣衊冤枉的摩訶迦葉，非常在意此事，他向阿難澄清，他從沒跟隨過外道老師，是直接從佛陀出家的：「我自出家都不知有異師，唯如來、應、等正覺」[46]，強調佛陀是他唯一的老師。摩訶

---

[46] 「如來（tathāgata）、應（arahant）、等正覺（sammā-sambuddha）」皆是佛陀的稱號。

迦葉還娓娓訴說其和世尊互動的種種事件，其中關於神通的部份，一是佛陀對其說：「**迦葉！我今有因緣故，為聲聞說法，非無因緣故。……有神力、非無神力。**」在此佛陀強調自己有神通神力。二是摩訶迦葉表明自己成就六神通可以映障：

> **如是我所成就六神通智，則可映障。**若有於神通境界智證有疑惑者，我悉能為分別記說：天耳、他心通、宿命智、生死智、漏盡作證智通有疑惑者，我悉能為分別記說，令得決定。[47]

所謂「映障」就是能以智慧光映現煩惱諸漏及視野所知上的障礙，所謂「**光明悉映障，是故名為佛**」[48]，摩訶迦葉在向阿難陳述其和佛陀的關係、証明其是「**從佛口生、從法化生、付以法財**」[49]時，特別強調其能以神通「映障」，這表示神通的確是佛所認可的一項真實能力。誠如霍韜晦所言，禪定中神祕經驗的獲得並非無跡可尋，神祕經驗往往被解釋為對其所信仰的宗教內容的親証，對傳教或弘法極有幫助，[50]這也是摩訶迦葉要為對神通有疑惑的人映障作見證的原因。

　　如前所述，在這整則故事中，阿難既是故事的敘述者，其本身亦是故事中的主要人物，和摩訶迦葉進行對話。雖然阿難是全知的敘述視角（第一人稱越界成全知視角），但在摩訶迦葉以天耳聽到比丘尼譏諷的話語，以及為自己辯解自陳其和佛陀的關係

---

[47] 《雜阿含・第1144經》（T.2, no.99, p.302c-303c）。

[48] 《雜阿含・第993經》（T.2, no.99, p.259b）。

[49] 《雜阿含・第1144經》（T.2, no.99, p.303c）。

[50] 霍韜晦：《現代佛學》（北京：中國社會科學出版，2003），頁75。

時，阿難將敘述視角與敘述聲音皆轉成故事人物的限知視角，用摩訶迦葉自己的敘述視角與聲音來自述。

經文最後以「尊者摩訶迦葉說是語時，尊者阿難聞其所說，歡喜受持」[51]來結束，則又回到阿難的全知敘述視角。至於受敘者則有聽聞摩訶迦葉與阿難對話的低舍比丘尼，以及聆聽摩訶迦葉自道的阿難。

以上兩則涉及神通是如實能力的故事，可以發現都和外道有關，前一則佛陀因阿難對外道的提問，竟對沙彌周那長篇開示，此有借題發揮佛教與外道的區隔所在，並宣揚佛教才是正教的意味。後一則故事，時間發生在世尊涅槃不久，阿難的弟子就有多人還俗，讓僧團的人數減少。站在維繫僧團人數以及和外道競爭的立場，摩訶迦葉當然會責備阿難；饒富趣味的是摩訶迦葉竟是以「天耳」聽到比丘尼批評其曾從外道聞法，他不但不認為以天耳聽到別人說話，是否有涉及個人隱私之嫌；並且反應激烈，似乎認為和外道沾上邊是嚴重的侮辱，立刻長篇大論的向阿難澄清，溫厚的阿難不但沒有因摩訶迦葉的責怪而生氣，反而貶抑比丘尼為無知老嫗的形象，安慰摩訶迦葉不要在乎其之言說。凡此種種，讓人物的性格與形象鮮活生動的呈現，也呈現出當時宗教現象的一隅。[52]此外，也可發現在與外道交涉的過程中，「神通」

---

[51] 《雜阿含·第1144經》（T.2, no.99, p.303c）。

[52] 佛陀當時的宗教競爭或宗教現象，可參考呂凱文在〈當佛教遇見耆那教——初期佛教聖典中的宗教競爭與詮釋效應〉一文，呂凱文曾提出：「佛耆兩教同處『時、地』下的宣教競爭是經典內容所見的既定事實，儘管彼此主要以『事』（義理、神通）的競爭為主軸，但是與宗教存亡和教團利益最為有實質關係的則是『人』與『物』。『人』與宗教信眾爭取有關，這點從原先激進且虔敬的耆那教徒優婆離居士改宗佛教的例子，再從耆那教祖欲說服質多羅長者改宗耆那教的例子，更從質多羅長者成功說服耆那教老修行人裸形迦葉改宗佛教的例子，

往往會被標舉出來。

綜上所述可知，在佛教的「如實觀」中，「神通」被承認為「如實」存在的，是禪定修鍊中所產生的不可思議的力量與境界，是可以「映障」的。

（四）情境敘事中六證法是六神通的論述

佛教神通的內容與類型，在大小乘經典中均以六神通（梵ṣaḍabhijñā；巴chalabhiññā）為主。關於何謂「六神通」？在《長阿含・十上經》[53] 中界義所謂「六證法」就是「六神通」時，是先以敘事營造說法的時空情境與事件。經文敘述在某一個十五月圓的晚上，佛陀夜宿鴦伽國瞻婆城（Campā）[54] 的伽伽池[55] 畔，這時「世尊在露地坐，大眾圍遶，竟夜說法」[56] 佛陀露地而坐，眾比丘圍遶在他身旁，大家都徹夜不眠，諦聽佛陀說法。後來佛陀感到背痛就對舍利弗說：「吾患背痛，欲少止息，卿今可為諸比丘說法」，[57] 於是已是耆年的舍利弗代替佛陀，為在場的眾比丘論說了相當多的法義，而「六神通」就是其中一項：

都可以視為當時印度宗教實況下，佛耆兩教爭取『人』（宗教信眾）的實例。『物』與宗教供養的資具和資源爭取有關，這點從優婆離居士改宗佛教後不再願意布施耆那教僧人的例子看得明白。」見《中華佛學學報》第19期（2006年7月），頁179-207。相關參考平川彰著，莊崑木譯：《印度佛教史》第一章第二節「佛陀時代的思想界」（台北：商周出版，2002），頁35-40。

53　《長阿含・十上經》（T.1, no.1, p.52c-59b）；本經的相關譯本有：後漢・安世高譯《長阿含十報法經》（T.1, no.13）；巴利本可參閱：《長部・十上經》（D.34. Dasuttarasuttanta）。

54　位於中印度恆河沿岸，為鴦伽國之首都。

55　伽伽池（Gaggarā pokkharanī），意譯為雷聲池，為一蓮池。

56　《長阿含・十上經》（T.1, no.1, p.52c）。

57　《長阿含・十上經》（T.1, no.1, p.52c）。

> 云何六證法：謂六神通：一者神足通證、二者天耳通證、
> 三者知他心通證、四者宿命通證、五者天眼通證、六者漏
> 盡通證。[58]

舍利弗將「六神通」稱為「六證法」，由此可見「六神通」是必需
經由修習而證得。此則經文生動的勾勒了舍利弗說法的時間、地
點、景色、人物、事件等，呈現宛如畫面般的說法場景，作為論
述佛法哲理的情境背景。

三、《阿摩晝經》敘事中的禪定與神通

關於神通的內容、類型與修鍊，《阿含經》中多處都有或繁
或簡的說明，其中當以《長阿含・阿摩晝經》（Ambaṭṭha Sutta）[59]
最為詳盡。渥德爾（A. K. Warder）在其《印度佛教史》（Indian
Buddhism）中指出佛教經典中，有無數零星分散的故事情節見於
佛陀的說教之中。在很多經中，尤其是在較短的經中佛陀只是向
比丘說法，但是也有相當數量的，特別是較長的經中，佛陀會見
婆羅門、他種沙門、帝王、貴族和城市各行業的男女。[60]《阿摩
晝經》即是一則很長的經文，且即是在佛陀會見當時具有聲望的
一對婆羅門師徒的一系列事件中，將事件以「鏈接」（enchained）[61]

---

[58]　《長阿含・十上經》（T.1, no.1, p.54b）。

[59]　《長阿含・阿摩晝經》（T.1, no.1, p.82a-88b），相當於南傳巴利本《長部・第三
　　經・阿摩晝經》（D.3. Ambaṭṭha Sutta）。另有同本異譯：吳・支謙所譯《佛開解
　　梵志阿颰經》（T.1, no.20, p.259-263）。日譯本可參考，菅野博史校註：《長阿含
　　經 II》（東京：大藏出版，1994）。

[60]　渥德爾（A. K. Warder）著，王世安譯：《印度佛教史》（Indian Buddhism）（北
　　京：商務印書館出版，2000），頁63。

[61]　史蒂文・科恩（Steven Coban）、琳達・夏爾斯（Linda Shires）著，張方譯：

的方式前後相續，於其中展開關於禪定與神通的詳細論述。故以
下先分析此經故事文本的事件敘述，以呈現《阿摩晝經》中故事
情節與神通論述，彼此照應合成有機的統一體的具體面貌；其次
再深入分析《阿摩晝經》中有關禪定與神通的理論與修鍊，以呈
現《阿含經》中的神通觀。

（一）事件一：佛陀入住婆羅門村

經文敘事開始於「一時，佛遊俱薩羅國，與大比丘眾千二百
五十人俱，至伊車能伽羅俱薩羅婆羅門村，即於彼伊車林中止
宿」[62]，敘述佛陀與眾大比丘遊方至俱薩羅國（Kosala），[63] 來到其
國的婆羅門村伊車能伽羅（Icchānavgala），並暫時就住在此婆羅
門村的伊車樹林中。這個婆羅門村人口眾多豐榮安樂，波斯匿王
（Pasenadi）就將此村封給了沸伽羅娑羅婆羅門「以為梵分」，[64] 作
為他修行梵行（brahama-cariya）的經濟來源。這個婆羅門和他的
第一大弟子阿摩晝（Ambaṭṭha），都是血統純正嫻熟所有婆羅門經
典祭儀的傑出婆羅門，所謂：「七世已來父母真正，不為他人之所
輕毀；三部舊典諷誦通利，種種經書皆能分別，又能善解大人相

《講故事──對敘事虛構作品的理論分析》：「在故事的組合段將一個事件置於
另一個事件一前一後的程序中，在結構上是被「鏈接」（enchained）的。」（台
北：駱駝出版，1997），頁61。

[62] 《長阿含・阿摩晝經》（T.1, no.1, p.82a-88b）

[63] 俱薩羅（巴 Kosala），又作「憍薩羅國」，為佛陀當時的印度十六大國之一，首
都為王舍城。

[64] 「梵分」（巴 brahma-deyya）：Braham 即婆羅門，古譯為「梵／梵志」；deyya 來
自動詞 dadāti：為「給與、施」之意，又譯為「淨施地」，為婆羅門被國王受封
莊園田地之意。參考菅野博史校註：《長阿含經 II》（東京：大藏出版，1994），
頁406。

法、祭祀儀禮」[65]。當沸伽羅娑羅婆羅門得知佛陀來到他的村落，就在心中衡量：「聞沙門瞿曇釋種子出家成道，……如此真人應往親觀，我今寧可觀沙門瞿曇，為定有三十二相？名聞流布，為稱實不？當以何緣得見佛相？復作是念言：今我弟子阿摩晝。……唯有此人可使觀佛，知相有無」，[66] 沸伽羅娑羅婆羅門聽聞佛陀是已成道的聖者，他很想確定此事是否為真？在心中決定先派他的大弟子阿摩晝前往觀察佛陀是否具有成佛所應具備的三十二相。[67]

（二）事件二：阿摩晝與佛陀的衝突

阿摩晝領受其師的吩咐後，就來到佛陀所在處，和佛陀共談義理，但是阿摩晝的舉止很奇怪，「佛坐彼立，佛立彼坐」，佛陀就問他：「汝師論法當如是耶？」你和你的老師論法時也是師坐你立、師立你坐嗎？阿摩晝回答：「我婆羅門論法，坐則俱坐、立則俱立、臥則俱臥，我與此輩共論義時，坐起無在」，阿摩晝說他們婆羅門是大家行動一致的；他是因為輕視佛教等沙門的剃髮毀形獨身出家，所以才要佛坐他立佛立他坐，表示彼此的不同。佛陀聽了就對阿摩晝說：「卿，摩納[68] 未被調伏」[69]，阿摩晝聽佛陀稱

---

[65] 《長阿含·阿摩晝經》（T.1, no.1, p.82a）。

[66] 《長阿含·阿摩晝經》（T.1, no.1, p.82a-b）。

[67] 「三十二相」又稱「三十二大丈夫相」為印度宗教對獲得圓滿覺悟者的理想樣貌之典型說法。《中阿含·三十二相經》中有詳細說明，相關研究可參考元弼聖：〈原始佛教的佛陀觀〉，《圓光佛學學報》第5期（2000年12月），頁130-132。

[68] 「摩納弟子」巴利本作mānavo antevāsī（年輕的弟子），非專有名詞，而係「年輕的」之意。參考《佛光大藏經電子版·阿含藏》（高雄：佛光山文教基金會出版，2002）。

[69] 《長阿含·阿摩晝經》（T.1, no.1, p.82b）。

他「卿」，又說自己尚未被佛陀調伏，就非常忿恚地罵佛：「此釋種子，好懷嫉惡，無有義法」，在佛陀問阿摩晝為何要辱罵釋種的對話中，阿摩晝表現了身為婆羅門是四姓之首的優越感：「世有四姓：剎利、婆羅門、居士、首陀羅。[70] 其彼三姓，常尊重恭敬、供養婆羅門。彼諸釋子義不應爾。彼釋麁細、卑陋、下劣，而不恭敬我婆羅門」[71]，認為其它三個種姓都該恭敬承事婆羅門。

（三）事件三：佛陀挫辱阿摩晝的婆羅門優越感

1. 佛陀說出阿摩晝祖宗身份的本緣

　　佛陀聽了阿摩晝自陳婆羅門的優越後，就在心中盤算要說出阿摩晝祖宗的來歷，於是佛陀問阿摩晝：「汝姓何等」，答曰：「我姓聲王」[72]。佛陀告訴阿摩晝：「汝姓爾者，則為是釋迦奴種」，當佛陀說出阿摩晝是釋迦種婢女的子孫，敘述者讓陪襯人物的阿摩晝五百弟子齊發大聲抗議：「時，彼五百摩納弟子，皆舉大聲而語佛言：勿說此言，謂此摩納為釋迦奴種。所以者何？此大摩納，真族姓子，顏貌端正、辯才應機，廣博多聞足與瞿曇往返談論」，[73] 如此渲染出現沸沸揚揚的氛圍。佛陀面對群情激動的阿摩

---

[70] 四姓（巴cattāro vannā），為印度四大社會階級：1.剎利（khattiya），王族、武士等。2.婆羅門（brāhmana），司祭者。3.吠舍（vessa），一般農、工、商、庶民等。4.首陀羅（sudda），農奴、奴隸階級。參考，菅野博史校註：《長阿含經 II》（東京：大藏出版，1994），頁157。

[71] 《長阿含・阿摩晝經》（T.1, no.1, p.82c）。

[72] 「聲王」：巴利本作Kanhāyana（黑行），或亦指黑魔之後裔。「黑魔」指被征服的原住民，即賤族。漢本將此字作為摩納之姓氏。兩者字義大相逕庭。引自《佛光大藏經電子版・阿含藏》（高雄：佛光山文教基金會出版，2002）。

[73] 《長阿含・阿摩晝經》（T.1, no.1, p.82c）。

書弟子們，冷靜地要求他們靜默下來，讓佛陀與其師單獨對話。
接著佛陀娓娓說出過去久遠世時，有關阿摩晝祖宗來源的秘密，
指出阿摩晝的血統身份的確是「釋迦奴種」。[74]

2. 以密迹力士逼迫阿摩晝承認其祖來源

佛陀說出阿摩晝的血統身份是「釋迦奴種」後，反問阿摩
晝：「汝頗從先宿舊大婆羅門，聞此種姓因緣已不？」重複問了三
遍，阿摩晝默然不回應。於是佛陀威脅阿摩晝如果他再不回答，
手執金杵在佛陀身旁的密迹力士（vajira-pānī yakkho），[75] 即要把
他的頭破為七分「即當破汝頭為七分」，[76] 這時阿摩晝抬頭一看果
然看到密迹力士手執金杵立虛空中，嚇得「衣毛為豎，即起移坐
附近世尊，依恃世尊為救為護」，這時佛陀又重新問他一次，阿摩
晝終於回答：「**我信曾聞，實有是事**」，承認確有其事。在場的阿
摩晝五百弟子群情嘩然：「**此阿摩晝，實是釋迦奴種也，沙門瞿曇
所說真實**」，佛陀擔心如此一來阿摩晝會被其弟子輕慢，又用了另
一個說辭「**方便滅其奴名**」，巧妙地為他開脫其種姓是奴的身份。
接著佛陀又用一長串婆羅門與剎帝利身份變換的優劣對比，甚至
請來婆羅門最崇敬的「梵天」現身說偈：「**梵天躬自說偈言：剎利
生中勝，種姓亦純真，明行悉具足，天人中最勝**」，[77] 來向阿摩晝
證明剎帝利種優於婆羅門種。

---

[74] 「釋迦奴種」：巴利本作 dāsi putto tvam āsi Sakyānaj（汝是釋迦種婢女之子孫）。引
自參考《佛光大藏經電子版·阿含藏》（高雄：佛光山文教基金會出版，2002）。

[75] 密迹力士（巴 vajira-pānī yakkho），又稱密跡金剛或祕密主，其形像為手持金
剛杵以保護佛陀，又常親近佛陀，以聽聞諸佛之祕要事跡為其本願，故名「密
迹」。

[76] 《長阿含·阿摩晝經》（T.1, no.1, p.83a）。

[77] 《長阿含·阿摩晝經》（T.1, no.1, p.83b）。

（四）事件四：佛陀對阿摩晝展開包括四禪與六神通的說法

在梵天說偈後，佛陀亦在強調自己「剎利生中勝，種姓亦純真，明行悉具足，天人中最勝」。阿摩晝就向佛陀提問：「何者是無上士，明行具足」，[78] 由此佛陀對阿摩晝展開一連串的說法，包括出家法、比丘的各種應遵循的行儀與戒律、比較佛教與婆羅門在生活行儀、戒律操守各方面的差異、強調佛教不似婆羅門以邪命自活，所以不召喚鬼神、不誦各種咒如善咒惡咒、不役使鬼神咒、亦不看相算命解夢、不解說善瑞惡徵、不預言國運吉凶盛衰。佛教的修行比丘，是乞食知足「但修聖戒，無染著心，內懷喜樂」，常棲樹下塚間精進覺悟，漸漸能由初禪入於四禪，然後在四禪中可以起修六神通。在佛陀長篇大論娓娓訴說至此，佛陀方對其言：「此是比丘得第三明，斷除無明生於慧明，捨離闇冥，出大智光，是為無漏智明。……摩納。**是為無上明行具足**」，[79] 完成了阿摩晝提問「何謂明行足」的問題。

（五）事件五：佛陀指出婆羅門的種種非正法行徑來質問阿摩晝

在論說完何謂佛教的明行足後，接著佛陀徵詢阿摩晝：「於汝意云何？如是明行為是？為非？」然而佛陀不待阿摩晝回答，又再次展開一連串質問，提出對比於佛教的明行足，有不能行無

---

[78] 此句在問說最高級的或最佳的修行典範為何？「無上士」（anuttara）：意為最佳、最高的修行者。明行具足（Vijjā-caraṇa-sampanna）：vijjā明、caraṇa行、sampanna完全行；即「已完全行於明行者（accomplished in true knowledge and conduct）」。

[79] 《長阿含·阿摩晝經》（T.1, no.1, p.86c）。

上明行具足，而行四種權宜替代的方便方式，來質問阿摩晝他和他的老師等婆羅門是否如此？如：「佛告摩納：有人不能得，云何為四？摩納！或有人不得無上明行具足，而持斫負籠入山求藥、食樹木根，是為摩納，不得無上明行具足，而行第一方便。云何摩納！此第一方便，汝及汝師行此法不」，[80]在一步步的一問一答之間，佛陀更指出許多婆羅門的虛假謬誤處，如睡在高廣大床鋪以細軟厚褥之上，以金銀、瓔珞、雜色花鬘、美女等自娛，又手執寶拂、著雜色寶屣、又著全白疊等等，最嚴屬的指責是：「摩納！汝等今日傳先宿大仙、舊婆羅門，諷誦教人，欲至生梵天者無有是處」，[81]指出婆羅門為諷誦他們祖先所傳下來的婆羅門經典就可以生婆羅門最嚮往的梵天，是癡人說夢無有是處的。佛陀每一關於婆羅門的質疑都要求阿摩晝回答，而阿摩晝也一概「答曰：不也」，否認他和其師有佛陀所指責的種種行為。但佛陀在每次的問答之後，都會指責阿摩晝：「摩納！汝自卑微不識真偽，而便誹謗輕慢釋子，自種罪根，長地獄本」，[82]斥責阿摩晝輕慢釋子增長入地獄的本錢。

　　由佛陀與阿摩晝整體的對話來看，阿摩晝只有開始時有婆羅門的優越感而氣燄高熾，然在被佛陀於大眾前揭穿他的血統身份原是「釋迦奴種」後，就像洩了氣的皮球般氣勢全無，在佛陀所展開的一長串教法中一言不發默默聆聽；都只簡短的回應：「不也」，完全沒有任何的答辯；對於佛陀每次訓斥他輕視釋子會下地獄，他也只是沉默不語，沒有任何的反駁。

---

[80] 《長阿含·阿摩晝經》（T.1, no.1, p.86c）。

[81] 《長阿含·阿摩晝經》（T.1, no.1, p.87b）。

[82] 《長阿含·阿摩晝經》（T.1, no.1, p.87a-b）。

（六）事件六：佛陀現陰馬藏相的神通

　　在最後的問答後，事件的敘述方回歸阿摩晝來見佛陀的原因，佛陀對阿摩晝說：「汝今自觀及汝師過，且置是事！但當求汝所來因緣」，詢問阿摩晝來見佛陀的原因為何？阿摩晝並沒有回答，只是用他的眼睛「舉目觀如來身，求諸相好盡見餘相，唯不見二相，心即懷疑」，看佛陀是否具備三十二相，然而阿摩晝只看到三十相，心即懷疑佛陀是否是成道的聖者。佛陀見狀明白阿摩晝的懷疑，就出廣長舌相，舐耳覆面，但阿摩晝還是懷疑還差一相，這時佛陀「即以神力，使彼摩納獨見陰馬藏」，[83] 故事敘述者在此強調佛陀以神通力，讓阿摩晝一人「獨見」佛的陰馬藏相。當阿摩晝完全看到佛陀的三十二相，對於佛陀是成道者不再懷疑「摩納盡見相已，乃於如來無復狐疑，即從座起，遶佛而去」，[84] 就起坐告辭離去。

　　三十二相均是身體的表徵相，唯獨對於和性有關的陰馬藏相，敘述者特別強調這是佛陀以神通力讓阿摩晝「獨見」的。於此，敘述者的聲音反映了佛教對情欲嚴陣以待的態度，事實上整個佛教修行的核心就是情欲的對治與超越，[85] 因此對於關涉到佛

---

[83]　「陰馬藏」（kosohita-vatthaguyha；retractable penis），似馬之陰，又稱「馬陰藏」，或稱「陰藏」為如來的三十二相之一；即如來之男根常向內部收縮而不現見，猶如馬陰，係謹慎自身，遠離色欲而得之大人相。參考《佛光大辭典》，頁4348；以及《佛光大藏經電子版・阿含藏》（高雄：佛光山文教基金會出版，2002）。

[84]　《長阿含・阿摩晝經》（T.1, no.1, p.87b）。

[85]　林鎮國：〈龍樹中觀學與比較宗教哲學〉：「『欲望』是佛教要面對的核心課題，整個佛教的哲學體系與實踐體系，都以欲望及欲望的對治為中心。」收錄於藍吉富主編：《中印佛學泛論：傅偉勳教授六十大壽祝壽論文集》（台北：東大圖書出版，1993），頁34。

陀性器官的的陰馬藏相，敘述者就賦予其最高的私密性（Privacy），唯獨讓特定對象睹見。

（七）事件七：阿摩晝與其師沸伽羅婆羅門的衝突

當阿摩晝從佛陀那回來時，其師沸伽羅婆羅門早已等在門外，當他「遙望弟子，見其遠來」，就迫不及待的向前迎接並問阿摩晝：「汝觀瞿曇實具相不？功德神力實如所聞不」，阿摩晝回稟其師佛陀的確具足三十二相，真的如傳說中的具有神通能力。其師又問阿摩晝是否有和佛陀共相議論？阿摩晝就將和佛陀論談的整個過程說了出來。沸伽羅婆羅門聽完後非常生氣的對阿摩晝說：沒想到他派阿摩晝這最聰明的弟子去和佛陀談論的結果，竟是因為阿摩晝詆譭釋種，讓佛陀不悅，也讓他和佛陀的關係變得疏遠，所謂「使之不悅，於我轉疏」，沸伽羅婆羅門並指責阿摩晝，讓他和他的婆羅門弟子們都被佛陀警告不久將下地獄。由於沸伽羅婆羅門太生氣了，就踢蹴阿摩晝讓他從車上摔墮於地，就在阿摩晝墮車之時「時，彼摩納當墮車時，即生白癩」，曾毀謗佛陀的他身上突然長出白癩，得現世報。

（八）事件八：佛陀再現陰馬藏相的神通

沸伽羅娑羅婆羅門把阿摩晝踢下車後，抬頭仰觀天色認為時候已晚：「今觀沙門瞿曇，非是時也，須待明日，當往觀問」，[86] 第二天清早他就帶著五百弟子來見佛陀。沸伽羅娑羅婆羅門亦如他的弟子阿摩晝，想觀看佛陀是否具備三十二相；而亦如他的弟子阿摩晝只看到三十相；且亦如他的弟子阿摩晝般，懷疑佛陀是

---

[86] 《長阿含·阿摩晝經》（T.1, no.1, p.87c）。

否是成道的聖者。佛陀見狀即知沸伽羅娑羅婆羅門的懷疑，就出廣長舌相與陰馬藏相；故事敘述者在此亦強調佛陀以神通力，只讓沸伽羅娑羅婆羅門一人「獨見」佛的陰馬藏相，於是沸伽羅娑羅婆羅門對於佛陀是成道者不再懷疑。此段敘述可謂重複事件六的敘述，與事件六同是整則經文故事的高潮所在。對於沸伽羅娑羅婆羅門與阿摩晝這一對婆羅門師徒，觀察佛陀是否成道的準則就是依據佛陀是否具備三十二相、是否具有神通力來決定。

　　至於三十二相雖均是身體的表徵相，然廣長舌與陰馬藏二相的確是隱藏在身體的私密處。但是對於廣長舌相，佛陀可以公開展舐耳覆面；唯獨對於和性有關的陰馬藏相，敘述者特別強調這是佛陀以神通力讓其師徒「獨見」。

（九）事件九：沸伽羅娑羅婆羅門歸依供養佛

　　當沸伽羅娑羅婆羅門睹見佛陀的陰馬藏相，承認佛陀是成道的聖者，這意謂他被佛陀所降服，一方面為了表示對佛陀的尊敬，另一方面為了維持自己婆羅門既有的身份地位，不致招來外界的惡風評，以及被國王拿掉已給他的封地，所以他對佛陀說：「若我行時，中路遇佛少停止乘，當知我已禮敬世尊。所以者何？我受他村封，設下乘者，當失此封惡聲流布。又白佛言：若我下乘，解劍退蓋、并除幢麾、澡瓶履屣，當知我已禮敬如來。所以者何？我受他封故有五威儀，若禮拜者即失所封，惡名流布。又白佛言：若我在眾見佛起者，若偏露右臂、自稱姓字，則知我已敬禮如來。所以者何？我受他封，若禮拜者則失封邑，惡名流布」，[87]若他在路上和佛陀不期而遇時，他的種種行儀其實已是向

---

[87] 《長阿含・阿摩晝經》（T.1, no.1, p.87c）。

佛致敬的表徵。接著他向佛陀表白：「我歸依佛、歸依法、歸依僧，聽我於正法中為優婆塞」，願意正式成為佛陀的在家弟子，並請佛陀接受他的設食供養。

佛陀帶領他的大群比丘眾千二百五十人來到沸伽羅娑羅婆羅門家中，接受其之設食供養。當大眾食畢，沸伽羅娑羅婆羅門右手執弟子阿摩晝臂至世尊前言：「唯願如來聽其悔過！唯願如來聽其悔過！如是至三。又白佛言：猶如善調象馬，猶有蹶倒還復正路；此人如是，雖有漏失，願聽悔過」，[88] 沸伽羅娑羅婆羅門代其弟子誠懇哀切的求佛饒恕。佛陀回答：「當使汝受命延長，現世安隱。使汝弟子白癩得除。佛言適訖。時彼弟子白癩即除」，佛陀說的話語當下即便成真實的情況，阿摩晝身上的白癩果真立刻消失了；此種「言說成真」的宗教現象，是佛陀神通力的展現。又《佛光大藏經電子版・阿含藏》指出巴利本並未記載「佛告婆羅門……時彼弟子白癩即除」此段，[89] 可見這是中國譯經敘述者自我附加的詮釋，由此可知其對佛陀神蹟的強調。

爾後，沸伽羅娑羅（Pokkharasāti）[90] 婆羅門聞佛為他說法心開意解，得法眼淨（dharmeṣucakṣurviśuddham），[91] 見法得法，決

---

[88] 《長阿含・阿摩晝經》（T.1, no.1, p.88a）。

[89] 參見《佛光大藏經電子版・阿含藏》（高雄：佛光山文教基金會出版，2002）。

[90] 意譯為蓮花莖。

[91] 「法眼淨」者：意為能夠「見法得法，斷諸疑惑，不由他知，不由他度，於正法中，心得無畏。」《雜阿含經》又云「得法眼生，與無間等，俱三結斷；所謂身見・戒取・疑，此三結盡，名須陀洹，不墮惡趣法。」（T.2, no.99, p106c）「法眼淨」的佛典經證：仙尼出家遠塵離垢，得法眼淨：「見法、得法，斷諸疑惑，不由他知，不由他度，於正法中，心得無畏。」（T.2, no.99, p32b）那拘羅長者得法眼淨：「見法、得法、知法、入法，度諸狐疑，不由於他，於正法中，心得無畏。」（T.2, no.99, p33b）「長爪外道出家遠塵離垢，得法眼淨。……

定道果，信心堅定不信餘道。又再次在大眾前歸依佛陀：「我今再三歸依佛、法及比丘僧」，又復連續七日供養佛及大眾。然後，佛陀就帶著眾比丘離開此處。

　　佛陀離開沸伽羅娑羅婆羅門的村落不久，沸伽羅娑羅婆羅門就「遇病命終」，諸比丘們聽聞伽羅娑羅婆羅門供養佛七日後，不久就命終了，對其往生之處非常好奇，遂請問佛陀伽羅娑羅婆羅門「身壞命終，當生何處」，佛陀告諸比丘：「此族姓子諸善普集、法法具足、不違法行、斷五下結，於彼般涅槃，不來此世」，[92]佛陀指出伽羅娑羅婆羅門將往生天界，不會再來世間輪迴；於此佛亦是顯神通以天眼觀其往生去處。經文至此方以「爾時，諸比丘聞佛所說，歡喜奉行」結束。

　　由以上分析《阿摩晝經》九個事件所組成的故事中，可以發現佛陀面對知名又受國王封地的伽羅娑羅婆羅門優秀大弟子阿摩晝，是先揭其底牌，復動用天神的力量，以挫其銳氣；再說之以理，在說理方面採取二元對照的方法，先詳細說明佛法的特色，再以佛法為參照點，一一指出婆羅門法的缺失；此外並脅之以勢，威脅其謗釋種將下地獄；繼之以神通力降服：顯現三十二相中最隱密的陰馬藏相獨給其師徒二人看、又在言說中治癒阿摩晝的白癩、標示伽羅娑羅死後生天的往生處。凡此種種都可以看

見法、得法、覺法、入法，度諸疑惑，不由他度，入正法、律，得無所畏。」（T.2, no.99, p.250a）相關經證亦可參考《雜阿含經》第30、103、105、107、253、261、262、281、302、347、564、912、913、916、926、969、977、979等經。「法眼淨」的進一步學界研究，可參考Ven. Bhikkhu Bodhi原著，蘇錦坤譯：〈再訪井水喻──探索SN 12.68 Kosambī《拘睒彌經》的詮釋〉，《正觀雜誌》第38期（2006年9月），頁155。

92　《長阿含・阿摩晝經》（T.1, no.1, p.88b）。

出，佛陀是非常用心的在進行降服外道之事。正因如此，雖然佛
陀對阿摩晝長篇說法只佔其中的一個事件，而六神通的類型與修
鍊又只是說法系列的其中之一，然《阿摩晝經》有關神通的論
述，卻是《阿含經》中論述最為詳盡者，是以下均以《阿摩晝經》
經文為主稍佐以他經，分析其有關神通的論述。

四、《阿摩晝經》的神通論述

《阿摩晝經》與其他很多的《阿含經》經文，都敘述進入四
禪後開始起修神通，以下《阿摩晝經》對每一神通的修鍊都是以
「彼得定心清淨無穢、柔濡調伏、住無動地」為起始經文，這段經
文所描述的就是在四禪（梵catvāri dhyānāni；巴cattāri jhānāni）[93]

---

[93] 「四禪」（梵catvāri dhyānāni；巴cattāri jhānāni）：佛教禪定的四種境界：初禪、
二禪、三禪、四禪。1.初禪：捨欲惡不善法，與覺觀俱，離生喜樂得入初禪。
2.第二禪：定生喜樂，無不充滿，是為第二現身得樂。3.第三禪：彼捨喜住，
護念不錯亂，身受快樂如聖所說，起護念樂入第三禪，彼身無喜，以樂潤擇，
周遍盈溢無不充滿。……離喜住樂，潤澤於身，無不周遍。4.第四禪：彼捨喜
樂，憂喜先滅，不苦不樂，護念清淨，入第四禪。身心清淨，具滿盈溢，無不
周遍。（T.1, no.1, p.85b-c）「禪」（dhyāna）其字源來自動詞字根「dhyai-」本意
為「沈思、熟慮、仔細思考」（to ponder, consider, think closely about）。Paul J.
Griffiths認為「四禪」（four dhyānas）最好理解為「透過三摩地（samādhi:英譯
字為"Enstasy"，字義原為standing within"）程度的增長，不同意識狀態會一連
串改變」。可參考Paul J. Griffiths, 'Indian Buddhist Meditation', 收錄於Takeuchi
Yoshinoried., *Buddhist Spirituality*, New York: Crossroad, 1995, p.37-38. 相關「四
禪」的研究書目可參考：金兒默存（Mokuzon Kaneko）：〈四禪說の形成とそ
の構造原始佛教に於ける實踐〉，《名古屋大學文學部研究論集（The Journal of
the Faculty of Letters Nagoya University）》第18期（1957年1月），頁123-144。
高瀨法輪：〈四禪說の一考察〉，《印度學佛教學》第13卷第1期（1965年），頁
202-205。蔡耀明：〈《阿含經》的禪修在解脫道的多重功能：附記「色界四禪」
的述句與禪定支〉，《佛學建構的出路：佛教的定慧之學如來藏的理路》（台
北：法鼓文化出版，2006），頁13-58。

中的狀態，關於神通與禪定的關係，將於下節中討論，此處只討論進入四禪後起修神通的狀態：

（一）神足通

常見的「神足通」（巴iddhi-vidhā；梵ṛddhividhi）說法，在《長阿含・阿摩畫經》中主要稱為「神通智證」，經中提出修鍊的方法，分為三個小段落，分別是比丘所修的三個勝法：

1. 比丘最初所得勝法：變化己身成「異身」

> 彼得定心清淨無穢、柔濡調伏、住無動地。**自於身中起變化心，化作異身**，支節具足諸根無闕。彼作是觀：**此身色四大化成彼身**，此身亦異、彼身亦異。**從此身起心，化成彼身**，諸根具足支節無闕。譬如有人鞘中拔刀，彼作是念：鞘異刀異，而刀從鞘出。又如有人合麻為繩，彼作是念：麻異繩異，而繩從麻出。又如有人籃中出蛇，彼作是念：籃異蛇異，而蛇從籃出。又如有人從篋出衣，彼作是念：篋異衣異。而衣從篋出。摩納！比丘亦如是！此是最初所得勝法。所以者何？斯由精進念不錯亂，樂靜閒居之所得也。（T.1, no.1, p.85c）

由經文觀之，比丘的第一個勝法是變化己身成「異身」、「彼身」，也就是變化他人身形模樣的變身法。其原則是「**從此身起心，化成彼身**」，比丘於自身中發起變化己身成「異身」、「彼身」的心念，就能變化出和自己身形不一樣的「異身」、「彼身」，且此「異身」、「彼身」的四肢五官都完整無缺。這是什麼道理呢？這是依

如此觀照的原則：「**彼作是觀：此身色四大化成彼身，此身亦異、彼身亦異。從此身起心，化成彼身，諸根具足支節無闕**」，基於在禪定中觀察人身是由地水火風「四大」元素組合而成，於是按著「異身」、「彼身」他人身形的四大組合質素及比例，用心的念力變化自身成「異身」、「彼身」。這就有如有人從鞘拔刀，鞘和刀是相異的東西，但刀的確從鞘中抽出；又如有人合麻為繩，麻和繩子雖然不同，但繩子是由麻變化組合而成；又如篋中出蛇，篋和蛇是相異的東西，而蛇從篋中爬出等等；故以意念就能便化出與自身不同的「異身」、「彼身」。

2. 比丘第二勝法：變出己身的「化身」

> 彼已定心清淨無穢、柔濡調伏、住無動地。**從己四大色身中起心，化作化身。一切諸根支節具足。彼作是觀：此身是四大合成，彼身從化而有。**此身亦異、彼身亦異。**此心在此身中，依此身住，至他身中。**譬如琉璃、摩尼，瑩治甚明、清淨無穢，若以青、黃、赤綖貫之；有目之士置掌而觀，知珠異綖異、而綖依於珠，從珠至珠。摩納！[94]**比丘觀心依此身住，至彼化身亦復如是，**此是比丘第二勝法。所以者何？斯由精勤念不錯亂，樂獨閑居之所得也。[95]

由經文觀之，比丘的第二個勝法亦是和「變身」有關，然此「變身」是由己身變化出自己的「化身」。變出「化身」的原理，關鍵在於「**彼作是觀：此身是四大合成，彼身從化而有**」，觀察自身是

---

[94] 摩納（巴 māṇava），此非姓名，係「婆羅門青年」之音譯。

[95] 《長阿含·阿摩晝經》（T.1, no.1, p.86a）。

由地水火風四大元素所組成，於是按照自身四大再組成一個己之「化身」。「化身」和「己身」的關連在於「**此心在此身中，依此身住，至他身中**」，亦即此心由住於自身，而亦延展住於他身的心中，就如以青色、黃色與赤色的線分別貫穿琉璃珠與摩尼珠般，看得清楚的人就會知道，雖然每串珠子與色線皆不同，但明白它們彼此間共同的關係都是用線將珠子連串起來，縱依於珠，從珠至珠，所以比丘「**觀心依此身住，至彼化身亦復如是**」，比丘觀察到「己身」的心念意向也都能貫穿在其之「化身」上。因此此處的「化身」應是己身的「分身」概念。在以下比丘的「第三勝法」中敘述「**變化一身為無數身、以無數身還合為一**」，應是接續說明「己身」和「分身」的互動關係。

關於「異身」、「彼身」的用語，除《阿摩晝經》用「異身」、「彼身」形容變成「他身」之外；包括《阿含經》其餘經文在內的各大小乘經典中，罕見用「異身」、「彼身」來形容變成「他身」；[96]「異身」是一種對於變成他身模樣的狀況描述，至於實際在故事敘事中，則直接描述從某一人物變成另一人物，例如在《長阿含‧闍尼沙經》[97]中即包括了梵天變化「異身」與「化

---

96 例如《增壹阿含經》：「有身見、無身見、有命見、無命見、**異身見**、異命見，此六十二見，名曰無見。亦非真見，是謂名為無見。」（T.2, no.125, p.577b）、《最勝問菩薩十住除垢斷結經》：「若有菩薩得此碎身定者，便獲此十如如住。云何菩薩入眾生碎身定，於是最勝。菩薩摩訶薩入碎身時，先入身內定從身外起，入身外定從身內起，**入一身定從異身起**，入異身定從一身起，入人身定從閱叉身起，入閱叉身定從龍身起，入龍身定從阿須倫身起，入阿須倫身定從天身起。入天身定從梵天身起。入梵天身定從欲界身定起。……」（T.10, no.309, p.1002c-1003a）。是極少數用「異身」一詞的經文。

97 同本異譯本可：參考巴利本《長部‧闍尼沙經》（D.18. Janavasabha Suttanta）、宋‧法賢譯《佛說人仙經》（T.1, no.213）。

身」的故事，描述梵天（即梵童子）變化為「異身」：「梵童子即
自變化形為三十三身」，直接描述梵天變成三十三身形，並不用
「異身」一詞。接著描述梵天與三十三天同坐，梵天又變化出眾多
的「化身」，分別對三十三天諸天子說話：「時，三十三天各作是
念：今梵童子獨於我坐而說是語；而彼梵童一化身語，餘化亦
語；一化身默。餘化亦默；彼梵童還攝神足，處帝釋坐」，每一三
十三天子都以為梵天只單獨和他說話，而梵天一開口說話，他的
眾多「化身」就都開口說話；梵天一沉默，他的眾多「化身」就
都跟著沉默；由此亦可知梵天「化身」的意涵即是「分身」。

3. 比丘第三勝法：「一身」與「多身」、「身能飛行」、「以心變物」

> 彼以定心清淨無穢、柔濡調伏、住無動地，一心修習**神通智證**，能種種變化：變化一身為無數身、以無數身還合為一；身能飛行，石壁無礙、遊空如鳥、履水如地；身出煙燄如大火煙焰；手捫日月、立至梵天。譬如陶師善調和泥，隨意所造，在作何器，多所饒益。亦如巧匠善能治木，隨意所造，自在能成，多所饒益。又如牙師善治象牙，亦如金師善煉真金，隨意所造，多所饒益。摩納！比丘如是：定心清淨住無動地，隨意變化，乃至手捫日月、立至梵天，此是比丘第三勝法。[98]

---

[98] 《長阿含・阿摩晝經》（T.1, no.1, p.86a）。又《長阿含・自歡喜經》：「如來說法復有上者謂神足證，神足證者，諸沙門、婆羅門以種種方便，入定意三昧，隨三昧心，作無數神力。能變一身為無數身、以無數身合為一身；石壁無礙、於虛空中結加趺坐，猶如飛鳥；出入於地猶如在水；履水如地；身出烟火如火積燃；以手捫日月；立至梵天。若沙門、婆羅門稱是神足者，當報彼言：有此神

比丘的第三個勝法分成三方面來敘述：

(1)「一身」與「多身」

　　首先描述：「一心修習**神通智證**，能種種變化：**變化一身為無數身、以無數身還合為一**」；此意謂比丘可由一身變出身形相同的無數身，也可使身形相同的無數身還合為一身；也就是可產生一與多的身形變化，所謂**「本尊」與「分身」**[99]的關係。在「變身」方面，除了《長阿含・阿摩晝經》所述之外，應還包括變化身形能大、能小、能隱形。[100]佛陀曾不止一次讚美朱利槃特（Cūlapanthaka）[101]化身的能力，所謂「我聲聞中第一比丘，變化身形能大能小，無有如朱利槃特比丘之比」[102]、「能化形體作若干變，所謂周利般兔比丘是」[103]，只不過隱形與能大能小的身形變化，在《阿含經》非用說理論述，而是用故事的形式表之。

　　足，非為不有。此神足者，卑賤下劣，凡夫所行。非是賢聖之所修習。若比丘於諸世間愛色不染，捨離此已，如所應行，斯乃名為賢聖神足。於無喜色亦不憎惡。捨離此已，如所應行。斯乃名曰賢聖神足，於諸世間愛色、不愛色，二俱捨已，修平等護，專念不忘。斯乃名曰賢聖神足。」（T.1, no.1, p.78 b-c）亦敘述相似的內容。

[99] 「本尊」、「分身」皆係佛教經典用語；「本尊」一詞可指任何一尊佛或菩薩等，在密教經典中最為常見。「分身」，在此同「化身」的意思；《法華經》亦見此用法，「釋迦牟尼佛欲容受所**分身**諸佛故」（《妙法蓮華經・見寶塔品》T.9, no.262, p.33a）。

[100] 如《增壹阿含・聽法品》「我今當以神足之力**自隱形體**，使眾人不見我為所在。爾時世尊復作是念：我今於三十三天，**化身極使廣大**」（T.2, no.125, p.705b）。

[101] 《增壹阿含經》中之「朱利槃特」，又同譯為「周利般兔」（Cūlapanthaka）實為同一人，意譯為小路。

[102] 《增壹阿含・九眾生居品》（T.2, no.125, p.768b）。

[103] 《增壹阿含・弟子品》（T.2, no.125, p.558a）。

(2)身能飛行

　　比丘還有「**身能飛行**」的神通，「**身能飛行**」意謂身能飛行虛空，宛若空中飛鳥般：並能穿山越岩、透壁通垣、入地履水、或手捫日月，身至梵天等。修成神足飛行的方法，《增壹阿含經》中敘述提婆達兜（Devadatta）求學神通時，有比丘教他：

> 比丘復與說神足之道：汝今當學心意輕重，已知心意輕重，復當分別四大，地、水、火、風之輕重。已得知四大輕重，便當修行自在三昧，已行自在三昧，復當修勇猛三昧，已行勇猛三昧，復當修行心意三昧，已行心意三昧，復當行自戒三昧，已修行自戒三昧，如是不久便當成神足道。[104]

比丘說明首先要知「心意輕重」，然後分別地、水、火、風之四大輕重：已得知四大輕重；然後修四神足，以「自在三昧」調動指揮四大組合的成份與身體的輕重；接著就要修「勇猛三昧」精盡修行；然後再修「心意三昧」讓心能完全指揮動身，使身能隨心之所趨所往；再修「自戒三昧」遵守戒律，如此則可修成神足飛行。[105]

---

[104] 《增壹阿含·放牛品》（T.2, no.125, p.802b-c）。

[105] 《出曜經》亦記載阿難教婆達兜神足之道：「在閑靜處，專心一意以麤入微，復從微起還至於麤，以心舉身以身舉心，身心俱合漸漸離地，初如胡麻、轉如胡桃、漸離於地，從地至床、從床至屋、從屋至空，在虛空中作十八變，涌沒自由；身上出火身下出水、身下出火身上出水、東出西沒西出東沒、四方皆爾，或分身無數還合為一。」（T.4, no.212, p.687c）要其專心一意，練習自由變化出入麤身與細微身；然後練習以心舉身、以身舉心，身心俱合，漸漸離地，從地至床、從床至屋，從屋至空，宛若練輕功般愈飛愈高；以至可以飛在虛空中做十八神變，並能變化本尊與分身。

(3)以心變物

　　至於「**以心變物**」則指能隨心所欲的變化物形，如陶師、巧匠、牙師、金師隨意塑物。《雜阿含・第494經》記述舍利弗教導諸比丘修習神通的方法：

> 爾時，尊者舍利弗晨朝著衣持鉢，出耆闍崛山，入王舍城乞食，於路邊見一大枯樹， 即於樹下敷坐具，身正坐，語諸比丘：「若有比丘修習禪思，得神通力，**心得自在**，欲令此枯樹成地，即時為地。所以者何？謂此枯樹中有地界。是故，比丘！得神通力，心作地解，即成地不異，若有比丘得神通力，自在如意，欲令此樹為水、火、風、金、銀等物，悉皆成就不異。所以者何？謂此枯樹有水界故，是故，比丘！禪思得神通力，自在如意，欲令枯樹成金，即時成金不異，及餘種種諸物，悉成不異。所以者何？以彼枯樹有種種界故。是故，比丘！禪思得**神通力**，自在如意，為種種物悉成不異。比丘！當知比丘禪思，**神通境界**不可思議。是故，比丘！當勤禪思，學諸神通。[106]

舍利弗教導諸比丘修習神通的方法言當修習禪定到心得自在，心就可產生神通力，若心想要讓枯樹化成地，枯樹就變成地；想要枯樹變成水、火、風、金、銀等形貌也都能做到。這是什麼原理呢？因為枯樹中有地界、水界、風界、火界等種界分，因此只要「心作地解」即可變化枯樹成地，其餘變化的原理也是一樣。又例如在《雜阿含・第871經》卷21中記載：

---

[106] 《雜阿含・第494經》（T.2, no.99, p.128c-129a）；巴利本可參考《增支部・木聚》（A.6.41. Dārukkhandha）。

> 爾時世尊告諸比丘：「有風雲天作是念：『我今欲以神力遊
> 戲。』如是念時，風雲則起如風雲天。如是焰電天、雷震
> 天、雨天、晴天、寒天、熱天亦如是說。[107]

這則經文中敘述佛告比丘們可以用神力遊戲來任意變化天候。

綜合上述可知「神足通」是比丘的三勝法，包括了「身能飛行」、「身形變化」、「以心變物」三方面。[108]因此「神足通」意謂人類的身體／心靈在禪定的修鍊中，可以依心靈力量操作肉體變化或物質現象變化，可見「神足通」是身隨心往、心想事成的如意神力，[109]所以《阿含經》中，有時又稱「神足通」為「**如意**

---

[107] 《雜阿含・第871經》（T.2, no.99, p.220b）。

[108] 可參考釋大寂：《智慧與禪定——作為佛教神通的基礎》書中「神足通有幾項特點」的分析。（台北：水星文化事業出版，2002），頁51-54。

[109] 巴利文Iddhi主要的字義為「使……富足」（to prosper；或使豐富、繁榮、興盛、成功）之意；追溯其梵文為ṛddhi來自字根ardh-其意為「使豐富、富足」，所以可說為具足為「能力、效力、力量、力道」（to be potency）而使得事情臻至完美圓滿之意，漢譯佛典中常譯為「如意」一詞。英國巴利聖典協會（Pali Text Society）的《Pali-English Dictionary》指出歐洲原本也不通曉此字，無對等同義的字詞。巴利語的原來用法，有三：1.前佛教（Pre-Buddhistic）時期：意指國王、百姓、獵人等所具備的力量或能力。例如：國王所有的四種Iddhi是身相莊嚴、健康、長壽、受人愛戴。2.指心靈的能力（力量）：能夠隱身、穿越堅固的東西，例如：牆，或入地如入水，空中飛行、手捫日月，身至梵天。3.特指佛教的「神足」（Iddhipāda）理論。以上參考T. W. Rhys Davids & William Stede ed., *The Pali-English Dictionary*, New Delhi: Asian Educational Services, 1997, p.120.相關參考佛使比丘（Buddhadāsa Bhikkhu）著，釋見憨、釋見澈、釋見可譯：《一問一智慧》（嘉義：香光書鄉出版，2001），頁133-137；原英文標題為"Buddha-Dhamma for Students"。林光明、林怡馨編譯：《梵漢大辭典》（台北：嘉豐出版，2004），頁1026，指出漢譯有多種不同譯法：如意、神通、神力、神變、神境、神足……等等。

足」[110]、「身通」[111] 或「如意通」[112]。

（二）比丘第四勝法：天耳通

所謂的「天耳通」（巴 dibba-sota-dhātu；梵 divya-śrotra-dhātu），在《長阿含‧阿摩晝經》稱之為「天耳智」，[113] 被列為比丘修證的第四勝法：

---

[110] 漢譯四阿含中只有《雜阿含經》和《中阿含經》有「如意足」一詞，《長阿含經》和《增壹阿含經》無此詞。《中阿含經》的「如意足」可以等於「神通」之概念，例如：《中阿含‧願經》：「比丘！當願我**如意足**、天耳智、他心智、宿命智、生死智。」（T.1, no.26, p.596a）；此經的巴利本可參考《中部‧願經》（M. 6. Ākavkheyyasuttaj）。《中阿含‧雙品‧牛角娑羅林經》：「世尊！我等得**如意足**、天耳智、他心智、宿命智、生死智。」（T.1, no.26, p.730b）《雜阿含經》的「如意足」可以等於「四如意足」（cattāro iddhi-pādā），又稱為「四神足」，即修習「欲、精進、心、思惟」定斷行成就如意足；能夠開發神通力現起。《雜阿含經》「如意足」的主要經證為第561經（T.2, no.99, p.147a-147b），相關經證可參考第57、75、130、179、263、305、638、663、684、694、832、879、1177經等。《增壹阿含經》的「神足」等於「神變」之意。「尊者舍利弗躬解竭支帶在地，語目連曰：『設汝神足第一者，今舉此帶使離於地，然後捉吾臂將詣阿耨達泉。』」（T.2, no.125, p.709a）「世尊告曰：『龍王當知：有四神足。云何為四？自在三昧神力、精進三昧神力、心三昧神力、試三昧神力。是謂，龍王！有此四神足之力。若有比丘、比丘尼有此四神力者，親近修行而不放捨者，此則神力第一。』」（T.2, no.125, p.709b）

[111] 《別譯雜阿含經》「欲學**身通**、欲知他心智、欲知宿命、欲得天眼耳、欲得漏盡智，應修二法增廣二法，知種種界，通達諸界，知無數界。」（T.2, no.100, p.447a）

[112] 《別譯雜阿含經》：「尊者迦葉語阿難言：無有人能障覆於我六通之者，若有人於**如意通**中生疑惑者，我悉能為演說其義，令得明了。天耳通、知他心通、宿命通、生死智通、漏盡通。若復有人於此通中生疑惑者，我亦能為演說其義，使得明了。」（T.2, no.100, p.418c）。

[113] 「證天耳智」，巴利本（D. vol.1, p.79）作 dibbāya sota-dhātuyā cittaj abhinīharati abhininnāmeti（心傾注天耳界）。參考：《佛光大藏經電子版‧阿含藏》（高雄：佛光山文教基金會出版，2002）。

> 彼以心定清淨無穢、柔濡調伏、住無動地、一心修習證天
> 耳智。彼天耳淨過於人耳，聞二種聲：天聲、人聲；譬如
> 城內有大講堂，高廣顯敞，有聰聽人居此堂內，堂內有
> 聲，不勞聽功，種種悉聞。比丘如是，以心定故，天耳清
> 淨，聞二種聲。摩納！此是比丘第四勝法。[114]

關於天耳通的修法說的很簡要，只是強調「以心定故」開發天
耳，而天耳的作用可聽到天聲、人聲二界之聲；就如有人住在城
中高廣顯敞的大講堂，自然講堂內四面八方的聲音都可聽聞。

（三）比丘第五勝法：他心通

《長阿含·阿摩晝經》將「他心通」（巴 ceto-pariya-ñāna；梵
cetaḥ-paryāya-jñāna）稱之為「他心智」[115]，列為比丘修證的第五
勝法：

> 彼以定心清淨無穢、柔濡調伏、住無動地、一心修習證**他**
> **心智**。彼知他心有欲無欲、有垢無垢、有癡無癡、廣心狹
> 心、小心大心、定心亂心、縛心解心、上心下心、至無上
> 心皆悉知之。譬如有人以清水自照，好惡必察。比丘如
> 是，以心淨故，能知他心。摩納！此是比丘第五勝法。[116]

---

[114] 《長阿含·阿摩晝經》（T.1, no.1, p.86a）。

[115] 「證他心智」，巴利本（D. vol.1, p.79）作 ceto-pariyañānāya cittaj abhinīharati
abhininnāmeti（心傾注他心智）。參考：《佛光大藏經電子版·阿含藏》（高雄：
佛光山文教基金會出版，2002）。

[116] 《長阿含·阿摩晝經》（T.1, no.1, p.86a）。

關於「他心通」的修法也是簡要說明，只是強調「以心淨故」因為心清淨，所以能知眾生各式各樣心的狀況。

（四）比丘得第一明：宿命通

《長阿含‧阿摩晝經》中稱「宿命通」（巴 pubbenivāsānussati-ñānā；梵 pūrvanivāsānusmṛti-jñāna）為「宿命智證」：[117]

> 彼以心定清淨無穢、柔濡調伏、住無動地，一心修習宿命智證，便能憶識宿命無數若干種事，能憶一生至無數生、劫數成敗、死此生彼、名姓種族、飲食好惡、壽命長短、所受苦樂、形色相貌皆悉憶識。譬如有人，從己村落至他國邑，在於彼處，若行若住若語若默；復從彼國至於餘國，如是展轉便還本土；不勞心力，盡能憶識所行諸國，從此到彼、從彼到此、行住語默，皆悉憶之。摩納！比丘如是，能以定心清淨無穢，住無動地，以宿命智能憶宿命無數劫事，此是比丘**得第一勝。無明永滅，大明法生；闇冥消滅，光曜法生**；此是比丘宿命智明。所以者何？斯由精勤念無錯亂，樂獨閑居之所得也。[118]

此經描述修學「宿命通」能憶起自己無數劫中的宿世之事，且對此百千萬世的往昔之事，都能詳細清楚憶起。例如對於其中經歷的劫成劫敗之數、過去生中每一世的死亡處投生地、姓名、種

---

[117] 「宿命智證」，巴利本（D. vol.1, p.82）作 pubbe-nivāsānussati-ñānāya cittaj abhinīharati abhininnāmeti（心傾注宿住隨念智）。參考：《佛光大藏經電子版‧阿含藏》（高雄：佛光山文教基金會出版，2002）。

[118] 《長阿含‧阿摩晝經》（T.1, no.1, p.86b）。

族、形色相貌、生活習慣、飲食好惡，壽命長短等都能憶起，甚至也能意識到每一世所經歷的苦樂感受；這就宛如有人從家鄉出外旅行，經歷許多邦國城邑，當他返回家園後，不用刻意費心，自然就能記得旅行中的種種情況，因為這些都是親身經歷。

證得「宿命通」是比丘得「第一勝」，亦是三明（the three vijjās）[119]的第一明（巴 vijjā；梵 vidyā），因為能憶起宿昔往事，就是對自己生命歷史有一整體連續的清楚明白，所謂「無明永滅，大明法生；闇冥消滅，光曜法生」，過去不知自己歷劫輪迴的種種情況，如今此無明（巴 avijjā；梵 avidyā）闇冥已滅，對於自己生命歷史清楚明白的智慧之光已升起。

（五）比丘得第二明：天眼通

《長阿含·阿摩晝經》敘述「天眼通」（巴 dibba-cakkhu-ñāna；梵 divya-cakṣur-jñāna）為「**見生死智證**」：[120]

> 彼以定心清淨無穢、柔濡調伏、住無動處，一心修習**見生死智證**。**彼天眼淨**，見諸眾生死此生彼、從彼生此、形色好醜、善惡諸果、尊貴卑賤、隨所造業、報應因緣皆悉知之。此人身行惡、口言惡、意念惡、誹謗賢聖、言邪倒見，身敗命終墮三惡道：此人身行善、口言善、意念善、不謗賢聖、見正信行、身壞命終生天人中。以天眼淨，見諸眾生隨所業緣，往來五道；譬如城內高廣平地、四交道

---

[119] 「三明」，指六神通的「天眼通、宿命通、漏盡通」。

[120] 「見生死智證」，巴利本（D. vol.1, p.82）作 sattānaj cutūpapāta-ñānāya cittaj abhinīharati abhininnāmeti（心傾注有情死生智）。參考：《佛光大藏經電子版·阿含藏》（高雄：佛光山文教基金會出版，2002）。

> 頭起大高樓，明目之士在上而觀，見諸行人東西南北、舉
> 動所為皆悉見之。摩納！比丘如是！以定心清淨住無動
> 處，見生死智證。以天眼淨，盡見眾生所為善惡，隨業受
> 生，往來五道皆悉知之，此是比丘**得第二明。斷除無明，**
> **生於慧明，捨離闇冥，出智慧光。此是見眾生生死智證明**
> **也。**所以者何？斯由精勤，念不錯亂，樂獨閒居之所得
> 也。[121]

此處將「見眾生生死智證」稱為「天眼通」，因此「天眼通」主要
是能看到眾生在未來無數劫的輪迴中，死此生彼、死彼生此，以
及形色好醜、善惡諸果、尊貴卑賤、業報因緣等。這就猶如有人
站在四通八達的要衝高樓上，由於視野高廣開闊，所以對於東西
南北往來的行人都能看得清清楚楚。由此可知證得「天眼通」所
生出的智慧之光，可以看見眾生來生的去處，斷除了對於未來茫
然無知的無明黑暗，這是比丘得「第二明」。由此可知「宿命通」
只能看到過去世之事，要看未來世則要有「天眼通」。因此「宿命
通」是只能看到眾生的過去世（the past lives），要看未來世
（future lives）[122] 則要有「天眼通」。

此外，證得「天眼通」除了可觀察眾生死後去處，亦可看見
天界及和天人交往。阿那律（Anuruddha）[123] 是佛陀弟子中天眼第
一者，所謂「我聲聞中弟子得天眼第一者，所謂阿那律比丘

---

[121] 「見生死智證」，巴利本（D. vol.1, p.82）作sattānaj cutūpapāta-ñānāya cittaj
abhinīharati abhininnāmeti（心傾注有情死生智）。參考：《佛光大藏經電子版・阿
含藏》（高雄：佛光山文教基金會出版，2002）。

[122] 未來世（梵anāgatâdhvan；巴anāgata-ddhan）。

[123] 「阿那律」（梵Aniruddha (Anuruddha)；巴Anuruddha），或《中阿含經》譯稱為
「阿那律陀」（T.1, no.26, p.537b），為釋迦牟尼（Śākyamuni）的十大弟子之一。

是。」[124]在《中阿含經》[125]中敘述當阿那律向佛陀請教修天眼的方法，佛陀則以自身的經驗教導阿那律。佛陀言若專修「智見極大明淨」的「見色光明」（亦即天眼通），在眼得光明中可見到諸天形色，因而開啟人天相見兩相往來的空間。佛陀也告訴阿那律，他在未證得「無上正真道」之前，也曾經歷過如阿那律般，在得到「見色光明而見色」看見諸天形色之後，又尋復滅失看不見的經驗。而天眼得而復失的原因，是因為某些過患導致失去定境，定境既失「失定而滅眼」，「天眼通」也就跟著消失。那麼如何才能「不失定」、「不滅眼之光明」呢？佛陀告訴阿那律首先要專心坐禪，得定一心，在禪思中觀照自己：「我心中有何患？令我失定而滅眼。眼滅已，我本得光明而見色，彼見色光明尋復滅？」[126]然後逐一觀照自己，讓自己的心「不生疑患，不生無念患，不生身病想患，不生睡眠患，不生大精勤患，不生太懈怠患，不生恐怖患，不生喜悅患，不生盲心患，亦不生若干想患，不生不觀色患」。[127]由於心不生以上種種過患，所以「得心清淨」。於是在得「心清淨」上入於四禪，證得「智見極明淨」，並「趣向定住」得「漏盡通」（巴 āsava-kkhaya-ñāṇa；梵 āsrava-kṣya-jñāna）證阿羅漢（巴 arahant；梵 arhat），[128]在證得阿羅漢果位後，就可確保「智見

---

[124] 《增壹阿含·火滅品》（T.2, no.125, p.581b）。

[125] 以下關於阿那律與天交往過程的經文俱見《中阿含·長壽王品天經》（T.1, no.26, p.539 b-540c）。

[126] 《中阿含·長壽王本起經》（T.1, no.26, p.537b）。

[127] 《中阿含·長壽王本起經》（T.1, no.26, p.538a）。

[128] 阿羅漢為巴利語 arahant 或梵語 arhat 之音譯是解脫道所欲成就的目標；謂已全然斷滅生死煩惱，故又稱不生；又已至**阿羅漢果位**（巴 arahattapatti；梵 arahattaphala）者，堪受人天供養、尊敬，故又稱「應供、應」。又作無生，

極明淨」（天眼通）的能力不會退失，因此對於諸天形色就不會乍見又乍失了。

　　接著，佛陀又自己描述他在得「智見極大明淨」之後，如何一步步將此「智見極大明淨」的「天眼通」開發至極致，而這開發的歷程，也就是開啟了人天相見往來互動的空間。佛陀言其步驟：

① 首先，他因「見色光明」而看到諸天形色，但他無法和諸天打交道、相互往來，所謂「然我未與彼天共同集會、未相慰勞、未有所論說、未有所對答」。

② 於是他繼續坐禪念定，更進一步修鍊「智見極大明淨」的「天眼通」，使他可以和諸天共同集會、互相寒暄、彼此往來論說對答。

③ 更進一步的，在達到②的成就後，佛陀發現自己：「然我不知彼天如是姓、如是字、如是生」，於是他更上層級修習「天眼通」，於是他在定中也可以知道諸天的姓名、字號，以及如何出生在諸天之中。

④ 在佛陀在獲得③的成就後，又更進一步的問自己：「然我不知彼天如是食、如是受苦樂」，於是繼續開發他的「智見明淨」，而得知了諸天如何飲食以及如何受樂、如何受苦。

⑤ 接著，佛陀在獲得④的成就後，又進一步思維：「然我不知彼天如是長壽、如是久住、如是命盡」，於是繼續開發「智見明

永斷一切煩惱，解脫生死，為聲聞乘之最高果位。**「阿羅漢果位」**的相關研究可參考：Karel Werner, Bodhi and Arahattaphala; From Early Buddhism to Early Mahayana, *Buddhist Studies—Ancient and Modern*, ed. Philip Denwood & Alexder Piatigorsky, London: Curzon Press Ltd., 1983, p.167-181.

淨」，而知道了諸天的壽命有多長，能生存於諸天有多久？壽命是如何結束的？

⑥ 更進一步，佛陀在獲得⑤成就之後，又思維著：「然我不知彼天作如是如是業、已死此生彼」，於是繼續開發「智見明淨」，然後得知諸天活著時都做了那些行業，而在天上死後都投生於何處？

⑦ 於是佛陀在獲得⑥之成就後，又更進一步發現自己：「然我不知彼天，彼彼天中」，於是繼續開發他的天眼，而知道諸天的組織層構，天中之天復有幾層。

⑧ 最後，佛陀在得到⑦的成就之後，又更進一步的反問自己：「然我不知彼天上，我曾生中，未曾生中」，於是繼續開發「智見明淨」，終於佛陀知道了自己那幾世曾生天上，那幾世未曾生在天上的經歷。

經過了八個階段逐步一層層地開啟和天人交往的空間，見到天人的形色、和天人打交道、互相往來論說，知道天人的姓名、生活飲食習慣、天人的快樂與痛苦、壽命長短，乃至更進一步知道天人的行業及死後投生之處，並且能夠完全清楚天中復有幾層天的組織架構，最後還知道自己過去生中曾否生於天界的經歷。因此修習「智見極大明淨」的「天眼通」光明，可以看見天人的形色，和天人互相交往。[129]

---

[129] 以上關於阿那律與天交往的過程，見丁敏：〈小乘經律中阿羅漢生命空間的特性〉，《佛學與文學學術研討會論文集》（新竹：玄奘人文社會學院出版，2003），頁167-168。

（六）比丘得第三明：漏盡通

在《長阿含・阿摩晝經》中把「漏盡通」（巴 āsavakkhaya-ñāṇa；梵 āsrava-kṣaya-jñāna）稱為「**無漏智證**」：[130]

> 彼以定心清淨無穢、柔濡調伏、住不動地，一心修習**無漏智證**。彼如實知苦聖諦、如實知有漏集、如實知有漏盡、如實知趣漏盡道。彼如是知、如是見：欲漏、有漏、無明漏。心得解脫，得解脫智，生死已盡，梵行已立，所作已辦，不受後有；譬如清水中，有木石魚鱉、水性之屬東西遊行，有目之士明了見之，此是木石、此是魚鱉。摩納！比丘如是！以定心清淨，住無動地得無漏智證，乃至不受後有，此是比丘得**第三明**，斷除無明，生於慧明，捨離闇冥，出大智光，是為**無漏智明**。所以者何？斯由精勤，念不錯亂，樂獨閒居之所得也。摩納！是為**無上明行具足**。[131]

比丘由於一心修習「無漏智證」，對「漏」（巴 āsava；梵 āsrava）[132]

---

[130] 「無漏智證」，巴利本（D. vol.1, p.83）作 āsavānaj khaya-ñānāya cittaj abhinīharati abhininnāmeti（心傾注漏盡智），即六通中之漏盡智證通。參考：《佛光大藏經電子版・阿含藏》（高雄：佛光山文教基金會出版，2002）。

[131] 《長阿含・阿摩晝經》（T.1, no.1, p.86 c）。

[132] 漏：梵語 āsrava、巴 āsava，意為「流失、漏泄（outflow）」，為煩惱（梵 kleśa；巴 kilesa，英 defilements）、染污（afflictions、impurities）之異名。有漏，梵語 sāsrava；無漏，梵語 anāsrava。在《阿含經》中，「漏」幾乎與煩惱同義。《雜阿含・第229經》中指出：「爾時，世尊告諸比丘：我今當說有漏、無漏法。云何有漏法？謂眼色、眼識、眼觸、眼觸因緣生受——內覺若苦、若樂、不苦不樂；耳、鼻、舌、身、意法、意識、意觸、意觸因緣生受——內覺若苦、若樂、不苦不樂，世俗者，是名有漏法。」、「云何無漏法？謂出世間意，若法、

的種類與狀況能如實了知，對四聖諦亦能如實了知，[133] 於是「心得解脫智」能發出「大智光」，此是比丘的「第三明」，得此「無漏智明」，則能「生死已盡，梵行已立，所作已辦，不受後有」永脫生死輪迴。此種狀態就譬如如果水是清的，那麼有目之士就能清楚看見水中之物，並能分辨這是木石、這是魚鱉等；比丘定心如清水，就能如實知此是無明、此是諸漏、此是無明諸漏悉皆滅盡無有遺餘。

　　「漏盡通」是佛教最重要的屬於解脫生死輪迴的神通，對於漏盡通具有不共外道的獨特性，《阿含經》中多有敘述，如《中阿含‧七日經》[134] 中佛陀曾自述其過去生的某一世，曾為外道仙人的導師「善眼大師」，在那一世他為弟子們說「梵世法」，[135] 他的弟子死後有生於四王天、三十三天、或生夜摩天、兜率哆天、化樂天、他化樂天、乃至梵天，而他本人應繼續修增上慈，死後生於「晃昱天」；[136] 然而佛陀說這些都不是究竟的解脫：

若意識、意觸、意觸因緣生受——內覺若苦、若樂、不苦不樂，出世間者，是名無漏法。」（T.2, no.99, p.56a）

[133] 「四聖諦」（caturāryasatya）意指四個神聖的真理（satya）「苦、集、滅、道」。有關「四聖諦」和「如實智觀」的深入研究，可進一步參考萬金川：〈存在、言說與真理〉，《詞義之爭與義理之爭——佛教思想研究論文集》，（南投：正觀出版，1998），頁201-246。

[134] 以下有關善眼大師的所引經文具見《中阿含‧七法品‧七日經》（T.1, no.26, p.428c-429c）；巴利本參閱：《增支部‧太陽》（A.7.62. Suriya）、宋‧法賢譯《薩鉢多酥哩踰捺野經》、《增一阿含‧七日品‧第1經》。

[135] 「梵世法」，巴利本作Brahma-lokas ahavyatāya dhammaj（共住於梵天界之法）。又作「四梵室」，即慈、悲、喜、捨之四無量心，修習此四法能感生大梵天之果報。參考：《佛光大藏經電子版‧阿含藏》（高雄：佛光山文教基金會出版，2002）。

[136] 晃昱天（巴Ābhassara deva），又作光音天，新譯作極光淨天，為色界二禪之頂天。

> 爾時說法不至究竟，……不究竟梵行訖；爾時不離生、
> 老、病、死、啼哭、憂感、亦未能得脫一切苦。（T.1,
> no.26, p.429c）

佛陀接著說：

> 比丘！我今出世，如來……我今說法得至究竟。……究竟
> 梵行訖。我今已離生、老、病、死、啼哭、憂感，我今已
> 得脫一切苦。（T.1, no.26, p.429c）

對比過去世佛陀指出其修「梵世法」最終只是生於天界，[137] 未能達於究竟解脫，而此生修得究竟梵行，離於一切生老病死憂悲愁苦，永脫生死輪迴，是以佛陀自謂：「我今最後生、最後有、最後身、最後形，得最後我，我說是苦邊」，[138] 亦即已證得漏盡通，此生是其最後一世。

又關於佛陀此生的超越外道梵行而證漏盡通可見於《中阿含・羅摩經》，[139] 佛陀自述其未成道前，曾跟隨婆羅門教的瑜伽大師阿羅邏（巴Ālāra-Kālāma）[140] 和鬱陀羅羅摩子（巴Uddaka Rāmaputta）[141] 修習「無所有處定」及「非有想非無想處定」，這應是當時最高深的冥想（禪定）功夫──四禪八定中的最高定，但佛陀覺得此二定皆「不趣智、不趣覺、不趣涅槃」，無法帶來真正的智慧、覺悟和解脫，因此釋尊都放棄了，他繼續尋找真正的

---

[137] 生於天界，代表仍脫離不了「輪迴」（saṃsāra）。

[138] 《中阿含・大善見王經》（T.1, no.26, p.518b）。

[139] 《中阿含・羅摩經》（T.1, no.26, p.776 b-c）。

[140] 漢譯又作「羅勒迦藍、阿羅羅伽羅摩」。

[141] 漢譯又稱「優陀羅羅摩子」。

涅槃解脫之道，最後在菩提樹下禪坐中，證得「無老、無死、無愁、無憂感、無穢污、無上安隱」的涅槃（巴nibbāna；梵nirvāna）境界，解脫生死輪迴證道成佛。穆克紀（Biswadeb Mukherjee）指出，佛教創立之前，印度的沙門早已用了四禪的修行法門，佛陀依循傳統的禪修方法，並且獲得相同於先前由其他沙門所體證到的禪定狀態。但他對禪定狀態的評估有所不同，他在第四禪中經驗到不苦不樂的捨受，但不像無色禪者一樣，他並未進入空無邊處等禪定狀態，所以他能夠捨棄對不苦不樂受的執著，因此，他保持的心靈狀態是捨棄對任何所觀對象之心靈反應的執著，因而是完全覺醒的，喬達摩應用這種心靈狀態在四禪中更進一步的修習，以獲得六神通中的三明，了知自己脫離一再重覆的生死輪迴，而且知道自己已獲得解脫永不再生，喬達摩獲得的這種解脫可以稱為「心解脫」（ceto-vimutti）。於是佛陀超越了當時沙門走過的四禪階段，並且革新了沙門的精神世界。[142] 可知佛陀超越當時沙門的無上明行的「漏盡通」是「心解脫」和「慧解脫」（paññā-vimutti）。

五、結語

綜上所述可知，《阿含經》中各神通的名稱並不統一，各神通皆有相關類似的稱呼。其次，《阿含經》中的「神通」是放在佛教「如實觀」視域下予以定位，肯定「神通」能力是在如實修鍊

---

[142] 穆克紀（Biswadeb Mukherjee）：〈A Pre-Buddhist Meditation System and its Early Modifications by Gotama the Bodhisattva（II）；〈論四禪——喬達摩菩薩如何改定此一佛教前已有的法門（下）〉，《中華佛學學報》第9期（1996年7月），頁338。

中所證。此外，在故事話語中展開神通論述，是《阿含經》神通論述的特殊表現形式，《阿含經》分神通為六神通，其中以《長阿含・阿摩晝經》的論述最為詳盡，《阿摩晝經》是在一系列故事事件的敘述中，展開關於禪定與神通的詳細論述，正是將故事與論理結合為一體的最佳例子，而《阿含經》的神通理論更成為大小乘佛典中眾多神通故事的理論依據。

第二章　小乘佛典中
神通修鍊的向度

一、前言

在第一章中已將《阿含經》有關佛教神通定位及類型進行分析論述，除此之外，還有很多尚未討論的神通議題。這是因為「神通」本有不同的修鍊向度，擺渡於聖與俗、此岸與彼岸之間，例如：「三明與六通」、「阿羅漢與神通」、「五神通與六神通」、「神通與禪定」等等；此外，雖然神通有公式化的修鍊程序，然實際的神通經驗卻有如萬花筒般產生神通諸種面向，如：「幾果可證神通」、「神通與咒術」、「修通與業通」、「神通的有效度」、「何時可現神通？何時被禁止？」等。因此本章在第一章的基礎上，加以延伸及擴大範圍，仍以《阿含經》為主，但加入律部的討論。此外兼有大小乘思想的《修行道地經》，對六類型的神通分別進行綜觀鳥瞰式的譬喻修辭，其敘事話語別具一格；而其內容又可與《阿含經》的六神通相互呼應，是以亦放在此章論述。基於以上原因本章名之為「小乘佛典中神通修鍊的向度」，以下一一論述之：

二、三明與六通

綜觀前一章可以發現《長阿含・阿摩晝經》將「神足通」、「他心通」、「天耳通」三通歸為比丘的五個勝法，其中「神足通」的變化他身、化身、加上本尊分身的變化、身能飛行虛空、手捫

日月、變化物相等就佔了三個勝法。至於「天眼通」、「宿命通」、「漏盡通」分別以「宿命智明」、「生死智證明」、「無漏智明」稱之，突顯此三種神通具有「明」（巴vijjā；梵vidyā）的特質，歸為比丘的「三明」（ti-vijjā；tri-vidyā），《長阿含·十上經》：

> 云何三證法？謂三明：宿命智、天眼智、漏盡智。諸比丘！是為三十法，如實無虛。[1]

　　就是此三明神通，是佛陀證道過程中重要的關鍵點，提供佛陀在禪定中如實觀察宇宙生命的整體實相，《中阿含·黃蘆園經》敘述佛陀證道的過程：

> 梵志！我持萬草往詣覺樹，布草樹下、敷尼師檀、結加趺坐，不破正坐、要至漏盡。……我已得如是定心清淨、無穢無煩、柔軟善住、得不動心，覺憶宿命智通作證，我有行有相貌，憶本無量昔所經歷…是謂我爾時初夜得此第一明達。…復次，梵志！我以清淨天眼出過於人，見此眾生死時生時、好色惡色、妙與不妙、往來善處及不善處。…是謂我爾時中夜得此第二明達。…謂生死智作證明達。復次，梵志！…是謂我爾時後夜得此第三明達。…謂無智滅而智生、闇壞而明成、無明滅而明生，謂漏盡智作證明達。[2]

1　《長阿含·十上經》（T.1, no.1, p.53b）。

2　《中阿含·黃蘆園經》（T.1, no.26, p.679c-680b）。相關譯本：失譯《佛為黃竹園老婆羅門說學經》（T.1, no.75），巴利本《增支部·鞞蘭若》（A.8.11. Verañjā）。

　　佛陀自述其在證道的夜晚，**初夜證「宿命通」**，知曉自己千生累劫每一世流轉輪迴的面貌；**中夜證得「天眼通」**，能夠觀察眾生生死流轉所趨之善惡道。在其中佛陀「看見」了超乎肉眼經驗的過去與未來的整體時間跨度，也開啟了整體空間的架構，於是在宇宙時空的全幅架構中，觀察發現四聖諦、十二因緣的宇宙真理，於**後夜證「漏盡通」**，滅盡所有的無明無智，所謂「無智滅而智生」、「無明滅而明生」親身驗證宇宙人生的全方位智慧，佛陀成為「無上明行具足」的「正遍知」，正覺成佛。[3]《雜阿含・第884經》[4]中亦有類似說法云：

> 世尊告諸比丘：有無學三明。何等為三？無學宿命智證通、無學生死智證通、無學漏盡智證通。爾時，世尊即說偈言：觀察知宿命，見天惡趣生，生死諸漏盡，是則牟尼明。其心得解脫，一切諸貪愛，三處悉通達，故說為三明。[5]

---

[3] 丁敏：〈阿含廣律中佛陀成道歷程「禪定與神通」的敘事分析〉，《政大中文學報》第3期（2005年6月），頁99-100。Alex Wayman 曾提出：此三明有別於其他神通，是佛陀在菩提樹下經驗的明晰景象（clear visions），而此「三明」也幫助佛陀覺察出輪迴（saṃsāra）的緣起因和寂滅因。此外 Bradley S. Clough 也說到佛陀得證開悟的歷程，提出「三明」是佛陀覺證的核心經驗，對佛教傳統來說非常重要。以上皆參考：Bradley S. Clough, *Noble Persons and Their Paths: A Study in Indian and Theravāda Buddhist Soteriological Typologies*, Ph.D. Dissertation, New York: Columbia University, 1999, p.141-142.

[4] 本經說明阿羅漢之三明。參閱：《增支部・三耳（婆羅門）》、《增支部・生聞（婆羅門）》（A.3.58. Tīkanna, 3.59. Jānussoni）。

[5] 《雜阿含・第884經》（T.2, no.99, p.223b）。

佛陀直接將「宿命」、「天眼」、「漏盡」三通稱為「無學三明」，[6]也就是阿羅漢的三明，亦即是「牟尼明」。[7]

此外佛陀並區隔佛教的「三明」和婆羅門的「三明」是不一樣的，《雜阿含・第886經》中言婆羅門自言其「三明」是：「婆羅門父母具相無諸瑕穢，父母七世相承無諸譏論；世世相承，常為師長，辯才具足；誦諸經典、物類名字、萬物差品、字類分合、歷世本末，此五種記悉皆通達，容色端正；是名，瞿曇！婆羅門三明」，[8]可知婆羅門的「三明」是注重在父母祖先既是血脈，又是師長的代代傳承關係、嫻熟誦讀婆羅門經典，以及對世間知

---

[6] 《雜阿含・第885經》亦說「無學三明」：「如是我聞：一時，佛住舍衛國祇樹給孤獨園。爾時，世尊告諸比丘：有無學三明。何等為三？謂無學宿命智證通、無學生死智證通、無學漏盡智證通。云何無學宿命智證通？謂聖弟子知種種宿命事，從一生至百千萬億生，乃至劫數成壞，我及眾生宿命所更如是名、如是生、如是姓、如是食、如是受苦樂、如是長壽、如是久住、如是受分齊，我及眾生於此處死、餘處生，於餘處死、此處生，有如是行、如是因、如是信，受種種宿命事，皆悉了知，是名宿命智證明。云何生死智證明？謂聖弟子天眼淨過於人眼，見諸眾生死時、生時，善色、惡色，上色、下色，向於惡趣，隨業受生如實知；如此眾生身惡行成就、口惡行成就、意惡行成就，謗聖人，邪見受邪法因緣故，身壞命終，生惡趣泥犁中；此眾生身善行、口善行、意善行，不謗毀聖人，正見成就，身壞命終，生於善趣天人中，是名生死智證明。云何漏盡智證明？謂聖弟子此苦如實知，此苦集、此苦滅、此苦滅道跡如實知；彼如是知、如是見，欲有漏心解脫、有有漏心解脫、無明有漏心解脫，解脫知見：我生已盡，梵行已立，所作已作，自知不受後有，是名漏盡智證明。爾時，世尊即說偈言：觀察知宿命，見天惡趣生，生死諸漏盡，是則牟尼明。知心得解脫，一切諸貪愛，三處悉通達，故說為三明。佛說是經已，諸比丘聞佛所說，歡喜奉行！」（T.2, no.99, p.223b-c）

[7] 「牟尼」是巴利語muni的音譯，原意為「立誓默言之人」（one who has made the vow of silence），即為求解脫滅諸煩惱而寂靜。佛教以此字尊稱一完全證覺的修行者。以上參考 T. W. Rhys Davids & William Stede ed., *The Pali-English Dictionary*, New Delhi: Asian Educational Services, 1997, p.538.

[8] 《雜阿含・第886經》（T.2, no.99, p.223c）。

識品類的博學明辨等。佛陀強調其之「三明」則是「賢聖法門說真實三明」，此「三明」即是：「三種無學三明，何等為三？謂無學宿命智證明、無學生死智證明、無學漏盡智證明」。[9]所以「宿命」、「天眼」、「漏盡」三通與解脫生死有直接關係，稱為「三明達」；至於「神足通」、「他心通」、「天耳通」與解脫生死無直接關係，便只稱「通」而不稱明；合起來共稱「三明六通」（巴 tivijjā-châbhiññā；梵 trividya-ṣaḍabhijñā）。

三、「五神通」與「六神通」

《阿含經》將神足通、宿命通、天眼通、他心通、天耳通稱為「五神通」，五神通是印度各教派所共同修習的。神通起於禪定，而禪定是印度古已有之的養生和修道方法。波顛闍利（Patañjali）的《瑜伽經》（Yoga Sūtra）[10]就是一部著名的禪定指南，其中第三章講述修習禪定能獲得各種成就（siddhi），[11]例如知道過去和未來、知道一切生物的音義、知道前生、知道他人的心、隱身、乘空而行、變小等等。[12]《阿含經》中稱有五通的外

---

[9] 《雜阿含・第886經》（T.2, no.99, p.223c）。

[10] 有關Patañjali的《瑜伽經》（Yoga Sūtra）的學界研究不少，主要可參考以下著作：Mircea Eliade, Patañjali and Yoga, New York: Schocken Books, 1975. Mircea Eliade, Yoga: Immortality and Freedom, New Jersey: Princeton University Press, 1973.

[11] 梵語siddhi，常音譯成「悉地」，或譯為「成就」，Mircea Eliade 亦曾指出瑜伽經的「禪定」之道最終通往「神通的成就」。原文如下：in classical Yoga, the road to samādhi－leads to the possession of "miraculous powers" (siddhi, Pāli iddhi)。Mircea Eliade, Yoga: Immortality and Freedom, New Jersey: Princeton University Press, 1973, p.177.

[12] 郭良鋆：《佛陀和原始佛教思想》（北京：中國社會科學出版社，1997），頁174。又可參考默西亞・埃里亞德（Mircea Eliade）著，廖素霞、陳淑娟

道為「五通婆羅門」或「五通仙人」等；[13] 稱有神通的阿羅漢為「三明六通阿羅漢」，《雜阿含經》中尊者婆耆舍[14] 讚美得六神通的上座諸比丘是「所得神通慧，超諸神通力，六神通眾中，自在無所畏」，[15] 以「神通慧」（漏盡通）是超諸「神通力」（五神通），可見「漏盡通」對比「五神通」的區隔。《阿含經》並定位共外道的五神通是「世俗五神通」，不論是外道或佛弟子，若只修得五神通則並未出生死輪迴，且因仍有未斷盡的貪瞋癡三毒而有可能退失神通；凡此種論述亦多是在敘事中來論述，茲述如下：

（一）世俗五通與名聞利養

《增壹阿含經》中記敘眾多比丘聽聞佛陀的堂弟提婆達兜（Devadatta），[16] 雖然失去神通然而還是獲得阿闍世王的供養「己失神足，又為阿闍世所供養」，[17] 所以集體來到佛前對佛陀說：「提

譯：《世界宗教理念史（卷二）──從釋迦牟尼到基督宗教的興起》（Historie des croyances et des idées religieuses II─De Gautama Buddha au Triomphe du Christianisme）（台北：商周出版，2001），頁63-72。

[13] 相關經文：《長阿含・大會經》（T.1, no.1, p.81a）、《增壹阿含・放牛品》（T.2, no.125, p.797a）。

[14] 尊者婆耆舍本身亦是證得三明神通的阿羅漢，《雜阿含・第1217經》：「時，尊者婆耆舍住舍衛國東園鹿子母講堂，獨一思惟不放逸住，專修自業，逮得三明，身作證。時，尊者婆耆舍作是念：我獨一靜處思惟，不放逸住專修自業，起於三明，身作證，今當說偈讚歎三明。」（T.2, no.99, p.331c）

[15] 《雜阿含・第993經》（T.2, no.99, p.259a-b）。

[16] 提婆達兜（巴Devadatta），簡稱提婆，釋迦牟尼的堂弟，後出家為佛陀弟子，因貪著利養，誘五百比丘別立教團，教唆阿闍世太子弒父篡位，欲殺世尊自立為佛。經典中多載提婆所為，謂提婆於命終之後墮地獄中。

[17] 《增壹阿含經》中記敘佛陀的堂弟提婆達兜沒得到佛陀的允許，自行剃髮出家後，一心一意想求神通，他由一位修苦行、五通清徹名叫修羅陀的比丘口中獲得了修習神通的方法。聰明的他很快就修成了神足通，並靠神通的表演取得阿

婆達兜者極大威力，今為阿闍世王所供養，日遣五百釜食」，由眾
比丘的視角來看，認為提婆達兜仍是極有大威力，所以阿闍世王
才會一直以豐厚飲食日日供養。由佛陀的視角來看，提婆達兜會
因貪利養而自取滅亡，所以世尊聞語告誡眾比丘：「汝等莫興此
意，貪提婆達兜比丘利養，彼愚人由此利養自當滅亡」。這是為什
麼呢？佛陀進一步指出提婆達兜不獲智慧沒有達到出家的目的：
「夫智慧者，於此法中最為第一，提婆達兜比丘於此法中竟不獲智
慧、三昧，亦復不具戒律之法」。但從在場某一比丘的視角則提出
相反的意見，認為提婆達兜有神德成就諸行，這是智慧的表現；
若有智慧就有三昧，有三昧則有戒律，如此為何說其不解戒律之
法呢？佛陀於此更進一步的回答：

> 戒律之法者世俗常數，三昧成就者亦是世俗常數，神足飛
> 行者亦是世俗常數；智慧成就者此是第一之義。(T.2,
> no.125, p.759c)

　　佛陀強調戒律、禪定、神通之法都仍是世間相；唯有修習解
脫煩惱的智慧法門，才能達到究竟的解脫。接著佛陀又說：

> 由禪得神足，至上不究竟，不獲無為際，還墮五欲中。智
> 慧最為上，無憂無所慮，久畢獲等見，斷於生死有。(T.2,
> no.125, p.759c)

闍世王在經濟上的支持。進一步，提婆達兜又和佛陀爭奪僧團領導權，而導致
僧團一度分裂；就在這時由於提婆達兜心中升起了權力、名位的欲望之心，他
的神通頓失。見《增壹阿含・牧牛品》(T.2, no.125, p.802b-803a)。

　　由習禪而得到神足通，沒有達到最究竟的漏盡智慧神通，還會再墮落於五欲的誘惑中，由這個角度來看提婆達兜，的確是「不解戒律之法，亦復不解智慧、三昧之行」，所以佛陀再次告誡眾比丘莫貪利養，接著經文的敘述者記敘當佛陀說完這席話後，在場的比丘「六十餘比丘捨除法服，習白衣行；復有六十餘比丘，漏盡意解、諸塵垢盡、得法眼淨」，有一群是心開意解得法眼淨，有一群竟然退道還俗。**可見以神通獲得世間的名聞利養是非常具有誘惑力的**，以致眾比丘會對提婆達兜的行徑提出辯解，即使佛陀因此指出神足飛行只是世俗神通、名聞利養是修行的陷阱；但是在場提問聽法的眾比丘是勢均力敵的兩極化反應。[18]

　　《五分律》中記敘，由於畢陵伽婆蹉比丘四處展現神通變化「畢陵伽如是展轉四現神足」，獲得許多信徒的崇敬，競相以各種飲食及日用品拿到精舍來供僧眾，以致酥油、冰糖多得吃不完到處堆著，甚至打翻弄得滿地，污髒衣服床席臥具等。這些情況就引起了在家居士的批評：「沙門釋子自言節食，積聚如此恣意噉之；此等為求解脫離生老死，而今但求如此美味，無沙門行破沙門法」，認為出家人不是自言是寡欲少食的嗎？怎麼會囤積浪費食物呢？這是所謂追求解脫，遠離生死束縛的做法嗎？實在沒有一點出家人的樣子。佛陀知道這件事後，就規定以後不得囤積酥油、冰糖。[19]

---

[18] 以上所引關於眾比丘問佛陀關於提婆達兜是否值得肯定的經文，俱見《增壹阿含・馬血天子問八政品》（T.2, no.125, p.759a-c）。

[19] 以上有關畢陵伽婆蹉的故事，所引經文俱見《彌沙塞部和醯五分律》（T.22, no.1421, p.30c-31c）。

　　由這記載可知展現神通很容易獲得豐厚的供養，但名聞利養正是長養我執我慢的淵藪，是修道的障礙，是修行人所要戒慎恐懼的。

（二）世俗五通是凡夫行

　　《增壹阿含・牧牛品》中敘述一名叫象舍利弗的比丘，雖得到五神通卻被女色誘惑因而還俗；有一天他在家門口與二個女人嬉戲，遇見乞食的阿難生起大慚愧心，就請求佛陀讓他重新出家修行。這一次象舍利弗比丘證得了阿羅漢，但外道和一般民眾都不相信他、譏笑他，並問他說有沒有已證到阿羅漢的比丘會再還俗犯戒的呢？象舍利弗告訴民眾先前的他只修到世俗五通，並沒有證得阿羅漢所以會墮落，現在他已證得阿羅漢永遠不會再習於五欲。所謂：

　　　　遊於世俗禪，至竟不解脫，不得滅盡跡，復習於五欲。

又云：

　　　　世俗五通非真實行，後必還失，六通者是真實行。[20]

　　五神通是超能力的技術智慧；唯有第六「漏盡通」才是解脫生死輪迴的智慧，是佛教最獨特不共外道的神通智慧，如《長阿含經》中舍利弗特別指出如果諸沙門婆羅門展演他們修習「神足通」的各式各樣超能力，那就承認他們的確有此神足法，但也告訴他們這是「卑賤下劣，凡夫所行的神足」，因為外道的五神通都

---

[20]　此句經文可見於《增壹阿含・牧牛品》（T.2, no.125, p.796 c）、《增壹阿含・牧牛品》（T.2. no.125, p.797b）。

還是屬於色相神通的範疇內,「雖復有法盡不真正,不足聽採不能出要」[21],不能帶來真正的出離解脫,非是賢聖所修習的。至於「賢聖神足」是什麼呢?所謂:

> 若比丘…於諸世間愛色、不愛色,二俱捨已,修平等護,專念不忘,斯乃名曰賢聖神足。[22]

唯有通過智慧觀照的「漏盡通」,才能帶來真正的證悟解脫,才是真正的「賢聖神足」,所謂:

> 五通與六通,各各差別…夫五通仙人欲愛已盡,若生上界,復來墮欲界。六通阿羅漢如來弟子者,得漏盡通,即於無餘涅槃界而般涅槃。[23]

強調五通與六通是有嚴格區隔的,五通仙人即使欲愛已盡,生於天界,但還會從天界再墮入欲界;唯有「六通阿羅漢如來弟子」才能真正超越生死輪迴入於涅槃,「漏盡通」才是真正的究竟神通。

---

[21] 《長阿含·清淨經》(T.1, no.1, p.73a)。

[22] 《長阿含·自歡喜經》:「如來說法復有上者謂神足證。神足證者,諸沙門、婆羅門以種種方便,入定意三昧,隨三昧心,作無數神力。能變一身為無數身、以無數身合為一身;石壁無礙、於虛空中結加趺坐,猶如飛鳥;出入於地猶如在水;履水如地;身出烟火如火積燃;以手捫日月;立至梵天。若沙門、婆羅門稱是神足者,當報彼言:有此神足,非為不有。此神足者,卑賤下劣,凡夫所行。非是賢聖之所修習。若比丘於諸世間愛色不染,捨離此已,如所應行,斯乃名為賢聖神足。於無喜色亦不憎惡。捨離此已,如所應行。斯乃名曰賢聖神足,於諸世間愛色、不愛色,二俱捨已,修平等護,專念不忘,斯乃名曰賢聖神足。」(T.1, no.1, p.78b-c)。

[23] 《增壹阿含·牧牛品》(T.2, no.125, p.797a)。

透過上述可知五神通是佛教與外道共同使用的、且可能會受到世俗誘惑而不會導致解脫，這在默西亞・埃里亞德（Mircea Eliade）《世界宗教理念史——從釋迦牟尼到基督宗教的興起（卷二）》中亦有所論述：

> 佛陀的涅槃之道也有各種悉地，但這也成為佛陀新的問題，因為悉地…這力量是危險的，修行者容易受到誘惑而以神通支配世界誤導了未得法者。…但是佛陀不忘提醒行者，擁有神通的危險，容易忘失原來的志向——解脫之道。再者，神通神變並不能幫助人們歸依解脫道，因為其他瑜祇和伽藍也能行這些神通，更糟糕的是，那些未歸依的人會以為神通就是他們的教義；這就是為什麼佛陀於神通神變做過患觀，厭惡懺悔而避之。（見《長阿含・堅固經》）。[24]

《長阿含・自歡喜經》中舍利弗讚美佛陀：

> 舍利弗白佛言；世尊所說微妙第一，下至女人，亦能受持。盡有漏成無漏、心解脫、慧解脫，於現法中自身作證，生死已盡、梵行已立、所作已辦、不受後有，是為如來說無上滅。此法無上，智慧無餘、神通無餘。諸世間沙門、婆羅門無能與如來等者，況欲出其上。[25]

---

[24] 上述引文乃根據中譯本略順文修改，原文見默西亞・埃里亞德（Mircea Eliade）著，廖素霞、陳淑娟譯：《世界宗教理念史——從釋迦牟尼到基督宗教的興起（卷二）》（Historie des croyances et des idées religieuses II－De Gautama Buddha au Triomphe du Christianisme）（台北：商周出版，2001），頁102-103。

[25] 《長阿含・自歡喜經》（T.1, no.1, p.77a-b）。

　　舍利弗讚美佛陀所說的法是世間第一無上微妙法,外道無有能與佛陀相等或超乎其上者,這是因為佛陀所說的法是能盡有漏成無漏的「無上滅法」;而此「無上滅法」才是「智慧無餘、神通無餘」的究竟之法。

　　綜上所述可知,《阿含經》中區別「五神通」與「六神通」為「世間神通」與「出世間神通」的對比,彰顯「五神通」的世俗性,與「六神通」的神聖性。

四、阿羅漢與神通

　　雖然佛陀自己是在禪定思惟中親證三明六通的大阿羅漢,但「神通」並不是佛教解脫證道的必要條件,並非所有的阿羅漢都是**「六通」阿羅漢**。《中阿含·第121經》中記敘舍利弗問佛陀五百比丘中有幾比丘得三明達?有幾比丘得俱解脫(ubhatobhāgavimutta)?有幾比丘得慧解脫(paññāvimutta)?佛陀告訴舍利弗:

> 此五百比丘,九十比丘得**三明達**,九十比丘得**俱解脫**,餘比丘得**慧解脫**。舍梨子!此眾無枝無葉,亦無節戾,清淨真實,得正住立。」[26]

　　也就是說此五百比丘是不同程度的阿羅漢,其中九十位具有三明神通,九十位是俱解脫,其餘不具神通也不具俱解脫,只得

---

[26] 《中阿含·請請經》卷29(T.1, no.26, p.610b),又《別譯雜阿含經》:「世尊!此五百比丘幾具三明?幾得俱解脫?幾得慧解脫?佛言:此比丘眾中九十比丘,具於三明;有百八十,得俱解脫;其餘之者,盡慧解脫。」(T.2, no.100, p.457c)俱解脫的人數與《雜阿含經》不同。

「慧解脫」的阿羅漢最多，佔三百二十位；但佛陀說他們都是斷除煩惱的漏盡阿羅漢。[27]

（一）「三明達」阿羅漢

「三明達」阿羅漢是具有三明六通的阿羅漢，稱為「三明達」阿羅漢，如《中阿含・阿那律陀經》中云：

> 若比丘得如意足、天耳、他心智、宿命智、生死智、漏盡得無漏、心解脫、慧解脫。於現法中自知自覺自作證成就遊，生已盡、梵行已立、所作已辦、不更受有。[28]

至於「三明達」阿羅漢與「俱解脫」阿羅漢有何差別？《阿含經》中並未解說，唐・玄奘譯《阿毘達磨順正理論》說明：「**有俱解脫非具三明**，謂阿羅漢得八解脫，而未能起三明現前」，[29]也就是說「俱解脫」阿羅漢未必有三明神通，然三明阿羅漢是否有「俱解脫」呢？《增壹阿含經》中敘述一沙彌出家不久：「**便成阿羅漢，六通清徹，具八解脫**」，[30]言此沙彌是既俱三明六通又俱八解脫[31]的阿羅漢；可見「三明達」與「俱解脫」是不同的修鍊範

---

[27] 《中阿含・晝度樹經》：「諸漏已盡、心解脫、慧解脫。於現法中自知自覺，自作證成就遊。生已盡、梵行已立、所作已辦、不更受有、知如真，是謂漏盡阿羅訶共集會也。」（T.1, no.26, p.422b-c）

[28] 《中阿含・阿那律陀經》（T.1, no.26, p.803a）。

[29] 《阿毘達磨順正理論》（T.29, no.1562, p.725b）。

[30] 《增壹阿含・五王品》（T.2, no.125, p.684a）。

[31] 八解脫（梵aṣṭavimokṣa；巴aṭṭhavimokkha）又稱「八背捨」，謂依八種定力而捨卻對色與無色之貪欲。詳見《長阿含・十上經》「云何八證法？謂八解脫：內有色想，觀外色，一解脫。內無色想，觀外色，二解脫。淨解脫，三解脫。度色想，滅瞋恚想，住空處，四解脫。度空處，住識處，五解脫。度識處，住

疇，阿羅漢可兼有二者或只俱其中一。

（二）「俱解脫」阿羅漢

「俱 解 脫」（巴 ubhato-bhāga-vimutta； 梵 ubhayato-bhāga-vimukta）[32] 阿羅漢是能以身作證自由出入「八解脫」，[33] 並證得「已慧見諸漏已盡已知」漏盡通的阿羅漢，《別譯雜阿含經》：

> 獲於身證具八解脫，住於具戒，以智慧見，盡於諸漏，是
> 則名為得俱解脫阿羅漢也。[34]

所謂「身證具八解脫」即是「八解脫身觸成就遊」，《中阿含・阿濕貝經》中云：

> 云何比丘有俱解脫？若有比丘八解脫身觸成就遊，已慧見
> 諸漏已盡已知，如是比丘有俱解脫。[35]

不用處，六解脫。度不用處，住有想無想處，七解脫。度有想無想處，住想知滅，八解脫。諸比丘！是為八十法，如實無虛，如來知已，平等說法。」相關經證：《中阿含・大因經》、《中阿含・第一得經》。溫宗堃：〈漢譯《阿含經》與阿毘達磨論書中的「慧解脫」——以《雜阿含・須深經》為中心〉，《正觀雜誌》第26期（2003年9月），頁21-22。

[32] 「俱解脫」的說明可進一步參考溫宗堃：〈漢譯《阿含經》與阿毘達磨論書中的「慧解脫」——以《雜阿含・須深經》為中心〉，《正觀雜誌》第26期（2003年9月），頁25-32。

[33] 「八解脫」的相關研究可參考溫宗堃：〈漢譯《阿含經》與阿毘達磨論書中的「慧解脫」——以《雜阿含・須深經》為中心〉，《正觀雜誌》第26期（2003年9月），頁21-22、26-29。

[34] 《別譯雜阿含經》（T.2, no.100, p.434c）。

[35] 《中阿含・阿濕貝經》（T.1, no.26, p.751b-752b）。

何謂「八解脫身觸成就遊」？《長阿含・大緣方便經》中云：

> 復有八解脫，云何八？色觀色，初解脫。內色想觀外色，
> 二解脫。淨解脫，三解脫。度色想、滅有對想、不念雜
> 想、住空處，四解脫。度空處、住識處，五解脫。度識
> 處、住不用處，六解脫。度不用處、住有想無想處，七解
> 脫。滅盡定，八解脫。阿難！諸比丘於此八解脫，逆順遊
> 行入出自在，如是比丘得俱解脫。[36]

說明「八解脫身觸成就遊」是比丘能自在地順逆出入八解
脫。然而只成就八解脫，卻尚未證慧解脫，則只是身證（巴
kāyasakkhi；梵 kāyasākṣin）「阿那含」（anāgāmin），[37]並未成就阿
羅漢，《別譯雜阿含經》：

> 身證阿那含，成就八解脫，未盡諸漏。[38]

《中阿含・跋陀和利經》中世尊告跋陀和利（Bhaddāli）：[39]

> 若有比丘設非俱解脫，有慧解脫；設非慧解脫，有身證
> 者；設非身證有見到者；設非見到有信解脫；設非信解脫
> 有法行者；設非法行有信行者。[40]

---

[36] 《長阿含・大緣方便經》（T.1, no.1, p.62b）。

[37] 「阿那含」（梵、巴 anāgāmin）；意譯不還、不來、不來相。聲聞四果中第三
果，已斷盡欲界九品之惑，不再還來欲界受生，即可證涅槃之聖者。佛典經證
可參考《中阿含・伽藍經》（T.1, no.1, p.438b-439c）。

[38] 《別譯雜阿含經》（T.2, no.100, p.434c）。

[39] 跋陀和利（巴 Bhaddāli），為一食無厭足，教化無窮，氣力強盛，無所畏難第一
比丘。

[40] 《中阿含・跋陀和利經》（T.1, no.26, p.747b）。

　　阿那含是身證八解脫而未斷盡諸漏煩惱。因此「俱解脫」阿
羅漢必須兼俱「八解脫」及「已慧見諸漏已盡已知」的「慧解
脫」。

　　「俱解脫」阿羅漢，既然和「三明達」阿羅漢有所區隔，那
麼，**證得「俱解脫」的阿羅漢是否具有神通？**《雜阿含‧第604
經》中記敘有兩個沙彌在國王供養的宴席中，各以麵團做歡喜丸
互相丟擲，國王看見即笑而言：「此沙彌作小兒戲」，在座的長老
比丘告訴國王：「彼二沙彌是俱解脫阿羅漢」，後二沙彌展現「他
心通」讓國王深深敬佩，所謂：「時，王作是念：我雖心念，口未
發言，此二達士得他心智，而知我心」，[41]可見**「俱解脫」阿羅漢
是可具神通的。**

（三）「慧解脫」阿羅漢

　　「慧解脫」阿羅漢[42]是由慧觀的定力斷諸有漏煩惱的，《雜阿
含‧第75經》中言：

41　《雜阿含‧第604經》（T.2, no.99, p.170c）。
42　「慧解脫」的學界相關研究：釋開仁：〈從北傳論書窺探印順導師所詮的《須
深經》〉，《第六屆「印順導師思想之理論與實踐」──印順導師與人菩薩行》
（2006），頁15:1-15:30。溫宗堃：〈《須深經》的傳本及南傳上座部對《須深
經》慧解脫阿羅漢的理解〉，《中華佛學研究》第8期（1994年7月），頁9-49。
溫宗堃：〈漢譯《阿含經》與阿毘達磨論書中的「慧解脫」──以《雜阿含‧
須深經》為中心〉，《正觀雜誌》第26期（2003年9月），頁5-51。黃雪梅：
〈慧解脫所依二智及定地之研究〉（台北：華梵大學東方人文思想研究所碩士論
文，1999）。釋章慧：〈《申日經》經本定位與經題考〉，《中華佛學研究》第8
期（1994年7月），頁9-49。金宰晟（Kim, Jae-Sung）：〈慧解脫について；On
Liberating by Wisdom (paññavimutti)〉，《印度學佛教學研究》第51卷第2期，
2003年3月，頁827-831。舟橋一哉：〈阿含における解脫の思想展開の一斷面
──心解脫と慧解脫〉，《佛教研究》第26卷第1期（1946年10月），頁16-36。

比丘亦於色厭、離欲、滅，名阿羅漢慧解脫。如是受、
想、行、識、厭、離欲、滅，名阿羅漢慧解脫。[43]

那麼，「慧解脫」阿羅漢與「俱解脫」阿羅漢的差別何在？[44]
《中阿含・阿濕貝經》中云：

云何比丘有慧解脫？若有比丘八解脫身不觸成就遊，以慧
見諸漏已盡已知，如是比丘有慧解脫。[45]

又《別譯雜阿含經》中云：

慧解脫阿羅漢，不得八解脫。[46]

可知「慧解脫」阿羅漢和「俱解脫」阿羅漢的差別，在於
「慧解脫」阿羅漢不能以身作證自由出入八解脫；但和「俱解脫」
阿羅漢相同之處，則在於都要能「以慧見諸漏已盡已知」，以智慧
觀照諸漏已盡，斷生死輪迴。《雜阿含・第347經》中記敘外道須
深假出家欲於僧團中盜法，佛陀知其心意鼓勵諸比丘度化須深，
有一比丘主動告訴須深其已「生死已盡、梵行已立、所作已作、
自知不受後有」證得阿羅漢。須深就向他請教由初禪至四禪修行
歷程，但此阿羅漢比丘都一一回答他沒有初禪、二禪、三禪、四
禪經驗，於是須深就質問此阿羅漢比丘：「云何不得禪定而復記

---

[43] 《雜阿含・第75經》（T.2, no.99, p.19b）。

[44] 「俱解脫和慧解脫的區分」的說明可進一步參考：溫宗堃，〈漢譯《阿含經》與
阿毘達磨論書中的「慧解脫」——以《雜阿含・須深經》為中心〉，《正觀雜
誌》，第26期，（2003年9月），頁25-32。

[45] 《中阿含・阿濕貝經》（T.1, no.26, p.751b）。

[46] 《別譯雜阿含經》（T.2, no.100, p.434c）。

說」，阿羅漢比丘回答：「我是慧解脫也」。[47] 可知「慧解脫」阿羅漢未入初禪乃至四禪，神通多在禪定中起修，因此「慧解脫」阿羅漢應是不具神通的。

「慧解脫」阿羅漢雖未能入初禪乃至四禪，但他們仍是要修止與觀的，修止入定才能如實正觀如《中阿含‧說處經》中言：

> 若比丘、比丘尼善受持諸三昧相者，便知法解義，彼因知法解義故，便得歡悅，因歡悅故，便得歡喜，因歡喜故，便得止身，因止身故，便得覺樂，因覺樂故，便得心定。阿難！比丘、比丘尼因心定故，便得見如實、知如真。因見如實、知如真故，便得厭，因厭故便得無欲，因無欲故，便得解脫。因解脫故，便得知解脫，生已盡、梵行已立、所作已辦、不更受有，知如真。[48]

此段經文指出比丘、比丘尼若能善於受持三昧禪定，則能知法解義，而感受到知法解義的歡悅、歡喜，由是止身（passaddhi）[49]；得到止身就能覺樂，得到覺樂就能心定，心定而後得「見如實、知如真」而證道解脫。

「心解脫」和「慧解脫」是連貫一致的，是要從修習「五支攝正見」而得，如《中阿含‧大拘絺羅經》中言：

> 復問曰：賢者拘絺羅，有幾支攝正見？得心解脫果、慧解脫果、得心解脫德、慧解脫功德耶？尊者大拘絺羅答曰：

---

[47] 《雜阿含‧第347經》（T.2,no.99, p.96b-98a）。

[48] 《中阿含‧說處經》（T.1, no.26, p.564a-b）。

[49] 止身（巴passaddhi），即輕安、猗息。

有五支攝正見，得心解脫果、慧解脫果、得心解脫功德、慧解脫功德。云何為五？一者真諦所攝、二者戒所攝、三者博聞所攝、四者止所攝、五者觀所攝，是謂有五支攝正見，得心解脫果、慧解脫果、得心解脫功德、慧解脫功德。[50]

因此「慧解脫」阿羅漢要在定中如實正觀而斷諸煩惱漏結，如《雜阿含經》：

是故！比丘！於欲離欲、心解脫；離無明故慧解脫。若比丘於欲離欲、心解脫身作證，離無明故慧解脫。[51]

所以「慧解脫」阿羅漢雖不能以身親證八解脫，但卻能以身證心解脫、離無明而慧解脫。

綜上所述可見漏盡阿羅漢並非個個具神通，神通亦非解脫必要條件，無論是「慧解脫」、「俱解脫」、「三明達阿羅漢」，能成為阿羅漢的必要條件就是證得心解脫、慧解脫超出生死輪迴。

五、神通與禪定

（一）神通與戒定慧的關係

「戒定慧」三學是修鍊「神通」的必要條件，《增壹阿含・六重品》中敘述比丘欲修神通，先決條件要能持戒使自身「戒德具足」：

---

[50] 《中阿含・大拘絺羅經》（T.1, no.26, p.791a）。

[51] 《雜阿含・第1027經》（T.2, no.99, p.268b）。

若復比丘意欲求四神足，彼亦當戒德具足。…若復比丘欲
求天耳，…當念戒德具足。…若復比丘意欲求知眾生心
意…當念戒德具足…若復比丘意欲求自憶宿世無數劫事…
當念戒德具足。…若復比丘意欲求天眼…當念戒德具
足。…若復比丘意欲求盡有漏成無漏，心解脫智慧解脫，
生死已盡，梵行已立，所作已辦，更不復受胎，如實知
之，彼當念戒德具足。[52]

「戒德具足」是比丘欲修學五神通乃至漏盡通超越生死輪迴
的基礎。「戒德具足」才可能「梵行具足」，才能進一步修鍊神
通。《雜阿含·第1176經》中云：

爾時世尊告諸比丘：汝當受持漏、無漏法經，廣為人說。
所以者何？義具足故，法具足故，梵行具足故，開發神
通，正向涅槃。[53]

佛陀指出首先要受持「漏、無漏法經」，以具足義與法，然後才能
梵行清淨，梵行清淨才能「開發神通，正向涅槃」。**至於如何才能
開發神通呢？則要修定與慧**。《別譯雜阿含·第198經》中云：

如是比丘！應修二法：定及智慧，乃至四禪，…悉皆應學
如是二法。欲學身通、欲知他心智、欲知宿命、欲得天眼
耳、欲得漏盡智，應修二法、增廣二法。[54]

---

[52] 《增壹阿含·六重品》（T.2, no.125, p.712a-b）。
[53] 《雜阿含·第1176經》（T.2, no.99, p.316c）。
[54] 《別譯雜阿含·第198經》（T.2, no.100, p.447a）。

經文強調要修六神通均要修定與慧，**為何要修定與慧才能「開發神通」呢**？這是因為要在四禪的「定心」狀態中，才能修習神通的智慧。如《中阿含‧迦絺那經》中阿那律陀告諸比丘：

> 諸賢！我已斷此五蓋、心穢、慧羸、離欲、離惡不善之法，至得第四禪成就遊。諸賢！我已得如是定心清淨，無穢無煩、柔軟善住，得不動心，學如意足智通作證…學天耳智通作證…學他心智通作證…學憶宿命智通作證…學生死智通作證…學漏盡智通作證。[55]

由阿那律陀之言可知修鍊神通是與戒定慧三學緊密相關，首先持戒清淨斷除一切不善之法，然後在進入四禪的禪定中，得「定心清淨」、「不動心」，以此種止身心定的狀況，學習開發六種「智通」，可知神通是定慧的發用。

（二）神通與四禪

神通固然與戒定慧三學都有相關，但最關鍵的仍是在禪定中修鍊神通，由禪得神通是佛教自原始、部派，乃至大乘佛典中最主要、最被認可的獲致方式。如《雜阿含‧第494經》中舍利弗教導比丘們修鍊神通的方法與原理，主要是由修習禪得神通力，所謂「比丘！禪思得神通力，自在如意，為種種物悉成不異。比丘！當知比丘禪思神通境界不可思議。是故，比丘！當勤禪思，學諸神通」。[56]可見是在禪定中修鍊神通，是被允許與鼓勵的。

---

[55] 《中阿含‧迦絺那經》（T.1, no.26, p.553b）。

[56] 《雜阿含‧第494經》（T.2, no.99, p.128a-129c）。

　　為何修習禪思能開發神通？因為前五神通既是身體感官超常能力的開發，這要讓身心進入微妙的禪定狀況才能開發。佛教有其獨特的「身觀」，在具體的肉身之上包含了多層次的微妙身，例如將眼、耳、鼻、舌、身、意六根，比喻人的六識身、六更樂身、六覺身、六想身、六思身、六愛身等身；[57] 亦有比喻修學戒定慧三學而來的戒身、定身、慧身解脫身、具解脫知見身等等，[58] 甚至證到涅槃，亦稱「涅槃身」。[59] 至於「定身」在「四禪八定」中亦各有其身，《長阿含・阿摩晝經》中佛在回答有一名為象首舍利弗關於修行人在欲界、色界的身體狀況，是否相同、是否可同時擁有欲界、色界的身體狀況的提問時，佛回答說：

> 若有欲界人身四大諸根，爾時正有欲界人身四大諸根；非欲界天身、色界天身、空處、識處、無所有處、有想無想處天身。如是乃至有有想無想處天身時，爾時正有想無想處天身；無有欲界人身四大諸根，及欲界天身、色界天身、空處、識處、無所有處天身。[60]

　　佛陀指出若人處在「欲界人身四大諸根」時，在那個時候那人只有「欲界人身四大諸根」，沒有其他如「欲界天身」、「色界天身」，乃至「空處、識處、無所有處、有想無想處天身」；反之，

---

[57] 《中阿含・說處經》（T.1, no.26, p.562b-c）。

[58] 《中阿含・恭敬經》：「具定身已、具慧身者，必有是處。具慧身已、具解脫身者，必有是處。具解脫身已、具解脫知見身者，必有是處。具解脫知見身已、具涅槃者，必有是處。」（T.1, no.26, p.487a）、《增壹阿含・五王品》：「是故比丘！當念修行戒身、定身、慧身、解脫身、解脫所見身，欲使今世獲其果報，得甘露道。」（T.2, no.125, p.689b-c）。

[59] 《大智度論》：「二種結盡故，涅槃身已證」（T.25, no.1509, p.144c）。

[60] 《長阿含・阿摩晝經》（T.1, no.1, p.112a-c）。

若那人當時是處在「有想無想處天身」時，則無肉身及其他禪定之身；亦即當身處於何種狀況時，則只有那個狀態之身。

　　《阿含經》中普遍敘述是在第四禪中起修神通，為什麼要在第四禪中來修神通呢？第四禪提供了什麼樣的狀況適合神通的修鍊開發？首先，進入四禪則身體已由具體肉身、欲界天身轉換為微妙的色界天身，並且是由初禪、二禪、三禪，進昇到到色界最高的四禪。《長阿含・阿摩晝經》中詳細敘述了比丘在坐禪入定中離開一切惡不善法，逐步由初禪、二禪、三禪，進昇到四禪，並在四禪中起修神通的原因：

> 摩納！比丘有五蓋自覆，常懷憂畏亦復如奴，如負債人久病在獄，行大曠野，自見未離，諸陰蓋心覆蔽闇冥，慧眼不明。彼即精勤捨欲、惡不善法，與覺、觀俱。離，生喜樂，**得入初禪**。彼已喜樂潤漬於身，周遍盈溢無不充滿，如人巧浴器盛眾藥，以水漬之中外俱潤，無不周遍。比丘如是得入初禪喜樂遍身無不充滿。如是，摩納！是為**最初現身得樂**。所以者何？斯由精進，念無錯亂，樂靜閑居之所得也。彼於覺、觀，便生為信專念一心，無覺、無觀，定生喜樂，入第二禪。彼已一心喜樂潤漬於身，周遍盈溢無不充滿；猶如山頂涼泉水自中出不從外來，即此池中出清淨水，還自浸漬無不周遍。摩納！比丘如是入**第二禪**，定、生喜樂，無不充滿，**是為第二現身得樂**。彼捨喜住護、念不錯亂、身受快樂如聖所說；起護念樂，入第三禪。彼身無喜，以樂潤漬，周遍盈溢無不充滿；譬如優鉢花、鉢頭摩華、拘頭摩花、分陀利花，始出淤泥而未出

水，根莖枝葉潤漬水中，無不周遍。摩納！比丘如是入**第三禪**，離喜住樂，潤漬於身無不周遍，**此是第三現身得樂**。

彼捨喜樂，憂、喜先滅，不苦不樂，護念清淨，入第四禪。身心清淨，具滿盈溢無不周遍；猶如有人沐浴清潔，以新白疊被覆其身，舉體清淨。摩納！比丘如是**入第四禪**，其心清淨，充滿於身無不周遍。又入第四禪，心無增減、亦不傾動，住無憂恚、無動之地。譬如密室，內外塗治堅閉戶嚮，無有風塵。於內燃燈，無觸嬈者。其燈焰上，怡然不動。摩納！比丘如是入第四禪，心無增減、亦不傾動；住無憂恚、無動之地；此是第四現身得樂。所以者何？斯由精勤不懈，念不錯亂，樂靜閑居之所得也。彼得定心，清淨無穢、柔濡調伏、住無動地，自於身中起變化心，化作異身。…**此是最初所得勝法**。[61]

《阿摩晝經》中敘述比丘得初禪是遠離各種不善法、離開欲界的粗重，有覺有觀感受到喜樂遍身，這種喜樂的覺受就好比進入藥池浸浴後洗清病患（離），全身獲得新鮮生機般（生喜樂），此是比丘的「最初現身得樂」，也就是比丘首度將身心轉化為色界初禪天身，此是比丘「最初現身得樂」。當比丘入於二禪的空間，覺與觀都停止了，自其定心中自然而生出的喜樂，使比丘自身已成為喜悅的泉源，像山頂涼泉自有源頭般，這是比丘色界二禪天身的「第二現身得樂」。比丘繼續精勤修行，捨喜住護、起護念樂，入於三禪的空間，身心無喜之歡欣踴躍，而是浸澤在純粹之

---

[61] 《長阿含·阿摩晝經》（T.1, no.1, p.85b-c）。

樂中；這修行的大樂是比丘色界三禪天身的「第三現身得樂」，宛
如水蓮剛出污泥而未出水，全身浸潤在水中蓄勢待發，只等蓮花
伸出水面，便可花開見彼岸。比丘再繼續精勤修行，捨離了身心
大樂的覺受，更上層樓來到了不喜不樂、身心清淨入於四禪，這
時比丘其心清淨、無增減、住無愛恚地、不動地；這時的比丘，
宛若剛沐浴完畢，以新的白色毛巾覆體之人，也就是說入於四禪
的比丘，猶若「脫胎換骨」煥然新生，身心兩方面都是純然地清
淨、無染著，這是比丘處於色界最高極的四禪天身「**第四現身得
樂**」。而由於由初禪到四禪的修行，是身心微妙洗滌轉化的過程，
佛陀把由初禪到四禪的修行比喻為「內浴」，[62] 是滌清內在身心的
浴池。

　　由上所述可知在四禪中修習神通，非用肉身、亦非用欲界天
身修，而是用色界天身中的最高天身起修。初禪到三禪是四禪的
基礎，四禪是色界最高禪定，跨越過此即進入無色界的禪定，因
此四禪是色身存在的最高處，也是心的不動處。在此微妙色身與
不動心的結合處，能夠開發身體感官的超常能力得到五神通；也
可更進一步修到「漏盡通」，佛陀就是在四禪中起三明神通而證道
成佛。四禪是證道解脫的關鍵所在，也是修神通之所在。

---

[62] 《增壹阿含‧利養品》：「彼復以此三昧，心清淨無瑕穢、無有結使，心性柔
軟，逮於神通。復以漏盡通而自娛樂，彼觀此苦，如實知之，復觀苦習，復
觀苦盡，復觀苦出要，如實知之。彼作是觀已欲漏心得解脫，有漏心、無明
漏心得解脫。已得解脫，便得解脫智，生死已盡，梵行已立，所作已辦，更不
復受有，如實知之。如是，比丘！賢聖弟子心得解脫，雖復食粳糧、善美種
種餚饍，搏若須彌，終無有罪。所以然者，以無欲，盡愛故；以無瞋，盡恚
故；以無愚癡、盡愚癡。故是謂比丘中比丘，則內極沐浴已。」（T.2, no.125,
p.574b-c）。

　　雖然《阿含經》中普遍敘述在第四禪中起修神通，並未敘述在初禪、二禪、三禪中起修神通。然而在《根本說一切有部毘奈耶破僧事》[63]敘述提婆達多向十力迦攝求學神通，精勤修鍊後「依止初禪得獲神通」，提婆達多在初禪修成神足通，即能「即以神力，一身變作多身、多身合為一身，或現或隱，以智見力故能如是現，復於山石牆壁通過無礙如於虛空、於大地出沒猶如水中。在於虛空中結跏趺坐，猶如在地；或騰虛空猶如飛鳥；或在地手捫日月。提婆達多得神通已，作如是念：我得如是神通，作諸變相神通亦得」，提婆達多修成神足通後可做諸種變相神通。《十誦律》中亦言「若比丘依初禪修如意足得神通力，從阿鼻地獄上至阿迦膩吒天自在能滿中火。若依初禪、二禪、三禪、四禪亦如是」，[64]認為在初禪、二禪、三禪中亦可起修神通。

　　此外，《摩訶般若波羅蜜經》中亦言「入初禪、第二、第三、第四禪，是諸禪及支不取相，生種種神通」，[65]《大智度論》：「問曰：六神通次第，常初天眼後漏盡通，亦有不爾時耶？答曰：多先天眼後漏盡智；或時隨所好修，或先天耳或先神足。有人言：初禪天耳易得，有覺觀四心故；二禪天眼易得，眼識無故心攝不散故；三禪如意通易得，身受快樂故。四禪諸通皆易得，一切安隱處故」，[66]由此可知在初禪、二禪、三禪中皆可起修神通，而且發起神通順序也不一致，天眼、天耳或神足通都有可能最先發起，只是在四禪起修各種神通容易修鍊成功。

---

[63]　《根本說一切有部毘奈耶破僧事》（T.24, no.1450, p.168b）。
[64]　《十誦律》（T.23, no.1435, p.13c）。
[65]　《摩訶般若波羅蜜經》（T.8, no.223, p.367b）。
[66]　《大智度論》卷28（T.25, no.1509, p.265b）。

在第四禪中修神通的優勝處，《禪法要解》進一步指出至三禪仍有出入息故心難攝，第四禪中無出入息故心則易攝，此可能是呼應《長阿含・十上經》中言四禪無出入息的解釋：「若入初禪，則聲刺滅；入第二禪，則覺觀刺滅；入第三禪，則喜刺滅；入第四禪，則出入息刺滅」。[67]四禪無出入息所以易攝心，心易攝則念清淨，念清淨所以是心不動處，是安隱調順之處。至第四禪心如善御調馬，隨意所至，欲修四無量、欲修四念處、欲得四諦、欲入四無色定、欲得六通皆隨意易得。這是因為在第四禪中捨念清淨心調柔隨意，有如冶金師製作金器，隨意作器無不成就，其他三禪修神通是則求之甚難，得之亦不堅固。[68]

（三）神通與「九次第定」

「九次第定」是將外道原有的「四禪八定」[69]加上「滅盡定」，就成了佛教的「九次第定」。雖然佛陀是在四禪中起三明神通而證道，但其求道習禪之路，是開始於當時盛行的「四禪八定」，《中阿含經》中記載佛陀出家求道之初，首先跟隨二位外道仙人學習外道禪定，當時的外道包括他的老師都認為「非有想非無想處定」

---

[67]　《長阿含・十上經》（T.1, no.1, p.56c-57a）。

[68]　《禪法要解》中亦言：「若求五神通，依第四禪則易得，若依初禪、二、三禪雖復可得，求之甚難得亦不固若依初禪二禪三禪雖復可得。求之甚難得亦不固。所以者何。初禪覺觀亂定故，二禪喜多故，三禪樂多故，與定相違。四如意分皆是定相，唯第四禪無苦無樂，無憂無喜，無出入息。」（T.15, no. 616, p.295a-b）

[69]　謂「四禪八定」，是指(1)色界天的初禪天、二禪天、三禪天、四禪天。(2)無色界天的空無邊處天、識無邊處天、識無所有處天、非想非非想天、亦稱四空天。見《中阿含・意行經》（T.1, no.26, p.700c）。

已是修行的最高境地，佛陀雖也達到與他的兩位老師阿羅羅伽羅摩、欝陀羅羅摩子一樣高的禪定境界「無所有處定」、「非有想非無想處定」，[70]但佛陀發現即使停留在「四禪八定」的最高禪定中都未解脫生死，因為停留在四禪八定中仍是停留在天界中，入定再長終有出定之時，佛陀指出「仁者此法不能究竟解脫諸欲、滅於煩惱、寂定一心，盡諸結漏及諸神通，成就沙門到大涅槃。此法還入於生死，所以者何？既生非想非非想處，報盡還入於生死」，[71]天福報盡仍入輪迴。

所以佛陀並不停留在四禪八定中，繼續前行而入「滅盡定」，入於「滅盡定」就度越了天界的頂峰「非想非非想天」，可以出離三界生死。而得「滅盡定」並非意謂著生命的終結與死亡，[72]當從「滅盡定」起時獲得不移動觸、無所有觸、無相觸三觸。[73]

在四禪中起三明神通而證道的阿羅漢，若修成順逆出入「九次第定」，四禪仍是他們出入九次第定的所在。他們由初禪順次入四禪，從四禪入無色界的四個禪定、再入滅盡定；從滅盡定起，入無色界逆向由「非有想非無想處定」依次至「空無邊處」，再入色界逆向由四禪依次到初禪；再由初禪順序入第四禪，然後**由四**

---

[70] 《中阿含·羅摩經》（T.1, no.26, p.776b-778a）。

[71] 《佛本行集經》（T.3, no.190, p.757c-758a）。

[72] 《中阿含·法樂比丘尼經》中，有毘舍法優婆夷問法樂比丘尼：「若死及入滅盡定者，有何差別？法樂比丘尼答曰：「死者壽命滅訖，溫暖已去，諸根敗壞。比丘入滅盡定者，壽不滅訖，暖亦不去，諸根不敗壞。」（T.1,no.26, p.789a）

[73] 《中阿含·大拘絺羅經》：「尊者大拘絺羅答曰：比丘從滅盡定起時觸三觸，云何為三？一者不移動觸、二者無所有觸、三者無相觸；比丘從滅盡定起時觸此三觸。」（T.1, no.26, p.792a）

112-44

台北市北投區公館路 186 號 5 樓

法鼓文化

讀者服務部　收

寄件人：

地址：

市
縣

市
區

□□
小先
姐生

路
街

段

巷

弄

號

樓　□□□

讀者服務卡

感恩您對**法鼓文化**產品的支持。為了提供更好的服務，請您回覆以下的問題並直接寄回法鼓文化。我們非常重視您的想法，因為您的建議將是我們進步的原動力！

＊是否為法鼓文化的心田會員？ □是 □否

＊□未曾 □曾經 填過法鼓文化讀者服務卡

＊是否定期收到《法鼓雜誌》？ □是 □否，但願意索閱 □暫不需要

＊生日：＿＿＿＿ 年＿＿＿＿ 月＿＿＿＿ 日

＊電話：(家) ＿＿＿＿＿＿＿＿＿＿ (公) ＿＿＿＿＿＿＿＿＿＿

＊手機：＿＿＿＿＿＿＿＿＿＿＿＿

＊E-mail：＿＿＿＿＿＿＿＿＿＿＿＿＿＿

＊學歷：□國中以下 □高中 □專科 □大學 □研究所以上

＊服務單位：＿＿＿＿＿＿＿＿＿＿＿＿＿

＊職業別：□軍公教 □服務 □金融 □製造 □資訊 □傳播
　　　　　□自由業 □漁牧 □學生 □家管 □其它 ＿＿＿＿＿＿＿

＊宗教信仰：□佛教 □天主教 □基督教 □民間信仰 □無 □其它＿＿＿＿

＊我購買的書籍名稱是：＿＿＿＿＿＿＿＿＿＿＿＿＿＿＿

＊我購買的地點：□書店＿＿＿ 縣/市＿＿＿ 書店 □網路＿＿＿ □其它＿＿＿

＊我獲得資訊是從：□人生雜誌 □法鼓雜誌 □書店 □親友 □其它＿＿＿

＊我購買這本(套)書是因為：□內容 □作者 □書名 □封面設計 □版面編排
　　　　　　　　　　　　　□印刷優美 □價格合理 □親友介紹
　　　　　　　　　　　　　□免費贈送 □其它＿＿＿＿＿＿＿＿＿

＊我想提供建議：＿＿＿＿＿＿＿＿＿＿＿＿＿＿＿

□我願意收到相關的產品資訊及優惠專案 (若無勾選，視為願意)

法鼓文化　　　TEL:02-2893-1600　　FAX：02-2896-0731

禪中出定；全部來回一趟出入定的速度非常快「速疾乃爾」，名曰
「**師子奮迅三昧**」。[74]

至於「九次第定」與神通的關係，則是證得三明六通的大阿
羅漢們臨入涅槃前，通常都會出入九次第定，並在出入九次第定
之際進行神通展演。佛陀的幾個大阿羅漢弟子，如目連、舍利
弗、大愛道比丘尼等在入涅槃前都有此展演。《增壹阿含經》記載
如目連、舍利弗、大愛道比丘尼欲涅槃時的神通展示，過程相當
類似，我們可以發現整個過程是由初禪順序入於四禪八定的最高
定：「非想非非想處定」；在出「非想非非想處定」而未入於「滅
盡定」之際，**進行火光三昧、水光三昧的神通展演**，然後入「滅
盡定」。從「滅盡定」起，逆向再由展演水光三昧、火光三昧，然
後逆向入四禪八定到初禪。**從初禪再起遂展演神通**：飛在空中、
坐臥經行、身上出火、身下出水、作十八變神足變化，**最後在四
禪中入涅槃**。[75]

---

[74] 《增壹阿含・四意斷品》：「舍利弗即住如來前坐，正身正意，繫念在前。而入
初禪，從初禪起，入二禪；從二禪起，復入三禪；從三禪起，復入四禪；從四
禪起，復入空處、識處、不用處、有想無想處。從有想無想起，入滅盡定；從
滅盡定起，入有想無想處；從有想無想起，入不用處、識處、空處。從空處
起，入第四禪；從第四禪起，入三禪；從第三禪起，入第二禪；從第二禪起，
入初禪；從初禪起，入第二禪；從第二禪起，入第三；從第三禪起，入第四
禪。時，尊者舍利弗從四禪起已，告諸比丘：此名師子奮迅三昧。時諸比丘歡
未曾有，甚奇！甚特！尊者舍利弗入三昧，速疾乃爾。」(T.2, no.125, p.640a-b)

[75] 《增壹阿含・四意斷品》(T.2, no.125, p.640a-641c) 和《增壹阿含・九眾生居
品》(T.2, no.125, p.768b)。

六、進入神通修鍊的其他方式

修鍊六神通的方法，《阿含經》中有較詳細說明的是在修定發通的這部份；至於在其他的法門中，則只簡單提及修此法門可引發神通，並無再進一步說明神通修鍊的方法。然觀察這些法門皆是可入禪定之法，而在禪定中則可起修神通，是以這些方法是進入神通修鍊乃至到達涅槃的另一途徑。

（一）十念法與神通

《增壹阿含·十念品》中佛陀教導諸比丘**十種修成神通達到涅槃**的方法，合起來謂之「十念法」。此「十念法」是念佛、念法、念眾（即念僧）、念戒、念施、念天、念休息、念安般、念身非常、念死。這十念法都用同一定型的句式表達出來，如首念「念佛」的句式：

> 爾時，世尊告諸比丘：**當修行一法、當廣布一法，便成神通**，去眾亂想，逮沙門果，自致涅槃。云何為一法？所謂念佛。當善修行，當廣演布，便成神通。[76]

這些教法都是非常簡單的大綱式提要，在《增壹阿含·廣演品》中，也有相同的以「十念法」修成神通自致涅槃的敘述。這十念法也都用同一定型的句式表達出來，但在此品中佛陀則有更進一步的具體教導。如如首念「念佛」的句式：

> 世尊告曰：若有比丘正身正意，結跏趺坐，繫念在前，無有他想，專精念佛，觀如來形，未曾離目；已不離目，便

---

[76] 《增壹阿含·十念品》（T.2, no.125, p.552c）。

> 念如來功德。如來體者……是謂修行念佛。……得甘露
> 味，至無為處，便成神通，除諸亂想。獲沙門果，自致涅
> 槃。[77]

由佛陀的教法中可知修「十念法」是要結跏趺坐，屏除一切亂
想，專精繫念在所要念的十法之一。**可見「十念法」的修法仍是
屬於禪定式的思惟觀照，強調的重點在入三昧定中專精繫念**，因
而由「十念法」的修行可以深入禪定，繼而在禪定中修成神通，
並至涅槃。

另佛陀亦簡單的提到修「十想」可獲漏盡通證涅槃。《增壹
阿含・結禁品》：

> 爾時，世尊告諸比丘：其有修行十想者，便盡有漏，獲通
> 作證，漸至涅槃。云何為十？所謂白骨想、青瘀想、脹
> 想、食不消想、血想、噉想、有常無常想、貪食想、死
> 想、一切世間不可樂想。是謂比丘修此十想者，得盡有
> 漏，得至涅槃界。[78]

此「十想」中的白骨想、青瘀想、脹想、食不消想、血想、噉
想、貪食想是關於身體的不淨觀；而有常無常想、死想、一切世
間不可樂想是四聖諦中的苦諦。比丘若修此「十想」則可盡有漏
成無漏，得至涅槃解脫。

---

[77] 《增壹阿含・廣演品》（T.2, no.125, p.554a-557a）。
[78] 《增壹阿含・結禁品》（T.2, no.125, p.780a）。

（二）「滅一法」、「修一法」與神通

　　關於獲致神通的方法，《阿含經》中還有佛陀簡單的提示「滅一法」、「修一法」。在「滅一法」方面，佛陀簡單地告訴諸比丘若能滅去所有的「味欲」，則佛陀保證他們可以修成神通果並得諸漏盡。《增壹阿含・利養品》：

> 爾時，世尊告諸比丘：**當滅一法，我證汝等成果神通，諸漏得盡**。云何為一法？所謂味欲。是故，諸比丘！當滅此味欲，我證汝等成神通果，諸漏得盡。[79]

　　在「修一法」方面則提出修「無放逸行」以護心，使心能從有漏法中解脫出來；如此也可修得神通，證涅槃位，《增壹阿含・護心品》：

> 爾時，世尊告諸比丘：當修行一法、當廣布一法，修行一法。廣布一法已，便得神通，諸行寂靜，得沙門果，至泥洹界。云何為一法？所謂無放逸行。云何為無放逸行？所謂護心也。云何護心？於是，比丘！常守護心有漏、有漏法，當彼守護心有漏、有漏法，於有漏法便得悅豫，亦有信樂，住不移易，恒專其意，自力勸勉。[80]

所以此處的「滅一法」與「修一法」其實是修行的一體兩面，同樣都是修神通證涅槃的基礎功夫。

---

[79]　《增壹阿含・利養品》（T.2, no.125, p.571b）。

[80]　《增壹阿含・護心品》（T.2, no.125, p.563c）。

（三）「四念處」與神通

「四念處」（satipatthāna）[81]是佛陀所教導的重要修行方法之一，《阿含經》中佛陀對「四念處」是的修行方法有詳細的說明。天眼第一的阿那律即是由修習「四念處」而獲得神通的，《雜阿含・第538經》中記敘目連問阿那律，他修習什麼法門而成如此大德神力：

> 時，尊者大目犍連問尊者阿那律：於何功德修習多修習，成此大德神力？尊者阿那律語尊者大目犍連：我於四念處修習多修習，成此大德神力。何等為四？內身身觀繫心住、精勤方便，正念正知，除世間貪憂，外身、內外身、內受，外受、內外受、內心、外心、內外心。內法、外法，內外法。觀繫心住，精進方便，除世間貪憂，是名四念處修習多修習，成此大德神力。於千須彌山以少方便悉能觀察，如明目士夫登高山頂，觀下千多羅樹林，如是我於四念處修習多修習，成此大德神力，以少方便見千須彌山。如是！尊者大目犍連，我於四念處修習多修習，成此大德神力。時二正士共論議已，各從座起而去。[82]

阿那律告訴大目犍連他修習四念處而得神通，但關於由「四念處」如何引發神通的修行過程，《阿含經》中並未說明。

---

[81] 四念處（巴 satipatthāna；梵 smrty-upasthāna，即安置念頭之處）；四者為即身念處、受念處、心念處、法念處。

[82] 《雜阿含・第538經》（T.2, no.99, p.140a）。

（四）安那般那念與神通

「安那般那念」（巴ānāpānasati），又作「出入息念」、「數習觀」；謂以心念入、出息（呼吸），對治散亂，安止行者之心，以便入定。《雜阿含・第814經》：

> 有覺有觀，離生喜樂，初禪具足住，是比丘當修安那般那念，如是修安那般那念，得大果大福利。是比丘欲求第二、第三、第四禪。慈、悲、喜、捨、空入處、識入處、無所有入處、非想非非想入處、具足三結盡，得須陀洹果。三結盡，貪、恚、癡薄，得斯陀含果。五下分結盡，得阿那含果。得無量種神通力：天耳、他心智、宿命智、生死智、漏盡智者。如是比丘當修安那般那念，如是安那般那念，得大果大福利。[83]

經文說明修習「安那般那念」數息觀[84]可得六神通。[85]

（五）四神足與神通修鍊

在《阿含經》中論及「神足通」的獲得，除了論述在四禪的微妙身心狀況進行修鍊外；另一是由修鍊「四神足」（梵catvāra ṛddhipādā，巴cattāro iddhipādā）而起動。由《阿含經》的記述可知佛陀非常鼓勵比丘修習四神足，**強調修習四神足能現無量神足**

---

[83]　《雜阿含・第814經》（T.2, no.99, p.209a）。

[84]　參見《雜阿含經》第813-827經。

[85]　蔡耀明：〈《阿含經》的禪修在解脫道的多重功能：附記「色界四禪」的述句與禪定支〉，《佛學建構的出路：佛教的定慧之學與如來藏的理路》（台北：法鼓文化出版，2006），頁30-32。

通。因此「四神足」並非「神足通」之意，而是獲得「神足通」的修鍊方式。[86]《長阿含・闍尼沙經》中：

> 如來善能分別說四神足。何等謂四：一者欲定滅行成就修習神足、二者精進定滅行成就修習神足、三者意定滅行成就修習神足、四者思惟定滅行成就修習神足。是為如來善能分別說四神足。又告諸天，過去諸沙門、婆羅門以無數方便，**現無量神足，皆由四神足起**。[87]

再進一步考察四神足的內容則可知在《阿含經》中四神足雖有不同的名稱，[88]但主要指以精進力修習獲得神足通與他心通兩樣神通。如《增壹阿含・苦樂品》中：

---

[86] 《增壹阿含・第352經》的彼比丘向世尊說：「轉輪聖王云何成就四神足快得善利？」佛告比丘：「於是，轉輪聖王顏貌端正，世之希有，出過世人，猶彼天子無能及者。是謂轉輪聖王成就此第一神足。復次，轉輪聖王聰明蓋世，無事不練，人中之雄猛，爾時智慧之豐，無過此轉輪聖王。是謂成就此第二神足。復次，比丘！轉輪聖王無復疾病，身體康強，所可飲食，自然消化，無便利之患。是謂，比丘！轉輪聖王成就此第三之神足。復次，比丘！轉輪聖王受命極長，壽不可計，爾時人之命，無過轉輪聖王之壽。是謂，比丘！轉輪聖王成就此第四神足。是謂，比丘！轉輪聖王有此四神足。」（T.2, no.125, p.733a-b）。可見轉輪聖王也有其「四神足」的修鍊方式與帶來的效果。

[87] 《長阿含・闍尼沙經》（T.1, no.1, p.35c-36a）。

[88] 「四神足」在漢譯四部《阿含經》中的不同稱法：

四神足（略稱）	欲	勤	心	觀
四神足（異稱）	欲神足	勤神足	心神足	觀神足
長阿含經 T.1, no.1, p.36a	欲定滅行成就，修習神足	精進定滅行成就，修習神足	意定滅行成就，修習神足	思惟定滅行成就，修習神足
增壹阿含經 T.2, no.125, p.709b	自在三昧神力	精進三昧神力	心三昧神力	試三昧神力
增壹阿含經 T.2, no.125, p.658a	自在三昧行盡神足	精進三昧行盡神足	心三昧行盡神足	誠三昧行盡神足

爾時，世尊告諸比丘，有四神足。云何為四：自在三昧行盡神足、心三昧行盡神足、精進三昧行盡神足、誠三昧行盡神足。彼云何為自在三昧行盡神足？所謂諸有三昧，自在意所欲，心所樂，**使身體輕便，能隱形極細**，是謂第一神足。彼云何心**三昧行盡神足？所謂心所知法，遍滿十方，石壁皆過，無所罣礙**，是謂名為心三昧行盡神足。彼云何名為精進三昧行盡神足？所謂此三昧無有懈惓，亦無所畏，有勇猛意，是謂名為精進三昧行盡神足。彼云何名**為誠三昧行盡神足？諸有三昧，知眾生心中所念**，生時、滅時，皆悉知之。有欲心、無欲心；有瞋恚心、無瞋恚心；有愚癡心、無愚癡心；有疾心、無疾心；有亂心、無亂心；有少心、無少心；有大心、無大心；有量心、無量心；有定心、無定心；有解脫心、無解脫心。一切了知，是謂名為誠三昧行盡神足。[89]

經文說明修習四神足可以使身體變得極輕便細小，心所知法遍滿十方，石壁皆過無所罣礙，亦可了知一切眾生心之狀態。

此外，修習四神足可以延長壽命，得一劫有餘的壽命，如《長阿含‧遊行經》中：

如來坐已，阿難敷一小座於佛前坐。佛告阿難：諸有修四神足，多修習行，常念不忘，在意所欲，可得不死一劫有餘。阿難，**佛四神足已多修行**，專念不忘，在意所欲，**如來可止一劫有餘**。為世除冥，多所饒益，天人獲安。[90]

---

[89] 《增壹阿含‧苦樂品》（T.2, no.125, p.658a）。
[90] 《長阿含‧遊行經》（T.1, no.1, p.15b）。

　　綜上所述可知，**修四神足法，可獲得神足通、他心通及延長壽命**。

七、神通諸面向

（一）幾果可得神通

　　在《阿含經》中對於所謂沙門四果的境界描述如《中阿含・聞德經》中云：

> 復次，梵志！多聞聖弟子離欲、離惡不善之法。**至得第四禪成就遊**。……復次，梵志！多聞聖弟子三結已盡，得須陀洹，不墮惡法。定趣正覺，**極受七有，天上、人間七往來已**。**則得苦邊**。……復次，梵志！多聞聖弟子三結已盡，婬、怒、癡薄，得一往來。天上、人間一往來已。**則得苦邊**。……復次，梵志！多聞聖弟子**五下分結盡，生彼間已，便般涅槃**。**得不退法，不還此世**。
>
> 復次，梵志！多聞聖弟子有息解脫，離色得無色如其像定，身作證成就遊，慧觀斷漏而知漏。……復次，梵志！**多聞聖弟子如意足、天耳、他心智、宿命智、生死智諸漏已盡**，得無漏，心解脫、慧解脫、於現法中自知自覺，自作證成就遊。生已盡、梵行已立、所作已辦、不更受有。知如真。[91]

由經文可知比丘可修至四果阿羅漢，可證六神通，出生死輪迴。至於居士則最多只能修到三果阿那含，還在天界，未出輪迴，如《雜阿含・第928經》中佛陀對摩訶男居士所言：

---

[91] 《中阿含・聞德經》（T.1, no.26, p.658c-659b）。

> 優婆塞**須陀洹者，三結已斷已知**，謂身見、戒取、疑。摩
> 訶男！是名優婆塞**須陀洹**。謂優婆塞三結已斷已知，貪、
> 恚、癡薄。是名優婆塞斯陀含。優婆塞**阿那含者**，五下分
> 結已斷已知、謂身見、戒取、疑、貪欲、瞋恚，是名優婆
> 塞阿那含。[92]

由二則經文合觀則知，由初果至三果是出家與在家人均可修得
的，初果「須陀洹果」是斷身見、戒取、疑三結，其輪迴生死最
長，僅於人界與天界中各往返七次，即十四生間必證得阿羅漢
果，絕無第八次再受生者，故稱為極七返有、極七返生。二果
「斯陀含」是斷身見、戒取、疑三結，且貪恚癡三毒已很薄弱者，
其只要再一次生於天界再來人間而入般涅槃，故又稱為一來。三
果「阿那含」是斷身見、戒取、疑、貪欲、瞋恚五下分結，其不
再返至欲界受生，故又稱為不還。

　　至於《阿含經》中對於沙門四果與神通的關連，並未有理論
性的明確論述，只在極少數的故事中有略微提及。例如在《增壹
阿含・須陀品》有一則記敘修摩提女請佛至其信奉外道的夫家接
受供養，佛為了度化其夫家，就命令已證羅漢有神足的弟子，各
展神足飛至其夫家，其中有一上座長老比丘君頭波漢「**得須陀
洹，結使未盡，不得神足**」，長老比丘心生慚愧，立即精進成羅漢
得神足而能前往應供。[93] 又同本異譯的單經《佛說給孤長者女得
度因緣經》中情節類似，亦言「是時有一苾芻名崑努鉢陀那，為
眾中上座，**已證須陀洹果，然未得神通具足**」，後起慚愧以清淨心

---

[92]　《雜阿含・第928經》（T.2, no.99, p.236c）。

[93]　《增壹阿含・須陀品》（T.2, no.125, p.662a）。

如實而住,「於剎那間即得阿羅漢果,……起六神通」。[94]可見證初果須陀洹是不具神通的,而不具神通的理由是「結使未盡」,須陀洹已斷三結,因此說其結使未盡應是五結使未盡,所謂「**轉進滅五結使,成阿那含**」。[95]又《增壹阿含・利養品》云:「彼復以此三昧,心清淨無瑕穢,諸結便盡,亦無沾污,性行柔軟,逮於神通」。[96]可見修習神通的條件要諸結皆盡。律部的《根本說一切有部毘奈耶藥事》:「五百仙人既聞法已,**證不還果,亦得神通**,於世尊前出家」[97],可知三果不還果(或稱阿那含)可得神通;至於二果「斯陀含」是否可得神通,則阿含律部似未有敘述。

(二)神通與咒術

在《阿含經》中佛陀反對出家人占相、咒術,而稱它們為「邪命」、「非法」,[98]《寂志果經》中云:

> 沙門梵志受信施食、學修幻術、興起邪見、說日之怪、逢占觀相、妄語有所奪。……所學咒欺詐術、乾陀羅咒、孔雀咒、雜碎咒術,是異術欺詐迷惑;如是之像非法之術,沙門道人已遠離此也。[99]

---

[94]　《佛說給孤長者女得度因緣經》(T.2, no.130, p.847a-b)。

[95]　《增壹阿含・等見品》(T.2, no.125, p.697a)。

[96]　《增壹阿含・利養品》(T.2, no.125, p.574b)。

[97]　《根本說一切有部毘奈耶藥事》(T.24, no.1448, p.15a)。

[98]　可參考羅正心:〈遠離邪命非法:《阿含經》裡釋迦牟尼佛對出家眾所示占相、咒術的態度〉,《東方宗教討論會論集》第3期(1993年10月),頁9-28。

[99]　《寂志果經》(T.1, no.22, p.273c)。

這裡指出種種伎術咒說都是邪命非法，都被列為是「異術欺詐迷惑」之列，是佛教認為沙門梵志等修道之人所應遠離的。至於律部曾敘述有一居於印度種姓中，低於首陀羅階級之下、最下級的旃荼羅種（梵candāla），其人善於持使健陀羅咒禁之法，能以咒力飛騰虛空「承彼咒力飛騰虛空」，[100]以咒力飛騰虛空並非神足通，神足通是不必靠持咒就能自身飛行虛空的。又如《根本說一切有部毘奈耶破僧事》中敘述有一外道仙人曾自云：「我善解種種道術及五神通」，[101]此處區別道術及五神通為兩個不同的範疇，亦可知咒術非神通。

然而咒術與神通的不同，一般人或許是弄不清楚的，而咒術非神通正是佛陀所要強調的，《長阿含·堅固經》[102]中記載，有一名叫堅固的長者子，請求佛陀每當有不信佛的婆羅門、居士、長者子來到僧團，希望佛陀能命令出家比丘們展現神通給對方看，以彰顯佛陀教法的偉大來折服對方。但被佛陀所回拒，佛陀並進一步說明這是因為如果比丘現各種神通，相信的人看見了向不相信的人宣傳佛弟子有神通，那些不相信的人就會將神通誤認為咒術，譏嫌毀謗地說：「我聞有瞿羅咒，能現如是無量神變，乃至立至梵天」、「有乾陀羅咒能觀察他心，隱屏所為皆悉能知」，可知當時的確憑藉咒術的力量，可以飛行虛空、獲知他人心中隱私等現象。因此佛陀拒絕命令比丘在婆羅門前刻意現神足，且佛陀將事相上的神足，提昇到義理層面的神足，佛陀強調其神足法中最重要的是教誡神通，依其教誡努力修行終至得漏盡通，解脫入涅槃

---

[100] 《根本說一切有部毘奈耶破僧事》（T.24, no.1450, p.172c）。

[101] 《根本說一切有部毘奈耶破僧事》（T.24, no.1450, p.203c）。

[102] 《長阿含·堅固經》（T.1, no.1, p.101a）。

「此是我比丘現教誡神足」。由此可知佛教並不主張輕易使用神通，以防止神通被誤解為咒術之類。

（三）修通與業通

綜觀《阿含經》中普遍沒有業報得神通的記載，唯有《中阿含・大品・福經》有一則經文敘述佛陀自述其過去生中由於布施、調御、守護守三業果，而得「大如意足」：「比丘！我作此念：**是何業果？為何業報？令我今日有大如意足，有大威德，有大福祐，有大威神？比丘！我復作此念：是三業果，為三業報，令我今日有大如意足，有大威德，有大福祐，有大威神——一者布施，二者調御，三者守護」**，[103] 可見此則經文認為經由修福報的業果，可以獲得神通，等於間接承認業報得神通的可能性存在，只是此非《阿含經》的重點，《阿含經》著重修通發定。

至律部則業報可得神通的說法，就明確起來，《五分律》：「有諸比丘虛說得過人法，作如是言：我有**業報因緣、天眼、天耳、他心智」**，[104]《四分律》中敘述佛陀亦肯定有「業報因緣得神足」，乃至業報因緣得天耳、識宿命、知他心、天眼。[105] 在大乘的《菩薩瓔珞本業經》中直接說明得「通力」的三種來源：

通力有三緣：一報通、二修定通、三變化通。[106]

---

[103]《中阿含・福經》（T.1, no.26, p.646b），相關經文段落，可參考：《中阿含經・牛糞經》（T.1, no.26, p.496c）、《增支部・睡眠》（A.7.58. Pacala）後半經、《相應部・牛糞》（S.22.96. Gomayam）。

[104]《彌沙塞部和醯五分律》（T.22, no.1421, p.184c）。

[105]《四分律》（T.22, no.1428, p.984a）。

[106]《菩薩瓔珞本業經》（T.24, no.1485, p.1019b）。

在此我們可以發現「神」與「通」已被拆開，依「通力」分為：報通、定通、變化通，但沒有進一步的內容解釋。大小乘經典中歸納得「通」方式的經文很少，《阿毘達磨大毘婆沙論》中云：

> 呪術除神通，於餘能不現。……藥物除神通呪術於餘能不現。所以者何？由呪術力能致藥物；非藥物力能致呪術故。[107]

此處還是將「神通」、「呪術」與「藥物」區隔開來，並認為其力量是神通能剋呪術、呪術能剋藥物。

到了中國的祖師所撰述的，如後秦·僧肇所撰的《寶藏論》提到有五種得「通」方式：「**何為五通？**一曰道通、二曰神通、三曰依通、四曰報通、五曰妖通」，所謂「妖通」就是狐狸精、木石之精之類，彼等附傍人身聰慧奇特，故名妖通。所謂「報通」鬼神及人死後的中陰都是業報得神通。所謂「依通」就是乘符往來，藥餌靈變。所謂「神通」是修定得來的如自知宿命等。所謂「道通」是「無心應物、緣化萬有：水月空華、影象無主」。[108]

隋·慧遠的《大乘義章》則分四種得「通」的方式，首先指出唯有第六通的漏盡通是究竟的；**其餘五通**約論有四種狀況：一是報通，例如天上諸天就是報得五通。二是藥通，如諸仙等以藥力的緣故而可飛行自在。三是呪通，例如波羅捺國有婆羅門以呪持身飛上帝釋天宮。四是修通，依禪修得。[109]

---

[107] 《阿毘達磨大毘婆沙論》（T.27, no.1545, p.66b）。

[108] 《寶藏論》（T.45, no.1857, p.147b）。

[109] 《大乘義章》（T.44, no.1851, p.861a-b）。

　　此處的「五通」已非專指「五神通」，而是泛稱「通」（力），依「通」則有四種或五種得「通」的方式，再把「神通」列為此四種或五種得「通」的方式下。神通在《阿含經》中是自身修定得通的真實能力，不必憑藉任何外物的幫助就能展現其神力；但在論部的說法中已被逾越，把憑藉藥物、咒語得來的力量、狐狸木石精怪的神異能力，把都歸納到「通」的範圍，雖然仍有區隔「通」與「神通」的分別，但卻很容易讓人混淆了「神通」本來的面目，佛教和其他世俗信仰的界線，在此會被模糊。

（四）神通的有限性和不準確性

1. 阿羅漢天眼的有限和誤差

　　以神通來觀察過去未來，即使是佛弟子中號稱智慧第一的舍利弗，和佛陀比較起來，神通仍有其限度。《大智度論》敘述有一次舍利弗和佛一起，一隻鴿子飛過來，佛陀叫舍利弗試著觀察這鴿子的過去世和未來世中，各作過多少次鴿身？又何時才能脫離鴿身？舍利弗入三昧禪定中觀察鴿子「是鴿八萬大劫中常作鴿身，過是已前不能復知」、「觀見此鴿一二三世乃至八萬大劫未脫鴿身。過是已往亦不能知」的過去未來，看到此鴿過去八萬大劫中，及未來八萬大劫中，都仍然是鴿身，至於八萬大劫之前，及八萬大劫之後此鴿的情形，舍利弗「過是已往亦不能知、我不知過去未來齊限」就觀察不到了。於是佛陀就告訴舍利弗：「此鴿除諸聲聞辟支佛所知齊限，復於恒河沙等大劫中常作鴿身，罪訖得出，輪轉五道中後得為人，經五百世中乃得利根」，在超過舍利弗所能看見的八萬大劫後，這隻鴿子還要在於恒河沙等大劫中常作鴿身，然後投胎轉世為人，經五百世才得利根，然後初次發心願

意作佛，再經過三大阿僧祇劫中修行終得作佛。《出曜經》敘述有一次，佛陀要舍利弗觀察一個已取命終的中陰識神，其來處和未來投胎處：「汝今觀此中陰中識神，為從何許中來？設復邊轉為處何所」，舍利弗在定中看不清楚那中陰識神的來處和去處，佛陀告訴舍利弗此人神識是從無數世界遙遠之處來此世界；過此之後又要經過一億個世界，然後投生某甲家姓某字。並且說：「如來所見非是聲聞、辟支佛所及，知宿命通唯有如來等正覺得此宿命通」，[110]此二則故事開啟無限延長又不斷重覆，而終來至終點的時間敘事，也發出了唯有佛陀才有究竟神通的敘事聲音。

此外，即使是神足第一的目連，在使用神通時也會有不準確的時候。《摩訶僧祇律》中記載，有一次阿闍世王要攻伐毗舍離這地方，毗舍離城的師子將軍就請目連用天眼預測究竟是誰會得勝？目連告訴將軍是阿闍世王會得勝，師子將軍問：「有何瑞應」？目連答言：「我見二國非人共鬥，王非人勝王亦應勝」，此處敘述人與非人分別各自同步於天上人間相互共鬥。於是師子將軍回國召募勇士，抱著必死決心應戰，而阿闍世王聽到連的預言，心裡很放鬆沒有戒懼，就被師子將軍乘其不備而打敗，阿闍世王落荒而逃。回到國內，就批評目連比丘說：「坐是尊者大目連。傾吾國事」，而毗舍離的師子將軍也批評道：「目連恐怖我，因此獲大利，雖為不實語。蒙是虛誑恩」，認為是目連以預言恐嚇然其反蒙虛誑預言的好處。當時諸比丘聽到這些批評譏嫌語，就向佛陀檢舉，佛陀明辨此事後批評目連：「目連見前不見後」，並告誡其「汝應審諦」要小心謹慎的用天眼判斷。諸如此類目連以天眼未判明未來事情，而遭信眾比丘譏嫌的例子還有不少。[111]

---

[110] 《出曜經》（T.4, no.212, p.773 a-b）。

[111] 《摩訶僧祇律》（T.22, no.1425, p.466a-b）。

由智慧第一的舍利弗和神足第一的目連，他們的天眼都有其限制和盲點的敘事，可知以天眼預測未來的有限性。

2. 自識宿命的危險性

《眾經撰雜譬喻》[112]記敘有一個屠夫向阿闍世王請求，凡是國家節慶宴會有需要屠宰牲畜的事，請將這機會賜給他，他必盡力而為。阿闍世王好奇的問他何以樂做常人所不樂做的屠宰之事？屠夫答道：「因屠羊之肆，以自生活，由是之故得生四天王上」，其過去世中靠屠羊來維生，而由於屠羊的緣故，命終之後，生在四天王天等諸天；且天上壽盡後返人間繼續以屠羊為生，「如是六反屠羊，因是事故遍生六天中，受福無量」如此來往投生人間天上已有六次，這一切都是因為屠羊得來的福報，所以願有更多屠羊的機會。阿闍世王聽了問其何以知之？屠夫答：「我自識宿命」，阿闍世王就更不能相信，心想：「如此下賤之人何能識宿命耶」？後來阿闍世王將此這件事請向教佛陀，佛陀指出屠夫沒有妄語只是所見不明，並說明此屠夫過去世中曾遇到辟支佛，生起善心「緣是功德故得生六天，人間六返自識宿命，以福熟故得人天六返」，由於這樣的功德，使他往來人間天上六次，並且自識宿命，這是因為他的福報先成熟的緣故。至於他屠羊的罪報尚未成熟，所以他還未受苦，他此生命終就會進入地獄受殺羊的罪報。當地獄的罪報受完後，他還要一次次生在羊中來償命。佛陀說：「此人識宿命淺，唯見六天中事，不及過去第七身故，便謂屠羊即是生天因也」，這個人自識宿命很淺，只能看見過去六世的輪迴，無法看到他過去第七世供養辟支佛的事，而誤認為屠羊是生天的原因，如此淺薄的宿命通，往往會誤導因果鑄下大錯。

---

[112] 以下屠夫故事所引經文俱見《眾經撰雜譬喻》（T.4, no.208, p.537c）。

　　屠夫故事的敘事聲音，寓含自識宿命的業報神通往往所知有限，甚至有誤導因果的大風險。

（五）神通不敵業力

1. 神通不敵個人的業力

　　即使是三明六通的大阿羅漢，今生是最後一次來人間的人（最後生身人），當他要進入涅槃得到解脫前，也要先受宿業所報，了結宿債才有可能，並不是以神通力就可躲掉宿業。經典中最著名的神通不敵業力的例子，就是號稱神足第一的目連死亡事件。《根本說一切有部毘奈耶雜事》[113] 敘述目連在出外弘法途中，為外道所襲擊，死於亂棍棒打之下。[114] 這件事當然是宗教與思想上的鬥爭，外道使出暴力手段的悲慘後果。[115] 但在律部經典中卻將目連死亡的事件，巧妙結合業力與神通的關係，來彰顯神通不敵業力。首先解釋「**若不豫觀，雖阿羅漢智亦不行**」，也就是說，若是沒有入禪定，即使是阿羅漢也不能預先知道要發生的事情，這是律部普遍對阿漢要入禪定才能起神通的看法；所以目連根本不知道外道要打他。而當他被打得遍體鱗傷後，舍利弗質疑以其神足第一何以至此地步：「**豈非大師聲聞眾中稱說神通最為第一。何乃至斯？**」目連回答：「**業力持故，我於神字尚不能憶，況發通耶**」（T.24, no.1451, p.287b-c）目連回答當業力現前時，連一個「神」字都沒想到，何況發動神通力這回事呢？接著敘述當諸比丘

---

[113] 以下所引目連被外道毒打的故事，所引經文俱見《根本說一切有部毘奈耶雜事》（T.24, no.1451, p.287b-288c）。

[114] 《根本說一切有部毘奈耶雜事》（T.24, no.1451, p.286-290）。

[115] 于凌波：《簡明佛教概論》（台北：東大圖書出版，1993），頁58。

得知目連被擊事件後，就提出相同的問題問舍利弗：「豈非大師聲聞眾中，說尊者目連神通第一」？舍利弗的回答同樣是：「仁等當知，**業力最大……然由前世業力所持，於神字尚不能憶，況發於通**」（T.24, no.1451, p.287c）。之後，當未生怨王問目連時還是質疑：「聖者豈非大師聲聞眾中稱說尊者神通第一？何不飛騰遭斯苦痛」，目連豈不是神通第一，為何不以神足騰空飛走而遭外道毒打呢？目連的還是回答同樣的話：「**然業力持，我於神字尚不能憶，況發通耶**」（T.24, no.1451, p.288a）？如此三問三答就是凸顯強調業力現前，神通全失的敘事聲音。然而故事接著說由於未生怨王限定群醫七日內要將目連醫治痊癒，否則將取消他們的俸祿，目連基於慈悲「滿七日已以神通力，息除苦痛入王舍城」，竟然能用神通力暫時康復來到王舍城國王面前。但是他還是告訴國王：「大王當知！是我宿業必須受報」，身已敗散無可療治。

　　如果對比「**不以顏貌獲神通**，亦匪多聞及詞辯，但由寂靜戒**慧力，身雖老病亦能證**」，[116] 則可知神通力的發起來自戒定慧力，不因老病而不能證神通；是以目連重傷能可再次發起神通至國王處所；然而神通只是暫時的現象，神通力不能挽救自己的宿業；神通力畢竟不敵業力的巨大。

2. 神通不敵國家的業力

　　非但個人無法對抗業力，整個國家的命運更是無法對抗業力來臨。《增壹阿含經》中敘述一則有關佛陀晚年，他的祖國滅亡的事蹟。他的祖國迦毗羅衛是個弱小的國家，抵抗不了琉璃王率領大軍的入侵而滅亡了。對於這件事，經中敘述目連曾想阻止琉璃

---

[116] 《根本說一切有部毘奈耶藥事》（T.24, no.1448, p.14a）。

王的入侵:「我今堪任使流離王及四部兵,擲著他方世界」,想把琉璃王和他的軍隊用神通力丟到他方世界中;佛陀問目連:「汝今堪能移釋種宿緣,著虛空中乎」,目連回答:「不也!世尊」,於是佛陀叫目連還就本位。然而目連又想「唯願聽許以鐵籠疏覆迦毘羅越城上」,用鐵籠把整個迦毘羅衛城覆蓋起來,讓琉璃王不得入侵。但佛陀再次反問目連可否將迦毘羅衛城的宿業丟擲到虛空中?或是把宿業用鐵籠罩住?目連則坦承自己沒有這個能力。所以佛陀解釋「釋種今日宿緣已熟,今當受報」,迦毘羅衛國會被滅亡是因宿緣成熟而今應受報。[117]

　　由此可知,此故事的敘事聲音是神通無法挽救已成熟的宿業,不要說是羅漢,即使是佛陀也無法扭轉乾坤。將業力的力量置於神通之上,除了顯示神通的有限性之外,更能彰顯佛教要突顯的是人要對自己或群體的行為承擔責任。

3. 無常力大於神通力

　　《增壹阿含經》中記述有四個修得五神通的外道梵志「四梵志皆得五通」;四人知道自己壽命將盡,伺命使者將來抓他們「此伺命來時不避豪強,各共隱藏,使伺命不知來處」,於是他們一人躲在空中,一人入海,一人躲在山腹,一人鑽入地底,但都同時死了。佛陀「以天眼觀見四梵志,各各避死,普共命終」,就將事告訴諸比丘,天涯海角沒有任何地方能夠逃過死亡,欲得免死,唯有修行一切行無常、一切行苦、一切法無我、滅盡為涅槃的四法。[118]《根本說一切有部毘奈耶藥事》:「除神通力,更有餘力不?

---

[117] 《增壹阿含經》(T.2, no.125, p.691b)。

[118] 《增壹阿含經》(T.2, no.125, p.668b)。

佛言：有無常力，無常力圓滿故，如來父母力、禪定力、解脫力、福德力、智慧力、神通力、如來此諸力，皆於雙林樹下，光明盡滅」，佛陀指出禪定力、解脫力、福德力、智慧力、神通力沒有一力比得過無常之力「**如斯諸力等，無常力最大**」，所以有智之士，應當尋找「**無常不能逼處**」。[119]

（六）神通何時被禁止？何時可現？

　　由《阿含經》來看，佛陀最初並沒有禁止弟子們使用神通，其自身也有展現神通之時，只是使用神通的前提要有正確的智慧為導引，並且不要耽溺於五神通中，重要的是追求漏盡通的解脫。得神通力本是比丘心想事成自在變化的超人能力，象徵修行者從時空物質的束縛中解脫出來，自由無礙的生命風姿。所以目連以能有大神通，心得自在，隨心所欲飛行與變化是「諸賢聖以說快樂之義」；[120] 而佛陀也宣稱神通是比丘的「神力遊戲」。

　　但這些似乎都是使用神通在和自己的互動上的描述，一旦涉及和他人的互動，尤其是和一般民眾（白衣）的互動，是傾向於謹慎小心的態度。所以律部記載，使用神通和在家人間產生了問題之時，佛遂規定比丘不得在在家人面前現神通，若現神通則是犯了突吉羅戒（小小戒）。這起因是因為佛的弟子賓頭盧挾巨石滿城飛行，並盤旋於跋提長者姊姊的頭頂上空「去王舍城不遠有大石，賓頭盧坐其上合石飛入王舍城，城中人見皆大怖懼，恐石落

---

[119]　《根本說一切有部毘奈耶藥事》（T.24, no.1448, p.31b）。

[120]　《增壹阿含經》：「爾時尊者舍利弗語大目連曰：諸賢聖以說**快樂之義**，汝今次說快樂之義。……目連報曰：於是比丘有大神足，於神足而得自在。」（T.2, no.125, p.711a）。

地莫不馳走，至長者姊家上，便住不去，彼見已即大恐怖，心驚毛竪」，用這種類似威脅恐嚇的手段來迫使跋提的姊姊皈依佛教。由於賓頭盧不但威脅了跋提的姊姊，也擾亂驚嚇了整城百姓，一些長老比丘向佛報告，佛就制戒規定「**從今不聽現神足，若現突吉羅**」，以後比丘不得在白衣前現神通。[121]《雜阿含經》中也有賓頭盧自述自己因為有一次挾帶大石頭在城上飛行，前往施主家應供，佛認為他太招搖炫耀自己的神通，就罰他不准入涅槃，要一直住世護持佛法。[122] 這些敘述聲音所要表達的是以神通炫耀來引人注意，或以神通力來脅迫他人，都是被禁止的。

但一時之間，比丘們似乎很難嚴格遵守，還是有人會在白衣前現神通。因此律部記載每當某一比丘現神通，往往會被其他比丘向佛檢舉，佛再依動機來判定他是否犯戒。例如律部記載大目乾連有一次因救被盜匪綁架的給孤獨長者的兒子而現神通；[123] 另外畢陵伽婆蹉比丘因為同情一位牧牛女沒有華服不得參加慶祝會而暗自哭泣，就現神通為牧牛女變出漂亮的服飾；[124] 這兩件事都被其他比丘向佛檢舉，佛以他倆是基於慈悲心而現神通，所以判他們無罪。但這也可顯示出一般的情況下，佛已不允許弟子在白衣前現神通，個別的例子都要一一由佛來判斷是否犯戒，**可見神通是漸漸趨向於禁止使用。**

---

[121] 《彌沙塞部和醯五分律》（T.22, no.1421, p.170a-c）。

[122] 《雜阿含經》（T.2, no.99, p.170a）。

[123] 《根本說一切有部毘奈耶》（T.23, no.1442, p.649b）。

[124] 《摩訶僧祇律》（T.22, no.1425, p.467b）。

八、《修行道地經》中的神通修鍊

　　《修行道地經》七卷，是西晉・竺法護於太康五年（西元284）所譯。[125] 本經是一部以**部派**佛教的禪觀修道歷程為中心所說的經典。《修行道地經》是教導修行者實踐禪觀的經典，本部經的〈第十五天眼見終始品〉、〈第十六天耳品〉、〈第十七念往世品〉（即宿命通）、〈第十八知人心念品〉、〈第二十二神足品〉皆述及修行五神通的相關要點，然多以簡短的散文句式搭配概括重覆的偈頌，可說是對神通修鍊點到為止的說明。

　　在〈天眼見終始品〉中言欲修成天眼，首先要能克服睡眠的障礙，如欲睡眠當念生死苦棄捐睡眠，夜觀星宿以自御心，所謂「其修行者假使睡眠，當念無常不久趣死，想於眾苦生死之惱。

---

[125] 《修行道地經》7卷，西晉・竺法護於太康5年（西元284年）所譯。本經是一部以部派佛教的禪觀修道歷程為中心所說的經典。開頭先說一般的修道論，稍後則言及對應於眾生迷惑的狀態，所可採取的5種觀法。就情欲熾盛的眾生而言，應指導以不淨觀；瞋心重者，應指導以慈心觀；不明真理者，應指導以因緣觀；思慮多者，應指導以數息觀；驕心強者，應指導以白骨觀。這5種觀法，是邁向禪觀修行的入門之處。此外，本經中也就凡夫禪與佛弟子禪進行比較。禪法是具有寂與觀兩面性，亦即統一心思使精神集中及基於智慧來正確地觀察對象兩方面。若論求寂，則以修數息觀與不淨觀為最佳的方式。修行者藉此可以由一禪達於四禪，而得到內心靜寂的狀態。達於四禪者，可得五神通，死後得以生天。然而，這畢竟只是凡夫禪，並非導向真實的解脫。而佛弟子，則是不執著於這樣的四禪與五神通，而是藉由修習四念處觀、觀四聖諦，自然而然地入於真實、無漏的初禪，進而由修行四向四果，最後得證阿羅漢，與佛同樣達到涅槃解脫的境地。這是本經所宣說的不同之處。附帶一提的是，本經的28到30品，即最後3品，言及菩薩禪與菩薩道，其內容具有濃厚的大乘色彩，部分學者認為，可能是後來受到《法華經》的影響所加入的。關於本經的異譯，有後漢安世高譯《道地經》1卷，然而，這只相當於竺譯的前5品、第22品及第24品共7品。至於注釋，注竺譯者，今不存，倒是注安譯者，有道安的《道地經注》1卷。

……夜觀星宿以自御心，棄捐懈怠不思臥寐」；如果睡意不止則應起來經行「若睡不止，當起經行」。最重要的是雖然心中冥暗無光，但要晝夜無異的觀想光明、令內外皆明，所謂「想欲見明，雖心中冥，思惟三光，令內外明」、「常思見明，晝夜無異」，如此能夠破除睡眠的冥暗，就能眼得光明即使閉目所見亦踰開目者，「**滅壞睡眠冥，若日消除闇**，如是雖閉目，所見踰開者」如是則得天眼，人間天上徹視無礙「普視世間眾生類，徹達天上無不見」，並能清清楚楚看到三千大千世界，眾生生死善惡之所趨。修得天眼通有了高遠廣闊的視野，這就有如有人站在高山上，從上視下無所不見，「有明眼人住於山頂，觀視城郭郡國縣邑聚落人民、樹木花實流水源泉、師子虎狼象馬羊鹿、及諸野獸，行來進止皆悉見之」，[126]修行者能夠如此觀見三千大千世界清徹無礙，廣及三惡道之處，即是通達於神通的境界。

在第十六〈天耳品〉中並沒有交代如何修鍊天耳的方法，但在起首的偈頌中云：「精勤得天眼，覩天上世間，徹聽自然生，所聞亦無限，如人地求藏，自然得餘寶。」透露出彷彿修成天眼，天耳的能力就會隨之自然展開，就有如有人掘地求寶藏，亦得餘寶。接著敘述若得天耳則可徹聽天上人間之聲，但是心中無有煩擾憒鬧的感覺，這就宛如在夜深人靜之際，一個人獨自登上七重樓，可聽到歡樂妓樂的歌舞之聲，也可聽到泣悲哀啼之聲。經文云：「譬如夜半眾人眠寐，一人獨覺上七重樓，於寂靜時聽省諸音，妓樂歌舞啼泣悲哀搥鼓之聲；修道所見亦復如是，心本寂靜，遙聽地獄啼酸苦、見聞餓鬼及與畜生；天上世間妓樂之音，

---

[126] 以上〈天眼見終始品〉的經文皆見於《修行道地經》（T.15, no.606, p.200b）。

是為天耳神通之證。」[127]修道所見亦復如是，在禪修寂靜時可聽地獄、餓鬼及與畜生啼哭、酸苦的聲音，也可聽見天上、世間的妓樂之音，此為證得天耳之神通。

第十七〈念往世品〉言假使修行者自心思惟：「吾從何來致得人身？」若以天眼徹視則可知自己無數劫來的經歷，所謂「以天眼觀日修行，知無數劫所歷生，皆見過去可受身」，可得知過去數世的姓名、生活好惡、壽命長短，也可知道從何處出生從何處命終，而「如是之比，知無央數所更生死，是號曰識本宿命神通。」由此可知以天眼觀過去生中事則是開發了宿命通。

第十八〈知人心念品〉中說明修行者以天眼徹視人、非人的形色，也睹見他們的心念，所謂「天眼之徹視，見諸人非人，覩察眾顏色，**亦覩心所念**」，此種境界譬如有人坐於江邊，可以清楚地徹見水中一切魚、鼈、黿、鼉及無數異類之蟲，「譬如有人坐於江邊，見水中物魚鼈黿鼉，及無央數異類之蟲」；修行者能夠如此地覩見眾生之心念，察明善惡了了清明無所疑惑，「是名神通知他人心所念善惡」是證得他心通。由「**覺眼**明了心清淨，因修道行而獲斯，知他心念所思想，猶如見樹根枝葉」，可見有了天眼可以進而開發他心通。

在第二十二〈神足品〉中敘述修神足通的方法：

> 其修行者已得自在，順成四禪，欲得神足，觀悉見空。省諸節解，眼耳鼻口、項頸脇脊、手足胸腹、及諸毛孔若如虛空。……心不離身身不離心。……自擎其形專心念空。……如是便得成就。初舉身時去地如蟻，轉如胡，稍

---

[127] 以上〈天耳品〉的經文皆見於《修行道地經》（T.15, no.606, p.200c）。

> 如大豆,遂復如棗,習舉如此,至于梵天,乃到淨居諸天
> 之宮,通徹須彌無所拘礙。入地無間、出而無孔,遊於空
> 中坐臥行住,身上出火、身下出水,身上出、身下出火。
> 從諸毛孔現若干光,五色之耀如日明照。能變一身以為無
> 數,化作牛馬龍象、騾驢駱駝、虎狼師子無所不現。發意
> 之頃,普遊佛界旋則尋逮。是神足界通達之變。是神足者
> 因四禪致。其四禪者因不淨觀數息致之。是故修行當念惡
> 露數息思定。

其內容言修行者證得神足是因四禪定所致,而四禪定皆是因不淨
觀、數息所致,修行者當修得第四禪時,想要證得神足通,應觀
一切法悉空,眼、耳、鼻、口、項頸、脇、脊、手足、胸腹、及
諸毛孔等,皆如虛空。修行者如是專心念空,**直達一切毛孔皆為
空,便能成就神足**。修行者成就神足時可至于梵天,乃到淨居諸
天之宮,可通徹一切處所無所拘礙,遊於空中,身上出火,身下
出水,能變一身以為無數。化作牛、馬、龍、象,無所不現,此
為神足通。修行者能於頃刻間遊諸佛世界,此是神足的通達之
變。

　　由上所述可以發現,《修行道地經》對五神通的修鍊,一是
將天眼、天耳、念往世、知他人心念列為一組,並認為首要是修
成天眼;若修成天眼,則天耳、念往世、知他人心念,都能隨之
而來,非常容易修成。另一方面關於神足通的修習則言由數息或
不淨觀進入四禪起修神足。然《修行道地經》總結得五神通的基
本關鍵,則在〈知人心念品〉最後的經文中云:

> 譬如賈客欲得水精之珠，便入江海則得此寶，并獲真珠、
> 金剛、珊瑚、硨磲、馬瑙。修行如是，**棄于睡眠專心在**
> **明**，則得天眼并獲天耳、神足、自知己所從來見他人本，
> 是故修行當習覺明。於是頌曰：「如以一事入江海，而獲無
> 數大珍寶，修行如是除睡眠，天眼、聽、飛、識本末。」[128]

　　經文以譬如賈客欲得水精之珠，便入江海求寶，一并獲得真
珠、金剛、珊瑚、硨磲馬瑙等寶；修行人若能「棄于睡眠，專心
在明」，則能得天眼、天耳、神足、宿命、他心等神通。因此捐除
睡眠克服睡眠所帶來的無明，專心在智慧明光的獲得，是修習五
神通的基礎。可知凸顯破除五蓋中的睡眠是修神通的基本入手功
夫，應是《修行道地經》異於其他經典關於神通論述的特殊之
處。

九、結語

　　綜上所述可知，神通具有眾多的向度，阿羅漢與神通並不具
有必然的關係，然大阿羅則具三明六通。至於神通本身，不但三
明（宿命智、天眼智、漏盡智）與三通（天眼、天耳、神足）有
關乎解脫道與否的差別；「五神通」與「六神通」又被區隔為共外
道的「世俗五神通」，與不共外道的「六神通」，也就是在五神通
外，加上關鍵性的「漏盡通」才是佛教肯定的「神通力」（五神
通）與「神通慧」（漏盡通）的結合。神通來自修鍊，以戒為前
導，在超越欲界進入色界最高的四禪天中，於身心安穩不動如磐

---

[128] 以上所引由天眼至神足之經文，皆見於《修行道地經》（T.15, no.606, p.200a-
213a）。

石處開始起修神通,此是《中阿含經》中最常見的神通修鍊方式。然亦有提及進入神通修鍊的其他方式,如由修十念法、四念處、安那般那念等方式獲致神通,但有關這類的敘述都非常簡單沒有具體內容的說明。至於「四神足」則是佛陀常鼓勵弟子們修習的法門,「四神足」並非「神足通」之意,而是獲得「神足通」的修鍊方式。此外,以咒力亦可飛騰虛空,咒術與神通的區隔,一般人不易弄清楚,咒術非神通正是佛陀所要強調的。而雖有老病可修神通,然神通不敵病苦與業力,凡此種種都可以看出神通的多向度。《修行道地經》以譬喻修辭描述六神通,並凸顯破除睡眠障礙是修神通的基本入手功夫,表現出異於其他經典關於神通敘述與義理的特殊之處。

第三章　大乘佛教的神通觀

一、前言

　　王邦維在其《南海寄歸內法傳校注》中，[1]參照西方學者 Eliot、印度學者Nalinaksha Dutt及義淨所作的「大乘」（mahāyāna）定義，認為義淨在其《南海寄歸內法傳》中所用的大乘定義最為簡單：

> 若禮菩薩，讀大乘經，名之為大，不行斯事，號之為小。[2]

　　此「禮菩薩」、「讀大乘經」，符合初期大乘思想的主要特點，其中「禮菩薩」應包含行菩薩道[3]的思想；而「讀大乘經」則

---

[1] 義淨原著，王邦維校注：《南海寄歸內法傳校注》（北京：中華書局，1995），頁66。

[2] 《南海寄歸內法傳》（T.54, no.2125, p.205c）。

[3] 葉露華在說明大乘佛教的經典流傳時曾指出「大乘思想即菩薩乘思想」，見其《佛言佛語——佛教經典概述》（台北：東大圖書出版，2002），頁41。而「菩薩」原是梵文bodhisattva，漢語音譯為「菩提薩埵」，意譯為「覺—有情」（有情意即眾生，也可以指每個人）；據竹村牧男指出，大乘佛教中的「菩薩」乃指那些追求正覺的人…後來「覺—有情」一詞，被解釋為盡心致力於覺（自己的覺，亦即自利）和有情（眾人，意即利他）的人。參考竹村牧男著，蔡伯郎譯：《覺與空——印度佛教的展開》（台北：東大圖書出版，2003），頁92-93。「A bodhisattva is one who courageously seeks enlightenment through totally and fully benefiting others (parārtha), as well as himself (svārtha).」Robert E. Buswell, Jr., *Encyclopedia of Buddhism*, N.Y: Macmillam Reference USA, 2004, p.58. 關於「菩薩」的相關研究可見蔡耀明：〈菩薩所學的專業內涵及其相應研究〉，《法光》第202期（2006年7月）。朴点淑：〈菩提心と菩薩〉，《印度学仏教学研究》第51卷第2期（2003年3月），頁892-894。

應包括最早的《般若經》，以及後續成立的《法華經》、《華嚴經》，乃至《大寶積經》中的某幾部。[4]

大乘一詞與菩薩（Bodhisattva）的信仰同時出現於初期大乘經中，初期大乘經典如《道行般若經》[5]等在定義大乘此詞之際，也都同時在經中詳細說明菩薩信仰與大乘的種種關係，甚至將「菩薩」與「大乘」二詞等同。至於菩薩修行法，在初期大乘經中多稱之為「般若波羅蜜」（prajñāpāramitā）的修行法。「般若波羅蜜」或「波羅蜜」在大乘的傳統中便常被用來指謂大乘或作為說明大乘的內涵。[6]在《大般若波羅蜜多經》中說明菩薩若修行「般若波羅蜜多」[7]即能能引發「六神通波羅蜜多」。[8]

---

[4] 竹村牧男著，蔡伯郎譯：《覺與空：印度佛教的展開》：「最能代表初期大乘經典的《般若經》、《華嚴經》、《法華經》與《無量壽經》，從這些初期的大乘經典中，窺視大乘佛教初期的思想。」（台北：東大，2003），頁102。

[5] 《道行般若經》為後漢・支婁迦讖（Lokakṣema）所譯（T.8, no.224, p.425c）。

[6] 參考古正美：〈定義大乘及研究佛性論上的一些反思〉，台大《佛學研究中心學報》第3期（1998年7月），頁21-23、27、30。但古正美認為王邦維提出義淨及Eliot、Nalinaksha Dutt等的大乘定義，只能說是大乘中某些派的特點（指初期），而不能說是所有大乘的特點（指瑜伽行派或《大般涅槃經》的出經時代）（頁22-23）。其研究結果的論點是菩薩信仰此概念在初期大乘（the Early Mahāyāna）經典中的確可以用來說明大乘此詞的性質或定義。但是大乘的發展到了爭論有無佛性的時代或第三世紀之後，定義大乘的標準便已不能再用菩薩信仰作為區分大、小乘的基準（頁24）。其指出「大乘」的內容不是固定的，而「大乘」此詞的用法也有時間性。見古正美：〈錫蘭佛教記史文獻及中文佛教文獻所呈現的錫蘭早期佛教發展面貌〉，台大《佛學研究中心學報》第8期（2003年7月），頁258。

[7] 竹村牧男著，蔡伯郎譯：《覺與空：印度佛教的展開》：「『般若波羅蜜』是指菩薩（大乘佛教徒）基本修行德目六波羅蜜（布施、持戒、忍辱、精進、禪定、智慧）之一的智慧波羅蜜，近來，『波羅蜜多』被說為『完成』之意，但是自古以來『波羅蜜』原本被解釋為『到彼岸』（到達彼岸）。」，頁102。

[8] 《大般若波羅蜜多經・初會》：「有菩薩摩訶薩修行般若波羅蜜多時，能引發六神通波羅蜜多。」（T.5, no.220, p.45a）。

　　《般若經》既是大乘佛教最初期的經典，[9]因此《般若經》[10]中的神通觀應是一切大乘經典神通觀的基礎，是以本章首先探討《般若經》中的神通觀；其次由於《大智度論》是龍樹為號稱大乘經典根幹的《般若經》所作的註釋。[11]其中對「五神通」做了相當完整的綜合整理與論述，是以本章將《大智度論》的神通觀放在第二節進行探討。至於第三節討論《大寶積經》中的神通觀，一是因為其一貫性的強調自利利他的菩薩精神，和《般若經》的菩薩精神是一脈相承，此外《大寶積經》中有許多專論神通的「品」或「會」，如「靜慮波羅蜜多品」、「大神變會」、「富樓那會・神力品」、「文殊神變品」、「神通證說品」等，充分發揮大乘空觀下神通各面向的義理內涵，是以將之列於第三節的探討，以下試分析之：

二、《般若經》中的神通觀

　　大乘佛教興起，最早出現的佛典是「般若系」[12]的經典，被

9　水野弘元、中村元等著，許洋主譯：「《般若經》才確實是大乘佛教的先驅經典。換言之，大乘佛教是和《般若經》同時開始的。」《印度的佛教》（台北：法爾出版，1988），頁102。

10　竹村牧男著，蔡伯郎譯：《覺與空：印度佛教的展開》：「所謂《般若經》是指內容教說「般若波羅蜜（多）」（梵 prajñāpāramitā）為最重要的經典群的總稱，而不是一部稱為《般若經》的經典。」（台北：東大出版，2003），頁102。

11　同前註書，頁119。

12　所謂「般若系」的經典，可見於今日《大正藏》「般若部」，這些經典並非同時成立，且有相當長的時間跨度。此部雖以般若思想為主，但仍兼雜其他系別的經典，如唐・玄奘譯出的《大般若波羅蜜多經》是一部綜合型的大經，共十六會，其中第十會《般若理趣分》就有密教經典的特色。基本上「般若經」可分為數種：如大品系《般若經》、小品系《般若經》、文殊系《文殊師利般若經》、金剛系《金剛般若經》、理趣系《般若經》、《般若心經》系、仁王護國經典類等經典。以上主要參考大藏經學術用語研究會編：《佛典入門事典》（京都：永田

視為初期成立的小品系及大品系《般若經》（Prajñāpāramitā-
sūtra），展現了奠基於般若波羅蜜（prajñāpāramitā）的菩薩行應有
的實踐樣貌，而且不論在教義上或實踐上，都以「空性」
（śūnyatā）思想為核心來開展。至於有關「神通」的意涵，亦是
以般若空觀來詮釋之，大品系的《摩訶般若波羅蜜經》
（Mahāprajñāpāramitā-sūtra）[13]中云：「菩薩摩訶薩欲住六神通，當
學般若波羅蜜」，[14]《大般若波羅蜜多經·初會》[15]中亦云：

> 有菩薩摩訶薩修行般若波羅蜜多時，能引發**六神通**波羅蜜
> 多，[16]何等為六？一者神境智證通波羅蜜多、二者天耳智證

---

[13] 《摩訶般若波羅蜜經》為後秦·鳩摩羅什所譯，其同本異譯有後漢·支婁迦讖
譯《道行般若經》（十卷）、吳·支謙譯《大明度無極經》（六卷）、前秦·曇摩
蜱與竺佛念共譯《摩訶般若波羅蜜多鈔經》（五卷）。梵文《八千頌般若》與本
經相當，於尼泊爾為九部大經之一。本經有師子賢（梵Haribhadra）作之梵文
《本釋論》。

[14] 《摩訶般若波羅蜜經·序品》（T.8, no.223, p.219a-b）。「般若波羅蜜」即等於
梵文「prajñā-pāramitā」由「般若」（prajñā）和「波羅蜜」（pāramitā）兩字所
組成，「般若」（prajñā）字面意思就是智慧；「波羅蜜」（pāramitā）是到達對岸、
到彼岸，或可說為（功德）圓滿成就之意；故「般若波羅蜜」就是把智慧修到
圓滿的地步。佛教《般若經》系主要在探討的就是般若波羅蜜所修鍊、所成就
的「智慧」，此智慧非一般聰明才智，而是意「對於諸法（dharma）能有所領解
（understanding）與了知（cognizing）的狀態，也就是能夠越出腦袋，跨進現象
的歷程，並且對現象的歷程，能夠就其性質或道理有所領解，以及就其相貌有
相應的認知。」以上參考：蔡耀明，《般若波羅蜜教學與嚴淨佛土——內在建構
之道的佛教進路論文集》（南投：正觀出版，2001），頁90-91。

[15] 《大般若經》唐·玄奘譯出共600卷，是一部龐大的經典，其共通的主題：宣
說不退轉菩薩由般若波羅蜜體得諸法皆空，邁向救渡眾生的利他行。參見大藏
經學術用語研究會編：《佛典入門事典》（京都：永田文昌堂，2001），頁108。

[16] 漢譯「般若波羅蜜」和「般若波羅蜜多」梵文是同一字prajñāpāramitā；後者多
譯出「多」（tā）的音節。「prajñāpāramitā」的漢譯詞尚有：「慧波羅密、慧波羅

通波羅蜜多、三者他心智證通波羅蜜多、四者宿住隨念智
證通波羅蜜多、五者天眼智證通波羅蜜多、六者漏盡智證
通波羅蜜多。[17]

又云：

是菩薩摩訶薩行深般若波羅蜜多，由遍觀空方便善巧，便
能引發殊勝神通波羅蜜多。住此神通波羅蜜多，復能引發
天眼、天耳、神境、他心、宿住隨念及知漏盡微妙通
慧。…諸菩薩摩訶薩非離神通波羅蜜多，有能自在成熟有
情、嚴淨佛土、證得無上正等菩提。是故神通波羅蜜多是
菩提道，諸菩摩訶薩皆依此道，求趣無上正等菩提。[18]

由以上二《般若經》可知，般若經系以「**殊勝神通波羅蜜
多**」來定位大乘「神通」，且突顯此「殊勝神通波羅蜜多」的重要
性，強調菩薩若要成熟有情、嚴淨佛土、[19]證得無上正等菩提，
都離不開此「殊勝神通波羅蜜多」。至於為何是「殊勝」的神通
呢？此殊勝性在於菩薩若行般若波羅蜜多，則能遍觀空性之方便
善巧（upāyakauśalya）[20]，就可引發六種神通波羅蜜多。《大乘本

　密多、般若到彼岸」等，其原義為「完美的智慧或才智」。林光明、林怡馨編
　譯：《梵漢大辭典》（台北：嘉豐出版，2004），頁912。

[17]　《大般若波羅蜜多經・初會》（T.5, no.220, p.45a）。

[18]　《大般若波羅蜜多經・初會》（T.5, no.220, p.753a）。

[19]　「嚴淨佛土」的相關研究可參考蔡耀明：〈《大般若經・第二會》的嚴淨／清
　淨〉，《般若波羅蜜多教學與嚴淨佛土——內在建構之道的佛教進路論文集》（南
　投：正觀出版，2001），頁269-312。

[20]　上述引文「遍觀空方便善巧」從上下文來看應該意指，空觀達到週遍、遍知，
　即其「觀空」已至「方便善巧」的境界。「方便善巧」一詞本來就是大乘菩薩
　道的重要思想之一，著名的《維摩詰經》維摩詰大士展現了種種不同的方便善

生心地觀經·波羅蜜多品》[21]（Mūlajāta-hṛidayabhūmi-dhyāna-sūtra）
中云：

> 出家菩薩住阿蘭若，復有八種神通清淨莊嚴自身，云何為
> 八？一者於諸色法，得無障天眼**善巧方便**神通清淨；二者
> 於諸聲境，得無障礙天耳善巧方便神通清淨；三者於諸眾

巧。菩薩十地中「第七地」（遠行地）主要的修習項目也是「方便（善巧）波羅
蜜」。「方便善巧」的梵文原為upāya-kauśalya；由「upāya」和「kauśalya」兩字
所組成，前者為一「方法」（means, way, stratagem, craft），後者意為「善於、善
巧、靈活」（skillfulness, cleverness），故合為「善於…方法」「善巧於…方法」，
換言之，乃為達目地的或對做事方法的工具技術之熟練或善巧。「方便善巧」一
詞自古譯法有多種：後漢·支婁迦讖音譯為「漚和（恕）拘舍羅」，三國·支謙
譯為「善權」、「善權方便」等，鳩摩羅什喜用「方便」一詞代替「方便善巧」，
唐·玄奘又譯為「善巧方便」、「巧方便」等。後代亦喜沿用鳩摩羅什的簡潔譯
法取代「方便善巧」一詞。相關參考：Edaward Hamlin, "Magical Upāya in the
Vimalakīrtinirdeśa sūtra", *The Jounral of the International Association of Buddhist
Studies*, vol.1 no.11, 1988, p.89-121. John W. Schroeder, *Skillful Means: The Heart
of Buddhist Compassion*, Honolulu, University of Hawaii, 2001. Mark Tatz (tr.), *The
Skill in Means Sūtra (Upāyakauśalya)*, Delhi: Motilal Banarsidass Publishers,1994.
Michael Pye, *Skilful Means: A Concept in Mahayana Buddhism*, London: Duckworth,
1978. 以上參考楊璟惠：《佛教修行「方便」之義理解析──從漢譯字詞佛經經
典的理解》，台北：政治大學宗教研究所碩士論文，2007，概括而成。

[21] 《大乘本生心地觀經》，略稱《本生心地觀經》、《心地觀經》，由唐朝般若
（Prajña）於元和6年（西元811年）譯出，共8卷13品。據《佛典入門事典》
說，本經屬於印度大乘佛教後期的經典，其成立以《般若》、《維摩》、《法華》、
《華嚴》、《涅槃》等大乘佛教思想為基礎，再加上攝論家的唯心說、唯識家的
唯識說而建立「三界唯心唯識」說。其實踐層次，又主張彌勒信仰，教人應持
守瑜伽、梵網等大乘戒，並勤修《諸佛境界攝真實經》等所說的三密修行。以
上參考大藏經學術用語研究會主編：《佛典入門事典》（京都：永田文昌堂，
2001），頁98。有關《大乘本生心地觀經》的圖書資料、會議、期刊論文等，
可參考：香光資訊網的「大乘本生心地觀經研究書目」，網址如下：http://www.
gaya.org.tw/library/readers/guide-57.htm

生心、心所法，[22] 得無障礙他心智善巧方便神通清淨；四者
憶念過去生處死處，得無障礙宿住智善巧方便神通清淨；
五者能往十方無數佛剎，得無障礙神境智善巧方便神通清
淨；六者能知眾生漏盡、未盡，得無障礙漏盡智善巧方便
神通清淨；七者能滅一切煩惱，得無障礙無漏智善巧方便
神通清淨；八者現見自身一切善根迴向眾生善巧方便神通
清淨。善男子！如是八種神通清淨，十方菩薩同所修學。[23]

　　對天眼、天耳、他心智、宿住智、神境智、漏盡智、無漏
智、現見自身一切善根迴向眾生此八種神通，都強調是「善巧方
便」的神通清淨，可見**「善巧方便」是大乘佛法對神通重要的詮
釋**，[24] **指出「神通波羅蜜多」是由般若空慧所引發的善巧方便。**
也就是六神通的本質是空性，所謂：「何以故？五眼性空故，六神
通性空故」。[25]

---

[22]　心（citta）、心所（巴cetasika；梵caitasika, caitasa）」是佛教心理學的重要理
　　論。心所又稱心所有法，原是「心的」之意，關於「心與心所」在各部經典意
　　思各不相同，進一步可參考：水野弘元著，釋惠敏譯：〈心、心所思想發展的
　　過程〉，《佛教教理研究－水野弘元著作選集（二）》（台北：法鼓文化出版，
　　2000），頁231-331。蔡伯郎：〈佛教心心所與現代心理學〉，《中華佛學學報》第
　　19期（2006年7月），頁325-349。
[23]　《大乘本生心地觀經・波羅蜜多品》（T.3, no.159, p.326a）。
[24]　古正美曾提出：所謂的「善權」或「大善權」是菩薩的智慧與能力。這些能力
　　包括「不起忍」、「神通變化」及「辯才無礙」特質。古正美：〈從佛教思想史
　　上轉身論的發展看觀世音菩薩－中國造像史上轉男成女像的由來〉，《東吳大學
　　中國藝術史集刊》第 15 期（1987年2月），頁173。
[25]　《大般若波羅蜜多經・初會》（T.5, no.220, p.357c）。

（一）六神通波羅蜜多的內容

　　至於般若經典中「六神通波羅蜜多」的內容，是依於《阿含經》中「六神通」的內容而加以擴充深化，《大般若波羅蜜多經‧初會》中描述「六神通波羅蜜多」[26]的內容茲述如下：

1. 神境智證通波羅蜜多

（ṛddhi-viṣaya-jñāna-sākṣātkriyābjijñā-pāramitā）

> 有菩薩行神境智證神通，起無量種大神變事，所謂震動十
> 方各如殑伽沙界大地等物；變一為多、變多為一；或顯或
> 隱、迅速無礙；山崖牆壁直過如空、凌虛往來猶如飛鳥；
> 地中出沒如出沒水、水上經行如經行地；身出煙焰如燎高
> 原、日月神德威勢難當，以手扪摩光明隱蔽；乃至淨居轉
> 身自在；如斯神變無量無邊。[27]

　　敘述菩薩能有一與多、或顯或隱的身形變化，身能飛行虛空，亦能直接穿山越牆如空無礙、亦能自由出沒地中、亦能水上經行，至於「身出煙焰」的火焰則如火燎高原，勝於日月神之光明，若以手扪日月則能隱蔽日月光明，若腳一踏地能震動十方各如殑伽（Gaṅgā）沙界[28]大地等物，最遠能飛到「淨居天」

---

[26]　《大般若波羅蜜多經‧初會》（T.5, no.220, p.46c）。

[27]　《大般若波羅蜜多經‧初會》（T.5, no.220, p.45a-b）。

[28]　殑伽（Gaṅgā），鳩摩羅什舊譯為恒河；玄奘新譯為「殑伽」，即現今印度恒河（the Ganges），佛典中常說其為一最長最寬的河流且其沙既細且多，以「殑伽沙界」喻「無量無數」之意。如《大般若波羅蜜多經》：「十方各如殑伽沙界無量無數無邊菩薩，皆悉來集住虛空中。」（T.5, no.220, p.945c）。

（śuddhāvāsa）[29]（阿含是飛到色界初禪的「梵天」）。凡此都和阿含律部描述相類，但神變的範圍能力勝於彼。

2. 天耳智證通波羅蜜多
（Divya-śrotr-jñāna-sākṣāt-kriyābjijñā-pāramitā）

> 有菩薩摩訶薩天耳智證通最勝，清淨過人、天耳；能如實聞十方各如殑伽沙界，情非情類種種音聲，所謂遍聞一切地獄聲、傍生聲、鬼界聲、人聲、天聲、聲聞聲、獨覺聲、菩薩聲、如來聲。訶毀生死聲、讚歎涅槃聲、棄背有為聲、趣向菩提聲、厭惡有漏聲、欣樂無漏聲、稱揚三寶聲、摧伏異道聲、論議決擇聲、諷誦經典聲、勸斷諸惡聲、教修眾善聲、拔濟苦難聲、慶慰歡樂聲等聲，如是等聲，若大若小，皆能遍聞無障無礙。[30]

《長阿含經》中概括提到天耳通能聞天道、人道二種聲音；《大般若波羅蜜多經》中則擴大到菩薩能聽到佛、菩薩、聲聞、緣覺四聖法界，以及天、人、地獄、餓鬼、畜生五道輪迴法界的種種聲音。

3. 他心智證通波羅蜜多
（para-cetaḥ-paryāya-jñāna-sākṣāt- kriyābhijñā-pāramitā）

> 有菩薩摩訶薩他心智證通，能如實知十方各如殑伽沙界，他有情類心、心所法；所謂遍知他有情類若有貪心、如實

---

[29] 「淨居天」（梵śuddhāvāsa；英譯palace of Maheśvara）又稱「大自在宮」；是色界的第四禪天。

[30] 以下引文俱見《大般若波羅蜜多經・初會》（T.5, no.220, p.45b-c）。

知有貪心、若離貪心如實知離貪心、若有瞋心如實知有瞋
心、若離瞋心如實知離瞋心、若有癡心如實知有癡心、若
離癡心如實知離癡心、若有愛心如實知有愛心若離愛心如
實知離愛心、若有取心如實知有取心、若離取心如實知離
取心、若聚心如實知聚心、若散心如實知散心、若小心如
實知小心、若大心如實知大心、若舉心如實知舉心、若下
心如實知下心、若寂靜心如實知寂靜心、若不寂靜心如實
知不寂靜心。若掉心如實知掉心、若不掉心如實知不掉
心、若定心如實知定心、若不定心如實知不定心、若解脫
心如實知解脫心、若不解脫心如實知不解脫心、若有漏心
如實知有漏心、若無漏心如實知無漏心、若有罣心如實知
有罣心、若無罣心如實知無罣心、若有上心如實知有上
心、若無上心如實知無上心。（T.5, no.220, p.45c-46a）

　　《長阿含經》中只概括提到「他心通」能知眾生各式各樣心
的狀況，《大般若波羅蜜多經》中則擴大到菩薩能如實知「十方各
如殑伽沙界」眾生，是否有執著或遠離貪、瞋、癡、愛、取、聚
心、散心、小心、掉舉等心；是否有大心、寂靜心、解脫心、上
心等心，對這些類心及心所法加以詳細描述。

4. 宿住隨念智證通波羅蜜多
（Pūrva-nivāsānusmṛti-jñāna-sākṣāt-kriyā-vidyā- pāramitā）

有菩薩摩訶薩宿住隨念智證通，能如實知十方各如殑伽沙
界，一切有情諸宿住事，所謂隨念若自若他、一心十心、
百心千心、多百千心，頃諸宿住事；或復隨念一日十日、

百日千日、多百千日、諸宿住事；或復隨念一月十月、百
月千月、多百千月、諸宿住事。或復隨念一歲十歲、百歲
千歲、多百千歲諸宿住事。或復隨念一劫十劫、百劫千
劫、多百千劫、乃至無量無數、百千俱胝那庾多劫諸宿住
事；或復隨念前際所有諸宿住事，謂如是時、如是處、如
是名、如是姓、如是類、如是食、如是久住、如是壽限、
如是長壽、如是受樂、如是受苦、從彼處沒來生此間、從
此間沒往生彼處、如是狀貌、如是言說、若略若廣、若自
若他、**諸宿住事皆能隨念**。（T.5, no.220, p.46a-b）

　　此處所言「宿命通」的內容和《長阿含經》中相類，例如對
於其過去生中每一世的死亡處投生地、姓名、種族、形色相貌、
生活習慣、飲食好惡、壽命長短等都能憶起，甚至也能意識到每
一世所經歷的苦樂感受。但特別強調的是「**隨念**」（梵 anu-smṛ）[31]
的「宿命通」，菩薩只要「念」（smṛti）之所到，就能由一日一月
乃至多百千日月、由一歲乃至多百千歲、由一劫乃至無量劫，都
能詳細清楚的「憶起」（to recollect）自己的宿世之事。

---

[31] 此處的「隨念」主要是「憶起、憶念」之意。梵文原為 anu-smṛ 是由接頭詞
「anu-」加上動詞詞根 √smṛ 而形成；接頭詞 anu- 的意思是「隨後」（after）或
「重複」（repeated）。動詞詞根 √smṛ 的含意主要有二：一為「憶念、記憶（to
remember），記在心上（to bear in mind），回憶（to recollect）」，二為「專念」
（to be mindful of）。佛教的「隨念」是強調「心念控制」的重要法門，例如「十
隨念」中的「佛隨念」，常又稱為「念佛」，在《阿含經》和大乘經典中皆曾
提及。關於「隨念」一字的梵語解析和相關學界研究，可參考蔡耀明：〈《大般
若經》的佛隨念〉，《般若波羅蜜教學與嚴淨佛土－內在建構之道的佛教進路論
文集》（南投：正觀出版，2001），頁231-233。

5. 天眼智證通波羅蜜多

（Divya-cakṣus-jñāna-sākṣāt-kriyābjijñā-pāramitā）

> 有菩薩摩訶薩天眼智證通最勝清淨，過人、天眼，能如實
> 見十方各如殑伽沙界，情、非情類種種色像。所謂普見諸
> 有情類死時生時、妙色麁色、若勝若劣、善趣惡趣、諸如
> 是等種種色像。因此復知諸有情類，隨業力用受生差別。
> 如是有情成就身妙行、成就語妙行、成就意妙行、讚美賢
> 聖正見因緣、身壞命終當昇善趣、或生天上或生人中受諸
> 妙樂：如是有情成就身惡行、成就語惡行、成就意惡行、
> 誹毀賢聖邪見因緣，身壞命終當墮惡趣。或生地獄、或生
> 傍生、或生鬼界、或生邊地、下賤穢惡，有情類中受諸劇
> 苦，如是有情種種業類，受果差別皆如實知。（T.5, no.220,
> p.46b）

此處強調菩薩的「天眼通」勝過過人眼、天眼，因此所能見
的範圍就擴大到能如實見十方各如殑伽沙界，有情、非情類種種
眾生的色相、以及隨業力用受生的種種差別。

6. 漏盡智證通波羅蜜多

（Āsrava-kṣaya-jñāna-sākṣāt-kriyābhijñā-pāramitā）

> 有菩薩摩訶薩漏盡智證通，能如實知十方各如殑伽沙界，
> 一切有情若自、若他，漏盡、不盡。此通依止金剛喻定，
> 斷諸障習，方得圓滿；得不退轉菩薩地時，於一切漏亦名
> 為盡，畢竟不起現在前故。菩薩雖得此漏盡通，不墮聲聞
> 及獨覺地，唯趣無上正等菩提。（T.5, no.220, p.46c）

　　關於「漏盡通」，《長阿含經》敘述只要斷盡有漏煩惱「障」，就可解脫證得阿羅漢；《大般若波羅蜜多經》和《長阿含經》敘述的最大不同，在於菩薩欲證得「漏盡智證通波羅蜜多」，則要依止「**金剛喻定**」（vajra-upama-samādhi）、[32]「**斷諸障習**」才能達到究竟圓滿的境地。也就是說，欲得「漏盡智證通波羅蜜多」要在「金剛喻定」中起修，不但要斷盡煩惱諸障，且要超越阿羅漢、辟支佛的境界，更進一步的斷盡所有的習氣。《大智度論》（Mahāprajñāpāramitaśastra）中云：

> 如阿羅漢、辟支佛亦破婬怒癡與佛何異？答曰：阿羅漢、辟支佛雖破三毒，氣分不盡。譬如香在器中，香雖出，餘氣故在；又如草木薪火燒煙出炭、灰不盡，火力薄故。佛三毒永盡無餘，譬如劫盡火燒須彌山，一切地都盡無煙無炭。[33]

阿羅漢、辟支佛雖破三毒，然習氣未盡，譬如積薪燒草木，煙出而灰不盡，這是因阿羅漢燃燒三毒的火力薄弱故；至於佛則三毒

---

[32] 「金剛喻定」（vajra-upama-samādhi）：在《般若經》提出菩薩所要作的修行是心的清淨和堅故，就是要能不動搖、不猶疑、不退屈而能沈穩且勇猛向前邁進，心的堅故即包括菩提心堅固、聞法堅固、修學堅固、善根堅固、住菩薩位堅固、度生大願堅固，…。總之由菩提心堅固，再由堅固至極而比擬為金剛，同時配合重眾多的微妙的三摩地的修學，故成堅固的金剛喻心（vajra-upama-citta）；若已圓滿歷練菩提道上的眾多修學法要，乃至得以趣入金剛喻定（vajra-upama-samādhi），「以一剎那金剛喻定相應妙慧，永斷一切二障粗重習氣相續，證得無上正等菩提，乃名如來‧應‧正等覺，於一切法得大自在，盡未來際饒益有情。」以上摘要參考蔡耀明：《般若波羅蜜教學與嚴淨佛土－內在建構之道的佛教進路論文集》（南投：正觀出版，2001），頁301-303。

[33] 《大智度論》（T.25, no.1509, p.70c）。

永盡無餘絲毫習氣，因為佛燃燒三毒的火力猶如劫火燒盡須彌山般，所以《大般若波羅蜜多經》認為唯有修證至「不退轉菩薩地」[34]時才能斷盡諸障與習氣，圓滿漏盡通，從此方永不墮聲聞及獨覺境地，唯趨無上正等菩提邁向成佛之道；此亦突顯「菩薩漏盡通」和「阿羅漢漏盡通」的不同境界。《大般若波羅蜜多經·第十一會》中云：

> 舍利子言：如我解佛所說義者，唯佛世尊乃能說彼不退菩薩摩訶薩心所有神力，於前所說無量無邊具大神通諸阿羅漢所有神力，為最、為勝、為尊、為高、為妙、為微妙、為上、為無上。所以者何？不退菩薩摩訶薩心所有神力，除一切智相應之心所有神力無能及者；由此因緣，不退菩薩摩訶薩心所有神力，唯佛能知唯佛能說。[35]

此處明確指出不退轉菩薩的神通力，大於具大神通的阿羅漢神力，唯低於佛的神通力，並唯有佛能知不退轉菩薩的所有神通力。

綜上所述可知，《大般若波羅蜜多經》中菩薩「六神通波羅蜜多」的內容，都是依於《阿含經》中「六神通」的內容而加以擴充深化，突顯菩薩神通所依的教義、所修的境界，皆高深於聲聞神通。例如菩薩六神通所能到達的皆是「十方各如殑伽沙界」，如此眾多無盡的世界。

---

[34] 「不退轉」（梵 Avaivartya-bhūmi, avinivartanīya-bhūmi），音譯為阿惟越致、阿毘跋致、阿跋致、阿鞞跋致，其意為不退、無退、不退位、不退轉、無所退轉、不退轉位、住不退轉、得不退轉、不迴。

[35] 《大般若波羅蜜多經·第十一會》（T.7, no.220, p.1016b）。

　　此外，經文並在六神通的逐項說明中，皆強調菩薩對六神通的態度是：「而於其中不自高舉，…於著、不著俱無所著。何以故？舍利子！是菩薩摩訶薩達一切法自性空故、自性離故、自性本來不可得故」，[36]菩薩雖具六神通的能力，但對於任何一通都不會自我標榜、不會執著於自己有此神通，甚至於著、不著，俱無所著。

　　這是因為菩薩了達一切法自性空、自性離、自性本來不可得之故。此外亦強調菩薩引發六神通的任何一通，皆不是為了自娛娛人「是菩薩摩訶薩不作是念：我今引發『天耳智通』，為自娛樂、[37]為娛樂他。唯除為得一切智智」，[38]只是以得「一切智智」（sarvajña-jñāna）為唯一的目標，[39]再次印證「**神通波羅蜜多是菩提道**」的大乘神通特質。

（二）菩薩「五神通」和「六神通」

　　關於菩薩的神通，大乘經典中分為證「五神通」和「六神通」的區別，如《放光般若經》（Pañcaviṃśatisāhasrikā-prajñāpāramitā）中有〈度五神通品〉談及菩薩的五神通及神通漏盡證，並說明「神通漏盡證」的特色，就是不取聲聞、辟支佛道的境界直趨成

---

[36] 《大般若波羅蜜多經・初會》（T.5, no.220, p.46c）。

[37] 此處除了「天耳智證通」之外，其他五通也同為此定型句（fixed sentence）「是菩薩摩訶薩不作是念：我今引發『…通』，為自娛樂、為娛樂他。唯除為得一切智智。」其餘五通引文：「他心智通」（p.46a）、「宿住智通」（p.45b）、「天眼智通」（p.46c）、「漏盡智通」（p.46c）。

[38] 《大般若波羅蜜多經・初會》（T.5, no.220, p.45c）。

[39] 「一切智智」（sarvajña-jñāna）即是修習「般若波羅蜜多」所要成就的最高智慧，又可稱為「無上正等正覺」（anuttarasamyaksaṃbodhi）。

佛；[40]而《佛說海龍王經・行品》（Sāgaranāgarājaparipṛcchā-sūtra）中亦分別敘述「**菩薩五神通**」、「**菩薩漏盡神通**」的內容，對於「菩薩漏盡神通」的敘述亦和《放光般若經》相類似，都是強調菩薩超越聲聞緣覺，所得解脫是依於佛慧。[41]此外，《大般若波羅蜜多經・第二會》中將「五神通」列為菩薩的「世間法施」，其原因是：「謂學此法未能畢竟離世間，故名為世間」；而將「六神通」列為菩薩的「出世」法，這是因為「謂學此法能令畢竟出離世間，故名出世」。[42]所以菩薩「五神通」和「六神通」的主要區別在於有否「畢竟」出離世間。此有否「**畢竟**」出離世間，或可從《大智度論》的詮釋中來理解：

> …言諸菩薩皆得五神通，今何以言欲住六神通？答曰：五通是菩薩所得，今欲住六神通是佛所得。…問曰：〈往生品〉中說：菩薩住六神通至諸佛國，云何言菩薩皆得五通？答曰：第六漏盡神通有二種：一者漏習俱盡，二者漏盡而習不盡；習不盡故言皆得五通，漏盡故言住六神通。[43]

此段經文說明大乘菩薩都可以修得五神通，所以說「五通是菩薩所得」，但由於大乘佛法分「第六漏盡神通」為二種，菩薩若只修到「**漏盡而習不盡**」則只能被認定為得「五神通」；菩薩若修到「**漏習俱盡**」的才能稱為「住六神通」；因此有否「畢竟」出離

---

[40] 西晉・無羅叉譯《放光般若經・度五神通品》（T.8, no.221, p.9c-10a）。

[41] 西晉・竺法護譯，《佛說海龍王經・行品》：「何謂菩薩漏盡神通？菩薩超越聲聞緣覺，所得解脫猗於佛慧，曉了眾生一切本淨，不盡諸漏而不取證，為一切人讚諸漏盡，是為六神通。」（T.15, no.598, p.134b）。

[42] 《大般若波羅蜜多經・第二會》（T.7, no.220, p.374a）。

[43] 《大智度論》（T.25, no.1509, p.264a）。

世間的標準在於漏習是否俱盡。當說菩薩「五神通」是「未能畢竟離世間，故名為世間」，主要在指菩薩「漏盡而習不盡」，例如《大方便佛報恩經》：「復次佛習氣斷，二乘習氣不盡。如牛呞比丘常作牛呞，[44] 以世世牛中來故。如一比丘雖得漏盡，而常以鏡自照，以世世從婬女中來故。如一比丘跳枰擲閣，以世世從獼猴中來」，[45] 敘述比丘已得漏盡通但還有如下現象：例如常學牛反芻般嚼食的，是因為多生累世都為牛的緣故；常常攬鏡自照的，是因為過去生中世世都是婬女的緣故；常常到處蹦跳是因為過去生中世世都為彌猴的緣故；因此可知阿羅漢比丘，雖已漏盡但習氣猶存。

　　當說菩薩「能令畢竟出離世間，故名出世」是言菩薩「漏習俱盡」。因此，《大般若波羅蜜多經》又分菩薩的神通為**「已圓滿神通」**、**「未圓滿神通」**，只具「五神通」的菩薩，就是神通未圓滿的菩薩；具有「六神通」的菩薩，才是神通已圓滿的菩薩。神通已圓滿的菩薩，能遊行十方諸佛世界；至於神通未圓滿的菩薩，則不能遊行十方諸佛世界。[46]

　　由上所述可知大乘佛法中的菩薩「五神通」，不但包含了神足通、宿命通、天眼通、他心通、天耳通「五神通」，也含括聲聞乘中的「漏盡通」；此和聲聞乘中的「五神通」是不同的意涵；在

44　呞（音ㄔ）：牛反芻。《爾雅・釋獸》：「牛曰齝。」郭璞・注：「食之已久，復出嚼之。」

45　《大方便佛報恩經》（T.3, no.156, p.155c）。

46　《大般若波羅蜜多經・第二會》：「此菩薩摩訶薩已到不退轉地、此菩薩摩訶薩未到不退轉地；此菩薩摩訶薩已圓滿神通、此菩薩摩訶薩未圓滿神通；此菩薩摩訶薩神通已圓滿故，能往十方殑伽沙等諸佛世界；…此菩薩摩訶薩神通未圓滿故，不能往十方殑伽沙等諸佛世界供養。」（T.7, no.220, p.22a-b）

聲聞乘佛教中，只修得前五通是被界定為「世俗五通」，還在生死輪迴中流轉。但在大乘佛教中，**菩薩的「五神通」是因為「漏盡而習不盡」，漏盡則已出生死輪迴，然猶有習在其境界如阿羅漢的六神通。**

至於菩薩的「漏盡神通」，是唯有修到「不退轉地」的菩薩，才是漏習俱盡住六神通的菩薩，《大般若波羅蜜多經·初會》：

> 得不退轉菩薩地時，於一切漏亦名為盡，畢竟不起現在前故。菩薩雖得此漏盡通，不墮聲聞及獨覺地，唯趣無上正等菩提。[47]

《大般若波羅蜜多經·初會》中亦言：

> 聖法果者，謂永斷一切煩惱習氣相續，是名聖法果。[48]

得不退轉地的菩薩不像阿羅漢般取涅槃，其為度眾生為證佛果，繼續向無上菩提之道邁進。

三、《大智度論》中的五神通

《大智度論》（Mahāprajñāpāramitā-śāstra）稱「五神通」為：如意、天眼、天耳、他心智、自識宿命。茲依經文敘述內容及修法如下：

---

[47] 《大般若波羅蜜多經·初會》（T.5, no.220, p.46c）。

[48] 《大般若波羅蜜多經·初會》（T.6, no.220, p.964c）。

（一）如意通

如意通有三種，所謂能到、轉變、聖如意。至於修得「如意通」的方法，總括而言是從修「四如意足」（即是四神足）而產生，由於修習如意通是緣於色相而修，所以三種「如意通」的能力是次第依序產生，不能同時得到。

1. 能到有四種

(1)身能飛行如鳥無礙。

(2)移遠令近不往而到。

(3)此沒彼出。

(4)一念能至。

菩薩修學神足飛行的方法是「**繫心身中虛空、滅麁重色相、常取空輕相**」，並且學習以「**心力能舉身**」，然後能飛。

2. 轉變有三種

(1)大能作小小能作大。

(2)一能作多多能作一。

(3)種種諸物皆能轉變。

如：令地作水、水作地、風作火、火作風，如是諸大皆令轉易；令金作瓦礫、瓦礫作金，如是諸物各能令化；變地為水相時，則常修念水令多、不復憶念地相，是時地相如念即作水；如是等諸物皆能變化。至於轉變的能力，外道轉變極久不過七日，諸佛及弟子轉變自在無有久近之別。

3. 聖如意

(1)外六塵中不可愛不淨物，能觀令淨。

(2)可愛淨物，能觀令不淨；是聖如意法唯佛獨有。

此外，《大智度論》說明修「如意通」與修「一切入」的相異之處，在於「一切入」是神通初道，先已修「一切入」然後易入神通。其次「一切入」中，一身自見地變為水，餘人不見；神通則不然，自見實是水、他人亦見實水；這是因為「一切入」雖亦是大定，但「一切入」觀處廣，但能令一切是水相，而不能令實是水；神通不能遍一切，而能令地轉為水便是實水；以是二定力各有差別。

至於「如意通」與「一切入」二定的神通變化是實是虛？若是實，為何「石可變金、地可變水？」；若是虛，為何聖人而行不實？答案是二者皆實，因為聖人三毒已拔、無虛也。能夠行變化是「以一切法各各無定相」的緣故，若本各各定相則不可變，所以用神通力變化實而不誑。

（二）天眼通

1.「天眼通」的意涵

所謂「天眼通」是「於眼，得色界四大造清淨色，是名天眼」，也就是眼識能看得到色界地水火風四大所形成的清淨色相。天眼所見的範圍非常廣大「自地及下地六道中眾生諸物，若近若遠若覆若細，諸色無不能照」，也就是說六道眾生其所有物相，不論遠近、粗細、覆蓋藏匿與否，都能看到。

2. 得天眼有二種方式

(1)一者從報得。

(2)二者從修得，從修得天眼是由「常憶念種種光明」而得。

天有三種，轉輪聖王諸餘大王等是名「假號天」；從四天王天乃至有頂生處，是名「生天」；「假號天」、「生天」的天眼應是從報得，自然而有。諸佛、法身菩薩、辟支佛、阿羅漢是名「清淨天」。真正的「天眼通」是指諸佛、法身菩薩、辟支佛、阿羅漢他們這些「清淨天」所修得的天眼。

3. 天眼通的不同境界

(1)阿羅漢和辟支佛的天眼

以用心的大小，來區分天眼通的遠近能力，所謂「小阿羅漢小用心，見一千世界；大用心見二千世界。大阿羅漢小用心，見二千世界，大用心見三千大千世界。辟支佛亦爾。」[49]

(2)佛、法身菩薩的清淨天眼

佛與法身菩薩的清淨天眼，則是一切離欲的「五通凡夫」所不能得，聲聞、辟支佛亦不能得。

（三）天耳通

所謂「天耳通」是「於耳，得色界四大造清淨色」，也就是說耳識能聽得到色界地水火風四大所形成的清淨色相。天耳所聞的範圍非常廣，所謂「能聞一切聲、天聲、人聲、三惡道聲」六道等一切聲音均能聽聞。至於要得到天耳通，則要「修得常憶念種種聲」。

---

[49]　《大智度論》（T.25, no.1509, p.98a）。

（四）宿命通

　　所謂「宿命通」是「本事常憶念日月年歲至胎中，乃至過去
世中，一世、十世、百世、千萬億世」，也就是說能夠憶起此生中
每日每月每年所作之事，甚至能憶起入胎處胎出胎之世；再能往
溯憶起過去世中一世、十世、百世、乃至千萬億世所有的生命經
歷。

　　至於「宿命通」的能力也有高低之分，大阿羅漢、辟支佛、
能知八萬大劫之事；諸大菩薩及佛則能知無量劫。

（五）他心通

　　所謂「他心通」是「知他心若有垢若無垢」，是能知他人之
心是有垢結或是清淨無垢，至於要得到「他心通」，則首先要先觀
察憶念自心的生滅起落種種變化現象，所謂「自觀心生住滅時，
常憶念故得」；再來則要練習觀察他人喜相、瞋相、怖相、畏相種
種心相變化，所謂「復次觀他人喜相、瞋相、怖相、畏相，見此
相已然後知心，是為他心智初門。」[50]

四、《大寶積經》中的神通觀

　　《大寶積經》（Mahā-ratnakūta-sūtra）[51]由四十九部經纂集而
成，一貫性的強調自利利他的菩薩精神，也有濃厚的生死即涅槃
思想，是印度佛教思想史上極應注目之經典。寶積，即「積集法
寶」之意。因其為大乘深妙之法，故謂之「寶」；聚集無量之法

---

[50] 以上引自《大智度論》（T.25, no.1509, p.97c-98b）。

[51] 高明道：〈略談《大寶積經》〉，《法光》第171期（2003年12月），頁2-3。

門，故謂之「積」。就分類而言，寶積部收錄的經典可分為如下數類：（一）《大寶積經》120卷，共49會。（二）《大寶積經》中異譯經典。（三）說明有關寶積三昧及法界者。（四）佛陀與文殊菩薩有關菩薩行的問答。（五）與阿彌陀佛相關的經典。[52]《大寶積經》120卷，由唐・菩提流志於神龍2年至先天2年（西元706-713年）所譯出。全經內容泛論大乘佛教之各種主要法門，涉及範圍甚廣，每一會相當一部經，亦各有其獨立之主題。《大寶積經》性格異於其他大乘經典，其特別之處，是在於將一些原本獨立的經典，如《郁伽長者經》及《勝鬘經》等49部經典，匯集為一部大經。關於《大寶積經》的影響，在中觀學派及瑜伽行派的論書中，可見一斑。此外，其中〈第48・勝鬘夫人會〉，不僅對於印度佛教，乃至中、日，皆有極大的影響，而〈第5・無量壽如來會〉，則是「中國、日本淨土教發展之母胎」，[53]值得重視。

　　現存120卷的《大寶積經》，是由49部各自獨立的經典匯集而成，由唐代的菩提流志所譯出，但是至於印度是否存在著這部包含49部經的《大寶積經》，這一點目前學界尚無定論。[54]雖然本經是匯集而成，不過並非毫無意義地編集，「因為在該經中，也可看到將各部經典加以取捨、增廣的痕跡，而且全體一貫地強調自利利他的菩薩精神，而且生死即涅槃的思想也甚為濃厚」，[55]這是一部具有多樣教理背景的經典。至於此經成立的經過，就現有

---

[52] 關於寶積部的介紹，主要摘自大藏經學術用語研究會編：《佛典入門事典》，頁11-13。

[53] 藍吉富主編：《大正大藏經解題（上）》世界佛學名著譯叢25，（台北：華宇出版，1984），頁165。

[54] 藍吉富主編：《大正大藏經解題（上）》世界佛學名著譯叢25，頁162-164。

[55] 藍吉富主編：《大正大藏經解題（上）》世界佛學名著譯叢25，頁164。

的文獻來看，〈普明菩薩會〉與〈無量壽如來會〉，有相應的梵語
原典存在；而藏譯則同於本經，共有49會。不過，此經在印度的
成立經過，以及在中國的編集情況，目前仍不明瞭。[56]

《大寶積經》中有許多專論神通的「品」或「會」，如「靜慮
波羅蜜多品」、「大神變會」、「富樓那會・神力品」、「文殊神變
品」、「神通證說品」，以下針對這些「品」或「會」論述其神通意
涵。

（一）《大寶積經》中的五神通

1. 對「神通」、「神通智」與「神通智業」加以區別

《大寶積經・菩薩藏會・靜慮波羅蜜多品》[57]敘述菩薩由修習
四種靜慮發起神通：

> 菩薩摩訶薩為眾生故，具足勤修四種靜慮。…是名菩薩安
> 住**第四**具足靜慮。舍利子！菩薩摩訶薩於是靜慮，定心清
> 白無有穢濁、離隨煩惱不捨深定，而能發起一切靜慮種種
> 作業。云何菩薩摩訶薩靜慮作業？所謂菩薩成就神通智業
> 圓滿。（T.11, no.310, p.286c）

經文敘述菩薩在第四禪中能發起種種「靜慮作業」，什麼是菩薩摩
訶薩定慮的作用功業呢？就是菩薩在禪定靜慮中成就神通智業的
圓滿。經文又接著敘述菩薩「神通」與「智業」的意涵：

---

56 關於本經的解題，主要摘自大藏經學術用語研究會編：《佛典入門事典》，（京
　都：永田文昌堂，2001），頁121。
57 以下引文俱見《大寶積經・菩薩藏會・靜慮波羅蜜多品》（T.11, no.310, p.286c-
　292c）。

> 舍利子！云何名為菩薩神通？復以何等而為智業？舍利
> 子！言通智者，菩薩摩訶薩成就通智具足五種。何等為
> 五？所謂天眼作證智通、天耳作證智通、他心智作證智
> 通、宿住憶念作證智通、如意足差別作證智通。舍利子！
> 是名菩薩摩訶薩五種神通，菩薩於中具足成就智業圓滿。
> （T.11, no.310, p.286c）

我們可以發現《大寶積經》將五神通分別稱為：天眼作證智通、
天耳作證智通、他心智作證智通、宿住憶念作證智通、如意足差
別作證智通，此與《般若經》的五神通相同。但特別的是，《大寶
積經》更進一步將「神通」、「神通智」、「神通智業」三者區別之
所在詳加界定，首先其一一界定「五神通」與「五神通智」的區
別，例如先界定天眼通是「若觀色像名曰神通」，然後接著敘述
「若能了知色像盡法而不證盡，是名為智」；又例如先界定天耳通
的內容是「若能聽聞一切聲響，是名神通」，然後接著敘述「若能
了知聲響前際本不可說，是名為智」，如此一一說明「五神通」與
「五神通智」的區別。除此之外，加上了法興起、明達諸世間、威
勢映奪一切釋梵護世諸天亦皆名為「神通」。並分別對應於觀法平
等、不雜諸世間、了知一切聲聞緣覺其證下劣等是名為「神通
智」。[58] 最後總結而言：

---

[58] 《大寶積經・菩薩藏會・靜慮波羅蜜多品》：「復次舍利子！云何菩薩摩訶薩菩
薩摩訶薩依靜慮波羅蜜多故得是神通，此神通者何等義理？復以何等而名為
智？舍利子！菩薩摩訶薩若觀色像名曰神通；若能了知色像盡法而不證盡，是
名為智。又舍利子！若能聽聞一切聲響，是名神通；若能了知聲響前際本不可
說，是名為智。又舍利子！若能了達眾生心行，是名神通；若能了知心性寂滅
不證彼滅，是名為智。又舍利子！若能隨念過去邊際，是名神通；若能了知三
世無礙，是名為智。又舍利子！於諸佛土若往若來，是名神通；若知國土等

諸如是等**若通**、**若智**，其德無量不可思議，是名菩薩摩訶薩依靜慮波羅蜜多故，精勤獲得如是神通**智業圓滿**。（T.11, no.310, p.291c）

可知將神通能力的本身稱為「神通」、對神通本質是空性之理解稱為「神通智」、將神通能力所發揮的作用與功業稱為「智業」，其實亦與《般若經》賦予神通以大乘空性的本質是相同的，只不過是加以詳細解說。

2. 五神通的內容

至於《大寶積經》五神通的內容，基本上與《大般若波羅蜜多經》相似，多了增廣的部份：[59]

(1)天眼作證智神通：言菩薩的天眼不但勝過人眼、天眼，且勝過阿羅漢、諸獨覺等所得之眼；菩薩所得天眼作證智通，是為最、為上、為尊、為勝、為妙、為明、清徹第一；且此菩薩眼，能引發佛眼。

(2)天耳作證智神通：言菩薩的天耳能聽人、非人二種聲音。若遠若近，皆聞顯現、能聞十方無量無邊諸世界中一切聲響。此外，菩薩的天耳根性，能令諸法皆明淨、能令智慧性清徹；菩薩天耳性通唯能趣向如來天耳，必定不趣諸餘乘行。

(3)他心作證智神通：菩薩以是清淨他心智通，能明了十方諸世界中所有含識無量心相；此外，菩薩摩訶薩將欲說法往大眾中，

虛空相，是名為智。了法興起故，名為神通；觀法平等，是名為智。明達諸世間，故名神通；不雜諸世間，是名為智。威勢映奪一切釋梵護世諸天，故名神通；了知一切聲聞緣覺其證下劣，是名為智。」（T.11, no.310, p.291c）。

[59] 《大寶積經・菩薩藏會・靜慮波羅蜜多品》（T.11, no.310, p.287a- 292c）。

先應觀察一切大眾諸根性心行的差別之相，針對眾生的根器而為說法。菩薩若能悟入一切心法之智，是名菩薩獲得他心神通智業圓滿成就之法。

(4)宿住隨念作證智神通：言菩薩具足宿住隨念神通，盡於十方遍周世界所有眾生、及自身的種種諸宿世之事悉能隨念。

(5)如意足作證智神通：言菩薩依靜慮波羅蜜多，修習四如意足（即四神足），成就四種如意足，即能證得**如意神通證**，能示現無量神通變化。其中幾項重要的變化：

5.1 菩薩能隨其所念「**現諸色相調伏眾生**」

亦即能現種種化身（nirmānakāya）來度眾生，或現如來色像、或現獨覺色像、或現聲聞色像、或現天帝色像、或現梵王色像、或現護世天王色像、或現轉輪聖王色像，乃至現畜生色像、及其餘一切各色色像而調伏眾生，也就是說應以何身得度者，菩薩即現如是色像而為說法度之。此觀念有如《妙法蓮華經・觀世音菩薩普門品》中觀世音菩薩有三十二應化身的觀念。

5.2 菩薩有大神力

菩薩能以二指舉蘇迷盧[60]最大山王，輕轉自在，猶如取一阿末羅果；[61]並能將此山王擲置於他方無邊世界；又能將此三千大

---

[60] 《一切經音義》註解「蘇迷盧山」（梵、巴Sumeru）詞條：梵語寶山名，或云須彌山、或云彌樓山，皆是梵音聲轉不正也。正梵音云蘇迷嚧，嚧字轉舌，唐（譯為）「妙高山」，《俱舍論》云：四寶所成，東面白銀，北面黃金，西面頗梨，南面青琉璃。《大論》云：四寶所成曰妙出過眾山曰高，或名妙光山，以四色寶光明各異照世故名妙光也。參考：《一切經音義》（T.54, no.2128, p.314c）

[61] 《一切經音義》註解《大寶積經》「阿末羅果」：「滿鉢反，舊曰菴磨羅果，亦名阿磨勒果；其葉似棗，其花白小果如胡桃，其味酸而且甜，可入藥用，經中言：如觀掌中「菴摩勒果」是」（T.54, no.2128, p.386c）。在季羨林校注的《大唐西域記》卷二〈印度總述〉中也提出三個相近的音譯詞，其言：「菴沒

千世界，擎置掌中住經一劫；菩薩成就如是大神力是為了對治增
上慢、恣恚、憍逸極重的眾生，讓他們見聞菩薩顯現的大神力，
因此而摧滅他們依恃的增上慢、恣恚、憍逸等力。

5.3 菩薩具「一切加念神足之門」

菩薩證得如意足通加被之智，隨所加念即便成就，例如若其
起念欲讓深廣大海變得如牛跡般小，即如其念讓此大海量如牛
跡；又如若其起念欲讓微淺牛跡猶如大海般深廣，即如其念令此
牛跡量同大海；又例如若欲加念劫燒大火令成水聚，即如其念燄
火便成水聚；加念水災令成火災，即如其念火災便起。總而言
之，菩薩隨念所到可以心想事成，此名之為「一切加念神足之
門」，也就是菩薩能以心轉物，隨其心念即可變化出欲變之物。並
且菩薩念力所變之物，貞固難壞不可轉變，除了諸佛世尊之外，
一切世間無有能搖動隱沒，若沙門、若婆羅門、諸天、帝釋、魔
王、梵王、及餘世間，皆無有能搖動及隱沒者。

5.4 菩薩神通的特質 [62]

5.4.1 菩薩依修習靜慮波羅蜜多，具足成就不退神通。

5.4.2 善能建立智所作業，發起世間一切大事，遊戲神通示現世
　　　間。

5.4.3 菩薩神通微妙甚深，聲聞獨覺所不能測。

羅果、菴弭羅果、阿末羅果，分別為芒果（āmra），羅望子（āmla）和餘甘子
（āmalaka）。阿末羅果，又有其他梵音譯名『菴摩勒、阿摩落迦』，或古人稱之
『餘甘子』，今又俗稱『油甘子』。宋代《翻譯名義集》又作『山查』，在晉代嵇
含的《南方草木狀》及明代姚可城的《食物本草》又記載為『菴沒羅』。見唐·
玄奘、辯機著，季羨林校注：《大唐西域記》（北京：中華書局出版，1990），頁
212。

[62]　《大寶積經·菩薩藏會·靜慮波羅蜜多品》（T.11, no.310, p.292c）。

5.4.4 如是神通有大威德，善能調伏一切有情；如是神通有大功
業，證得灌頂、一切諸法自在轉。

（二）世尊的身業神力

《大寶積經》中的〈富樓那會・神力品〉的內容是敘述世尊
展現兩種神通力，令富樓那體會如來不可思議、非凡夫眾生所能
思量的神力。一是如來從身上的毛孔中放出百千萬億光明；又從
一一毛孔中散出猶如須彌山的大猛火炎；又從一一毛孔中現出如
恒河沙般無數的十方諸佛正在說法。世尊運用神力的目的是教誡
富樓那：如來常有如是無量神力，如來常於十方恒河沙等世界說
法，所謂：「今諸弟子但知如來在此說法，而我實於十方恒河沙等
世界，常作佛事無有休息，亦於十方世界如是說法」。[63]

另一則是強調如來的舉足下足，是一切眾生不能得知的不可
思議神力，所謂：「兩足福田極深難測，無邊行者舉足一步，一切
眾生不能得知不能思量，何心何行舉足下足」，[64] 舉足下足是如來
身業神力的一部份，《大寶積經》中的另一段經文亦云：

> 復次舍利子！**云何如來一切身業？**智為前導隨智而轉。何
> 以故？舍利子！由能成就是身業故，一切有情若見如來即
> 便調伏。…是故如來或現默然調伏眾生…或現飲食調伏眾
> 生、…或現隨形好調伏眾生、…或現神光觸照調伏眾生、
> 或現遊步舉足下足調伏眾生、或現往還城邑聚落調伏眾
> 生。[65]

---

[63] 《大寶積經・富樓那會・神力品》（T.11, no.310, p.449b）。

[64] 《大寶積經・富樓那會・神力品》（T.11, no.310, p.449a-450b）。

[65] 《大寶積經・菩薩會・如來不思議性品》（T.11, no.310, p.231b-c）。

　　由此可知，如來的身出光燄及舉足下足，都是屬於如來身業
神力的一部份。

（三）以「文殊神變」來展現大乘空義

　　在《大寶積經・善住意天子會・文殊神變品》[66]中，主角文
殊師利菩薩與善住意天子，二者對話的內容是以「何者為真實見
如來」為主題，經中善住意天子向文殊菩薩提議應前往頂禮如
來，並向如來請教法義。文殊藉機說明如來即是虛空，虛空與如
來無二無別，若能於一切法無所見，是則真正見到如來：「言如來
者即虛空界，何以故？諸法平等如虛空故。是故虛空即是如來，
如來即是虛空，虛空如來無二無別」，如果有人想要求見如來，應
觀想在真法界中無有一物可以用凡夫的妄想而分別思量，如此則
為真見如來；可知此會經文是依大乘空義闡述如來不可取著、如
來不可見。

　　本經裡的「文殊神變」是指文殊師利菩薩運用神力，將現場
化作三十二所重閣寶堂，四周欄楯高顯巍巍，寶網交絡殊妙特
好。每一座堂閣內皆有床座，其座上各有化菩薩坐於寶座，菩薩
皆具三十二大人之相。文殊師利菩薩運用神通力展現如是莊嚴事
以後，與變現的化佛、化菩薩等一起前往如來的處所，繞佛七
匝，踊在虛空，光明普照整個道場。

　　前往如來處所之際，文殊師利雖然稍慢才出發，但卻先至佛
所「爾時文殊師利，**後善住發，忽然在前**，先至佛所」；然而先出
發的善住意天子「**反更後到**」。善住意天子問文殊說：「我出發在

---

[66] 以下所引經文俱見《大寶積經・善住意天子會・文殊神變品》（T.11, no.310,
p.577c-578c）。

前，卻反而後至，大德您是從哪一條路來的呢」？文殊師利答言：
「天子！假使供養滿恒河沙諸如來等，稽首為禮，終不見吾往來進
止。」文殊師利所運用的神變力，其主旨是為展現出一切法無來
無去，不見往來進止的空義思想。而此「先發後至」的定型書寫
模式，亦可見於《增壹阿含經》中目連與舍利弗較量神通的敘事
中。（詳見第八章）

（四）「神通」即是「諸法如幻」的深義

《大寶積經‧善住意天子會‧神通證說品》[67]中敘述文殊師利
證入如幻三昧，在場的善住意天子藉此而徹見十方佛土一切平等
境界。善住意因此而說：「一切世界皆虛無有實也，一切諸法本無
有生，其猶幻化欺誑世間」。當時會中有五百菩薩，**已得四禪成就
五通**。此時諸菩薩因**宿命通**之故，自見往昔所行惡業，或殺父殺
母殺阿羅漢，或毀佛寺破塔壞僧。因此深生憂悔，不能獲深法
忍。時世尊為了要破除五百菩薩的分別心，即暗示文殊師利演一
場「執劍殺佛」的戲碼，文殊師利「承佛神力從座而起，整理衣
服偏袒右臂，手執利劍直趣世尊，欲行逆害」，文殊師利手執利劍
直趣向佛，欲行刺殺逆害，就在劍鋒刺過來的剎那間，佛遽然制
止文殊菩薩：「汝住汝住！不應造逆，勿得害我！」佛警告文殊師
利住手，不應造逆殺害於佛，這是什麼原故呢？「何以故？文殊
師利！我必被害？為善被害？從本已來，無我、無人、無有丈
夫；但是內心見有我人，內心起時，彼已害我，即名為害」，佛陀
告訴文殊師利要非常的警覺，注意自己的起心動念，佛真的會被

---

[67] 以下所引經文俱見《大寶積經‧善住意天子會‧神通證說品》（T.11, no.310,
　　 p.590a）。

殺害嗎？因為從本已來，諸法本自平等無分別，無我、無人、無有丈夫等相，所以也無殺佛害佛之事。但若內心有人、我之別，人、我之相，則內心起要殺害佛陀之念時，即使尚未付諸具體行動，已是殺害了佛，即說彼人殺害佛陀。

佛陀藉著文殊行殺的一幕，向五百菩薩點明諸法如幻無有實體，除非個人的分別心才會執著「殺害相」。五百菩薩因此領悟一切諸法悉如幻化，是中無我、無人、無眾生、無壽命、無父、無母、無阿羅漢、無佛、無法、無僧。無有是逆、無作逆者、豈有墮逆？「是故於中，無人得罪、無罪可得、誰為殺者？而得受殃。」五百菩薩因此而破除了執著過去罪業的分別心，即時獲得無生法忍，經文將此段敘事稱為「**執劍妙法門**」。

然此「**執劍妙法門**」非常深奧，只適合對已臻「照見五蘊皆空」邊緣的菩薩宣說，所以經文中言：「爾時世尊建立如是大神變時，以方便力，令彼眾中一切諸來新學菩薩、善根微少、未離分別取相眾生，皆悉不覩彼執劍事，亦不得聞其所說法。」佛陀在演說此「**執劍妙法門**」時，以方便法不讓初學菩薩、善根微小者者、執著心深重的對象睹見聽見，以免引起他們的混淆。

或許「**執劍妙法門**」畢竟太高深，因此在佛陀與文殊演戲說法之後，接著安排智慧第一的阿羅漢舍利弗和智慧第一的文殊菩薩進行一段對話，舍利弗質問文殊：「仁今已造極猛惡業，欲害如是天人大師，是業若熟當於何受」，舍利弗認為文殊已犯欲害佛的五逆惡業，業果成熟時將於何處受報？文殊回答：「當若化人幻業熟時，我如斯受。所以者何？彼幻化人無心分別、無有念想，一切諸法皆幻化故」，文殊說明一切諸法皆幻化，幻人幻業何有真實之處？所以實無有法謂業報熟者，所謂：「一切諸法無業、無報，

無業報熟故」，以此對話再加強五百菩薩對諸法如幻罪業本空的體認與信心。

此「執劍妙法門」，以行殺的戲法而說明諸法皆如幻化不實，甚至指明一切諸法無業、無報，無業報成熟之事，是甚深微妙的諦義。全卷經文中無有「神通」一詞，只說「執劍妙法門」是世尊建立的「大神變」。且其品名為「善住意天子會・神通證說品」，可見「執劍妙法門」即是「神通證說」，「神通」在此處的意涵即是展現「諸法如幻」的深義。

（五）「大神變」的意涵

《大寶積經・大神變會》又名《商主天子所問經》，[68]世尊向商主天子說明如來有三種神變（梵 trīṇiprātihāryāni；巴 tīṇi pāṭihāriyāni）可以調伏眾生：「我以三種神變調伏眾生：一者說法、二者教誡、三者神通。」也就是說法神變、教誡神變、神通神變。

「說法神變」是指如來能以無礙大智而見未來世一切眾生的心行差別，及了知一切眾生行業果報。此外，如來亦悉知現在世一切眾生的善業惡業因緣，以及歷劫所受苦樂而為說法，是名說法神變。

「教誡神變」是教誡一切持戒者應作、不應作；應信、不應信；應親近、不應親近；雜染法、清淨法；乃至不善法應捨、善法應修。此外，教誡眾生行如是道得聲聞乘、辟支佛乘、行如是道成就大乘以及行如是道是地獄業、是傍生業、是餓鬼業、是人天業等，如佛所教決定無差。

---

[68] 以下所引經文俱見《大寶積經・大神變會》（T.11, no.310, p.492b-493c）。

　　「神通神變」是如來為了調伏憍慢眾生，有時現一身、有時多身；出入無礙；身上出火、身下出水；入地如水、履水如地；以手捫摩日月；或現大身至於梵世，乃至廣大遍覆三千大千世界；如來隨眾生的根機而變現各種身來調伏眾生。

　　商主天子又問佛，除了這三種神變之外「頗有神變能過此耶」？佛告天子：「**如來復有殊勝神變**」，佛即吩咐文殊為商主天子說明「殊勝神變」的內容，文殊師利菩薩告訴商主天子，如來以三千世界四大海水置於掌中，水性眾生無所嬈動；如來以三千大千世界納於口中，於四天下無所障礙，日月光明亦不隱蔽，其中眾生亦不覺知往來方所；如來以不共之身神通力，隨諸眾生種種示現，悉令歡喜；凡此種種事相神變都不是如來的「殊勝神變」。

　　如來的「殊勝神變」是如來以無我說我、以無眾生說眾生、以無人說人…以無色說色、以無受想行識說受想行識、以無處說處、以無界說界。如來一方面能說如是等無名、無相、無動、無知、無言之法；一方面又能摧滅一切生滅之相，**這是如來最大神變**。又法無所行說有修行；法無來去說有來去；於一道證建立諸果；於一味法分別三乘；一切諸佛唯是一佛，說無量佛；一切佛土唯一佛土說無量土、無量眾生即一眾生，說無量眾生、一切佛法唯一佛法，說無量法、法不可示，顯示諸法、法無所得，修習作證；凡此種種是名殊勝神變，也就是「**一切言說實無所說，名大神變**」，如來於一切法不可說而說、不可表示而表示；所以說「一切言說」，事實上是「無所說」，此為最殊勝的大神變。

　　舍利弗聽聞到「殊勝神變」之義後大為驚怖，就問商主天子：「汝聞此神變不驚怖耶」？未料商主天子竟然答言：「**我即神**

變，云何驚怖」？舍利弗好奇的再問商主言：「天子以何密意而作
是言」？商主天子回答：超過一切境界是大神變、不可思議是大
神變、一切眾生是虛空性，沒有什麼可怖畏的驚怪事。舍利弗讚
歎商主天子：「天子！如汝所說，不久亦當現此神變，何以故？**超
過一切境界是大神變故**」。

　　由上敘述可知《大寶積經・大神變會》中，佛陀的說法、教
誡、神通三種神變，其內容與《阿含經》的三種神變是一致的；[69]
至於「殊勝神變」的內容，則是涵括大乘佛法的究竟義諦。

五、結語

　　綜上所述可知，大乘佛教《般若經》的神通觀，其類型都是
依於《阿含經》中「六神通」內容而加以擴充深化，突顯菩薩神
通所依的教義、所修的境界，皆高深於聲聞神通。有關「神通」
的理論則賦予大乘空性的詮釋，以能遍觀空性之方便善巧，則能
引發六種神通波羅般若蜜多；最特別而異於《阿含經》的是關於
菩薩「五神通」和「六神通」的區別，菩薩「五神通」其境界等
同阿羅漢，已出生死輪迴；唯有漏習俱盡才能稱為菩薩「六神
通」。《大智度論》則對《阿含經》與《般若經》中的「五神通」
做了相當完整的綜合整理與論述，使神通的範圍與內容更為具體
清晰，有助於本書下一步進行神通故事的敘事時，對神通分類細
節的釐清。至於《大寶積經》中對「神通」、「神通智」與「神通
智業」加以細分區別、這是其他經典所無的。而其五神通的內容
與《大般若波羅蜜多經》相似，但多了許多增廣擴充的部份：此
外敘述如來身業神力無與倫比的神通廣大，尤其強調如來「舉足

---

[69]　《雜阿含・第197經》（T.2, no.99, p.50b）。

下足」皆是神變，甚為特殊。另又以「文殊神變」的場景敘事來
展現一切法無來無去，不見往來進止的大乘空義思想；以「文殊
執劍」的故事展現「神通」即是「諸法如幻」的深義；而其以佛
陀的說法、教誡、神通為三種神變，內容與《阿含經》[70]的三種
神變是一致的；至於特別提出的「殊勝神變」的內容，則是涵括
大乘佛法的究竟義諦；可知《大寶積經》充分發揮大乘空觀下的
神通各面向的義理內涵。

---

[70] 《雜阿含經》：「爾時，世尊為千比丘作三種示現教化：云何為三？神足變化示
現、他心示現、教誡示現」（T.2, no.99, p.50b）

第四章 「神足飛行」的空間敘事

一、前言

　　「神足飛行」是「神足智證通」（見第二章論述）中關於身體能在虛空中飛行移動的神通力，《大智度論》將「神足智證通」分為能到、轉變、聖如意三項。概括「能到」有四種：「一者身能飛行如鳥無礙、二者移遠令近不往而到、三者此沒彼出、四者一念能至」。[1]其中「移遠令近不往而到」和神足飛行無關；其餘三項都和身體在空間的移動有關。「身能飛行如鳥無礙」在大小乘佛典中常用「神足飛行」一詞來描述之；[2]此外「能到」中的「此沒彼出」，並非大小乘經文中原有的術語，然「此沒彼出」的狀態常出現在大小乘經典中，多以「從某處沒，猶若力士屈申臂頃，於彼處現」、或「忽然不現、即至彼方」來形容，此是指身體瞬間能從此處消失而出現於彼處，《大智度論》將此情況以「此沒彼出」形

---

[1]　《大智度論》（T.25, no.1509, p.97c）。

[2]　例如《增壹阿含經》：「神足飛行者，亦是世俗常數。」（T.2, no.125, p.759c）、《大樓炭經》：「各自有光明神足飛行，在其人間，壽甚久長。」（T.1, no.23, p.305a）、《生經》：「神足飛行，往返王宮。」（T.3, no.154, p.105b-c）、《佛說文殊師利現寶藏經》：「爾時文殊師利於亡去二百比丘前，中道化作大火皆遍滿彼佛土，諸比丘所欲越度皆見滿火，亦不能超火，欲以神足飛行過虛空。」（T.14, no.461, p.463a）、《佛說海龍王經》：「普遊殊域，神足飛行，降化眾魔。」（T.15, no.598, p.131c）、《阿差末菩薩經》：「何謂菩薩神足飛行？神通已達不可盡者。」（T.13, no.403, p.601b）等，皆有「神足飛行」一詞，可知「神足飛行」是佛典原有的術語。

容之。至於「一念能至」經典中罕用此語，[3]《大智度論》中亦無進一步的說明，然應也是形容神足飛行的快捷。由上所述可知「身能飛行」和「此沒彼出」、「一念能至」均是身體在空間飛行移動的方式。「此沒彼出」雖然沒有視覺意象的身體飛行展演（showing），然亦是一種隱性的「神足飛行」。因此本章將「身能飛行」和「此沒彼出」，以「神足飛行」來概括稱之。

「神足飛行」是身體在虛空中的移動，自然和「空間」息息相關，身體在空中飛行的速度如何？究竟欲飛至何處？又可以飛到多遠的空間？這首先牽涉到佛教的空間觀，佛教的空間觀是建立在其之世界觀上，佛教認為虛空中存在著多重併置的無量世界空間，組成的基本單元是「一小世界」，在《長阿含・世記經・鬱單曰品》中敘述佛教「世界」的組織情形：每一小世界的中央有須彌山，須彌山是小世界的中心，須彌山上下皆大，中央獨小，日月即在山腰，四王天居山腰四面，忉利天（三十三天）在山頂，在忉利天的上空有夜摩天、兜率天、化樂天、他化自在天這六天是欲界天，再上則為色界十八天，及無色界四天，無色界之上就純是虛空了。在須彌山的山根有七重金山，以七重香水海環繞之；每一重海間一重山，在第七重金山外有鹹海，在鹹海四方有四大洲，即東勝身洲、南贍部洲、西牛貨洲、北俱盧洲，叫做四天下，每洲旁各有兩中洲，數百小洲而為眷屬；鹹海之外有大鐵圍山，大鐵圍山將海水團團圍住，大鐵圍山是世界的最外圍，

3　如《正法念處經》中對疾行餓鬼、風行鳥的描述：「其行迅疾，一念能至百千由旬，是故名為疾行餓鬼。」、「林中有鳥，名曰風行，是命命鳥，以鳥力故，一念能行一千由旬，若人見鳥，憶念欲行，即乘此鳥，一念能至一千由旬。」（T.17, no.721, p.96b, p.406c），餘處則罕見。

地獄即在大鐵圍山中。如是九山、八海、一日月、四洲、天界與地獄合為一小世界。每一小世界的形式皆同,集一千個小世界,成為一「小千世界」。一「小千世界」的內容就是一「小世界」內容的一千倍,例如一「小世界」有一座須彌山,一「小千世界」就有千座須彌山;一「小世界」有四天下即四大洲,一「小千世界」就有四千天下;一「小世界」有一閻羅王,一「小千世界」就有千個閻羅王等等。集一千「小千世界」,為一「中千世界」。集一千「中千世界」,為一「大千世界」。因為這中間有三個千的倍數,所以稱為「大千世界」,又名為三千大千世界。在虛空中有如恆河沙數般無數個三千大千世界,而一個三千大千世界是一佛所教化的範圍。[4]到了大乘佛教還有算術譬喻所不能數的無量無邊諸佛淨土,這些敘述都說明了佛教的世界是多重無量的空間分佈。

　　然而在這多重無量的世界空間分佈中,「神足飛行」的空間場域在《阿含經》中,多數是發生在佛陀所在的人間(即南贍部洲)兩地往返的虛空,以及往返人天兩界的虛空。《阿含經》中多以「手捫日月、立至梵天」形容飛行至天界的距離與高度,日月在須彌山腰,而四王天居山腰四面,因此「手捫日月」是可以飛到「四天王天」的高度;至於「立至梵天」(梵天包括色界初禪的大梵天、梵輔天、梵眾天三天)最高可飛到色界初禪頂端的大梵天,由此可知《阿含經》中的神足飛行是可飛至欲界天的四天王天、忉利天等六天以及初禪的三梵天。這其中最常描述的是飛至須彌山頂帝釋所在的忉利天,以及大梵天王所住的色界大梵天。而「神足飛行」在虛空中的移動,一方面以「鳥遊虛空」帶出視

---

[4] 見《長阿含・世記經》中的描述(T.1, no.1, p.114b-117c)。

覺意象；另一方面常用「猶若力士屈申臂頃」的短時間來譬喻「此沒彼出」的快速，以時間帶出了空間的轉換。至於大乘佛典中住在他方世界的大菩薩們，他們或是具有「忽然不現於此方，須臾之間至彼方」的「此沒彼出」能力，亦能具有「得神足到十方」、「得五神通乘空無礙」，以神足飛行往來十方無量無數諸佛剎的能力。[5]

　　佛教大小乘經典中有關「神足飛行」的故事，賦予「神足飛行」的理論以血脈肉身，展現千變萬化的樣貌，以下借用米克・巴爾（Mieke Bal）在《敘述學：敘事理論導論》（Narratology: Introduction to the Theory of Narrative）中對「空間」的界定，來進行關於「神足飛行」故事的空間敘事分析。米克・巴爾從敘事學的角度來界定「空間」，認為「空間」是：

> 故事由素材的描述方式所確定。在這一過程中，地點與特定的感知點相關聯。根據其感知而著眼的那些地點稱為空間。這個感知點可以是一個人物，他位於一個房間中，觀察它對它作出反應。一個無名的感知點也可以支配某些地點的描述。這一區別可以產生空間描述的類型學。

此外，其書中亦提到：

> 空間在故事中以兩種方式起作用。一方面它只是一個結構，一個行動的地點。在這樣一個容積之內，一個詳略程度不等的描述，將產生那一空間的具象與抽象程度不同的畫面。空間也可以完全留在背景中。不過在許多情況下空

---

[5] 《私呵昧經》（T.14, no.532, p.810a）、《大寶積經》（T.11, no.310, p.347c）。

間常被「主題化」：自身就成為被描述的對象本身。這樣，
空間就成為一個行動著的地點（acting place），而非行為的
地點（the place of action）。它影響到素材，而素材成為空
間描述的附屬。[6]

由此界定我們可以發現，「結構空間」只是作為故事的一個
結構，一個行動的地點，它只當背景作用，提供故事存在的架
構。而「主題化空間」敘事，空間自身則被「主題化」成為敘事
的重點。在漢譯大小乘佛典有關「神足飛行」的故事中，「此沒彼
出」是隱性的神足飛行敘事，其作用屬於「結構空間」的作用；
至於「身能飛行」是敘述身體在虛空中的飛行展演，飛行的空間
場景就是空間敘事的主題。以下試從「結構空間」與「主題化空
間」，進行「神足飛行」的空間敘事分析。

二、「結構空間」的神足飛行敘事

在佛經故事中，對「神足飛行」的空間描述，經常只是背景
的說明，以簡短概括的描述，提供「結構空間」的作用。通常都
用定型式的套語：「飛在虛空，遠逝而去」、「飛在空中，還詣所
止」、「飛騰虛空」、「踴在虛空」、「於虛空中結跏趺坐」等簡短句
式描述飛行的動作。另外亦有可持物或帶人飛在空中的，如「目
乾連見提婆達兜眠，即以神足接諸比丘，飛在空中而去」、「乘我
神通，相隨而去」、「汝今至心，捉我衣角，莫中放捨。爾時目
連，猶如猛鷹銜於小鳥，飛騰虛空」、「是時世尊以神足力，手接

---

[6] 參見米克・巴爾（Mieke Bal）著，譚君強譯：《敘述學：敘事理論導論》
（Narratology: Introduction to the Theory of Narrative）（北京：中國社會科學出
版，2003），頁157、160-161。

難陀將至天上……是時世尊以神足力，手接難陀將至地獄」。又如敘述佛母大愛道比丘尼涅槃後，佛陀與其弟子共抬棺飛至塚間「世尊躬自舉床一腳、難陀舉一腳、羅云舉一腳、阿難舉一腳，飛在虛空，往至彼塚間」。[7]這些「神足飛行」的句式或敘事，都具有新奇的視覺意象；然都作為「結構空間」的作用，並非故事事件的敘述重點；而在其中出現最頻繁的定型式的套語為「此沒彼出」，以下針對「此沒彼出」的空間敘事進行分析：

（一）阿羅漢「此沒彼出」的神足飛行敘事

1.「此沒彼出」的禪定空間轉換

《阿含經》中常敘述佛陀及阿羅漢弟子往返人間兩地的方式，是以「此沒彼出」的神足飛行，穿越此方與彼方之間的空間來進行，然而介於兩地間「此沒彼出」的過渡空間，並非以神足在虛空中進行飛行展演，而是進入一個微妙隱形的「禪定空間」，[8]在禪定空間中展開神足飛行，速度飛快到只用了「猶若力士屈申臂頃」的瞬間就到達彼端的目的地。因此「此沒彼出」的「禪定

---

[7] 以上所引經文依序見於《增壹阿含經》（T.2, no.125, p.803a）、《佛本行集經》（T.3, no.190, p. 871a）、《賢愚經》（T.4, no.202, p.377b-378c）、《出曜經》（T.4, no.212, p.739b-c）、《增壹阿含經》（T.2, no.125, p.823a）。

[8] 伊利亞德（Mircea Eliade）著，王建光譯：《神聖與世俗》（Das Heilige und das Profane）：「對宗教徒而言，空間並不是均質（homogeneous）的。宗教徒能體驗到空間的中斷，並且能夠走進這種中斷之中。空間的某部份與其他部份彼此間有著內在品質上的不同。……在一個宗教徒看來，這種空間的非均質性（nonhomogeneity）是在神聖空間與無狀蒼穹中，所有其他的非神聖空間的對立的體驗中體現的，這種空間是指真實的空間和確實存在的空間。」（北京：華夏出版，2003），頁1。佛教的「禪定空間」應可屬於伊利亞德所描述的「神聖空間」，對修行比丘而言是真實存在的空間。

空間」是一個微妙隱形的轉換空間，能夠迅速連接兩地。

「此沒彼出」的神足飛行，在阿含、律部經典中多以定型式的敘事話語表之，標準的行動流程是：「入如其像定」（進入禪定對準其目標）→「以如其像定」→「忽沒不現」（**此沒**：進入禪定空間在此方消失）→「猶若力士屈申臂頃」（在禪定空間中以神足飛行的時間）→「便從定覺」（**彼出**：到達目的地，從禪定空間出來）→「還捨神足如常法則」（不再以神足飛行，而用肉身雙足行走）。而此行動流程常是回復式的描述，人物再度依此行動流程回到其自身原先的出發地點。此神足飛行敘事的作用，只是推動主要事件發生的觸媒，讓主要事件藉由「此沒彼出」的空間移動與連結而得以發生，並非敘事的重點，這正是米克·巴爾所言作為「結構空間」的作用。

例如《中阿含經》敘述佛陀要到弟子阿那律所在處，即「入如其像定，以如其像定，猶若力士屈申臂頃，如是世尊從婆奇瘦鼉山怖林鹿野園中忽沒不現，住枝提瘦水渚林中尊者阿那律陀前」，此段敘述佛陀「入如其像定」，進入對準阿那律所在處的禪定中，就是因為以「如其像定」而找到了阿那律的所在處，於是佛陀從自己的住處中「忽沒不現」，以「猶若力士屈申臂頃」的快速飛行，到達阿那律的處所，然後佛陀「便從定覺」出定起身親為阿那律陀說法；說法完畢，佛陀再次進入禪定中，復「入如其像定」在禪定中以天眼找到自己住所之像況，從阿那律住所「忽沒不見」，以「猶若力士屈申臂頃」的快速飛行，再回到佛陀自己的住處。[9]

---

[9] 以上世尊至阿那律處所經文，俱見《中阿含經》（T.1, no.26, p.541b）。

在《雜阿含經》中有類似的敘述，敘述阿那律住在舍衛城的松林精舍，有一次當阿那律在禪定中思惟四念處時，「禪思思惟四念處」，住在跋祇聚落失收摩羅山恐怖稠林禽獸之處的目連，卻能同時以他心通「知尊者阿那律心之所念」，於是目連就以「神通力」從其住處消失，而在「阿那律前現」出現在阿那律的面前；此處的「此沒彼出」並未具體描述目連入禪定（「入如其像定」）的過程，但有敘述目連是以「神通力」此沒彼出的出現在阿那律的面前。然而當二人當面討論四念處完畢後，經文敘述目連即「如其像三昧正受」進入禪定中對準其住處的目標，然後「從舍衛國松林精舍門，還至跋祇聚落失收摩羅山恐怖稠林禽獸之處」，此沒彼出的回到自己的住處。[10] 又如《雜阿含經》的另一則經文故事，敘述佛陀在忉利天為母及三十三天說法，人間弟子異常思念佛陀，請求目連代表弟子們前往忉利天請佛陀回到人間，目連即「入三昧，如其正受」進入禪定中對準三十三天的像況，然後「如大力士屈伸臂頃，從舍衛國沒，於三十三天現」，快速以「此沒彼出」的方式到達三十三天佛陀所在處。[11] 再如《離睡經》中，敘述佛陀在婆祇尸牧摩鼻量鹿野苑中，以他心通知道住在摩竭善知識村的目連「獨在靜處經行而睡」，佛陀於是即「如其像三昧正受」進入禪定中對準目連所在處的目標，「以三昧意猶若力士屈申臂頃」，以三昧神通力瞬間從其住處消失，而在目連面前出現，並「從三昧起」從定中出來，喚醒目連並為其說克服睡眠等法義。[12]

---

[10] 以上目連至阿那律處所經文，俱見《雜阿含經》（T.2, no.99, p.139a-b）。

[11] 以上目連至忉利天的經文，俱見《雜阿含經》（T.2, no.99, p.34b）。

[12] 以上世尊至目連處所經文，俱見《離睡經》（T.1, no.47, p.837a）。

　　此外，佛陀及其阿羅漢弟子「此沒彼出」的敘述方式，也有減省「入如其像定」或「入三昧，如其正受」或「如其像三昧正受」程式性套語的模式，例如《雜阿含經》中敘述目連有一次獨自在靜處禪思，憶及往昔三十三天天主釋提桓因曾於界隔山石窟中，請問世尊愛盡解脫之義。目連想問釋提桓因佛陀所說之法義，當他起了這個念頭立刻「如力士屈申臂頃」，瞬間就「於耆闍崛山沒，至三十三天去一分陀利池不遠而住」消失於人間而出現在三十三天。[13]此則經文並沒有敘述目連先「入如其像定」或「如其像三昧正受」。

　　然觀察大部份描述佛陀及其阿羅漢「此沒彼出」的方式，多有「入如其像定」或「入三昧，如其正受」或「如其像三昧正受」等禪定轉換空間的程式性套語描述。可知無論有否減省此程式性套語的描述，阿羅漢必是要入定中才能以三昧力進行「此沒彼出」的神足飛行。至於阿羅漢一定要入定中才能起神通，在律部及大乘經典中有所說明，如《根本說一切有部毗奈耶雜事》：「若不豫觀，雖阿羅漢智亦不行」，[14]《大寶積經》：「聲聞亦爾，以入定智而能照知，若不入定則不覺知」，[15]皆是說明阿羅漢不入定則無覺知，要入定才能起神通。

　　以上「此沒彼出」經文故事的重點皆在討論法義，至於「此沒彼出」的神足飛行，其作用只是作為主要事件發生的背景，提供此一事件發生的結構空間。

---

[13] 《雜阿含經》（T.2, no.99, p.133 b-134a）。

[14] 《根本說一切有部毗奈耶雜事》（T.24, no.1451, p.287b）。

[15] 《大寶積經》（T.11, no.310, p.552b-c）。

2.「此沒彼出」是以「天身」飛行

「此沒彼出」的神足飛行不僅能在人間的空間飛行,也可飛至帝釋天、梵天等天界,乃至他方佛國、水中龍宮、地獄惡道等的空間。而在「此沒彼出」的禪定轉換空間中,究竟身體是否真正的「此沒彼出」,消失於此方而顯現於彼方?還是肉身不動只以意念出入不同天界呢?

《中阿含經》敘述有一類禪觀是以「意行生」的方式,以意念在禪定中出入不同的天界空間,肉身則是禪坐在人間某一定點,並沒有身體轉換的「此沒彼出」。如《中阿含·意行經》中敘述比丘進入「四禪八定」天界空間的方法。經中指出在禪定中比丘可以用「意行生」的方式,向前向上層層出入、跨越某一天界。若比丘能使意念入於、生於四禪天和四空天的某一天界,則比丘活著的時候,在身心兩方面都可以覺受到和此諸天相同的天樂(定樂)。並且若比丘生前特別樂住於諸天中的某一天界,或其只修習至某一層天界,則其死後必定可生於那一天界中。例如:樂於定住於初禪梵天者,死後即生梵天;樂住二禪者生晃昱天中;樂住三禪者,生遍淨天中;樂住四禪者,生果實天;乃至樂住非想非非想天者,死後則生於非想非非想天中。[16]因此,這些

---

[16] 《中阿含·意行經》:「佛言:云何意行生?若有比丘離欲、離惡、不善之法,有覺有觀,離、生喜樂,得初禪成就遊彼。此定樂欲住彼,此定樂欲住,必有是處。住彼樂彼,命終生梵身天中,……命終生晃昱天中。……所以者何?先此行定,然後生彼。彼此定如是修,如是習,如是廣布,生晃昱天中,如是意行生。」(T.1, no.26, p.700c)。蔡耀明在〈阿含經的禪修在解脫道的多重功能〉一文中,論及「四禪八定」的禪修之路,大致沿著「禪修/覺受天樂/生於諸天/獲得階段式的解脫」的路徑前進。這對比丘來說是很重要的旅程,因為並不是所有聖弟子都能在一輩子達到跨過四禪八定的天界入於「滅盡定」的解脫地;也就是預流果、一來果、不來果這三果聖弟子,通通都是依靠於生前修定

比丘都非以身飛入各禪天，而是在禪定中讓意念入出於不同的禪天空間。此外，佛陀在《中阿含經》中教導阿那律在禪定中修習「見色光明」，所謂：「若我廣入定，廣入定故，廣眼清淨；廣眼清淨故，我廣知光明，亦廣見色」，[17] 以開啟人天相見兩相往來的空間。佛陀並告訴阿那律其天眼完全開發的境界，是在禪定中就能和天人有種種的溝通：「我因在遠離獨住，心無放逸，修行精勤故，即得光明，便見形色，及與彼天共同集會、共相慰勞、有所論說、有所答對；亦知彼天如是姓、如是字、如是生；亦知彼天如是食、如是受苦樂；亦知彼天如是長壽、如是久住、如是命盡；亦知彼天作如是如是業已，死此生彼；亦知彼天、彼彼天中；亦知彼天上我曾生中、未曾生中也」，[18] 可見在禪定中可用天眼以意念和天人交往，並沒有身體「此沒彼出」、身飛天界的轉換動作。

至於「此沒彼出」顯然非是「意行生」的方式，而是身體消失於此方而顯現於彼方的轉換過程，《長阿含經》[19] 中佛陀回答堅固長者子的提問「頗有比丘成就此三神足耶（指一曰神足、二曰觀察他心、三曰教誡）」，佛陀即舉比丘神足飛行的例子，以證其之弟子確實具有神足通。佛陀敘述有一比丘心中產生地、水、

而在死後能往生天道，取得修學的依託。如果把修學「四禪八定」的軸線單純化，則可看成像是搭火車，四禪八定是各驛站，比丘可在這一條軸線上的任何一站下車停留、住進，也可一直繼續不斷向前來到「四禪八定」的最後一站──「非想非非想天」，甚至越過此，進入「滅盡定」，到達解脫的終點站，而這些都非以身飛入各禪天，而是在坐禪入定中以意行之。《正觀》第20期（2002年3月），頁114-115。

[17] 《中阿含・長壽王本起經》（T.1, no.26, p.539a）。

[18] 《中阿含・長壽王品・天經》（T.1, no.26, p.540b-c）。

[19] 以下佛陀和堅固長者的故事經文，俱見《長阿含・堅固經》（T.1, no.1, p.102c）。

火、風四大可在何處永遠滅盡的疑問，於是這位比丘「倏趣天道」，飛快地來到天界，當面向四大天王請教此問題，然而四大天王回答不出；於是這位比丘接著依次「倏趣天道」到達三十三天、焰摩天、兜率天、化樂天、他化自在天；乃至「倏趣梵道」到梵天，然而連大梵天王也回答不了這個問題，大梵天王還偷偷將比丘拉到隱密處「大梵王即執比丘右手，將詣屏處」，對比丘說：「今諸梵王皆謂我為智慧第一，無不知見，是故我不得報汝言：不知不見此四大何由永滅。又語比丘：汝為大愚，乃捨如來於諸天中推問此事，汝當於世尊所問如此事」，由大梵天王「執比丘右手，將詣屏處」此具體動作，可知比丘此時是以天身處在梵天界中，大梵天王對比丘說諸梵天都以其為智慧第一無所不知，所以其不能公開對比丘說不知四大永滅之處；大梵天王並責備比丘非常愚昧，竟捨近求遠放著如來不請問，跑到諸天中來到處詢問，勸此比丘立即回返人間去問佛陀。於是倏忽之間，此比丘於梵天上「忽然不現，譬如壯士屈申臂頃」，迅速回到舍衛國祇樹給孤獨園向佛陀請教，佛陀為他作了解答：「識滅四大滅」。可見佛陀以此例證告訴堅固長者，其之比丘弟子是真的能讓身體「此沒彼出」，消失於人間此而顯現於諸天。

此外，在《別譯雜阿含經》[20]記敘有一梵天生起大邪見，在梵宮中心想很少有能生於梵宮的眾生，更何況能超越其上的眾生呢？爾時佛陀知道梵天有此邪見，即刻就「入於三昧，從閻浮提沒，現於梵頂虛空中坐」，入於定中從閻浮提沒現身於梵宮屋頂的虛空中坐；佛陀的弟子憍陳如、摩訶迦葉、目連、阿那律皆以天

---

[20] 以下梵天生邪見的故事經文，俱見《別譯雜阿含·第109經》（T.2, no.100, p.412c-413a）。

眼觀察到佛陀坐在梵宮屋頂上空，四大羅漢皆「即入是定，於此處沒，現梵頂上」，在入定中追隨佛陀由閻浮提消失，來到梵宮屋頂上虛空中。佛坐中間四大弟子坐在四方虛空，如眾星拱月般把佛陀圍住，佛陀問梵天「汝今試觀此等天身容貌光明，勝汝已不？」佛陀問梵天四個阿羅漢弟子的「天身」和梵天的天身比較，誰的較光明？接著佛陀和各大弟子分別為梵天說法，打破梵天的我慢我執，然後他們各自再「從彼梵沒，還於祇洹」。在這則經文故事中，佛陀稱其弟子飛至梵天的身體為「天身」，由此可見「此沒彼出」的神足飛行，其關鍵在進入禪定空間（「入如其像定」）中可以轉換粗重肉身為細軟輕妙的天身，所以能如天人般迅捷飛行虛空。至於「天身」是可修鍊而得，《增壹阿含經》中佛陀便指出比丘若修「念天」法門，可「成彼天身」。[21]

　　另一則可證之例見於《雜阿含經》，[22] 敘述有一天子從無熱天沒現於佛前，然由於天身細緻柔軟「天身細軟」，而使此天子不能站立，「天身委地，不能自立，猶如酥油委地」，佛遂告訴此天子變化天身為粗身，「變化作此麁身，而立於地」。由此可知天人來到人間要變化細軟天身為粗重身才能站立；而人要飛到天界則要修鍊天身。因此「此沒彼出」是進入禪定中轉換粗重肉身為天身飛行，當他們在天界停留當然以天身現形，若返人間落地時再轉為粗重身，經文常用「還捨神足，如常法則」[23] 等的話語來形容。

21　《增壹阿含經》：「若有比丘正身正意、結跏趺坐，繫念在前無有他想，專精念天。……行戒成身，身放光明，無所不照，成彼天身。……如是！諸比丘！名曰念天。」（T.2, no.125, p.555c）。

22　以下天身細軟的故事經文，俱見《雜阿含經》（T.2, no.99, p.159a）。

23　例如《增壹阿含經》：「是時，世尊還捨神足，如常法則，入滿富城中」（T.2, no.125, p.664b）、《增壹阿含經》：「彼比丘還捨神足，往詣林中」（T.2, no.125, p.66）。

　　由上可知阿羅漢「此沒彼出」神足飛行的空間敘事，強調的
是有形的現象空間與無形的禪定空間，虛實相攝互動的過程；藉
由「如入其像定」禪定空間的「時空壓縮」（time-space
compression），以「猶若力士屈申臂頃」的瞬間，大幅縮短了往
返人間兩地或人天兩界的具體距離與時間長度，輕易地連接了
「此沒彼出」的兩方。而在《阿含經》敘事中「此沒彼出」的禪定
空間，全都起著結構性空間的作用。

（二）天人菩薩「此沒彼出」的神足飛行敘事

　　天人往返人間天上「此沒彼出」的神足飛行敘事，多用「忽
然不現於此方，須臾之間至彼方」的程式套語，少了如阿羅漢所
強調的「入如其像定」、「便從定覺」等轉換空間的過程描述，例
如敘述釋提桓因及忉利諸天等，於其法堂上「忽然不現」，然後以
「譬如力士屈伸臂頃」的瞬間，來到佛陀所在的山中「至摩竭國北
毘陀山中」；[24] 又如敘述大梵天王「如力士屈伸臂頃，從梵天沒，
住於佛前」瞬間由梵天來到佛前，當事情結束後大梵天王向佛陀
作禮，接著「忽然不現」回返天上梵宮。[25] 在這些敘述中，之所
以少了「入如其像定」或「入三昧，如其正受」或「如其像三昧
正受」等禪定轉換空間的程式性套語，是因為天人可以直接隨其
心意所至而至某處，《雜阿含經》中佛陀曾告訴目連：「我欲為諸
天說法，彼即來集；欲令其去，彼即還去；**彼隨心來，隨心去
也**」，[26] 天人可以自在地隨心來去，是以不用「入如其像定」或

24　《長阿含經》（T.1, no.1, p.62c）。

25　《雜阿含經》（T.2, no.99, p.71c-72a）。

26　《雜阿含經》（T.2, no.99, p.134b）。

「入三昧，如其正受」或「如其像三昧正受」等入禪定轉換空間的描述。

　　至於他方世界的諸菩薩遊行往來此世界彼世界或至十方佛國時，亦是多用「忽然不現於此方，須臾之間至彼方」的程式套語；例如《維摩詰所說經》中敘述當香積佛國的九百萬菩薩欲前往娑婆世界供養釋迦牟尼佛時，眾菩薩紛紛尾隨於化菩薩後方，「於彼世界忽然不現，須臾之間至維摩詰舍」，[27] 須臾之間抵達了娑婆世界維摩詰住所；類似的描述非常頻繁地出現在大乘佛典中，如「是時法上菩薩現神變已，即與六十三億大菩薩眾，前後圍遶，譬如壯士屈伸臂頃，從彼土沒現此界中，到如來所」、「爾時文殊師利童子從座而起偏袒右肩，右膝著地頭面禮高威德王如來，右遶三匝；譬如壯士屈伸臂頃，時文殊師利。在彼月光莊嚴世界中沒，釋迦牟尼佛前出」、「於是思益梵天與萬二千菩薩俱，於彼佛土忽然不現，譬如壯士屈伸臂頃，到娑婆世界釋迦牟尼佛所」等，[28] 皆是描述諸菩薩以「譬如壯士屈伸臂頃」的瞬間，即能「此沒彼出」的忽然從其土消失，來到娑婆世界佛陀面前。這是因為諸菩薩具有「隨意速去，如念即至，無有障礙」[29] 的如意身，能隨其所念至十方世界；是以亦無禪定轉換空間程式性套語的描述。

　　綜上所述可知天人與菩薩皆是直接隨其心念所至，即能展現「此沒彼出」的神足飛行，無須依止於禪定空間的轉換；而其「此沒彼出」的敘事，亦皆起著結構性空間的作用。

---

[27] 《維摩詰所說經》（T.14, no.475, p.552b）。

[28] 以上所引三經依次為：《大寶積經》（T.11, no.310, p.339a-b）、《大寶積經》（T.11, no.310, p.364a）、《思益梵天所問經》（T.15, no.586, p.34b）。

[29] 《入楞伽經》（T.16, no.671, p.530a）。

三、「主題化空間」的神足飛行敘事

米克·巴爾在《敘述學：敘事理論導論》中言：在「主題化空間」的敘事中，空間本身就成為被描述的對象；在「神足飛行」的主題敘事中，「神足飛行」的飛行空間場景本身，就成為敘事的主題；而不同事件與「神足飛行」空間的組合關係，遂形成不同主題故事的神足空間敘事，往往具有積極的特殊作用。以下試分析幾種不同主題「神足飛行」空間的敘事特色：

（一）「請佛赴供」神足飛行的空間敘事

佛教經典中充斥著各式各樣請佛赴供的故事，其中當以《增壹阿含·須陀品》[30]中，記敘修摩提女[31]請佛陀至其信奉外道的夫家接受飯食供養，佛為了度化其夫家，就命令已證羅漢而有神足的弟子，各展神足飛至其夫家的空間場景敘事最為鋪敘華麗。「場景」（scene）是指對發生於特定時空的人物行動、事件的描摹或演示，戲劇性是場景的基本特徵。[32]因此場景展示通常都帶有很強的畫面性，具有視覺空間的特點。「神足飛行」的空間場景敘事，主要指對各式各樣神足飛行的畫面性、戲劇性的敘述。

---

[30] 《增壹阿含·須陀品》（T.2, no.125, p.659c-665a），本經的相關譯本有：宋·施護譯《佛說給孤長者女得度因緣經》、吳·支謙譯《須摩提女經》、吳·竺律炎譯《佛說三摩竭經》；巴利本可參閱：《小部·法句經注釋》。

[31] 修摩提（巴 Cūla-subhaddā），又作修摩迦提，譯為善無毒，給孤獨長者女。《增壹阿含·清信女品·第42經》：「能造頌偈，脩摩迦提須達女優婆斯是。無所怯弱，亦是須達女優婆斯是」，引自《佛光大藏經電子版·阿含藏》（高雄：佛光山文教基金會出版，2002）。

[32] 劉世劍：《小說敘事藝術》（長春：吉林大學出版，1999），頁27。

　　修摩提女請佛應供的故事,是由包括「核心(kernel)事件」和「衛星(satellite)事件」[33]的許多事件所組合而成。在前因後果的眾多事件中,佛陀及其眾弟子「神足飛行」的空間場景敘事佔最大篇幅,是推動序列行動的關節點,屬於主要的「核心事件」。而引發圍繞此核心事件屬於次要的「衛星事件」,則是由作為提供「核心事件」的神足飛行空間展演的序幕。而無論是「核心事件」或「衛星事件」的神足展演(showing),又是依主、次要人物[34]的出場順序來進行,茲分析如下:

---

[33] 所謂的「核心事件」和「衛星事件」是指在敘事中事件組合關係的結構,核心(kernel)事件產生連續的或交替的事件的可能性,可稱為可能性事件,它們引發、增強或包含著某種不確定性,故而推進或概述一個由諸多轉化形成的序列。而衛星(satellite)事件通過維持、推進或延長由它們輔佐或圍繞的那些核心事件去擴張或填充某個序列的輪廓。由於核心是推進一個序列的行動關節點,它們就不可能被改動、打亂或替換而不從根本上改變那個序列。相反,衛星可以被省略、打亂或(被其他衛星)替換而不改動那個序列。羅蘭・巴爾特(Roland Barthes)以「敘事的諸關節點」和「填充把連接功能分離開來的敘事空間的那些關節點」來區分二者。參見史蒂文・科恩(Steven Cohan)、琳達・夏爾斯(Linda Shires)著,張方譯:《講故事──對敘事虛構作品的理論分析》(台北:駱駝出版,1997),頁58。

[34] 劉世劍在《小說敘事藝術》中,依據次要人物與主要人物所發生的關係與作用,將次要人物分成:(1)陪襯人物:這類人物常常被形容為主人公的影子,從正面或反面襯托主要人物;(2)線索人物:這類人物多半充當敘事者的非主要人物,其任務在於將主人公的命運串聯起來介紹給讀者;(3)條件人物:這類人物和主要人物發生一定的關係、衝突,但,通常不是在基本情節或主要矛盾,而是在插曲或次要矛盾中,他們主要的任務是為了刻劃主要人物性格的某一點而創造的條件;(4)背景人物:這類人物主要的作用是為主要人物創造一個生動的人文環境,以加強人物性格的典型性。(長春:吉林大學出版,1999),頁102。

1. 神足飛行的衛星事件

(1)線索人物引發「如來有何神變」的事件

　　故事開始於串連整個故事各事件的「線索人物」修摩提女，她是住在舍衛國虔誠信佛的阿那邠邸大長者之女。阿那邠邸大長者在佛陀的許可下，將女兒修摩提嫁給了滿富城中篤信裸形外道的滿財長者之子。當滿財長者及其子因婚事而大肆供養裸形外道，並要求修摩提女出來禮拜裸形外道卻為其所拒，正在僵持不下時，滿財長者的舊友、已得五神通的修跋外道梵志，突來探視長者。而當他得知事件原委之後，竟然支持修摩提女不拜裸形外道的立場，佛經中生動誇大的描述：「彼梵志修跋聞此語已，愕然驚怪，兩手掩耳而作是說：『咄！咄！長者，甚奇！甚特！此女乃能故在，又不自殺、不投樓下，甚是大幸！所以然者，此女所事之師，皆是梵行之人。今日現在，甚奇！甚特！』」修跋梵志居然認為篤信佛教的修摩提女在此處境中沒有跳樓自殺，現在還能活著是非常令人驚訝的事。這引來滿財長者對修跋的嗤笑：「長者曰：我聞汝語復欲嗤笑！所以然者，汝為外道異學，何故歎譽沙門釋種子行」，滿財長者對修跋的反應感到啼笑皆非，修跋以外道異學的身份居然歎譽沙門釋子，所以滿財長者就詰問他：「此女所事之師有何威德？有何神變」（T.2, no.125, p.661a）。

(2)背景人物「神足通」的空間場景

　　針對滿財長者提出「如來有何神變」的問題，修跋梵志並不直接回答，而是以自己親眼看到佛陀最小弟子均頭沙彌如何展現神通，來映襯暗示如來神變的高超。修跋梵志以故事人物的敘述視角，以己身親見的敘述口吻，告訴滿財長者其雖已證五通，能飛到阿耨達泉旁，卻被阿耨達泉的大神天、龍、及鬼神等驅逐；

而佛陀最小弟子均頭沙彌，手執塚間死人血垢污染之衣飛來泉邊，
卻受到彼等的熱烈歡迎，並幫均頭沙彌浣洗衣服。此外，修跋梵志
言其親眼目睹均頭沙彌出入九次第定及在其中的神通展演：

> 沙彌……從滅盡三昧起，入炎光三昧；從炎光三昧起，入
> 水氣三昧；從水氣三昧起，入炎光三昧。次復入滅盡三
> 昧，從初禪起而浣死人之衣。是時，天、龍、鬼神或與蹴
> 衣者、或以洗者、或取水而飲者。爾時，浣衣已，舉著空
> 中而曝之。爾時，彼沙彌收攝衣已，便飛在空中，還歸所
> 在。（T.2, no.125, p.661b）

修跋梵志並強調在此過程中，其只能「遙見而不得近」。由修跋梵
志「外道異學」的敘述視角，敘述其與均頭沙彌受到諸天鬼神強
烈的差別待遇，提供了佛陀及其餘大弟子的神足何可及乎的想像
空間。在此修跋梵志與均頭沙彌均是作為背景人物，推動了故事
繼續往神足空間敘事的作用。

(3)以「香」作為潛在的神足飛行

　　滿財長者在聽完修跋梵志的見證後，同意讓修摩提女請佛來
家應供，修摩提女要如何迎請和她分隔兩地，人在舍衛國祇洹精
舍的佛陀呢？修摩提女「沐浴身體，手執香爐，上高樓上」，遙向
祇洹精舍焚「香」禮拜，傳遞她的邀請。在祇洹精舍的阿難果然
聞到香味，阿難問佛：「此是何等香？遍滿祇洹精舍中」，佛陀回
答：「此香是佛使，滿富城中須摩提女所請」（T.2, no.125, p.662a），
此段敘述以「香」的嗅覺意象隱喻「佛使」，作為連接舍衛城與滿
富城兩個不同地點的空間訊息；「香」成為一種潛在的「神足飛
行」的空間敘事。

2. 神足飛行的「核心事件」

佛陀接到邀請訊息之後，吩咐阿難轉告：「諸比丘有漏盡阿羅漢得神足者，便取舍羅，明日當詣滿富城中，受須摩提請」（T.2, no125, p.662a），在此佛陀強調要以「神足飛行」赴滿富城中受須摩提女請，此暗喻欲以神足降服外道的企圖心。由此展開請佛應供「神足飛行」空間展演的「核心事件」，這個「核心事件」的敘事又以層層遞進的鋪排方式敘述出來：

(1)神足飛行的「插曲」

當佛陀吩咐阿難轉告所有有神足的弟子，以神足飛行赴滿富城中應供，首先展開的是一小段「插曲」[35]式的「神足飛行」敘事。故事敘述當佛陀吩咐阿難轉告：「諸比丘有漏盡阿羅漢得神足者，便取舍羅，[36]明日當詣滿富城中，受須摩提請」時，上座長老比丘君頭波漢「得須陀洹，結使未盡，不得神足。」只得須陀洹果未得神足，不能取舍羅而前往，對比最小弟子均頭沙彌已證四果羅漢，具神足而能前往；長老比丘心生慚愧「居學地而受舍羅，即得無學」，立即精進成羅漢得神足而能前往應供，受到佛陀的讚揚肯定：「我弟子中第一受舍羅者，君頭波漢比丘是也」（T.2, no.125, p.662a）。

---

[35] 劉世劍在《小說敘事藝術》中言：「插曲往往也成為生動有趣的場景。這是指那些穿插於基本情之中，屬於和主線關係不緊密，但有利於介紹、刻畫人物，或者可用來增添生活氣息的粗線條的校故事、小場面等。」（長春：吉林大學出版，1999），頁34。

[36] 舍羅（巴salākā），譯為籌，又名食券。舍羅本為草名，以之為籌，今多以竹木作之；用以計算僧眾之數。引自《佛光大藏經電子版・阿含藏》（高雄：佛光山文教基金會出版，2002）。

　　此段「插曲」式的敘事，上承「衛星事件」下轉「核心事件」，其用意在傳達佛弟子地位尊卑、年齡大小，和有否神足是無關連的；也就是證道與否和外在的身份條件是不相干的。因此，雖和以下主線的「神足飛行」空間展演連繫不緊密，卻可以增添人們對神足的了解，增添故事的曲折生動性，也可作為進入「核心事件」的序幕。

(2)陪襯人物神足飛行的空間場景

　　佛陀親自吩咐所有神足弟子都要以神足前往應供：「世尊告諸神足比丘：大目連、大迦葉、阿那律、離越、須菩提、優毘迦葉、摩訶迦匹那、尊者羅云、均利般特、均頭沙彌，汝等以神足先往至彼城中」（T.2, no.125, p.662a）。米克・巴爾在《敘述學：敘事理論導論》中提出重複、積聚、與其他人物的關係，以及轉變，是用以建構人物形象的四個原則，[37]其中的「重複」及「與其他人物的關係」兩元素，正是建構佛陀弟子們凌空飛行的各式鮮明形象；敘述者先是依「與其他人物的關係」的原則，讓佛弟子按照地位尊卑、年齡大小的順序，進行神足飛行的空間展演。

　　首先，由已證五神通為眾僧做雜務名曰「乾茶」的使人，背負「大釜」先行出發，飛行空中前往須摩提女家，作為諸大神足弟子神足飛行展演的開場序幕。

---

[37] 參見米克・巴爾（Mieke Bal）著，譚君強譯《敘述學：敘事理論導論》：「當人物首次出現時，我們對其所知不多。包含在第一次描述中的特徵並未完全被讀者『攫住』。在敘述過程中，相關的特性以不同的方式經常重複，因而表現的越來越清晰。由此觀之，『重複』就是人物形象建構的重要原則。……與其他人物的關係也確定著人物的形象。人物對較早自身的關係也屬於這一範疇。」（北京：中國社會科學出版，2003），頁147-148。

接著，由年齡最小的均頭沙彌領頭，依次為均利般特、尊者
羅云、摩訶迦匹那、優毘迦葉、須菩提、離越、阿那律、大迦
葉、最後是大目連；他們分別變化出五百華樹、五百頭牛、五百
孔雀、五百金翅鳥、五百七頭龍、五百鵠鳥、五百虎、五百師
子、五百匹馬、五百六牙白象，也分別都結加趺坐，坐在這些動
物上；其中須菩提最特別是變化出一座透明的琉璃山，然後入中
結加趺坐。這樣浩大壯盛以神足飛行的隊伍，乘空來到滿富城。
令在城樓上觀看的滿財長者及所有外道、城中人民均看得目不暇
給。

這一長串凌空飛行的隊伍是採取重複敘事的模式，讓佛弟子
神足飛行的千姿百態，藉由滿財長者提問修摩提女答覆，再一次
歷歷如繪地呈現，例如：

> 是時，眾僧使人名曰乾茶，明日清旦，躬負大釜飛在空
> 中，往至彼城。……遙見使人負釜而來，時，長者與女便
> 說此偈：白衣而長髮，露身如疾風，又復負大釜，此是汝
> 師耶？是時。女人復以偈報曰：此非尊弟子，如來之使
> 人，三道具五通，此人名乾茶。……是時，尊者大目犍連
> 化作五百白象，……在上坐而來，放大光明悉滿世界。詣
> 城，在虛空之中，作倡伎樂不可稱計；雨種種雜華；又虛
> 空之中懸繒幡蓋，極為奇妙。爾時長者遙見已，以偈問女
> 曰：白象有六牙，在上如天王，今聞伎樂音，是釋迦文
> 耶？時，女以偈報曰：在彼大山上，降伏難陀龍，神足第
> 一者，名曰大目連，我師故未來，此是弟子眾，聖師今當

來，光明靡不照。是時，尊者大目乾連遶城三匝，往詣長
者家。（T.2, no.125, p.662a-663b）

可知在偈誦形式的問答往復間，隨著每一神足大弟子的出場，滿
財長者都問修摩提女：「是汝師耶？」展開神足飛行再次的鋪敘，
凸顯出浩大壯盛的空間場景。而隨著飛行隊伍終止於神足第一的
目連，暗示著佛陀本人即將正式登場。

(3)核心人物神足飛行的空間場景

在眾弟子高潮迭起的神足飛行，止於目連飛抵修摩提女家
後，作為核心人物的佛陀，其神足飛行的壓軸好戲終於正式登
場，《增壹阿含經》敘述「世尊以知時到，被僧伽梨在虛空中，去
地七仞」，佛陀知道自己神足飛行展演的時間到了，其刻意披上僧
衣，飛離地七仞之高；然後以其為中心，弟子阿若拘隣、舍利弗
化成日、月天子陪侍左右，阿難手執拂塵在佛陀身後；此外還有
變化成各色天人天王等樣貌的一千二百神足弟子，以及展演入
水、火等三昧狀況的弟子，彼等皆將佛陀前後圍繞；加上天界梵
天、帝釋、樂神、金剛力士等眾神的團團圍繞：「是時，梵天王在
如來右、釋提桓因在如來左、手執拂；密迹金剛力士在如來後，
手執金剛杵；毗沙門天王手執七寶之蓋，處虛空中，在如來上，
恐有塵土坌如來身。是時，般遮旬手執琉璃琴，歎如來功德。及
諸天神悉在虛空之中，作倡伎樂數千萬種，雨天雜華散如來上」
（T.2, no.125, p.663b），形成人天共飛壯闊繽紛的飛行景象，展現
有如「鳳凰王在虛空中」百鳥朝鳳般神足飛行的空間場景敘事。
當佛陀到達之後，「還捨神足，如常法則」不再用神足飛行的方

式,恢復日常行走的方式進入滿富城中。整城的人民把滿財長者的家擠得水洩不通,佛陀因此又現神通,「化長者屋舍作琉璃色,內外相視,如似觀掌中珠」(T.2, no.125, p.664b),將滿財長者家化作透明琉璃色,使屋內屋外的人民如觀掌中珠般可以互相看見,接著佛陀為大眾說法讓整城人民都蒙受法益。

　　綜上所述可知,佛陀與弟子神足飛行的空間展演,宛若一場空中舞台的表演秀,在場的大眾皆可現場親眼目睹,因此透過人物眼睛的「看」,遂形成了故事人物的情緒反應各異、敘事聲音亦異:六千梵志的反應聲調是:「我等可離此國,更適他土」,六千梵志看到世尊如此神變,覺得頓失滿富城的信仰版圖,彼此互說應離開此城遷居到其他地方。而滿財長者及城中的人民,卻是歡天喜地的發出讚嘆之聲:「二足尊極妙,梵志不敢當,無故事梵志,失此人中尊」,被佛陀深深吸引住;最後全知的敘述者發出議論的聲調:「此沙門瞿曇以降此國中人民,是六千梵志尋出國去,更不復入國」(T.2, no.125, p.664b),敘述者認為佛陀以神足飛行的空間展演降服滿富城人民,梵志外道只好自動撤離,佛教獲得全面勝利。由此亦可知此經對神足飛行空間場景鋪張揚厲、繁複壯麗的敘述,是基於降服外道編收信徒的宗教競爭。

(二)「飛越世界邊」神足飛行的空間敘事

　　在《雜阿含經》、《增壹阿含經》、《別譯雜阿含經》中皆有一則關於赤(血)馬天子請問佛陀,關於可否以神足飛行來越過生老病死輪迴不斷的世界邊界,到達不生不老不死的彼岸的經文故事,[38]《增壹阿含經》中云:

---

[38] 《增壹阿含經》(T.2, no.125, p.756a-c)、《別譯雜阿含經》(T.2, no.100, p.477b-c)。

此岸者，身邪也。彼岸者，滅身邪也。此岸者，波旬國界
也。彼岸者，如來之境界也。[39]

可知此岸是執著身見此一邪見，屬於天魔所掌管的「世
界」，彼岸則是滅除身見屬於如來的境界。這三則類似的經文對神
足飛行的描述各有側重之處，然赤（血）馬天子問題的提出以及
佛陀的回答，都是簡短的「衛星事件」；居於故事「核心事件」位
置的則皆是赤（血）馬天子以神足飛行的空間敘事，以下試參照
三經，分析赤（血）馬天子神足飛行的空間敘事特色。

《增壹阿含經》中敘述有一血馬天子請問佛陀：「可以步盡世
界不耶？」可以走到世界的盡頭嗎？血馬天子接著解釋其發問的
原因，是曾有一次其飛至梵天，梵天語其：「此處無為之境，無生
無老無病無死、無終無始、亦無愁憂苦惱」，梵天告其梵天是超越
生死此岸的無為之境。於是血馬天子思索「此是涅槃道耶？……
此是世界之極邊耶？設當是世界邊際者，是為世間可步度耶？」
（T.2, no.125, p.756a）梵天是涅槃境界嗎？是世界的盡頭邊界嗎？
如果是世界的邊際，是不是世間是可以以行走度越？佛陀於是問
血馬天子其神足速度如何？血馬天子答曰：

猶如力士善於射術，箭去無礙，我今神足其德如是，無所
罣礙。（T.2, no.125, p.756a）

血馬天子言其神足快如飛箭，無所罣礙。然而佛陀告訴血馬還有
更多神足快捷的層次：

---

[39] 《增壹阿含・第6經》（T.2, no.125, p.670a）。

> 我今問汝：隨所樂報之。猶如有四男子善於射術，然彼四
> 人各向四方射，設有人來，意欲盡攝四面之箭，使不墮
> 地。云何？天子！此人極為捷疾不耶？乃能使箭不墮于
> 地？天子當知！上日月前有捷步天子，行來進止復踰斯人
> 之捷疾；然日月宮殿行甚於斯，計彼人天子及日月宮殿之
> 疾，故不如三十三天之速疾也；計三十三天之疾，不如艷
> 天之疾。如是！諸天所有神足，各各不相及。（T.2, no.125,
> p.756a）

佛陀說有人神足飛行的速度，快捷到倘若有四位擅於射箭的男
子，同時向四方射箭出，其人皆能接到不使任何一箭墜墮於地。
然此人的神足不如捷步天子快速；捷步天子的神足又不如日、月
天子快捷；日、月天子的神足又不如三十三天快捷；三十三天的
神足又不如艷天的神足快捷；如是諸天神足飛行的速度是層層遞
快各不相及。然而佛陀強調：「假使汝今有此神德，如彼諸天」，
即使馬血天子有如諸天神足快捷的速度，從一劫乃至百劫的不斷
飛行，「從劫至劫乃至百劫，猶不能盡世境界，所以然者？地界方
域不可稱計」，[40] 還是不能到達世界的盡頭，因為地界的方域是大
到不可稱計的。

　　此外，在《雜阿含經》中赤馬天子言其自憶宿命，記得自己
過去生中曾是名叫赤馬的五通外道仙人，欲以其之「捷疾神足」
飛越世界邊。赤馬言其「捷疾神足」速度之快、跨度之大：

> 以利箭橫射過多羅樹影之頃，能登一須彌至一須彌，足躡

---

[40] 以上佛陀與血馬天子的故事經文，俱見《增壹阿含經》（T.2, no.125, p.756a-b）。

東海越至西海。[41]

就在利箭穿射過多羅樹影的瞬間，如此短暫的片刻，他就能飛登到達一須彌山。而飛越的跨度巨大到一腳跨在東海，另一腳即可跨越西海。在《別譯雜阿含經》中，赤馬天子形容其神足飛行的快速：

神力駿疾過於日月，舉足一踔能渡大海。[42]

綜上所述三經對血（赤）馬天子神足飛行速度的敘述，本應屬於時間敘述，然在時間敘述中，加上跨度的敘述如：以箭射向四方、足跨東海至西海、能登一須彌山至另一須彌山，以及諸天空間高低層次的對比等，亦建構起神足飛行的空間場景，形成時間向空間轉換的敘事。

以上是關於赤馬天子自言其神足飛行速度之快的敘事；以下則是關於赤馬天子欲以神足飛行跨越世界邊的敘事，在《雜阿含經》中赤馬天子自述：

我今成就如是捷疾神力，今日寧可求世界邊，作是念已即便發行，唯除食息便利、減節睡眠，常行百歲，於彼命終，竟不能得過世界邊，至不生不死之處。[43]

赤馬天子言其以捷疾神足終生不斷地飛行，飛到百歲命終之時，還是不能越過世界的邊境，到達不生不老不死之處。

---

[41] 《雜阿含經》（T.2, no.99, p.359a-b）。

[42] 《別譯雜阿含經》（T.2, no.100, p.477c）。

[43] 《雜阿含經》（T.2, no.99, p.359a-b）。

在《別譯雜阿含經》中，佛陀對赤馬天子自陳其過去生中亦曾為名叫赤馬的五通仙人，亦是「從劫至劫，乃至百劫」不斷地飛行，然而直到命終仍是無法「盡境地邊際」。赤馬天子迅捷而長時間持續地神足飛行，本是時間敘事，然在持續飛行的時間敘事中，以日常生活起居飲食的空間畫面「唯除食息便利、減節睡眠，常行百歲，於彼命終」，作為切割打斷時間的連續性；此外持續不斷地以神足飛行的敘事，是架設在三世時間所形成，而四方上下無邊無際的空間場域「即涉世界而不能盡其方域」，亦形成時間向空間的轉換。

故事最後，佛陀將此問題的解決方式提昇到高於神足飛行的層次，指出不生、不老、不死之處，是「乘聖八品之徑路，然後乃得盡生死邊際」，是不須遠飛即能跨越的：「未曾遠遊行，而得世界邊」，那是「賢聖行」的證道層次，[44]而非「捷疾神足」行，因此對赤馬天子神足飛行的描繪鋪敘，其目的都在彰顯神足飛行不能飛越「世界邊」。綜觀整個故事的敘事離不開時間，但時間的開展又靠空間來實現，自然形成了時間空間化的敘事。

（三）「目連尋母」神足飛行的空間敘事

1. 目連往摩利支天的空間敘事

「目連尋母」的故事文本，最初見於《根本說一切有部毘奈耶藥事》，[45]其原本是敘述圓滿比丘「核心事件」中，旁出三個

---

[44] 以上所引《別譯雜阿含經》的經文，俱見《別譯雜阿含經》（T.2, no.100, p.477b-c）。

[45] 以下所引目連尋母經文，俱見《根本說一切有部毘奈耶藥事》（T.24, no.1448, p.16b-c）。

「離題事件」[46]中的最後一個。在此之後，故事又繼續回到有關圓滿比丘的核心事件，完成全部的敘述話語。[47]而「目連尋母」和圓滿比丘核心事件唯一幽隱相連的關係，是關於「神足飛行」此一素材而已。此種印度文學常用的「葡萄藤式」文學形式，正可反映佛經文學口語傳播的特色，明顯表現了法師講經說法時為了不斷吸引信徒的注意力，遂創造出旁逸的「離題事件」，增加故事遠離核心事件的新奇感，製造故事情節的另一高潮，並在幾個高潮迭起的離題事件過程中，保持聽眾信徒對核心事件的懸念。

故事開始於目連憶起佛陀曾教誨為人子對父母的報恩觀念：

> 具壽目連作如是念：世尊先說父母於子，能作難作、乳哺養育、教識種種贍部洲事。假使有人，一肩擔父、一肩擔母，至滿百年，猶不能報父母之恩。……若父母不信佛法僧，漸漸教令信佛法僧，乃為報恩。……（T.24, no.1448, p.16a）

於是目連為報母恩，入定以天眼觀察亡母生於何處，「即入定觀察，先亡之母，生於何處？即以天眼見其亡母生摩利支世界」（T.24, no.1448, p.16a），其看見亡母生摩利支世界。「摩利支世界」首見於唐不空所譯的密教經典《佛說摩利支天經》、《佛說摩利支天菩薩陀羅尼經》[48]，佛陀在經中介紹摩利支天的地點位於日之

---

[46] 申丹《敘述學與小說文體學研究》：「與中心無關的離題事件，是為取得藝術性效果才被收入的，是『情節』的重要組成部分。」（北京：北京大學出版，2004），頁178。

[47] 可參考丁敏：《佛教譬喻文學研究》（台北：東初出版，1996），頁111-112。

[48] 《佛說摩利支天經》（T.21, no.1255a, p.259b-c）、《佛說摩利支天菩薩陀羅尼經》（T.21, no.1255b, p.260b）。

前：「日前有天，名摩利支」，而摩利支天中有天女名摩利支：「有
天女名摩利支，有大神通自在之力，常行日月天前。日天月天不
能見彼，彼能見日；無人能見、無人能知；無人能捉無人能縛、
無人能害無人能欺誑、無人能債其財物、無人能責罰、不為怨家
能得其便」，摩利支天女有大神通自在之力，常在日月天前行走，
日月天神都看不到她，但她能看到日月天神，因此摩利支天女最
大的本領就是隱身術，因為她能隱身，所有的人都看不到她，任
何危害也無法上身。因此「目連尋母」的故事，即是以進入「禪
定空間」，發現他方空間的敘事展開。

　　接著故事敘述目連思念亡母，想到摩利支天「以法教化」亡
母，目連發現遙遠的摩利支天，唯有世尊能前往說法教化，於是
他請求世尊陪其前往：「我之慈母，現生摩利支世界，更無餘人能
往彼界為教化者，唯願世尊為教導」，然而要如何到達摩利支天這
一空間呢？佛陀答應目連的請求，並問其：「以誰神力，而往彼
界」，目連答曰：「以我神力，共佛世尊，往彼世界」，目連要以其
「神足第一」的飛行速度，和佛陀一齊前往。摩利支世界的遙遠，
藉由描述目連以移其一足就能蹈踏一世界、一迷盧山，如此超高
快速與巨大跨度的空中飛行，還要經過七日的時間方能到達來形
容之：

> 於是大目乾連以己神力與佛世尊，移其一足蹈一世界、一
> 迷盧山，如是威力經七日中，方到彼界。（T.24, no.1448,
> p.16b）

我們可以說在「七日」的時間單位中，架設起一舉足就能飛越一

世界、一迷盧山，如此意象鮮明的神足飛行空間，可謂時間空間化的敘事筆法。

目連到了摩利支世界，亡母見目連從遠而來，對其說：「經爾許時，不見於汝，如何得來」，母子相認後，摩利支天的人都感訝異，遞相言曰：「此女少年，云何子老」，目連母親在摩利支天已變成年輕的天女，母少子老，所以大家都懷疑目連是其子，目連立刻確認彼此關係，告訴大家：「此女養我，是我生母」（T.24, no.1448, p.16b）；接著敘述佛陀在摩利支世界為目連亡母說四聖諦，其母破身見證初果（預流果），永不再墜於惡道。此段母子相見、母少子老、佛陀說法的敘事，可謂連接來去兩段神足飛行敘事的插曲橋段。

2. 佛陀「速念神通」的空間敘事

在回程時目連又問佛：「以誰神足，而還本土？佛告目連曰：以我神力」，佛陀不再如來時接受以目連神足的速度飛回，而是欲以佛的神力飛回人間。就在佛陀回答目連「以我神力」的剎那，二人已經返回人間的出發地——逝多林給孤獨園「作是言已，便至逝多林下」。我們可以發現佛陀「速念神通」的速度，是「隨念速到」的快速（也許就是《大智度論》中的「一念能至」），原本被佛陀稱讚為「神足第一」的目連，被此速度震撼受到強烈衝擊，其問佛陀：「世尊！今此神通，其名云何」，佛陀答言名為「**速念神通**」（T.24, no.1448, p.16c）。

對比佛陀「速念神通」在「念到」的瞬間就已跨越巨幅的有相空間，呈現出目連與佛陀二者神足的巨大落差，亦可營造出敘

事的「驚奇」效果。[49] 在敘事的意涵上，則藉由目連異常懊悔自己已證阿羅漢入於涅槃而沒能上求成佛，所謂：「目連白佛言：我先不解諸佛甚深境界，……我今已取阿羅漢果，燒滅煩惱，不能得此大菩提行」（T.24, no.1448, p.16c），暗寓敘述者貶抑批判羅漢的聲調。

綜上所述可知，「目連尋母」應是「目連救母」的最初救度原型，目連請佛親往摩利支天為其亡母說法，讓其母破身見證初果，如其母所言：「關閉惡趣門，開示涅槃路，建立人天業」（T.24, no.1448, p.16b），盡未來生都不會再墮地獄、餓鬼、畜生三惡道。「摩利支天」是密教的天名，不在佛教本有的色界、無色界天的體系中，以此唐代新傳入的天名，作為「目連尋母」的地點；以及以因著目連母是摩利支天中的天女，轉出目連和母親「母少子老」容貌相反的形象，營造出敘事話語的陌生化，形成在審美經驗上獨特的新奇意象。在此故事中目連的母親是天女，和《盂蘭盆經》中目連的母親是餓鬼，[50] 以及《大目乾連冥間救母變文》中目連母親身在地獄中，是截然不同的形象和救度的起點；也可發現「目連尋母」故事的敘述聲調非是表彰目連的孝行。

（四）「佛土遊行」神足飛行的空間敘事

大乘佛典中的大菩薩多非娑婆世界之人，多無肉身且證諸法空相知時空如幻，不但脫落時空且能變現時空，佛國淨土隨念而

---

[49] 羅鋼《敘事學導論》：「驚奇的產生是由於故事的『突轉』造成的。」（昆明：雲南人民出版，1999），頁88。

[50] 《佛說盂蘭盆經》：「一時佛在舍衛國祇樹給孤獨園，大目乾連始得六通，欲度父母報乳哺之恩，即以道眼觀視世間，見其亡母生餓鬼中。」（T.16, no.685, p.779a-b）。

往，十方三界任運遨遊，而無動靜來去之相，如《佛說寶網經》：
「復有五事逮得神通。……三曰身能飛行遍諸佛國，如日現水，雖
現往來而無周旋」。[51]因此菩薩的「神足飛行」遊於十方刹土，常
是以「神足飛行」度化眾生或彰顯真空妙有之用，非如《阿含經》
中敘述五通仙人或大阿羅漢由肉身修鍊而得神足，能在虛空中真
實飛行；二者是不同層次的神足飛行。

1. 「文殊師利」神足飛行的空間敘事

　　文殊師利菩薩在大乘經典中出現得很早，與之相關的大乘經
典數量也很多，這些經典散見於《大正新修大藏經》的般若部、
華嚴部、寶積部、經集部中。[52]文殊菩薩因智慧第一而為諸佛之
母。[53]在《大方廣寶篋經》[54]中敘述解空第一的阿羅漢須菩提問智
慧第一的阿羅漢舍利弗，文殊師利菩薩「以何等神變遊諸佛國」
的故事。此故事以「今生─前世」的結構展開三段情節，茲分析
如下：

(1)「文殊師利」神足飛行的佛土空間場景

　　舍利弗告訴須菩提其昔日曾與文殊師利遊於西方諸佛土，看
到文殊師利菩薩的種種神足變化：

---

[51] 《佛說寶網經》（T.14, no.433, p.83a）。

[52] 釋諦玄（陳渝菁）：《文殊類經典所蘊不二中道之義理及其實踐——以文殊法
門就生命境界之提升與轉化為關切核心》（台北：政治大學宗教所碩士論文，
2006），頁35。

[53] 唐・實叉難陀譯：《大方廣佛華嚴經》卷79：「文殊師利常為無量百千億那由他
諸佛母，常為無量百千億那由他菩薩師，教化成熟一切眾生，名稱普聞十方世
界」（T.10, no.279, p.439a）。

[54] 以下「文殊師利」神足飛行的空間敘事中凡未特別標示經文出處者，俱見劉
宋・求那跋陀羅譯：《大方廣寶篋經》（T.14, no.462, p.477a-b）。此經與西晉・
竺法護譯：《佛說文殊師利現寶藏經》（T.14, no.461），為同本異譯。

> 我昔見有佛土大火災起，於彼火中作蓮華網，文殊師利從
> 中而過。復見佛土火災充滿，文殊師利從中而過，是火觸
> 人以堅栴檀塗身臥迦尸衣，柔軟和適甚為快樂。復有佛
> 土空無所有，文殊師利化作梵宮，入於禪定從中而過。
>
> 復有佛土極為迮狹，其中眾生造諸惡業，文殊師利從中而
> 過，皆令休止而不為惡成覺慧慈。……大德須菩提。我於
> 爾時曾見是事。[55]

舍利弗敘述其目睹文殊師利以神足飛行經過四個佛土的場景，第
一、二個佛土是和「火」的意象有關，敘述文殊師利遊經一佛
土，此佛土正發生大火災，文殊師利「於彼火中作蓮華網」，然後
從蓮花網中安然飛過；此場景或可暗喻：「火中生蓮華，是可謂希
有」。[56]「火」隱喻世間的貪瞋癡三火，而蓮花出污泥而不染，以
神足穿越火中的蓮花網，則隱喻文殊師利菩薩教化眾生出離大火
熾燃的世間，所謂：「世間熾然大火之聚，所謂貪欲火、瞋恚烟、
愚癡暗。云何當令一切眾生皆得出離？若能通達諸法平等名為出
離」。[57]

第二個經過的佛土也是充滿火災，然而當這火碰觸到身體，
竟宛如以上好香料塗身，躺在柔軟的迦尸妙衣[58]上般舒適快樂；
此應是隱喻文殊師利菩薩能將火燄化清涼，所謂：「能令猛燄變清
池」。[59]第三則敘述文殊師利菩薩神足飛過「空無所有」的佛土

---

[55] 《大方廣寶篋經》（T.14, no.462, p.471a-b）。

[56] 《維摩詰所說經》（T.14, no.475, p.550b）。

[57] 陳·月婆首那譯：《勝天王般若波羅蜜經》（T.8, no.231, p.692c）。

[58] 《別譯雜阿含經》：「一切妙衣，迦尸衣第一。」（T.2, no.100, p.396c）。

[59] 《根本說一切有部毘奈耶雜事》（T.24, no.1451, p.212c）。

時，變化出一座梵宮坐於其中，入於禪定從此佛土而過，此應暗喻教化眾生的作用。[60] 舍利弗敘述文殊師利經過的第四個佛土，非常的迫迮窄狹，其中眾生多造惡業，文殊師利從此國土經過，讓眾生皆止惡修行。

(2)「羅漢／菩薩」神足飛行的佛土空間場景

為了說明文殊師利菩薩神足遊行佛土的神妙，舍利弗以第一人稱回憶性視角繼續告訴須菩提，當他看到文殊師利神足遊行佛土的場景，心中暗自認為自己的神通和文殊師利菩薩等無有異。文殊師利知其心意，就「即便將我遊諸佛國」，帶著舍利弗遊諸佛國，到了火災佛土，文殊師利要舍利弗以其神足從中飛過，舍利弗自述其盡己所有的神力，經過七日才把大火熄滅，然後才能和文殊師利經過此佛土：「我時盡以神通之力，滅是火已經七日夜，我及文殊乃過此界」。當繼續前行，再經過第二、三大千世界中更猛烈的火災世界，文殊師利問舍利弗：「用誰神力過此世界」，舍利弗答：「文殊師利，用汝神力過是世界」，於是文殊師利以其菩薩神力，於一念頃的瞬間就「作蓮華網遍覆火上」從中行過。經過兩者神足飛行如此強烈的反差對比，舍利弗對文殊師利說：「我之神力如彼小鳥，汝神力勝疾殊特過金翅鳥」（T.14, no.462, p.471b），舍利弗承認和文殊師利神足飛行的速度相較，自己神足飛行的速度猶如小鳥，而文殊師利神足飛行的速度快如金翅鳥。至此，文殊師利才打破了舍利弗原先認為羅漢神足和菩薩神足，二者飛行變化的神力是等無有異的想法。因此此段情節，藉由舍

---

[60] 東晉・佛馱跋陀羅譯：《大方廣佛華嚴經》：「以如是等不可說佛剎微塵等法門，教化眾生，或現天宮、或現龍宮……或現梵宮、或現人宮。……攝取眾生不捨方便。」（T.9, no. 278, p.686b）。

利弗與文殊師利神足飛行速度懸殊的空間場景敘事，發出了羅漢神通不如菩薩的敘事聲音。

(3)「前世今生」神足飛行的空間場景

　　在文殊師利詢問之下，舍利弗承認他原本心中認為二人神力相等，是由於「聲聞之人不斷習氣，是故我本以不等為等」，文殊師利同意舍利弗的說法，並說了一則二人過去生中有關神足飛行的故事。文殊師利敘述過去世中，有二仙人住在大海旁邊，一名欲法獲得五通，另一名梵與能以呪術力遊行虛空。梵與仙人自認他的呪術力和欲法仙人的神通力實力相等。有一次，當他們兩人飛越大海經過羅叉所住的洲渚，聽到羅叉吹簫笛的聲音，梵與仙人一分心咒呪術力就退失，立刻從空墮落；這時欲法仙人捉住梵與仙人的右臂，神足飛行帶他回到住處。說完故事，文殊師利告訴舍利弗：「大德舍利弗！於意云何！是梵與仙豈異人乎？勿作異觀！即汝身是；我即是彼欲法仙人。舍利弗汝於爾時亦以不等為等，今亦復以不等為等。何以故？以偏見故」（T.14, no.462, p.471b-c）。此段情節在敘事的策略上，可增加故事曲折離奇的生動感；在敘事的意涵上，則再加強了對「聲聞之人不斷習氣」的批判。

　　綜上所述可知，首段藉由舍利弗的視角，敘述其目睹文殊師利菩薩以神足飛行諸佛國土的種種神變場景；其次敘述舍利弗和文殊師利神足飛行諸佛國土速度快慢的懸殊，作為羅漢神足和菩薩神足的對比映襯；末段以一則舍利弗與文殊師利菩薩過去生中的故事，作為今生神足故事的映照；三段情節皆以羅漢與菩薩神足飛行的空間場景敘事為主軸。

2.「目連遊佛土」的空間敘事

　　《大寶積經》[61]中有一則目連想以神足飛行測試「如來音響所徹遠近」的空間敘事。故事以「出離—抵達他界—返回」的敘事結構，用層層鋪敘的方式，展開目連神足飛行的空間敘事。

(1)目連神足飛行出離本土的空間展演

　　故事敘述目連想要測試如來的聲音究竟可傳多遠？於是目連發動了幾次神足飛行，首先他「於其坐忽然不現，住須彌頂，聞如來音，如在目前」，以神足瞬間就飛到了須彌山頂，聽到如來說法的聲音清楚如在目前。其次，他繼續以神足飛行於三千大千世界，飛越過三千大千世界所有的須彌山，以及環繞須彌山四周的鐵圍山之上，然後停住在「極邊大鐵圍山頂，聞如來音」，發現如來的聲音依舊是「如故無異，如近不遠」（T.11, no.310, p.56c）清晰可聞。於此，藉由目連神足飛行聽聞如來音聲，一層又一層地開拓出廣大的空間視野。

(2)目連神足飛行抵達他界的空間展演

　　故事接著敘述，佛陀感知目連「欲試如來清淨音場」的心意，就顯現神通暗助目連，使目連能夠快速的飛越「過九十九江河沙等諸佛國土」，到達距離懸遠的西方世界——名叫「光明幡」的佛土；目連到達此佛土，依然能聽到釋迦牟尼佛說法如在眼前的聲音。於是彼佛土光明王如來告訴目連想要測試如來音響的極限處，是不可能的：「豈欲知限？卿甚大誤」，並譬喻說「假使目連仁以神足過江河沙劫西行不休，不能得知如來音響所聞」，目連即使以神足繼續向西不斷飛行，飛過了「過江河沙劫」（T.11, no.310, p.57a）如此長久無盡的時間，也不能得知如來聲音的極限

---

[61] 《大寶積經》（T.11, no.310, p.56c-57c）。

處。因此，隨著無止盡的神足飛行，不能窮究如來聲音的邊際，空間就隨之無邊無際的開展出來。

(3)目連神足飛行返回本土的空間展演

為了凸顯娑婆世界與西方光明幡佛土空間距離的懸遠，情節開展到目連告訴光明王佛，他飛到甚遠的光明幡佛土，「甚遠甚遠！……身甚勞極，不能復還至其本土」身體感到極端疲勞不能再飛回本土。光明王佛告訴目連，其是承世尊釋迦牟尼佛的神力，才能飛到光明幡佛土。現在如果要靠目連自己的力量飛回娑婆世界，那麼飛一劫也不能到「假使卿身以己神足欲還本國，一劫不至，卿既未至，到不見能仁佛滅度時」，即使飛到釋迦牟尼佛滅度時，目連都還飛不回娑婆世界。此時，光明王佛又問目連是否知道自己從東南西北何方而來？目連答曰：「不知何方也，今以迷惑，不知本土何所在處？為在何方」（T.11, no.310, p.57a-b），目連已不知自己是從何方飛來？現又在何方？東南西北的方位都已弄不清楚。凡此種種皆襯托出目連飛越過的空間浩瀚無邊。

當目連承釋迦牟尼佛的神力，「發意之頃還到此土」瞬間就飛回娑婆世界。佛陀告訴他：「猶如虛空普周無邊，如來言辭響徹無際，迴遠如是」（T.11, no.310, p.57c）。如來音響猶如虛空的普周無邊，雖是此則故事敘事意涵之所在，然其敘事筆法則是以目連神足飛行層層開展出的空間場景來顯示。

四、結語

佛教大小乘經典中有關「神足飛行」的故事，賦「神足飛行」提要式理論以血脈肉身，展現千變萬化的情節樣貌，豐富了佛教神足飛行的文學敘事。神足飛行中的「身能飛行虛空」和

「此沒彼出」、「忽然不現、即至彼方」的空間轉換，都是身體在虛空中的移動展演，都與空間敘事有關。

「此沒彼出」、「忽然不現、即至彼方」是「神足飛行」故事的定型套語，亦常以「猶若力士屈申臂頃」的定型句式，來形容出沒之間瞬間的快速。「此沒彼出」勾勒出「神足飛行」的秘密飛行空間，增添隱形飛行的神秘想像空間；然此簡短的定型套語，經常只是提供故事的背景架構以推動情節的進行，不是故事事件描述的重點，只是作為「結構空間」的敘事。

至於「主題化空間」的敘事，神足飛行的空間鋪敘本身就是事件描述的重點，本章共歸納出「請佛赴供」、「飛越世界邊」、「佛土遊行」三個主題的神足飛行空間敘事。三個主題在敘事方式上，「請佛赴供」運用信仰外道與佛教的衝突事件，引出「神足飛行」盛大壯觀的空間場景，宛若一場凌空飛行的表演秀。而我們可以發現佛的眾弟子並非單調的隻身飛行，而是在入定中分別騎坐於各自變化出數目都是五百的華樹、牛、孔雀、金翅鳥、七頭龍、百鵠鳥、虎、師子、馬、六牙白象等等場面壯觀的動物之上，依序出場凌空飛行。中國神魔小說中人物騰雲駕霧或騎某種神禽異獸飛行的意象，或許亦由此類經文的空中飛行敘事中，得到某些靈感的啟發。

關於赤馬天子飛越「世界邊」以及「目連尋母」的神足飛行敘事，則採取事件對比的方式，以神足飛行跨度的大小、速度的快慢、時間短長的對比，形成整個故事的敘事離不開時間，但時間的開展又靠空間來實現，可謂時間空間化的敘事筆法。而「目連尋母」最初的救度原型，應是目連請佛和其前往摩利支天，以佛說法度化其母的故事。

　　在「佛土遊行」有關舍利弗與文殊師利神足飛行佛土的敘事，亦是採取羅漢／菩薩神足飛行速度懸殊的空間場景對比敘事，映襯出「神足飛行」多采多姿的空間敘事。而有關目連欲測佛聲遠近而遊佛土的空間敘事，更是隨著目連無止盡的神足飛行卻不能窮究如來聲音的邊際，開展出空間的無邊無際。綜上所述可知，「神足飛行」的空間敘事可有千變萬化的樣貌，相當具有宗教傳播的魅力。

第五章 「神足變身」的母題敘事

一、前言

「神足變身」是指佛教「神足通」中有關身形變化的現象，《阿含經》中概括為一身與多身、大身與小身、隱形、化身等項目。而大小乘佛典中「神足變身」的故事則是此類展現身通的敘事。本章擬借用民間敘事作品對「母題」（motif）的界定，進行大小乘佛典中「神足變身」的敘事分析。

「母題」一詞，金榮華指出是英文或法文中「motif」一字在民間文學裡的對應詞，其譯為「情節單元」，並指出「情節單元」的要素是：「扼要完整的敘述了生活中罕見的人、物或事」，「故事中最小之完整敘事單位」。先此之前，胡適將之音譯為「母題」。然金氏認為「母題」容易被誤解為「主題」，而改以「情節單元」作為對應。[1] 劉守華《比較故事學》指出將母題解釋為民間敘事作品中「內容敘述的最小單位」，是學界所公認的基本意涵。其並引湯普森（Stifh Thompson）《世界民間故事分類學》（*Motif-Index of Folk-Literature*）對母題以及母題和類型之間關係的解釋：

> 一個母題是一個故事中最小的，能夠持續存於傳統的成分。要如此它就必須具有某種不尋常的和動人的力量。絕

---

[1] 詳見金榮華：〈「情節單元」釋義──兼論俄國李福清教授之「母題」說〉（台北：《華岡文科學報》第二十四期，2001年3月），頁173-174。

> 大多數母題分為三類：其一是一個故事中的角色；第二類
> 母題涉及情節的某種背景；第三類母題是那些單一的事件
> ──它們囊括了絕大多數母題。正是這一類母題可以獨立
> 存在，因此也可以用於真正的故事類型。

由湯普森的敘述中，劉守華分析「母題」和「類型」是兩個
概念；「母題」是故事中最小的敘述單位，可以是一個角色、一個
事件或一種特殊背景，「類型」是一個完整的故事。[2] 此外，我們
亦可知道一則故事可由幾個「母題」組成，也可以只由一個「母
題」組成。而「母題」雖可以是一個「事件」（event），但「事
件」並不等於「母題」，可以說「事件」含有「母題」，但「事件」
本身並不等於「母題」。[3] 當我們強調故事中的「母題」而非「事
件」，是因為此「事件」中的「母題」可以獨立於故事話語而存
在，它可以從一個母題鏈上脫落下來，再和別的母題結合構成另
一個故事類型。因此劉守華與金榮華雖對「motif」的中文譯詞不
同，所指界義是大致相同的，本章採用「母題」一詞，是因為避
免和小說中「故事與情節」的「情節」（plot）相混淆。[4]

我們由民間敘事作品對「母題」的界定，來觀察「神足變
身」故事中的一身與多身、大身與小身、隱形、化身等等項目，

---

[2] 劉守華：《比較故事學》（上海：上海文藝出版，1995），頁82-83。

[3] 周慶華：《故事學》（台北：五南出版，2002），頁12。

[4] 金榮華：《比較文學》一書中亦指出：所有可稱之為「故事」的，都至少有一個
極基本的情節（plot）。有了一個基本情節，即使寥寥數筆，就是一個故事；否
則的話縱使洋洋數千言，不過是「流水賬」「起居注」一類的東西。從另一方
面看，一個基本情節固然就已經可以成為一個故事，但是一個故事往往有好幾
個情節。有時候，作者會分別從不同的故事摘取一些情節，組合成一個新的故
事。金榮華：《比較文學》（台北：福記文化圖書，1982），頁91。

可以發現它們的確是「神足變身」故事中的最小敘述單位，且常是以「事件」的形態出現在故事中，尤其它們具有某種不尋常的和動人的力量；此外它們可以獨立存在，具有世代傳承性和延續性。我們可在大小乘佛典的其他各類故事中發現它們的身影，也可在中國古代的神魔小說中繼續看到它們的蹤跡；而它們也可從一個變身項目鏈上脫落下來，再和別的變身項目結合構成另一個「神足變身」的故事類型；因此可將它們視為「神足變身」故事的「母題」。本章首先將「神足變身」的故事類型，分為由單一母題構成的「變身幻形」故事、與由若干母題組合成的「鬥法變身」故事兩類型，勾勒分析佛經「神足變身」故事中母題的樣貌群。

二、「變身幻形」故事的母題敘事

「變身幻形」在此意指身體可幻化出各式形體的樣貌，我們可以發現包括一身與多身、大身與小身、隱形與顯形、真身與化身等身形變化，都是以一組一組「二元補襯」（complementary bipolarity）的方式出現。[5] 因為它們是一與多、虛與實、真與假的對照互映，並且可以在任何一組身形變化的兩極之間，隨其心念自由往來交替。至於「變身幻形」類型的故事，每則故事多由一個變化身形的母題所構成，以下試歸納分析大小乘經典中主要「變身幻形」的母題敘事。

---

[5] 「二元補襯」（complementary bipolarity）原是蒲安迪在《中國敘事學》中提出的觀念，「二元補襯」指的是中國文化裡「盈虛」、「漲退」等概念的對立。他認為「二元補襯」最重要的一個概念是：萬物在兩極之間不斷地交替循環，這種交替循環的模式可以用「冷熱」、「明暗」、甚至於「生死」交替的形象。我們認為佛教的「變身幻形」的母題敘事，有類似於此的「二元補襯」現象。（北京：北京大學出版，1996），頁95。

（一）本尊／分身的母題敘事

「本尊／分身」指的是「一身與多身」的關係，又可分為「本尊／（自）分身」與「本尊／（假）分身」兩種母題敘事。「本尊／（自）分身」乃指同一人的一與多之關係；「本尊／（假）分身」中本尊指本人；假分身則是指把他人變成如同本人的形貌，茲述如下：

1. 本尊／（自）分身的母題

自身能變化出如己樣貌的無數分身，亦能將無數如己樣貌的分身復還合為一的母題敘事，也就是本尊／自身分身的母題敘事，在阿含部、律部中當以朱利槃特的故事最具代表性。佛陀在《阿含經》中稱讚朱利槃特（不同經典中又稱周利槃特、周利般兔、愚路、尊者般陀，在此一律以稱其朱利槃特）：「我聲聞中第一比丘，變化身形能大能小，無有如朱利槃特比丘之比」、[6]「能化形體作若干變，所謂周利般兔比丘是」，[7] 可知朱利槃特變化身形的本領是諸比丘中的「第一」。

關於朱利槃特（《根本說一切有部毘奈耶》稱為愚路比丘）至愚至鈍，雖被比丘兄長度其出家，然三月之內不能記誦一偈，為其兄棒喝擯斥，後世尊哀愍教其「我拂塵我除垢」之句，並要其為眾僧擦拭鞋履以消業障。後朱利槃特（愚路比丘）終證羅漢得神通的敘事，唯見於《根本說一切有部毘奈耶》卷31中。[8] 至於朱利槃特已成阿羅漢，眾人不知，對其仍甚輕蔑，致使佛陀要

---

[6] 《增壹阿含經》（T.2, no.125, p.768b）。

[7] 《增壹阿含經》（T.2, no.125, p.558a）。

[8] 《根本說一切有部毘奈耶》卷31（T.23, no.1442, p.796c-797a）。

其展現身形變化的故事,在《增壹阿含經》、[9]《根本說一切有部毘奈耶》卷32中,[10]皆有朱利槃特變化本尊與分身的類似母題敘事。

《增壹阿含經》[11]敘述當王子請佛及僧赴供養宴時,特別指明唯獨不請朱利槃特,其原因是:「然我意中猶生此念:云何有大神力,而不能與彼外道異學而共論議。我今請佛及比丘僧,唯除朱利槃特一人」,王子認為即使朱利槃特已有大神通,卻不能和異學外道辯論,可見仍是愚昧乏慧,所以不值得被邀請。

佛陀為了讓王子知道朱利槃特已非吳下阿蒙,便設計在赴席之時將其食鉢交給尾隨在後的朱利槃特,當供養宴席開始時,王子發現佛陀無鉢,佛陀要求王子親自去找朱利槃特取鉢。此時朱利槃特變化出五百華樹,每一樹下都坐著一個朱利槃特:「爾時,朱利槃特比丘化作五百華樹,其樹下皆有朱利槃特比丘坐」,王子無法辨認出究竟何者是朱利槃特的本尊。佛陀告訴王子:「還至園中,最在中央,住而彈指作是說:其實是朱利槃特比丘者,唯願從座起」,王子按此方法走到最中央呼喚朱利槃特,果然「王子作是語已,其餘五百化比丘自然消滅,唯有一朱利槃特比丘在」(T.2, no.125, p.768a),五百分身的朱利槃特都消失了,唯獨剩下朱利槃特的本尊在場。於是王子帶著朱利槃特來到佛陀前,向朱利槃特道歉懺悔。佛陀告訴王子:「今此朱利槃特比丘習於神足,不學餘法,此比丘恒以神足與人說法」、「此朱利槃特比丘能化一

---

[9] 以下所引朱利槃特的本尊分身經文,俱見《增壹阿含經》(T.2, no.125, p.767c-768b)。

[10] 《根本說一切有部毘奈耶》卷31(T.23, no.1442, p.801b-802a)。

[11] 《增壹阿含經》(T.2, no.125, p.767c-768c)。

形作若干形，復還合為一」（T.2, no.125, p.768b），佛陀強調朱利
槃特「不習世間談論之宜」、「恒以神足與人說法」，不習餘法、以
神足說法是朱利槃特的特色。在此故事中，朱利槃特藉分身、合
身的神足變身展演，才讓王子信服而取得供僧宴上的一席之地。
在《根本說一切有部毘奈耶》中有關朱利槃特本尊／分身的敘
事，內容與《增壹阿含經》相類似，然在人數方面則增加為一千
二百五十個朱利槃特的分身，「遂化作千二百五十苾芻，皆如愚路
形容不殊」；且在故事事件上又增加了雖然王子讓朱利槃特入座，
但內心還是對其不尊敬，於是飯食完畢後佛陀示意朱利槃特再現
神通，於是朱利槃特「長舒其手如象王鼻，至世尊所而取其鉢」
（T.23, no.1442, p.801c-802a），不起於座變化其手如象王鼻般長，
直接伸手到佛陀面前取佛陀的鉢，至此方讓王子真正折服。

　　綜上所述可知朱利槃特因至愚被擯斥、誦一偈而開悟，以及
開悟後神足變身的故事，彷彿是「英雄神話」中有關英雄「領悟
的原型」，英雄經受難以忍受的考驗，其間他由無知、稚嫩到諳通
世事、思考老成，變成社群中成熟的一員。「領悟」的過程一般由
三階段組成即：離去、轉變與歸來。[12] 朱利槃特資質魯鈍，出家
求道歷盡挫折，後終在佛陀的親自教導下誦持一偈而開悟，這是
他「領悟」過程中的離去與轉變；但因他即使已開悟仍只會誦持
一偈，因此在家信眾依然輕蔑他，這就是他「歸來」後必須展現
本尊／分身的神通實力，尋求僧團及信眾社群認同的原因。而在
這三段敘述中，有關朱利槃特「離去」與「轉變」的部份，是屬
於朱利槃特獨特的生命歷程，不能脫離敘事話語而獨立，但屬於

「歸來」的「本尊／分身」的身形幻化則可脫離敘事話語獨立存在，成為許多故事中的敘事母題。

2. 本尊／（假）分身的母題

「本尊／（假）分身」的母題，可視為由「本尊／（自）分身」母題所衍化生成的新母題，亦可歸納為「本尊／分身」的母題系列。

將他人皆變成自己模樣，成為自己的分身，再還原回去的本尊／（假）分身母題敘事，最有名的當推佛陀成道後，第一次返鄉和其子羅睺羅認證父子關係的事件。

有關佛子羅睺羅的誕生，諸本佛傳謂其誕生於佛成道之夜，其在胎六年，故釋迦族人甚感疑惑，乃投耶輸陀羅母子於火坑，然二者毫髮無損，釋迦族人始不疑羅睺羅是佛陀的兒子。[13] 在《佛本行集經》中敘述佛陀成道之後為了度化釋迦族人，率領一千兩百位比丘回到王宮。當時佛陀的妻子耶輸陀羅為證明羅睺羅是佛陀的兒子，作了一枚大歡喜丸[14]叫羅睺羅交給佛陀父親。故事描述從沒見過父親的羅睺羅「持歡喜丸，遍觀一切諸比丘已，直往佛邊」，在上千個不同形貌的比丘中直接就認出了佛陀，父子就此

---

[13] 參見《眾許摩訶帝經》卷6、《有部毗奈耶破僧事》卷5、卷12。

[14] 「歡喜丸」是一種大眾食品，如《彌沙塞部和醯五分律》（T.22, no.1421, p.170a）中敘述「盛滿缽白石蜜歡喜丸奉上世尊」，因此耶輸陀羅手持「歡喜丸」以奉世尊，其敘事意涵是代表對丈夫佛陀的尊敬供養。但在《根本說一切有部毗奈耶破僧事》（T.24, no.1450, p.66a）中敘述世尊返家時，耶輸陀羅冀圖挽回佛陀的心，就以五百金錢請一善解術法的外道女，作「能令男子愛樂女人」的藥丸——「愛藥丸」，耶輸陀羅要羅睺羅手持「愛藥丸」在父子相認時交給佛陀。「愛藥丸」的敘事意涵象徵耶輸陀羅內心對丈夫佛陀的愛欲執取；因此「歡喜丸」與「愛藥丸」是不同的敘事話語。

相認，羅睺羅的身分也就確認了。[15] 在此故事中並無佛陀把一千兩百位比丘都變成他自己樣貌的假分身，來讓羅睺羅辨識誰才是真正的父親。

但在《方廣大莊嚴經》敘述當佛陀成道後第一次返回皇宮家中，比《佛本行集經》增加了辨認「本尊／（假）分身」的母題事件。敘述佛陀主動欲證明羅睺羅是其子，而將在場的所有比丘都變成自身模樣的假分身，「世尊化諸比丘皆悉如佛」，而羅睺羅在眾多形貌相同的佛陀假分身中，還是把母親交待的指環直接拿到本尊佛陀的面前，所謂「釋睺羅持取指環直前奉佛」。[16] 可見辨認「本尊／（假）分身」的事件在此是可以獨立存在的母題，它可插入故事中增加情節的生動性。

至於《雜寶藏經》中關於佛陀返家「本尊／（假）分身」的母題，再加上了數字的描述，描述佛陀將一千兩百五十位如此眾多的比丘，皆變成如佛形貌的假分身「佛變千二百五十比丘，皆如佛身，光相無異」，這時，母親耶輸陀羅叫羅睺羅走到父親身邊，羅睺羅毫不猶豫地直接走到本尊佛陀身邊，立於其左足邊。[17] 此段少了指環信物的敘事，因此「本尊／（假）分身」的母題在《雜寶藏經》中就成了不可減省的母題。

由上所述可知「本尊／（假）分身」的敘事母題，是加入佛陀第一次和其子羅睺羅認證父子關係的敘述中，以加強證明羅睺羅是佛陀離家後耶輸陀羅所生、佛陀的親生子，其媒介就是在佛

---

[15] 《佛本行集經》（T.3, no.190, p.906c）。

[16] 《方廣大莊嚴經》（T.3, no.187, p.616a）、又《普曜經》中有類似敘事（T.3, no.186, p.536c）。

[17] 《雜寶藏經》（T.4, no.203, p.497b）。

陀真身與一千兩百位比丘假身佛陀中，指認出來真身佛陀。至於
在《普曜經》、《方廣大莊嚴經》中敘述的相會之物，是耶輸陀羅
要羅睺羅手持「指環」交給世尊，「指環」在此所象徵的敘事意涵
是認證的信物。

　　綜上所述，辨認「本尊／分身」的故事結構，都由懷疑否定
的批判、真／假辨偽的展演、接納認證的三段式結構組成；敘事
技巧則都採取「二元補襯」的方式，以真／假之身對比接納與不
接納，其作用在以此辨識做為修行境界或某種身分的證明。因此
「本尊／分身」的母題敘事，是在一模一樣的眾多人物（分身）中
找出所要尋找的真正對象（本尊），其屬性符合民間故事中交給主
人公「困難的任務」中「選擇的考驗」。[18]

（二）隱形與現形的母題敘事

1. 隱形藏身的母題

　　「隱形藏身」的母題，其屬性相類於民間故事中交給主人公
「困難的任務」中「藏身的考驗」。[19]《中阿含・梵天請佛經》敘
述佛陀折服梵天的過程，其中以「隱形藏身」的母題敘事位居關
鍵事件。故事起於有一梵天起大邪見，認為自己是永恆存在的，
其所在的梵天天界是所有生命的最高住所，更無超越其上的存
在：「此處有常、此處有恒、……此處長存、此處出要，此出、更
無出要過其上」，佛陀以他心通知其邪見，便「即入如其像定，以

---

[18] 參見羅鋼：《敘事學導論》中引述普羅普（Vladimir Propp）分析整理俄國民間
故事的鉅著《民間故事形態學》（Morphology of the Folktale），其書中從敘事功
能分析出31種人物的角色功能，此處所論是第25種功能：「交給主人公困難的
任務」中的其中一項。（昆明：雲南人民出版，1997），頁45。

[19] 同上註。

如其像定」來至梵天上，責其所見「無明」。接下來是魔波旬出
場，稱讚梵天以阻撓佛陀指出梵天執持「有我」的「衛星事件」；
當時魔波旬在場向佛陀誇耀梵天「能作、能造、是父、已有、當
有，一切眾生皆從是生」，並且自稱是梵天，被世尊當即揭破逃走
了；這個「衛星事件」是用來延緩以下即將展開的「核心事件」
之一：佛陀與梵天的辯論，這暗喻魔波旬不願佛陀點出梵天無明
的盲點，希望眾生都停留在其管轄的三界之內。在佛陀與梵天進
行一長串的辯論的最後，世尊對梵天說他不僅知道梵天的來處去
處，且知其所知，亦知其所不知。「核心事件」之二：是梵天不服
佛陀知其一切的說法，遂欲和佛陀較勁誰的本領大，梵天以「隱
形」來測試佛陀，梵天隨處隱形，「即隨所處自隱其形，世尊即
知，梵天！汝在彼、汝在此、汝在中。於是，梵天盡現如意，欲
自隱形而不能隱，還住梵天中」佛陀皆知其藏身何處，梵天只好
現身回到梵宮。接著輪到佛陀隱形，佛陀即現「如其像如意
足，……便自隱住，使諸梵天及梵天眷屬但聞其聲而不見其形」，
佛陀的隱形讓所有的梵天都只聞其聲而不見其人，終將梵天折
服。[20] 因此，相對於佛陀的「隱形」，梵天的「隱形」其實是另一
種身形的「現形」，二者是對照互映的敘述。

在這則「隱形藏身」的事件中，佛陀是主人公，他要完成折
服梵天的任務，梵天以隱形藏身來和佛陀較量神通，佛陀通過
「藏身的考驗」，魔波旬在此故事中出現兩次，分別在佛陀與梵天
隱形藏身較量神通的之前與之後，可見佛陀欲折服梵天，是具有

---

[20] 以上佛陀梵天隱形所引經文，俱見《中阿含·梵天請佛經》（T.1, no.26, p.547a-
549b）。

困難度的事件。而「隱形藏身」在故事中固然是折服梵天最關鍵的「核心事件」,[21]然亦可將其視為母題,其可獨立出來加入其他鬥法故事的事件序列中。

2. 偽身隱形的母題

「偽身隱形」的母題是指偽裝他身與隱形他身的敘事,其屬性類似民間故事中「主人公從追逐者手中獲救」類型中,「主人公在逃走過程中改變自己的形貌,使他不易被辨認出來」的項目。[22]《增壹阿含經》[23]中敘述舍利弗偽裝變身成周利槃特(不同經典中又稱朱利槃特、周利般兔、愚路、尊者般陀等,此經稱為周利槃特)的模樣,並把周利槃特隱形藏身的事件即符合此種敘事功能。

故事開始於迦毘羅越的豪貴諸大釋種五百餘人,共同批評周利槃特比丘是「無知無聞、亦無點慧、為人醜陋、多諸穢惡」,他們非常輕蔑周利槃特,並挑釁世典婆羅門若能以辯論贏過最聰明的佛陀與最愚蠢的周利槃特,則要給世典婆羅門千鎰純金。

於是當世典婆羅門在路上巧遇周利槃特就邀其辯論,周利槃特此時雖已證阿羅漢,然其並不擅於辯論法義,所以和世典婆羅門對辯不了幾句,周利槃特就語窮詞拙,直接展現神通飛騰空中

---

[21] 羅鋼:《敘事學導論》:「在敘事結構中『核心事件』是故事的關鍵或轉折點。」(昆明:雲南人民出版,1997),頁84。

[22] 參見羅鋼:《敘事學導論》中引述普羅普(Vladimir Propp)分析整理俄國民間故事的鉅著《民間故事形態學》(Morphology of the Folktale),其書中從敘事功能分析出三十一種人物的角色功能,此處所論是第22種功能:「主人公從追逐者手中獲救」中的其中一項。(昆明:雲南人民出版,1997),頁43。

[23] 以下周利槃特與舍利弗身形互動所引經文,俱見《增壹阿含經》(T.2, no.125, p.586b-c)。

作十八變,周利槃特以為展現神通可以證明自己的修為高超,未料世典婆羅門心生此念:「此沙門止有神足,不解論議。設當與吾解此義者,身便當與作弟子」,此時舍利弗以天耳聞知婆羅門的心意,衛教護法心切,他立即「變身作槃特形,隱槃特形使不復現」,偽裝變身為周利槃特的形貌,並使周利槃特隱形不見。然後由偽裝變身成周利槃特的舍利弗和世典婆羅門展開辯論。在此全知敘述者採用的敘事策略是在二人對話辯論的過程中,而對於人名的稱呼在開始時仍採用「周利槃特」來稱呼偽裝變身成周利槃特的舍利弗,例如:「周利槃特問曰:汝是丈夫乎?婆羅門曰:吾是丈夫」等等一系列的對答,以顯示表面上仍然是周利槃特和世典婆羅門在進行對話;然而在最後幾次的對答中,全知敘述者對偽裝變身成周利槃特的舍利弗採用「比丘」的稱呼,如「婆羅門曰:何者名為生?比丘曰:即愛是也」。「比丘」是泛稱因此可以模糊說話者的身份,暗示其實是舍利弗在對話;在對答結束後全知的敘述者總結對答的結果,還是稱偽裝變身成周利槃特的舍利弗為「周利槃特」:「爾時,周利槃特廣為說法已,婆羅門從比丘聞如此教已,諸塵垢盡,得法眼淨,即於其處,身中刀風起而命終」,宣稱周利槃特折服世典婆羅門。全知敘述者將人稱如此的運用,可以顯示整個對答過程中,舍利弗偽裝周利槃特並將其隱形的事件,完全沒有被世典婆羅門及其他觀眾覷出破綻,如此故事可以繼續沿此脈絡進行。

接下來全知的敘述者敘述偽裝變身為周利槃特的舍利弗,回復原形,「尊者舍利弗還復其形,飛在空中,還詣所止」飛回其原本之住處。諸釋種在得知消息後,很羨慕世典婆羅門得法眼淨而命終,紛紛讚美周利槃特並向其問法,諸釋種並表示願以衣被飲

食、床褥臥具、醫藥等儘量供養周利槃特，周利槃特默然可之。
從民間故事中「主人公從追逐者手中獲救」的類型來看，周利槃
特是故事的主人公，遭到世典婆羅門辯論法義的挑戰，他能夠從
對手手中脫身，完全是因為獲得舍利弗救助，而獲救的方式是他
被舍利弗替代形貌並且隱藏其身，符合「主人公在逃走過程中改
變自己的形貌，使他不易被辨認出來」的項目，可以獨立為一母
題敘事。

　　此外，在這則故事中首先我們可以發現由不同的眼光來觀察
同一個人，構成了不同的反應。對於故事的焦點人物周利槃特，
由五百餘位大釋種的視角來觀察，所反映的是輕蔑的態度；由世
典婆羅門的視角來觀察，所反映的亦是對其只會展現神通的輕
視；而由舍利弗的視角來觀察，反映出的卻是需要代其出征與外
道辯論；而正是由於舍利弗不露痕跡的代其出征，改變了諸釋種
與世典婆羅門看待周利槃特的眼光，變成肯定其人。

　　其次，也可發現此則故事的觀察者與敘述者之間的區別，觀
察者的視角是故事中諸釋種、世典婆羅門及舍利弗的眼光；聲音
則是全知敘述者的，全知敘述者在此只是傳達和解釋這些故事人
物看到和想到的，視角與聲音雙方呈分離狀態。[24] 正是這種觀察
者與敘述者的分離狀態，呈現「隱形」具有藏拙的作用，「幻化身
形」是權變的策略，充分顯示出佛教與外道宗教競爭的激烈性。

---

[24] 胡亞敏在《敘事學》中指出：「觀察者與敘述者之間的區別，視角研究誰看的問
題，即誰在觀察故事，聲音研究誰說的問題，指敘述者傳達給讀者的語言，視
角不是傳達，只是傳達的依據。在許多作品中視角與聲音並非完全一致，視角
是人物的，聲音則是敘述者的，敘述者只是傳達和解釋人物（包括過去的自己）
看到和想到的東西，雙方呈分離狀態。」（武漢：華中師範大學出版，2001），
頁148。

（三） 水三昧的變身母題敘事

　　描述水三昧的故事，在《阿含經》中並沒有相關敘述，《增壹阿含經》中簡單贊美質多舍利弗比丘是「入水三昧，不以為難」；[25] 眾經中最有名的水三昧故事是《首楞嚴經》[26] 中關於月光童子的故事。敘述月光童子以第一人稱「我」的敘事視角，回顧自身修學水三昧的證道過程。故事由四個時序構成：現在—過去—過去中的未來—現在。

　　故事開始於月光童子向佛陀報告自身修證的法門，月光童子以第一人稱外視角，[27] 即「現在我」的回顧性視角，追述「過去我」於過去恒河沙劫水天佛出世時，曾教其修習「水精入三摩地」。月光童子回顧「過去我」的修習的方法，其實就是世尊所教導的「六界法」，觀察自身的水性，從涕唾到禁液、精血、大小便利身中一切漩濮水性都是同一的；接著，月光童子見到「過去我」的自身水身與外在世界宇宙中，無數香水海的水性也是等無差別的，這時「過去我」就修成水三昧以水為身。

---

[25] 《增壹阿含經》（T.2, no.125, p.558b），又《佛光大藏經電子版・阿含藏》:「質多舍利弗（巴 Citta-Hatthirohaputta），又作象舍利弗。舍衛城農家子，因宿業之牽引，還俗六回，出家七次，後終能證果。」（高雄：佛光山文教基金會出版，2002）

[26] 以下月光童子故事所引經文，俱見《大佛頂如來密因修證了義諸菩薩萬行首楞嚴經》（T.19, no.945, p.127c）。

[27] 申丹在《敘事學與小說文體研究》中，耙梳各家說法提出四種不同類型的敘事視角，其中關於第一人稱的視角有：(1)第一人稱內視角：包括第一人稱主人公敘述中的「我」正在經歷事件時的眼光；以及第一人稱見證人，敘述中觀察位置處於故事邊緣的「我」的眼光。(2)第一人稱外視角：涉及第一人稱（回顧性）敘述中，敘述者「我」追憶往事的眼光；以及第一人稱見證人敘述中，觀察位置處於故事邊緣的「我」的眼光。（北京：北京大學出版，2004）頁218。

　　此時月光童子又以「現在我」的視角插入評論那時的「過去我」：「初成此觀，但見其水未得無身」，雖可變化水身，但並未修到無身無相的境界。此段是用「概要」[28]的敘述手法，將過去恒河沙劫大量的時間，以及修證水三昧的過程，這些素材時間，都通過少少的敘事時間敘述出來。

　　接著，為了要證明「過去我」只修得「但見其水未得無身」的境界，則採用「場景」敘述的方式來描述，月光童子以第一人稱「現在我」的回顧性視角，回顧「過去我」某日在禪房修水觀時，他的一個童稚弟子從窗外看到禪房中遍滿清水，覺得好玩，就拿了一片瓦礫投於水內，激水作響，顧盼而去。月光童子出定後頓覺心痛，心自思惟：「今我已得阿羅漢道，久離病緣，云何今日忽生心痛？將無退失」，正當月光童子懷疑其為何會心痛？是否是退失阿羅漢？剛好弟子來向其訴說前事，月光童子就告訴弟子：「汝更見水，可即開門入此水中除去瓦礫」，弟子奉教在其後入定時，看見瓦礫仍漂浮水中遂開門取出，月光童子出定後身質康復如初。在此，素材時間大體和故事時間相當，所要突顯的意象是「過去我」的月光童子，其「水身」仍是身相還有其障礙。

　　故事進行到月光童子又以第一人稱「現在我」的回顧性視角，繼續追述從證得水身的那時起，在過去未來時間中，他又經過無量劫、逢無量佛的修行，一直到山海自在通王如來時，終於

---

[28] 羅鋼：《敘事學導論》：「所謂概要是指在文本中把一段特定的故事時間壓縮為表現其主要特徵的較短的句子，故事的實際時間長於敘事時間。概要自身的詳略變化也很多。概要的簡短使它在所占篇幅上明顯地少於戲劇性場景。」（昆明：雲南人民出版，1997），頁101-102。

證到「亡身」，可以證到無身契入無相，而與十方世界諸香水海的空性相合無二無別。

最後故事時間又回到月光童子向佛陀報告的「現在」時刻，月光童子以第一人稱內視角（即第一人稱主人公敘述中的「我」正在經歷事件時的眼光）云：「今於如來得童真名預菩薩會，佛問圓通，我以水性一味流通，得無生忍，圓滿菩提斯為第一」（T.19, no.945, p.127c），敘述其修水三昧最終悟入水性一味流通的境界。

此兩段敘述亦是將過去又經恒河沙劫的大量時間，修證由水三昧至無身的過程，乃至於今在佛前的總結報告；都以敘事時間少於故事時間的「概要」方式來敘述。

由上所述可知，月光童子的故事敘述時間，其基本節奏是從現在到過去、再回到現在的往復運動，而環繞著前後段「概要」敘述，凸顯中間童稚弟子投石水身致使月光童子心痛的「場景」敘述；以此鮮明意象映襯出「水身」三昧亦非領悟究竟空性，直至證到「亡身」無身的水三昧才是真正的解脫。

「水」在宗教或神話故事中，象徵以水洗垢，水可滌清生命的污垢，讓生命獲得重生的潔淨，水可溶解粗重的肉身色相宛若水中化冰，疏濬生命底層澱積的淤泥，象徵讓生命變成河流般的流動，流向十方世界諸香水海；當河流流入大海就「忘身」它是河流，而成為大海的一部分與大海無二無別，生命也就解脫，證入空性，此或是「水三昧」敘事話語的意涵。

（四）化人的母題敘事

「化人」此一名詞似不見於《阿含經》中，在律部中則有出現，如《十誦律》中將「化人」列為說出佛法的五種人物之一，

云：「法者，名佛所說、弟子所說、天所說、仙人所說、化人所說」，[29]《根本說一切有部毘奈耶藥事》中曾敘述佛陀變成一位陶師「化人」去度化從事治陶業的另一位陶師，[30]由此觀之，「化人」應具有契機說法的功能。至於「化佛」此一名詞似亦不見於《阿含經》中，在《根本說一切有部毘奈耶破僧事》中敘述阿難能分別「真佛」與「化佛」。故事敘述有一長者請佛赴供，事後諸比丘問阿難：「汝於今日隨如來赴供，為隨真佛？為隨化佛」，阿難陀答曰：「我於今日與佛世尊相隨往彼，非化身也」，諸比丘問阿難何以知之？阿難回答：「我若與真佛行者，心自恭敬內懷慚愧；若與化佛行者，則不如此」，阿難自陳若其和佛陀本人同行時，他的內心自然會產生恭敬戒慎的心境；若是跟佛陀變化出來的「化佛」同行就不會如此。由於阿難能辨知真佛與化佛的差別，四方遠近都推崇阿難「善別諸相」。[31]由此可知「化佛」與「化人」的不同，「化人」與真佛不同形貌，「化佛」與「真佛」同形同貌。

　　「化人」與「化佛」的出現，似乎從各本佛傳經文及故事集形態的經文[32]中開始有較多的敘述，「化佛」專指與佛同形貌的人物樣態，且「化佛」是可以同時存在於不同空間說法度眾，並傾向於描述一一化佛都由佛陀身上同時湧現，皆具無與倫比的光明相好，且同時可存在於不同空間都在說法度眾等，如《撰集百緣

---

[29] 《十誦律》卷9（T.23, no.1435, p.70c）。

[30] 《根本說一切有部毘奈耶藥事》卷9：「爾時世尊知調伏時至，自化為一陶師，共彼陶師。自相謂言：器皿何似從輪而下？陶師答言：乾成而下。化人報曰：我亦乾成而下，汝共我同，……時世尊攝化陶師，而復本身。說微妙法，令其眷屬住四真諦。」（T.24, no.1448, p.41a）

[31] 《根本說一切有部毘奈耶破僧事》（T.24, no.1450, p.166a）。

[32] 可見於《大正藏》本緣部諸經。

經》中敘述：「佛……於其臍中出七寶蓮華；各有化佛，結跏趺坐放大光明，上至阿迦膩吒天，下至阿鼻地獄」、[33]《賢愚經》中敘述：「於是如來從八萬毛孔，皆放光明遍滿虛空。一一光頭，有大蓮花，一一華上，皆有化佛與諸大眾，圍繞說法」。[34]

　　至於「化人」的敘述，重點多在描述佛陀變成某種「化人」的形貌去度化眾生；因此可有各式各樣的「化人」形貌；此外，「化人」除了佛陀外，天人、菩薩等等都可變成各色「化人」，《華嚴經》卷73云：「菩薩摩訶薩亦復如是。以如幻智平等法身，現眾色相（即化身），於諸有趣住無劫，教化眾生」，[35]《法華經·法師品》：「若人欲加惡，刀杖及瓦石，則遣變化人，為之作衛護」，[36]可知佛菩薩等為救度各類眾生，常隨機變化為各種形相、身分、膚色的化人，因此「化人」的故事多采多姿，樣態萬千。

　　「化人」是一個人物角色，羅鋼在《敘事學導論》指出「角色」是故事的行動因素，「角色」一定與故事中的功能性事件有關。[37]因此，當敘事人物是動作的執行者，且能產生種種的「功能」，這種人物便可稱之為「角色」。在《法句譬喻經》中，敘述佛陀變成各式各樣的「化人」角色以度化眾生的故事。例如〈多

---

[33] 《撰集百緣經》卷2（T.4, no.200, p.211a）。

[34] 《賢愚經》卷2（T.4, no.202, p.363a）。

[35] 《大方廣佛華嚴經》（T.10, no.279, p.398c）。

[36] 《妙法蓮華經》（T.9, no.262, p.32b）。

[37] 羅鋼：《敘事學導論》：「二十世紀俄國形式主義者和結構主義者所謂的『角色』（actants）可直譯為『行動素』，即把它完全是作為故事行動的一個因素來考慮，而不是從其自身的心理和道德方面來考慮。任何事件都離不開行動者，即『角色』。角色與人物的區別在於，有的人物在故事結構中沒有功能作用，因為他們並不引發或經歷功能性事件，這種人物便不能稱之為角色。而『角色』卻一定與作品中的功能性事件有關。」（昆明：雲南人民出版，1997），頁101-102。

聞品〉中，敘述羅閱祇國山中有五百強盜專殺奪路人財物，佛化成一滿載寶物的富賈從山中過，強盜心中正自慶幸：作賊多年從無如此「肥羊」自動上門。遂將富賈包圍，富賈舉弓一發五百強盜中箭求饒，富賈即現佛身，說理度此五百強盜皆受五戒。又如〈篤信品〉中，敘述佛到江邊欲度五百餘剛強欺詐人家，村人聞法並不信受，佛便化一人從江對岸行走水上而來，村人大驚忙問化人何有此法術？化人告以是佛所教，一村之人遂信佛有大威神力而信奉之。又如〈戒慎品〉中，敘述波羅奈國山中有五沙門，出家經年忙於衣食不能入道，佛遂化成一沙門前往問訊說理，再現佛身，五沙門即時都得羅漢道。又如〈惟念品〉中，敘述佛愍弗加沙王自行剃頭作沙門，尚未見佛又未聞經命即將終，遂化作一比丘，往弗加沙王借住的陶家窯窟中，為其說法並現佛身以度之。又〈放逸品〉中，敘述有一在深山修道七年未能得道的沙門，見山中無主財寶便起貪心，呼兄喚弟共背寶物歸家還俗，走至半路，逢佛化成的比丘尼向其問訊，沙門見此比丘尼，敷粉畫眉、手帶金銀、頸掛瓔珞，即斥其非，比丘尼亦反問沙門：何以貪欲忘道，取非分之財？並現佛身。沙門悚然而驚懺悔不已，佛為說法得羅漢道。[38] 凡此種種都是佛陀所變「化人」的角色功能，而其敘述筆法都會於故事最後揭露底牌，「化人」會恢復佛陀的本貌真身，「化人」與佛陀原是同一人所造成的驚奇效果，[39] 達到故

---

[38] 以上所引《法句譬喻經》的故事，見丁敏：《佛教譬喻文學研究》（台北：東初出版，1996），頁234-235。

[39] 羅鋼：《敘事學導論》：「驚奇是由故事的『突轉』造成的。用亞理士多德的話說，所謂『突轉』就是故事的發展突然向相反的方向轉化，這種突轉使讀者在閱讀中原先產生的心理預期落空，因而感到驚奇。」（昆明：雲南人民出版，1997），頁88。

事的最高潮，使得佛陀「化人」欲度化的對象徹底臣服而被度化。

至於人物角色功能的產生，史蒂文‧科恩、琳達‧夏爾斯在《講故事——對敘事虛構作品的理論分析》中，認為「故事將人物置於與事件的某種序列的關係之中；而那套關係確認了人物作為角色而產生的種種功能（functions）」。[40] 因此將「化人」置於不同事件序列的關係中，「化人」就會產生種種不同的功能。在佛教修行中「對治情欲」是核心的項目，以下就試由此主題來析分「化人」的角色功能。

「婬欲障道」是大小乘佛典共同的觀點，在《中阿含‧大品阿梨吒經》中，比丘阿梨吒一直堅持世尊說「行欲者無障礙」，諸比丘一再勸諫阿梨吒比丘放棄此惡見，但無人能勸阿梨吒捨此惡見，因而告知佛陀。佛陀招來阿梨吒親口對其說「欲有障礙」，並用了「骨鏁」、「肉臠」、「把炬」、「火坑」、「毒蛇」、「夢」、「假借」、「樹果」等說法來比喻婬欲。世尊也說阿梨吒是因為「顛倒受解義及文」，才會產生此惡見。[41] 婬欲既會障道，又牽人陷入塵網，困入輪迴，所以守不婬戒是比丘的根本大戒。至於引起婬欲的原因，佛教視執戀肉體的美色是其要素，又認為肉體的美色是虛幻的，應以不淨觀[42]來破其表相。因此，如何對治因美色引起

---

[40] 史蒂文‧科恩、琳達‧夏爾斯著，張方譯：《講故事——對敘事虛構作品的理論分析》（台北：駱駝出版，1997），頁74-77。

[41] 《中阿含經》卷54（T.1, no.26, p.763b-764a）。

[42] 《佛光大詞典》「不淨觀」詞條：「不淨觀，又作不淨想，為五停心觀之一。即觀想自他肉體之骯髒、齷齪，以對治貪欲煩惱之觀法。人的屍體隨時間而變化為醜惡之形狀，故在諸經典中皆舉有多種不淨之觀屍法，以治貪欲之心。」可參考如《中阿含‧長壽王品‧念身經》等經中所述。《佛光大辭典電子版》（高雄：佛光山文教基金會出版，2002）。

的情欲就是一大課題。[43]

在「對治情欲」的敘事中，大小乘經典多以佛陀作為「化人」的角色，有關佛陀扮演「對治情欲」的「化人」，常有如下兩種角色：

1. 扮演女身美色無常與不淨的角色

《法句譬喻經・愛欲品》中敘述有兩個遊蕩子從佛出家後，依舊是「但念世間恩愛榮樂，更共咨嗟情欲形體，說其姿媚」，不停地談論女體媚姿情色婬欲等事，因此氣鬱結於內，精神萎靡，佛陀知道二人情況，就先行遣走其一比丘，然後佛再化作此人形貌，「便自化作一人」，勸另一比丘「可共往觀視其形體，知為何如，但空想念，疲勞無益」，二人相隨至婬女村，佛於村內又幻化出一妓女，二比丘共入此妓女室內觀其女形體，於是妓女坦胸露乳給二比丘觀看，然體臭氣四溢，難以親近，化人比丘即告另一比丘：「女人之好但有脂粉芬薰，眾華沐浴塗香，著眾雜色衣裳以覆污露，強薰以香欲以人觀，譬如革囊盛屎有何可貪？」（T.4, no.211, p.603b）女人之美實是虛表，都靠香粉瓔珞裝飾，猶如皮囊盛屎，有何可貪？就在此時化比丘即現佛身，「佛說偈已現其光相」比丘見是佛陀本人親自出馬扮演化人婬女來教誨他，非常慚愧立即悔改，得阿羅漢。而被佛遣走之比丘，回入室內見其友伴光彩異前，問其原因，得道比丘即如實說佛之度化經過，此比丘頓時亦斷欲想而得法眼。[44]

---

[43] 李玉珍：〈佛教譬喻文學中的男女美色與情慾──追求美麗的宗教意涵〉，《新史學》第10卷第4期（1999年12月），頁32。

[44] 《法句譬喻經》卷4（T.4, no.211, p.603a-b）。

在這個故事中，佛陀扮演了兩個「化人」的角色，一是「化
比丘」一是「化婬女」，史蒂文·科恩與琳達·夏爾斯在《講
故事——對敘事虛構作品的理論分析》中提到：「當一個人物
為一個事件產生一個以上的功能時，是『多重功能』（multiple
functions）」，[45] 由此可見佛陀在這則故事中扮演「多重功能」的角
色。

對女身美色的執戀既是「婬欲障道」的主要原因，因此佛陀
「化人」的角色，不但要破除比丘對女身美色的執戀，亦要破除誘
人婬欲的「婬女」對其身相的執戀。《法句譬喻經·無常品》中敘
述有一萬人迷名曰「蓮華」的美女本欲出家，卻在路旁水中照見
自己的美貌，復生憐惜不捨之心：「人生於世形體如此，云何自棄
行作沙門，且當順時快我私情」，於是就打退堂鼓折返回家。佛陀
遂「化作一婦」，化成一勝過蓮華千萬倍的美女，來到泉水邊與其
共坐談話，不久化人美女就枕在蓮華的膝睡著了，突然之間此化
人美女竟氣絕命亡，身體開始「膖脹臭爛，腹潰蟲出，齒落髮
墮，肢體解散」，蓮華見美女睡眠忽死身體臭爛出蟲，驚怖無常之
速，執戀自己美色之心頓消，即往詣佛所出家修道證阿羅漢。[46]
在此故事中，佛陀扮演「化人」美女的角色，並沒有在故事結尾
顯露其真正身份讓蓮華知道，因為如此才能達到讓蓮華驚覺美色
無常的真實感。

---

[45] 史蒂文·科思、琳達·夏爾斯著，張方譯：《講故事——對敘事虛構作品的理論
分析》（台北：駱駝出版，1997），頁77。
[46] 《法句譬喻經》卷1（T.4, no.211, p.576b-c）。

2. 扮演男身美色無常與不淨的角色

《佛說觀佛三昧海經》[47]此故事由幾個事件以「核心事件」和「衛星事件」的方式組合而成。「衛星事件」包括「事件一」：故事開始於敘述佛陀告訴阿難自己從前結夏安居時，波羅奈國有一座「婬樓」，其中住著名叫「妙意」的婬女，因為過去世曾與佛有重大因緣，「昔日於佛有重因緣」，所以佛陀就帶著難陀、阿難日日前往乞食。「事件二」：然而婬女卻不曾恭敬佛陀，反而對難陀、阿難生起愛欲染著之心：「已經七日，女心念言：沙門瞿曇若能遣弟難陀、阿難，從我願言，我當種種供養沙門」，婬女心想若佛陀能派遣弟子難陀、阿難從其所願，她就願意供養佛陀。所以佛陀故意不讓難陀、阿難尾隨乞食而自己獨行前往，展現神通「至女樓所一日至三日，放金色光，化諸天人」（T.15, no.643, p.685b），以三天時間身放出金光，幻化為天人，想要度化妙意卻無效果。

透過佛陀欲度化妙意婬女而受挫的兩個「衛星事件」，接下來展開「核心事件」的敘述。「核心事件」之一：敘述佛陀於是只好再攜難陀、阿難前往，透過阿難開口要妙意禮佛：「復將阿難難陀，在樓下行，婬女愛敬二比丘故，遙以眾華散佛及二比丘，阿難告言；汝可禮佛」，世尊並變出化人「爾時世尊化三童子，年皆十五面貌端正」（T.15, no.643, p.685c），幻化出三個年約十五歲，面貌端正無比的俊美少年，這三個化人果然引起妙意的注意，進而要求跟其中之一結為夫妻，行男女之事。

「核心事件」之二：化人於是遂與妙意行淫，「未及食頃，女前親近白言：丈夫願遂我意，化人不違，隨己所欲即附近己，一

---

[47] 以下所引妙意婬女的經文，俱見《佛說觀佛三昧海經》（T.15, no.643, p.683b-686a）。

日一夜心不疲厭；至二日時愛心漸息；至三日時白言：丈夫可起飲食。化人即起纏綿不已，女生厭悔白言：丈夫異人乃爾」，第一天妙意盡情享受男女的愛欲而不疲憊，第二天起愛心漸漸止息，第三天起妙意終於厭倦，要化人起來飲食，然而化人猶不放過妙意，化人告訴妙意：「我先世法凡與女通，經十二日爾乃休息」（T.15, no.643, p.685c），他們傳統習俗凡是與女子行淫，必須經過十二天才能停止。

「核心事件」之三：妙意至此才開始後悔，好像吃東西噎到，吐也吐不得、嚥又嚥不下。第四天行淫時，妙意感覺身體就像被車碾過；第五天則有如鐵丸入體；第六天身體每個部位都像利箭穿心般疼痛。妙意此時終於想起世尊的功德，懊惱自責之餘，發願從今以後不再貪著肉欲：「我從今日乃至壽終，終不貪色。寧與虎狼、師子、惡獸同處一穴，不貪色欲，受此苦惱」（T.15, no.643, p.685c），此願非常激烈，畏懼厭惡色欲超過與虎狼師子惡獸同處一穴。

「核心事件」之四：妙意雖然心中暗自發願，然依舊「復起飯食，行坐共俱無奈之何」，對化人終究無可奈何。然而化人也感受到妙意心態而現瞋恨相，指責妙意欺騙自己：「咄弊惡女廢我事業！我今共汝合體一處不如早死」，讓自己無顏見父母宗親，化人於是以刀刺自己的脖子自殺。血流滂沱塗污妙意的身體，化人死後身體逐漸青瘀臭黑、腫脹潰爛，「死經二日青瘀臭黑，三日膖脹四日爛潰，大小便利及諸惡虫，逆血諸膿塗漫女身，女極惡厭而不得離。至五日時皮肉漸爛，至六日時肉落都盡，至七日時唯有臭骨，如膠如漆粘著女身」（T.15, no.643, p.685c-686a），乃至大小便及蛆蟲膿血塗滿妙意的身體，而妙意卻無法避開，到了第七

天，僅剩臭緊緊附在妙意身上。

「核心事件」之五：妙意於是發願若世尊能免自己之苦，便將婬舍所有珍寶用作布施。作是念時，「佛放常光明耀天地」吸引眾人前來婬舍。妙意慚愧不已，取了一塊香毛毯企圖掩飾臭骨，卻在禮佛時露出臭骨，妙意至此終於誠心懺悔，乞求世尊解救。由於佛陀神力的關係臭骨立即消失，妙意當下也證得須陀洹果，「應時即得須陀洹道」（T.15, no.643, p.686a）。

此則故事以「核心事件」和「衛星事件」逐步描述婬女心境。其發展充分運用「驚奇」的敘事效果，驚奇的突轉事件，首先是佛陀變成的「化人」男子，竟然在和妙意婬女成為夫婦後，要不吃不喝連續行婬十二日，這使得本來主動勾搭「化人」男子的妙意婬女，心境逐日由貪愛行婬轉變成對行婬的畏懼痛苦，甚至到了痛不欲生的地步；更高潮的驚奇突轉事件是「化人」男子竟然反過來責備妙意當初是騙婚，憤而自殺；再來的驚奇突轉事件是全知的敘述者描述妙意婬女與腐體共處七日，愈來愈令人驚悚作嘔的細節，由此步步逼使妙意婬女向佛陀呼救，凡此充分顯示現出佛陀費盡心思要度化婬女的苦心。更能顯示大乘佛典對於婬欲的對治，已不似小乘佛典中（如《法句譬喻經》）甚少或無行婬的過程，直接顯示肉身穢惡不淨的敘述；反而會出現以反常過量的行婬來達到以婬欲對治婬欲的描述；然而不可或缺的仍是肉身無常與不淨的素材。

綜觀以上三則有關「化人」的敘事，皆以「講述」（telling）的方式為主，《法句譬喻經》的二則故事情節較為簡略梗概，《佛說觀佛三昧海經》則相當曲折生動。「化人」佛陀的角色不但有扮演「女身」來度化比丘及婬女，更有扮演「男身」來度化婬女，

由此可見雖然佛經中有較多敘述「女身不淨」的經文,但無論男身女身其肉身都是「不淨」,例如《增壹阿含經》[48]描述一比丘不信佛所說法,佛便以過去世的因緣為方便,來點醒該比丘「欲為不淨想」;是以無論男身、女身都必須捨離對肉身色欲的貪戀,經由身心的修鍊淨化、提昇轉化而得戒身、定身、神通身、乃至解脫身等。[49]而除了比丘之外,婬女更是「對治情欲」中要被的度化的首要對象。

此外,三則有關「化人」的敘事,皆以驚奇的突轉事件,彰顯肉身穢惡不淨;至於「化人」佛陀的底牌是否會揭露,則要依敘事情節的需要來作決定,如果揭露底牌知道「化人」的真實身份,會帶來另一高潮的驚奇,讓被度化的對象欣喜臣服,則故事結尾會揭示底牌;若無此效果,即使佛陀真身亦在故事最後階段現身,也當成與「化人」無干的另一救度者角色出場。也可以發現關於展示「肉身無常穢惡不淨」的事件,是可以作為「對治情欲」類型故事的母題來看待。

三、「降龍變身」故事的母題敘事

佛教認為龍是屬於六道中之畜生道,因其具有神力故又稱龍神,《增壹阿含經》中佛告舍利弗:「如來有四不可思議事,非小乘所能知,云何為四?世不可思議、眾生不可思議、龍不可思議、佛土境界不可思議」,[50]可見龍眾是佛教世界圖像中不可思議

---

[48] 《增壹阿含經》(T.2, no.125, p.769c-770c)。

[49] 《雜阿含經》卷3:「世尊告諸比丘:我今當說有身、有身集、有身滅、有身滅道跡。」(T.2, no.99, p.18b-19a)又《中阿含‧長壽王品‧念身經》(T.1, no.26, p.554c-557c)有對身體由不淨觀等一系列轉化過程的加以描述。

[50] 《增壹阿含經》卷18 (T.2, no.125, p.640a)。

的神秘生命形式之一。佛經中依龍和佛教的關係分龍王為二類：擁護佛法保護世界的「法行龍王」，反之則為「非法行龍王」。[51]

「降龍變身」的故事，意指描述佛陀或弟子在收服惡龍的過程中，敵對雙方所發生的種種變身幻形神通鬥法的故事。我們可以發現「降龍變身」故事，多由數個母題組合而成，如大身／細身、隱形／現身、自身／他身、色身／法身等構成，《增壹阿含經》卷28有一則敘述佛陀欲至三十三天為母說法，[52]而難陀、優波難陀龍王阻擾前往三十三天的途道，佛遂派目犍連降伏。之後佛生陀昇到忉利天為母說法，再從天上返回人間，這其中非常生動的描述了「鬥法變身」的種種母題故事，而整則故事是按時間順序發展，呈現一幅幅「歷時空間」的場景敘事，以下則依情節進行的順序，分析突顯其中「鬥法變身」的種種母題：

（一）目連與龍王鬥法的變身場景之一

故事開始敘述帝釋請佛陀往三十三天，為佛陀轉生三十三天的亡母說法。這件事被難陀、優槃難陀龍王兩個惡龍聽到，興起了瞋恚之心，不樂意沙門在其上飛行「禿頭沙門恒在我上飛，我等當共制之，令不陵虛」，遂放大火大風燒燃世界；許多大阿羅漢弟子如大迦葉、阿那律、離越、迦旃延、須菩提、優陀夷、婆竭，都向佛陀請纓前往降伏惡龍，然佛陀以此二惡龍太兇暴難可受化，而一一婉拒。直到目連開口請纓，佛才問他有何降龍妙計？目連答言：「我先至彼化形極大恐怵彼龍，後復化形極為微

---

[51] 《正法念處經》卷18（T.17, no.721, p.105b）。

[52] 以下目連降龍故事及其所引經文，俱見《增壹阿含經・聽法品》卷28（T.2, no.125, p.703b-708a），另可見於《小部・法句經注釋》、《小部・經集注釋》。

小，然後以常法則而降伏之」，目連要先化形極大再化形極小來降
服之。佛陀聽後遂允許目連前往降龍，但仍不忘殷殷叮嚀：「目
連！堅持心意，勿興亂想。所以然者？彼龍兇惡備觸嬈汝」（T.2,
no.125, p.703b-c）。

目連遂以神足飛行出發，「屈申臂頃，於彼沒不現，往至須
彌山上」目連到達須彌山時，兩個惡龍正在「遶須彌山七匝，極
興瞋恚，放大烟火」，這時目連發起變化成「異身」的神通，首先
隱去本形然後化作大龍王「目連自隱本形，化作大龍王，有十四
頭，遶須彌山十四匝，放大火烟，當在二龍王上住」，由於難陀、
優槃難陀龍王是有七頭的龍王，目連就變成比牠們多一倍的十四
頭大龍王，二龍王看到比自己大一倍的大龍非常害怕，於是商量
「我等今日當試此龍王威力，為審勝吾不乎」，當牠們嘗試後，發
現目連變的大龍王威力強過牠們兩個，「然此大龍王復過我上去，
我等正有七頭，今此龍王十四頭；我等遶須彌山七匝，今此龍王
遶須彌山十四匝，我今二龍王當共并力與共戰鬥」（T.2, no.125,
p.703c-704a），[53] 遂準備聯手進行攻擊。

於是二龍王開始發起雷電大火「雷電霹靂放大火炎」，目連
擔心和他們正面鬥法會傷害到人民百姓，於是目連即化成細小形
「目連即化形使小，便入龍口中，從鼻中出；或從鼻入，從耳中
出；或入耳中，從眼中出；以出眼中。在眉上行」，目連化做細小
龍形從二龍王口鼻耳眼出入，最後在其眉上行走。兩個惡龍自知

---

[53] 《正法念處經》卷18：「有諸法行龍王：其名曰七頭龍王、象面龍王、婆修吉
龍王、得叉迦龍王、跋陀羅龍王、盧醯多龍王……」（T.17, no.721, p.105c）。可
見難陀、優波難陀龍王是七頭龍王。難陀、優波難陀龍王是二兄弟，為八大龍
王之二，二龍王原為惡龍，後被目連降服後，乃隨眾至佛所聽法，並成為護法
之龍神。

無此功力「今此龍王威力乃爾，不堪共鬥」，以為必死無疑，目連遂在此時現本形在兩個惡龍的眼睛上行走，降服牠們並且告訴他們：「此須彌山者是諸天道路，非汝所居之處」（T.2, no.125, p.704a），二龍王答應離開並和目連前往舍衛城皈依佛陀。

（二）目連與龍王鬥法的變身場景之二

接著，隨著時間的進程歷時性的空間場場景畫面，轉到敘述難陀、優槃難陀二龍王「化作人形」，以「異身」的人身在舍衛城聽佛說法，這時波斯匿王亦來到世尊所，在場聽法大眾都起身相迎，唯有二龍王默然不起，波斯匿王心中不悅：「見吾至此亦不起迎，設住吾境界者當取閉之，設他界來者當取殺之」，有他心通的難陀、優槃難陀龍王便興瞋恚，欲殺害國王及人民「盡取殺之」。佛陀知二龍王瞋恚心起，就再派目連前往降伏，目連到了波斯匿王的王宮上，「結加趺坐令身不現」先隱形不見，這時難陀、優槃難陀二龍王已在興雷暴雨的激烈施法「雷吼霹靂、暴風疾雨，在王宮上；或雨瓦石、或雨刀劍」，隱形的目連一一將這些現象變化成為「優鉢蓮華」、「種種飲食」、「極好衣裳」、「七寶」等等，將所有的災難物變成吉祥物。這時目連才現身，二龍王看到是目連的神通變現知難而退（T.2, no.125, p.704c-705a）。

由以上降龍鬥法的種種變身敘事話語可知，「隱形」具有暫時抹去自身存在的痕跡，得以在和敵手對峙時，造成敵明我暗的窺視優勢，不但可以保護自己處於安全的空間，並可出其不意的對敵手予以還擊；而各種變身則在彰顯神通技法本身高超的作用。

（三）如來變身的人天場景

　　目連降龍，清除二龍霸佔前往三十三天的路徑之後，接著用人物轉換的方式來連接另一空間場景，主角改由佛陀登場。敘述佛陀因見四眾弟子多有放逸者，遂興起暫時遠離人間，前往三十三天為母說法。佛陀到了三十三天，心想：「我今當以神足之力自隱形體，使眾人不見我為所在」，佛陀隱形不讓人間弟子看見；又將自己讓天人看見之身變得高廣巨大「爾時世尊復作是念：我今於三十三天，化身極使廣」（T.2, no.125, p.705b），這是因為天人之身本自廣大，佛陀應以天身讓天人見之。

　　關於佛陀在天上說法的狀況，是以「概要」敘述簡略帶過，唯特別突顯如來飯食的事件，釋提桓因（即帝釋）問佛陀要按人間或天上的飲食來吃飯：「爾時，釋提桓因白佛言：我今當以何食飯如來乎？為用人間之食？為用自然天食」，佛陀回答：「可用人間之食用食如來。所以然者？我身生於人間、長於人間、於人間得佛」，佛陀強調其生於人間、長於人間、於人間得佛，所以要用人間之食。佛陀按人間進食的習慣食人間食，由三十三天的視角來看：「爾時，三十三天各各自相謂言：我等今見如來竟日飯食」，他們看見佛陀一整天都在不停地吃，感到非常疑惑。佛陀知道諸天的反應，就入三昧展現一種隨己心意能讓諸天進退的神通，「是時，世尊便作是念：我今當入如是三昧，欲使諸天進便進，欲使諸天退便退；是時，世尊以入此三昧，進却諸天，隨其時宜」（T.2, no.125, p.705c），如此佛陀想讓諸天看到才讓諸天前來；不想讓諸天看到就讓諸天退却。

　　每當幾組場景分頭行動，敘述話語需要從一個場景轉到另一個場景時，於此故事中常使用「是時」這一詞語，接起了另一條情節線索。以下就繼續用「是時」為空間轉折點，依著時間順序，以人物轉換的方式讓空間回到人間，敘述人間的國王、人民及眾僧都非常想念佛陀，於是優填王造立栴檀佛像，波斯匿王造立金佛像，以解思佛之念，是為有佛像之始。

　　再來又轉到僧團場景，敘述因為佛陀的隱形，人間四眾弟子包括天眼第一的阿那律，以天眼遍尋各天都找不到佛陀「是時，阿那律正身正意，繫念在前，以天眼觀閻浮里內而不見之，復以天眼觀拘耶尼、弗于逮、欝單曰而不見之。復觀四天王、三十三天、豔天、兜術天、化自在天、他化自在天、乃至觀梵天而不見之。復觀千閻浮地、千瞿耶尼、千欝單曰、千弗于逮、千四天王、千豔天、千兜術天、千化自在天、千他化自在天、千梵天而不見如來。復觀三千大千刹土而復不見，即從坐起語阿難曰：我今已觀三千大千刹土而不見之」，阿難聞語擔心：「如來將不般涅槃乎」（T.2, no.125, p.706b），此處細緻鋪敘阿那律用天眼遍尋三千大千世界四維八方每一角落，皆遍尋不見，再用阿難擔心佛陀是否入滅作為事件的收束，映襯出佛陀隱形之高超。

　　當情節線索多頭發展時，由不同人物構成的幾組畫面在時間軸上就會出現一些穿插、交叉現象，此處當阿那律遍尋不到佛陀時，時空場景又回到三十三天上，重複敘述三十三天諸天子見「如來竟日飯食」，感到非常疑惑，但是釋提桓因向三十三天解釋了其中的原因：「如來今日食以人間時節，不用天上時節」（T.2, no.125, p.706b），前後兩次的「如來竟日飯食」事件，利用人天兩

界巨大的時差，[54]引來諸天懷疑的眼光，形成幽默的話語風格；而佛陀在諸天懷疑下仍堅持用人間食，更寓涵人身難得、人間成佛的深刻佛理於其中。除此之外，在敘述的方式上，透過此事件的前後重複出現，能造成情節發展的前後呼應，將眾多場景連綴成一個有機的整體。而佛陀在三十三天「隱形」，不讓人間弟子睹見，具有和舊有關係脈絡暫時隔離的作用，讓彼此在不接觸的距離空間中，重新建構彼此的互動關係。

（四）見如來色身／法身的變身場景

接下來即對重新建構佛陀與人間弟子彼此互動的關係展開敘述，敘述世尊在三十三天經過三個月，想到人間弟子可能非常掛念他，才除去自身的隱形「世尊即捨神足」（隱形為神足通之一），阿那律才得以看到佛陀在三十三天與母說法，於是目連代表人間弟子們前往三十三天請佛返回人間，佛陀告訴目連：「目連！汝還世間，却後七日，如來當往僧迦尸國大池水側」（T.2, no.125, p.707a），佛陀明確地預告了回到人間的時間與地點，用時間的推移和其之行動，來連接從天上時空場景到人間的時空場景。

當時間的流動來到「却後七日」，佛陀返回人間的當日，故事的敘述時間流速暫時停止，情節切換成優鉢華色比丘尼與須菩提兩個並列的場景進行敘述。對於優鉢華色比丘尼的敘述又是置於敘述須菩提的之前與之後，分兩次進行重複又續接的敘述。首先敘述優鉢華色比丘尼在己住處，想到佛陀今日返回人間，如果

---

[54] 如《中阿含經》中敘述：「天上壽長，人間命短。若人間百歲，是三十三天一日一夜，如是一日一夜，月三十日，年十二月；三十三天天壽千年。」（T.1, no.26, p.527a）。

她以比丘尼的身份前往迎接「設我當以常法往者，此非其宜」（T.2, no.125, p.707c），是不適宜的。

接著，場景跳到敘述在羅閱城耆闍崛山中縫補僧衣的須菩提，他本動念要如其他弟子般往接佛陀，但隨即想到佛陀的教誨：「此如來形？何者是世尊？為是眼耳鼻口身意乎？往見者復是地水火風種乎？一切諸法皆悉空寂，無造無作，如世尊所說偈言……諸法皆悉空寂。何者是我？我者無主，我今歸命真法之聚」，須菩提體悟到不以身相見如來，歸皈諸法皆悉空寂的真諦，於是「還坐縫衣」，不以色身迎如來。在此，敘述的場景又再度轉換至優鉢華色比丘尼，重複敘述優鉢華色比丘尼的想法，接著她隱去自己比丘尼的身相，變成轉輪聖王的形相「優鉢華色比丘尼還隱其形，作轉輪聖王形」（T.2, no.125, p.707c-708a）。

敘述時間又開始流動，敘述佛陀返回人間時，四眾弟子群集僧迦尸國大池水側，爭相迎接佛陀的場景。這時優鉢華色比丘尼果然變身為轉輪聖王形，四眾弟子因此紛紛禮讓，所以她最先到達佛陀面前頂禮佛陀「還復本形，作比丘尼，禮世尊足」，優鉢華色比丘尼非常高興的告訴佛陀她是第一個頂禮迎接佛陀的人：「我今禮最勝尊，今日先得觀省，我優鉢花色比丘尼是如來弟子」，優鉢華色比丘尼以為自己是第一個見到佛陀的弟子，沒想到佛陀告訴她須菩提已先以空性禮見如來了，「當觀空無法，此名禮佛義」（T.2, no.125, p.708a），以具體的色身變身對比法身無身的空性真諦，在此已將變身話語提昇至「不可以身相見如來」的奧義層次。故事最後結束於佛教導優填王、波斯匿王等五王於池水側造大神寺，並為記福。

綜上所述，我們可以發現在《增壹阿含經》此則故事中，主要包含「目連與龍王鬥法」、「佛昇三十三天」兩大主題，於其中多個不同事件分別鑲嵌在不同的時間刻度上，用時間的推移和不同人物的行動來連接各個空間場景；間或運用空間場景的重複穿插，形成綴連性的敘事結構。除此之外，就敘事的筆法而言，創造種種變身母題：如現大身／細身、隱身（己身）／異身（變成他身）、隱形（己身）／現身（己身）、災難物／吉祥物、佛陀色身／法身等鮮奇驚異兼具哲理寓意的敘事，是使整則經文故事高潮迭起、迭宕生姿的主要因素。

四、「外道鬥法」的變身母題敘事

在《長阿含·堅固經》[55]中佛陀曾言其不贊成比丘們為來到僧團參訪的不信佛的婆羅門、居士、長者子展現神通，以防止神通掩蓋了佛教的主旨，令人誤解佛教為世間外道的幻化咒術之類。在《長阿含經》卷11中記載，[56]佛陀有一名為善宿的比丘，一再以佛陀沒有為其示現神通，而威脅佛其要離開僧團。佛慈祥地告訴善宿，當初佛並未以展現神通為條件來換取善宿的加入僧團，若依照戒、定、慧的修行次第精勤修行，自然能產生神通，離苦得樂到達解脫境地。但善宿聽不進去，由於沒有學得神通，善宿比丘後來還俗了。由此可知佛陀認為一心嚮往神通，根本就沒有把握住修行的真正目的，是無益於生命的解脫，佛陀的教法是偏重於依於教誡的智慧修行。

---

[55] 《長阿含經》（T.1, no.1, p.101a）。

[56] 《長阿含經》（T.1, no.1, p.66a）。

　　然而在《雜阿含經》[57]中敘述佛陀卻特別為過去是婆羅門，現在改宗成為佛教比丘的一千弟子，演示三種神通：「如是我聞：一時，佛住迦闍尸利沙支提，與千比丘俱，**皆是舊縈髮婆羅門**。爾時，世尊為千比丘作三種示現教化，云何為三？神足變化示現、他心示現、教誡示現」，第一個展現的神通就是「神足示現教化」展現種種神變；第二個展現的神通是「他心示現教化」，第三個神通是「教誡示現教化」。可見神通表演與講演結合，是佛陀針對這些婆羅門背景出身的弟子說法的特點。也可由此旁證，神足展演對於婆羅門等外道，是一種非常有效的攝受方式。

　　佛陀宣揚教理的方式約採兩條路線並進的方式：一是以教誡說理的方式，來宣說佛陀自證自悟的真諦；另一則是用神通演示的方式，溝通於眾生。在這兩種宣教方式中，佛陀所看重的其實是相應於漏盡通的教誡方式。至於神足通、他心通是適應時代需要的宣教表演方式。

　　佛教崛起於西元前二千五百年前印度恆河流域的沙門思潮，成為那個時代新興宗教傑出的後起之秀，傳播過程必然與其他宗教相遭逢，[58]例如《雜阿含經》[59]中敘述：「王舍城人普設大會，悉為請種種異道」，敘述王舍城人民普設供養大會，所供養的以各種外道為主：有事遮羅迦外道者、有事外道出家者、有事尼乾子道者、有事老弟子者、有事大弟子者；此外也有事佛弟子僧者，而故事敘述為了讓王舍城人全部都轉而只供養佛陀，天帝釋特別

---

[57] 《雜阿含經》（T.2, no.99, p.50b）。

[58] 呂凱文：〈當佛教遇見耆那教：初期佛教聖典中的宗教競爭與詮釋效應〉，《中華佛學學報》第19期（2006年7月），頁181。

[59] 《雜阿含經》卷46（T.2, no.99, p.334a）。

從天而降化作大婆羅門，前往供佛，讓尾隨大婆羅門的一切士女
都因此跟著倒向供養佛陀，可見宗教競爭之激烈。而佛陀處於一
個神通流行的時代，面對社會盛行的「神通」不可能不回應，「神
通較量」是各宗教優勝劣敗、爭取信徒的重要關鍵，更是宣教的
最佳切入點，一個大眾皆有興趣的話題。所以神足演示雖然在平
常是不被鼓勵的，但在和外道鬥法的時候，則可盡情展現。

因此佛教經典中出現一些與外道神通鬥法的經文故事，[60]而
這些神通鬥法的故事，通常具有前因後果的完整敘事結構，其中
「鬥法變身」的母題，是敘事結構中的一環；以下分析「外道鬥
法」的變身母題敘事，是放在故事整體的敘事結構中來分析，如
此方能映襯出其在整個鬥法過程中的定位。

「外道鬥法」的故事，以《賢愚經・須達起精舍品》中描述
舍利弗與勞度差的敘事最為精采。其與《根本說一切有部毘奈耶
破僧事》中描述給孤長者（即須達長者）欲為佛陀造寺的故事，
二則經文故事其實是敘述同一故事，然情節有同又異，以下試舉
二則故事分析比較之。

（一）《賢愚經・須達起精舍品》的「外道鬥法」敘事

本則出自《賢愚經・須達起精舍品》，[61]故事敘述須達長者要

---

[60] 例如可見於：《增壹阿含經》卷32輸盧尼比丘尼與六師外道鬥法的故事（T.2,
no.125, p.727c-728a）、《賢愚經・須達起精舍品》（T.4, no.202, p.418b-421b）、
《根本說一切有部毘奈耶破僧事》（T.24, no.1450, p.140a-141b）、《四分律》（T.22,
no.1428, p.946b-951b）。

[61] 《賢愚經・須達起精舍品》（T.4, no.202, p.418b-421b）。又《賢愚經》，一三卷
六九則，元魏時慧覺、威德等八僧共譯於西元445年。現存的漢文譯本有二
種，宋元明版收有一三卷六九則，稱為《賢愚因緣經》；高麗本收有一三卷六二
則，稱為《賢愚經》。今《大正藏》本依高麗本為底本，再依宋元明三本補上

為佛陀在舍衛城建造精舍，遭到六師外道的杯葛，欲與佛教較量神通，來決定佛教是否可在舍衛城建造精舍。六師派出善知幻術名曰「勞度差」的弟子，佛教則以舍利弗為代表，彼此競較神通。結果，勞度差為舍利弗所降服，精舍終得建成，號為太子祇樹給孤獨園。此則故事按時間的順序以敘事序列來推動故事的進程，敘事序列由四個自成單元的小故事組成，而其彼此又互相連結成為一個完整的「須達起精舍」大故事。其敘事情節結構依次為：觸發建寺的因緣─尋覓建寺的地點─排除建寺的阻礙─人天建寺的神聖性。我們可以發現四個敘事系列是採取連接式的複合系列，第一個序列的最後一個功能，是第二個序列的第一個功能，如此延伸下去；[62] 茲分析如下：

1. 觸發建寺的因緣

　　故事由全知的敘述者以講述的口吻，由敘述舍衛國大臣須達，人稱給孤獨長者，要為其第個七兒子覓一佳婦開始；敘述長者請諸婆羅門代為尋覓，當覓得王舍城大臣護彌長者之女後，須達長者大喜，便前往迎娶。至護彌家時，見其府「大設供具」，得知不為「請王、太子、大臣」，不為「營婚姻親戚會」，而是為了

　　計為一三卷六九則，稱《賢愚經》。此外，藏文譯本有一二卷五一則，稱《賢愚經》或《賢愚種種喻教經》，譯出年代至少在西元632年以後；蒙古文譯本有一二卷五二則，譯出年代至少在西元1269年後。根據《三藏記集》卷9〈賢愚經記〉敘述《賢愚經》是河西沙門釋曇學、威德等八位僧人為尋覓經典而入于闐，於大寺之般遮於瑟會上，遇逢三藏諸學者宣說經律，乃各書其所聞，後返回高昌，遂集成此書。因此《賢愚經》的本質是一部以彰明善惡因果為主的故事集。丁敏：《佛教譬喻文學研究》（台北：東初出版，1996），頁162-163。

[62] 羅鋼：《敘事學導論》：「複合系列：(1)連接式：這種形式是指兩個或兩個以上的敘事序列前後連接，第一個序列的最後一個功能又是第二個序列的第一個功能」。（昆明：雲南人民出版，1997），頁94。

「請佛及比丘僧」；在此全知的敘述者刻意描述須達長者聞佛僧名稱，一時之間的身心變化：「忽然毛豎，如有所得，心情悅豫」（T.4, no.202, p.418c），此種身心強烈受到震撼的修辭，暗示接著有意不想到的大事將要發生在須達長者身上。於是須達長者便請教護彌何為佛？何為僧？在此全知的敘述者利用「停頓」的敘事節奏，[63]讓故事時間暫時停止，然後以歌功頌德的語調，敘述佛陀由出生至成道、轉法輪度弟子的功德威神事蹟。

　　接著，以「須達聞說如此妙事」讓故事時間繼續開始向前流動，上承須達長者「身毛皆豎」的事件，下轉須達長者等不及佛陀來至彌護長者家，連夜出城見佛的事件。描述須達長者至城門時，忽生疑悔，於此全知的敘述者嵌入「時有親友，命終生四天，見其欲悔，便下語之」，幸得其命終生四天王天之親友，從天而下再三勸慰，始轉而歡喜前往覓佛的轉折事件，為須達長者覓佛的過程增添奇遇的趣味性。接著又敘述須達長者見佛後心生歡喜，然而「不知禮法」，天上的「首陀會天」見狀，變化四人前來示範，須達見後依禮而行，佛陀便為其說四諦法，因而立即成就「須陀洹」果（T.4, no.202, p.419a-b）。此處再次以天人相助來增添須達長者遇佛因緣的殊勝性，作為「觸發建寺因緣」須達遇佛的奇特因緣事件，一方面可自成一完整故事；另一方面又可以此連接下一「尋覓建寺地點」的序列事件。

---

[63] 參見史蒂文・科恩、琳達・夏爾斯著，張方譯：《講故事——對敘事虛構作品的理論分析》：「『停頓』則是對敘事時間的強調更進一步地超過了故事時間，它發生在敘述活動的時間繼續而故事的時間停止的文本中的任何一個關節點，比如人物描寫、議論、說明以及直接與讀者說話的方式等。」（台北：駱駝出版，1997），頁96-97。

2. 尋覓建寺的地點

(1)前往舍衛城路途的細節描述

在「尋覓建寺的地點」此段敘述中,當描述述須達長者欲迎請佛陀至舍衛城中,佛陀告以僧俗有別、城中無精舍,須達主動請纓,並請佛陀指派一位弟子指導建寺的過程,全知的敘述者常暫隱其身,以直接引語對話的形式,讓故事人物原音重現直接交流,例如須達「長跪合掌,問世尊言:舍衛城中,如我伴輩,聞法易染,更有如我比不」,佛陀回答須達:「更無有二如卿之者;舍衛城中,人多信邪。難染聖教」,就在往復對答之際,又加入佛陀選派舍利弗前往的心中想法:「舍衛城內,婆羅門眾,信邪倒見。餘人往者,必不能辦。唯舍利弗,是婆羅門種,少小聰明,神足兼備,去必有益」(T.4, no.202, p.419b),便命舍利弗前往。

於是,須達長者為其子完婚後,便與舍利弗同回舍衛國,在由王舍城前往舍衛城的路途中,亦以直接引語對話的形式,讓須達長者問舍利弗:「『世尊足行,日能幾里』,舍利弗言:『日半由旬,如轉輪王足行之法,世尊亦爾』」(T.4, no.202, p.419b);然後全知的敘述者才以講述的方式,敘述須達長者一路上事先安排日後佛陀要前往舍衛城路途中的一切食宿。如此細節的描述,突顯出須達長者迎請佛陀的誠心,也讓故事時間的進行緩慢。

(2)購買祇陀太子花園的細節描述

來到舍衛城,亦以直接引語對話的形式,讓舍利弗說出選中祇陀太子花園的原因:「今此園中,宜起精舍。若遠作之,乞食則難;近處憒鬧,妨廢行道」。而在須達長者欲買太子花園的交涉過程中,亦用二人一來一往的對話來呈現,例如:「語須達言:『汝若能以黃金布地,令間無空者,便當相與』,須達曰:『諾,聽隨

其價』，太子祇陀言：『我戲語耳』，須達白言：『為太子法，不應妄語，妄語欺詐，云何紹繼，撫恤人民』」（T.4, no.202, p.419c）；往來答辯交涉買園的場景，栩栩如繪，歷歷在目。

接著全知的敘述者才再次出現聲音，敘述須達與太子正要告官爭訟時，首陀會天神因恐諸大臣偏坦太子，即化作一人下凡評論太子不應妄語，已許價決，不宜中途反悔。太子終於將園賣給須達長者。當祇陀太子見到須達將以黃金填滿該園時，心想：「佛必大德，乃使斯人輕寶乃爾」，便與給孤獨約定：「園地屬卿，樹木屬我。我自上佛，共立精舍」（T.4, no.202, p.419c），給孤獨歡喜地同意；「尋覓建寺的地點」此段故事至此圓滿結束；須達長者「黃金布地」蓋佛寺的故事，也因此經生動的描述而千古流傳。

3. 排除建寺的阻礙：變身鬥法的場景

須達長者將為佛陀建精舍一事，是上一個故事序列的最後事件，成了連接啟動六師[64]不滿須達長者要為佛陀建精舍，便邀求與舍利弗鬥法故事的開端。六師外道認為「瞿曇徒眾，住王舍城；我等徒眾，當住於此」，本來各有宗教版圖，現在佛教要來佔據他們的地盤，於是向國王請求，若佛陀弟子與六師鬥法得勝，則聽其興建精舍；若敗則否。國王將此事告知須達長者，須達長者心生愁惱，舍利弗得知後，安慰說：「正使此輩六師之眾滿閻浮提，數如竹林，不能動吾足上一毛。欲捔何等，自恣聽之」（T.4, no.202, p.420a），須達長者聞言歡喜，於是國王聽從六師之請。

---

[64] 梁麗玲歸納出《賢愚經》中關於描述「六師」勢力龐大的各則經文；以及認為《賢愚經》中多處提到「六師」皆是以惡形象出現，此有刻意貶抑六師來強化佛法殊勝的用意。見氏著：《《賢愚經》研究》（台北：法鼓文化出版），2002，頁127-128。

　　初期佛教聖典記載的「六師」即是佛陀當時沙門集團的重要思想家代表，他們與佛教思想存在著差異，因而也被佛教聖典稱為「外道」。六師包括「富蘭那迦葉（Purana-Kassapa）、末迦梨俱賒梨子（Makkhali-Gosala）、散惹耶毘羅坻子（Sabjaya Belatthi-putta）、阿闍多翅舍婆羅（Ajita-kesa-Kambala）、迦尼陀迦旃延（Pakudhakaccayana）、尼乾陀若提子（Nigantha Nataputta）」，這些皆是佛陀時代具有獨立思考能力的著名哲學家，與釋迦牟尼同樣被各自崇敬與追隨的弟子尊稱為「世尊」，如《別譯雜阿含・第110經》中所述：「外道六師，種種異見：富蘭那迦葉、末迦梨俱賒梨子、阿闍耶毘羅坻子、阿闍多翅舍婆羅、迦尼陀迦旃延、尼乾陀闍提子。斯等六師，各各自稱已為世尊竟」。[65]

　　因此與六師鬥法堪稱是一場全國性的鬥法大會，全知的敘述者描述人民集會情形：「舍衛國中十八億人，時彼國法擊鼓會眾。若擊銅鼓，八億人集；若打銀鼓，十四億集；若打金鼓；一切皆集。七日期滿，至平博處。打擊金鼓，一切都集」，因為是集金鼓，所以舍衛國十八億人民全聚集於城外鬥法處，其中，六師的徒眾就佔三億，聲勢浩大，所以全知的敘述者接著敘述：「是時人民，悉為國王及其六師，敷施高座；爾時須達。為舍利弗，而施高座」，舍衛國的人民只為國王及六師設置高座，只有須達長者一人「為舍利弗，而施高座」。在如此勢單力薄的情況下，尚未到場的舍利弗在一樹下入定，思惟當以二德來降服大眾，並立誓言：「若我無數劫中，慈孝父母、敬尚沙門婆羅門者，我初入會，一切

---

[65] 《別譯雜阿含經》卷6（T.2, no.100, p.413b-c），又以上所引六師外道的論述，俱見呂凱文：〈當佛教遇見耆那教：初期佛教聖典中的宗教競爭與詮釋效應〉，《中華佛學學報》，第19期（2006年7月），頁181。

大眾當為我禮」，可見其面對一面倒的觀眾慎重的態度。當須達長
者迎請其與會時，全知的敘述者敘述眾人竟然「忽然起立，如風
靡草，不覺為禮」（T.4, no.202, p.420a），如舍利弗所願的全體起
立向其敬禮。

接著即將展開神通鬥法的場面，舍利弗昇座後，六師中，一
位名為勞度差的弟子，便立刻施展幻術。對於舍利弗與勞度差變
身鬥法的情況，[66] 全知的敘述者仍是繼續以其「講述」的敘述口
吻述說著：

(1)勞度差以咒術化出一樹，「自然長大，蔭覆眾會，枝葉鬱茂，花
　果各異」，眾人咸言此變乃是勞度差作；而舍利弗則「以神力作
　旋嵐風，吹拔樹根，倒著於地，碎為微塵」（T.4, no.202,
　p.420b）；眾人見狀皆說舍利弗勝。

(2)勞度差又以咒術化出一水池「其池四面，皆以七寶。池水之
　中，生種種華」，眾人咸言是勞度差之所作；而舍利弗則「化作
　一大六牙白象，其一牙上有七蓮花，一一花上有七玉女。其象
　徐庠，往詣池邊，并含其水，池即時滅」（T.4, no.202,
　p.420b），眾人見狀又說舍利弗勝。

(3)勞度差再化現一座山，「七寶莊嚴，泉池樹木，花果茂盛」，眾
　人咸言此是勞度差作：而舍利弗則「化作金剛力士，以金剛杵
　遙用指之，山即破壞，無有遺餘」（T.4, no.202, p.420b），眾人
　又說舍利弗勝。

---

[66] 據梁麗玲研究指出源自《賢愚經·須達起精舍品》的（勞度差鬥聖）經變，根
　據《敦煌石窟內容總錄》載錄，（勞度差鬥聖）的出現，從北周經唐、五代一直
　延續到宋代皆有，保存於敦煌莫高窟、西千佛洞及安西榆林窟者共有十八鋪，
　足見此故事在敦煌地區當是非常受歡迎的題材。見氏著：《《賢愚經》研究》
　（台北：法鼓文化出版），2002，頁554。

(4)勞度差又變現出一條有十顆頭的龍「於虛空中雨種種寶，雷電振地，驚動大眾」，眾人咸言此亦勞度差作；舍利弗則「化作一金翅鳥王，擘裂噉之」（T.4, no.202, p.420b-c），眾人言曰舍利弗勝，勞度差不如。

(5)勞度差又化現一牛「身體高大，肥壯多力，麤脚利角，爬地大吼，奔突來前」；舍利弗則「化作師子王，分裂食之」（T.4, no.202, p.420c），眾人言曰「舍利弗勝，勞度差不如。」

(6)勞度差又變現為夜叉鬼「形體長大，頭上火燃，目赤如血，四牙長利，口自出火，騰躍奔赴」，舍利弗則化身為毘沙門王「夜叉恐怖，即欲退走，四面火起，無有去處。唯舍利弗邊，涼冷無火」，勞度差立即「五體投地，求哀脫命，辱心已生，火即還滅」（T.4, no.202, p.420c），眾咸唱言舍利弗勝，勞度差不如。

(7)舍利弗現起神變：

> 身昇虛空，現四威儀，行住坐臥。身上出水，身下出火。東沒西踊，西沒東踊；北沒南踊，南沒北踊。或現大身滿虛空中，而復現小；或分一身作百千萬億身，還合為一身。於虛空中，忽然在地。履地如水，履水如地。（T.4, no.202, p.420c）

此處的敘述暗示舍利弗展演佛陀所言三種神變的第一種「神足變化示現」；而當舍利弗回其本座，與會眾人見狀皆大歡喜，舍利弗知大眾歡喜（他心通），便為大眾說法，在此舍利弗展現了佛陀神通中最重要的「教誡示現神足」，令大眾各隨宿緣而證得須陀洹、斯陀含、阿那含或阿羅漢，六師的三億位弟子，則至舍利弗

處出家學道，[67]其餘大眾各自散去。可知在變身鬥法末尾，加上舍利弗展現三種神足示現，是全知的敘述者巧妙宣示佛陀對神通的界義，護教意味深長。

我們可以發現在鬥法變身的過程中，雖然全知的敘述者是以「講述」的敘述口吻為主，然其在每次鬥法較量的過程中，都會插入在場觀眾觀看的視角與評論聲音，每當勞度差變身完畢，在舍利弗還未回應的瞬間，插入在場觀眾發出的驚歎肯定之聲音：「是勞度差之所作」，就在這個在場觀眾發出驚歎聲音的瞬間，時間暫時停格處於「時間零」[68]的向度上，勞度差的變身就像一幅凝固的畫面，這是在場觀眾屏息以待、勝負懸而未決的時刻；然後時間繼續前進，進入了「時間一」，舍利弗即時展開反擊，在場的觀

---

[67] 呂凱文指出，關於此種與外道鬥法佛教經文的書寫方式，可能只是佛教基於護教單方面的表達方式，未必是真正的當時歷史情境，見氏著〈當佛教遇見耆那教：初期佛教聖典中的宗教競爭與詮釋效應〉：「佛教聖典所記載的過去，與佛教聖典集結那時的現狀所需求的解釋模式相關，它反應當時現狀的需求，而以當時集體佛教傳統能接受的方式被重新建構與保留，從而也表達當時佛教內部主流觀點的詮釋向度。我們必須對這點多多瞭解。……換言之，佛教聖典關於佛教與他教之間宗教競爭的敘述，並不全然是『歷史事實』的樸素描述，而是更近於『歷史詮釋』的主觀鏡映」，《中華佛學學報》第19期（2006年7月），頁87-196。

[68] 西西、何福仁：《時間的話題：對話集》：「你在《像我這樣的一個讀者》裡提到卡爾維諾的『時間零』。這是他對小說藝術的一大貢獻，在《時間與獵人》的第三部裡，他用『時間零』為題，寫了四個小說，有示範作用，一般的小說，以獅子向獵人飛撲，獵人急忙發箭為例吧，其結果有二：一、射中獅子，獅子死了；二、沒有射中，獅子撲過來，咬死獵人。當獅子撲起，箭在空中，這個絕對時間，彷彿電影定格，就是時間零：TO。至於箭向前飛，中或不中獅子，那是時間一，時間二：T-1, T-2……。相反，獅子未跳起箭未射出之前，一路逆溯回去，那是時間負一、負二：T-1, T-2。時間零則是一種精挑細選的特殊處境。」（台北：洪範書店，1997），頁108。

眾隨即再度發聲評論:「舍利弗勝,勞度差不如」。如此反復六次,全知的敘述者讓在場觀眾穿梭發聲於舍利弗與勞度差的變身鬥法現場;在場觀眾由一回合又一回合的先肯定、再否定勞度差,掀起情緒來回往復的兩極擺盪,製造故事高潮迭起的情節;而觀眾的發聲直接暴露了人物的在場,使「講述」的情境兼具空間場景的「展示」(showing)效果。

4. 人天建寺的神聖性

鬥法完後,須達長者便與舍利弗進行建精舍一事,當兩人各執一頭繩索丈量土地之時,舍利弗「欣然含笑」,須達問舍利弗微笑的原因,舍利弗回答:「汝始於此經地,六欲天中宮殿已成」,此處特別凸顯視覺活動,借助舍利弗天眼「看」的視野,「即借道眼」,打開天界空間的場景,讓須達也能「看見」六欲天的宮殿情況。須達長者悉見,對天界興起嚮慕之情,便問舍利弗六欲天中何處最樂?舍利弗答以:「下三天中色欲深厚,上二天中憍逸自恣;第四天中,少欲知足,恒有一生補處菩薩來生其中(即兜率天的彌勒菩薩),法訓不絕」,全知的敘述者借舍利弗之口說出了佛教天界的觀念。所以接著敘述,須達長者選擇死後願往生第四天「我正當生第四天上」,就在此時「出言已竟,餘宮悉滅」(T.4, no.202, p.420c-421a),唯有第四天宮殿仍湛然在目,其餘諸天的宮殿,立即消失不見;如此暗寓佛教暨認同天人的護法,又貶抑天人的仍在欲界未得解脫,以及在家居士最多可修至天界未能證羅漢果位[69]的敘事聲調。

---

[69] 《雜阿含經》中佛陀對摩訶男居士說:「優婆塞須陀洹者,三結已斷已知,謂身見、戒取、疑。摩訶男!是名優婆塞須陀洹。謂優婆塞三結已斷已知,貪、

全知的敘述者敘述兩人繼續丈量，舍利弗忽然面露憂色，須達長者詢問其故？舍利弗告訴他，原來在過去六佛：毘婆尸、尸棄、毘舍浮、拘留秦、拘那含牟尼及迦葉佛出世時，須達長者皆曾為各佛於此地建立精舍，而此地的螞蟻也在此地世世受生為螞蟻「而此蟻子亦在中生，乃至今日九十一劫，受一種身，不得解脫，生死長遠」，再次凸顯出舍利弗由「看」的視野，打開時間的長流場景。舍利弗感嘆地說：「唯福為要，不可不種」（T.4, no.202, p.421a），須達長者聞言也感到悲憐。對照之前舍利弗睹見天人的微笑，與之後看見螞蟻九十一劫生為蟻子的悲傷，其之一喜一憂的巨大落差，強烈暗寓建寺積福的重要性，因積福死後可以生天，生為蟻子則無福可積；然此敘事的轉折似嫌牽強。

故事結局敘述精舍落成，須達長者啟請國王遣使迎請佛陀，佛陀便與大眾前來舍衛國，所經之處度人無數，到舍衛國時「放大光明，遍照三千大千世界。足指按地，地皆震動。城中伎樂，不鼓自鳴。盲視、聾聽、啞語、僂申，癃病拘癖，皆得具足」，舍衛國十八億人見狀，歡喜踊躍，紛紛前來。佛陀「隨病投藥」，使大眾各因宿緣而成就。最後，佛陀則為此園立名號為「太子祇樹給孤獨園」（T.4, no.202, p.421a-b）。

恚、癡薄。是名優婆塞斯陀含。優婆塞阿那含者，五下分結已斷已知、謂身見、戒取、疑、貪欲、瞋恚，是名優婆塞阿那含。」（T.2, no.99, p.236c），佛陀在此經中對摩訶男居士所說的在家居士果位，最高只提到阿那含，可知阿羅漢果位是要出家才能證得。

（二）《根本說一切有部毘奈耶破僧事》中的「外道鬥法」 敘事

《根本說一切有部毘奈耶破僧事》[70] 中描述給孤長者欲為佛陀造寺，結果引起外道忌恨，外道便與舍利弗變身鬥法，終為舍利弗所降服，長者因而得以順利造寺的故事。此故事是由單一的情節線索構成，以時間推移和人物行動來推動故事的進行。由以下四個結構前後呼應組成：神通鬥法的前奏：衝突事件─變身鬥法的場景─折服外道的續曲─達成建寺的目的，茲述於下：

1. 變身鬥法的前奏：衝突事件

故事開始於全知的敘述者，敘述由於「爾時給孤長者，為世尊初欲造寺」給孤（獨）長者要為佛陀造寺，而引起外道的怨恨「諸外道眾，極生怨恨心懷熱惱」，諸外道得知消息，相率前往阻止給孤獨長者：「何以故？我等先已分界，彼王舍城可喬答摩居止；此室羅筏城而我等住，是故不應造寺」，由諸外道的視角來看待此事，認為先前已和佛陀劃分好各自的宗教地盤，所以佛陀不應越界造寺。不料給孤長者不為所動，衝突於焉而起，諸外道現惡相挑戰說：「喬答摩沙門上首弟子與我等共相論議，若能勝我，隨意造寺」（T.24, no.1450, p.140a），長者將此事告知舍利弗，舍利弗聞言便與長者約定七日後可議論。

外道得知舍利弗七日後接受挑戰，揣測舍利弗選擇七日後的原因，以為有二：「一者，舍利子必應逃走；二者，應覓伴侶」，

---

[70] 以下舍利弗與外道鬥法故事，所引經文俱見《根本說一切有部毘奈耶破僧事》（T.24, no.1450, p.140a-141b）。此外，《佛說眾許摩訶帝經》（T.3, no.191, p.967c-969a）中，也有與本則相同的故事，其不同之處，將於註腳中一一說明。

於是便相約尋訪通達該外道宗旨者，終於尋找到一位「善能幻化」名為赤眼的梵志，得到其同意於七日後與舍利弗鬥法（T.24, no.1450, p.140b）；可見外道雖明說要「共相論議」，其實是要暗中準備神通鬥法。

2. 變身鬥法的場景

　　全知的敘述者依著時間流程，繼續敘述到了第七日，長者為舍利弗「敷設師子勝妙高座」，也為外道敷設座位。此日，不論是城中的一切百姓，或是各國的外道，皆前來集會。眾人皆見舍利弗與外道各昇於座。坐定之後，舍利弗徵詢外道的意見：「為我立宗汝破？為汝立宗我破」，外道答以：「我先立宗」。舍利弗聞言心想：「若我先立宗，人亦不能難破，除佛世尊，況赤眼外道」，舍利弗的心理描述彷彿已預告鬥法勝敗的結果，便回覆赤眼說：「任汝立宗，我當隨破」；然而「赤眼善解方術」，他的「立宗」非以言說論辯，而是立即展開一系列變身鬥法的場景：

(1)赤眼便即「化作大菴沒羅樹，開花結實」[71]，舍利弗則立即反撲「為大風雨摧樹拔根」，興起狂風暴雨摧折該樹，使其須臾散滅。[72]

(2)赤眼又化為一座大蓮花池「化作一蓮花大池」，[73]舍利弗則立即「化為象子踐池折花」，踏平該池摧折池中之花。[74]

(3)赤眼又「化為七頭龍王」，[75]舍利弗則立即「化為大金翅鳥」，

---

[71] 《佛說眾許摩訶帝經》，作「赤眼婆羅門化作花樹，如實芳葩，豔冶動眾」。

[72] 《佛說眾許摩訶帝經》，作「尊者神力，出微少風。其化根苗，吹散異處」。

[73] 《佛說眾許摩訶帝經》，作「化一池，水滿澄湛，蓮花遍發，人讚異常」。

[74] 《佛說眾許摩訶帝經》，作「尊者化出大象，膚體端正，入池蹂踐，須臾狼藉」。

[75] 《佛說眾許摩訶帝經》，作「化一龍而有七首，張鱗努目，奮惡拏空」。

從空飛下，食龍而去。[76]

(4)赤眼又「化為起屍鬼」，[77]要加害舍利弗，舍利弗則立即「以呪呪之，令鬼却迴損害外道」，以咒術使該鬼轉回向赤眼。[78]赤眼見狀，驚慌下座，五體投地於舍利弗座前乞饒。舍利弗收回咒術，該鬼即滅。

(5)舍利弗降服赤眼

種種的變身鬥法完畢後，舍利弗為赤眼說法，赤眼因而生起信心，向舍利弗求為弟子。舍利弗便為其剃髮授戒，不久，赤眼「證無學果、三明六通，具八解脫」（T.24, no.1450, p.140c），大眾見此普皆驚嘆。舍利弗知大眾之意，便為大眾說法，使得大眾各得發心與證果。說法完畢後，舍利弗回歸其本處，給孤長者及大眾則歡喜而去。

3. 折服外道的續曲

故事敘述至此，並沒有直接進入問題解決可以建寺的結局，反而添加了諸外道見舍利弗鬥法勝利，心生惱恨竟企圖殺害舍利弗的另一轉折事件，將故事推向另一高潮，也延緩拉長了故事結束的時間。諸外道向給孤獨長者請求於寺中工作，長者求教於舍利弗，舍利弗聞言就入定觀察「便即觀察：彼外道等，有善根不？既觀察已，知有善根。復觀察：彼等誰能調伏？觀知我能調伏」，於是告訴長者可以同意外道的請求，外道便於寺中工作。這時，舍利弗「化作二執杖當諸作人，其性甚暴」，化出二位個性暴

---

[76] 《佛說眾許摩訶帝經》，作「尊者化金翅王，從空飛下，坐於龍首，龍自降伏」。

[77] 《佛說眾許摩訶帝經》，作「化羅剎身，立在眾前，醜惡異常，人見恐怖」。

[78] 《佛說眾許摩訶帝經》，作「尊者持呪，神力縛之」。

躁的執杖者。[79]當舍利弗觀知調伏外道的時機成熟時,便於林中經行。[80]外道見狀企圖包圍加害,結果受到執杖者的驅迫及鞭撻。諸外道紛紛向舍利弗求救,舍利弗便告訴執杖人離去,諸外道見狀,相互說:「此舍利子有大威德。我等皆發害心,此於我所而起慈心」,信心因此生起。舍利弗便隨彼等之根器而說法,使得諸外道得以「摧破二十種薩迦耶見山」,「現證預流果」。這時諸外道向舍利弗請求出家,舍利弗度化彼等為授具足戒,諸外道更加精勤修習,因而亦證三明六通阿羅漢,俱八解脫,得如實智(T.24, no.1450, p.141a)。

4. 達成建寺的目的

降服外道後,終於可以順利建寺。於是,舍利弗與給孤獨長者前往丈量土地。這時,舍利弗面露微笑。[81]長者見而問說:「聖者舍利子!世尊及諸弟子無因不笑。今者微笑,有何因緣」,舍利弗便告訴長者,當長者執繩量地時,淨居天[82]的純金宮殿則早已因而成就。長者聞言歡喜,發願更造大寺,淨居天的四寶宮殿則因而成就。舍利弗見狀,再次歡喜地告訴長者。長者歡喜之餘「倍加嚴飾,更多造寺,滿十六所。其置寺外,別造六十四院,悉皆重閣」(T.24, no.1450, p.141b),並供養寺院之所需。此處以天人的護持來烘托佛教造寺的神聖性,作為故事的收束。

---

[79] 《佛說眾許摩訶帝經》,作「一人」。

[80] 《佛說眾許摩訶帝經》,作「就一樹下安詳而坐」。

[81] 《佛說眾許摩訶帝經》,無此舍利弗微笑之因緣。

[82] 《佛說眾許摩訶帝經》,作「兜率天」。

五、結語

綜合以上所述「神足變身」豐富多樣的故事，我們的確可以將「神足變身」中本尊與分身、大身與細形、異身、隱形，以及扮演「化人」的角色，或化成動物、化成植物、化成鬼神等等的敘事，視為故事的母題事件，因為它們的確具有鮮奇特異、引人入勝的力量；並且皆可獨立出來，加入其他故事的序列事件之中，成為一種敘事的策略，達成某種敘事目的，例如「本尊／分身」的真假身份辨認；「隱形藏身」的藏拙、隔離與鬥法作用；「彼身異身」的權變策略；佛陀「化人」角色的「對治情欲」；以及「降龍鬥法」諸種變身母題所承載的佛理奧義；「外道鬥法」中始終採取二元相剋的千變萬化變身敘事，顯示佛教與外道你來我往的激烈宗教競爭。至於各種敘事時間與空間、概要與場景、視角與聲音等敘事方式，更都在「神足變身」的故事中靈活運用，形成多采多姿的敘事話語。

關於「故事」與「文本」的差異，「故事」與「話語」的不同層次，故事具有相對的獨立性等，在「外道鬥法」的《賢愚經·須達起精舍品》、《根本說一切有部毘奈耶破僧事》「給孤獨起精舍」中都可明顯分出。

由此二則經文故事，我們的確可以看到，《賢愚經·須達起精舍品》與《根本說一切有部毘奈耶破僧事》中「給孤獨起精舍」二則故事，都是描述須達長者（給孤獨長者）欲為佛陀在舍衛城建立精舍，招來認為舍衛城是其地盤的六師外道抗議、挑戰，並以較量神通變法的勝負，來決定佛教是否可在舍衛城建立精舍，最後佛教贏得勝利而得以建立精舍。因此**六師的挑釁與鬥法是故**

事的基本事件，這兩個故事的基本事件並不隨話語形式的變化而變化，但是在其他事件的取材上，《賢愚經·須達起精舍品》的敘事話語選擇將整個「須達起精舍」來龍去脈的事件序列作完整詳盡的敘述。對於須達如何巧識佛陀、如何安排佛陀前往王舍城的旅程、如何和太子費盡唇舌的交涉、花費多少金子才買下太子花園、如何和六師鬥法，以及最終如何建寺的過程，都作了細節的描述。換言之，其組成文本的敘事序列是由四個自成單元的小故事組成，而其彼此又互相連結成為一個完整的「須達起精舍」大故事。組成敘事結構的四個單元，彼此地位是平等并置，都被賦予相當長度的敘事份量。至於《根本說一切有部毘奈耶破僧事》中「給孤獨起精舍」事件，則減省了須達長者如何認識佛陀、如何買園等的長篇敘述；直接由六師挑釁與鬥法切入，但增加了「折服外道的續曲」新鮮事件，製造故事話語的第二次高潮點；而其雖然亦由四個敘事結構所組成，然彼此份量不同，亦不可自成單元。凡此種種，都造成題材相關故事的兩種不同敘述文本。

此外，比較二者敘述文本的不同話語風格，《賢愚經·須達起精舍品》的話語敘述方式是以四字一句的句型為基礎，加上四字以上的長句，或四字以下的短句。如此韻文句型的參差變化，使其敘事話語富有節奏性、旋律性，可使人口誦容易、耳聽清楚，便於記憶；加上其以充滿宗教情感讚頌佛陀的語調，委曲婉轉娓娓道來的詳盡敘述，使其話語風格具有中國話本小說的說書風味，雖然全知的敘述者並未正式露面於文本中，沒有如話本小說中「看官」等說書人出場面對聽眾的提契語，但因話語本身的旋律節奏與內容語調，敘述文本遂具有彷彿臨場在聽故事的「說

書」風格。在敘述時間的「跨度」（daration）上，[83]《賢愚經・須達起精舍品》經文文本則除以「概述」（summary）與「場景」（scene）來進行外，用了多次「停頓」的跨度，來進行非敘事性的描述的細節描述，出現敘事時間遠遠超過故事實際延續的時間，造成故事文本的長度伸展。

至於《根本說一切有部毘奈耶破僧事》「給孤獨起精舍」則是以經文通用的散文形式來敘述，亦無韻散夾雜的形式出現；而其在敘述時間的「跨度」上，經文文本則以「概述」與「場景」為主來進行，少了很多如《賢愚經・須達起精舍品》般運用「停頓」的跨度敘述時間，因此不會造成敘述時間遠遠超過故事實際延續的時間，其文本長度明顯短於《賢愚經・須達起精舍品》。

再由《賢愚經・須達起精舍品》與《根本說一切有部毘奈耶破僧事》「給孤獨起精舍」中有關舍利弗與六師鬥法的情節內容比較，[84]在《賢愚經》中勞度差與舍利弗的鬥法變身共有樹、池、山、龍、牛、夜叉鬼六項；而《根本說一切有部毘奈耶破僧事》中赤眼外道與舍利弗的鬥法變身共有樹、花、龍、起屍鬼四項，少了兩項。但皆採鋪敘排比中的對立法則，舍利弗總是能變成對

---

[83] 參見史蒂文・科思、琳達・夏爾斯著，張方譯：《講故事——對敘事虛構作品的理論分析》：「所謂『概述』是把時間壓縮在敘述之中，從而使它短於故事時間，而『場景』是使故事時間和敘述時間的跨度相一致，從而使它們看上去是等同的。」（台北：駱駝出版，1997），頁96-97。

[84] 陳開勇：〈漢譯部派佛教廣律之非戒緣故事〉：「這裡戒律與契經所展示的佛或舍利弗與外道鬥法的種種境界，顯得十分神奇，光怪陸離。這種境界是佛教傳入以前中國文學中所沒有的。佛經中的這種描寫，對其後中國文學境界的開拓，是有不容置疑的積極作用的。明清小說中常常寫到的鬥法場面，與（經）律中所寫的佛（舍利弗）與外道比試法術的描述是有淵源關係的。」見陳允吉主編：《佛經文學研究論集》（上海：復旦大學出版，2004），頁151。

手變形體的相剋物。然在這一波又一波的變身鬥法過程,《賢愚
經》的全知敘述者運用混合視角,用他旁觀的視角加上故事人物
觀眾的視角一起觀看,讓在場觀眾每看完一次,就發出評論的聲
音:「眾會皆言:舍利弗勝,勞度差不如」,如此既增加故事鬥法
場面生動的臨場感,又借在場觀眾評論的聲音表達了敘述者自身
的聲調;至於《根本說一切有部毘奈耶破僧事》中則缺少觀眾在
場觀看發聲的敘述,少了臨場的生動感。此外,二則經文文本敘
述前來觀看鬥法的群眾,其敘述手法雖有繁簡之別,然都把宗教
間的神通鬥法,描述成宛如一場全民嘉年華會,吸引上至國王下
至販夫走卒,幾乎全國全城的人民都來參加的盛會,「神通鬥法」
從另一角度看來,彷彿成了一種提供全民觀賞的休閒娛樂活動。

第六章　天耳通、他心通與天眼通的敘事動機

一、前言

在六神通所開展出的神通故事中，有關「神足通」與「宿命通」的故事最為豐富；關於「天眼通」的故事雖有，但亦不甚多，這是因為天眼通雖有視覺的圖像，然未來的生命事件尚未展開，因此能夠敘述的，也只是未來生命旅程的某種輪廓大要而已；不似「宿命通」是訴說過去世中，累劫千生已發生的生命事件，可以有說不盡的故事；至於「天耳通」、「他心通」則鮮少獨立成為敘事的主題，這或許是「天耳通」的聞聲聽音與「他心通」的知人心意，同樣是可聽可感卻無具體形質；是以二者均難成為敘事的主要事件，往往只是居於引起或觸發主要事件發生的媒介；二者也常須配合其餘神通一起。綜觀佛典中天耳、他心、天眼的故事，偏重在由彼功能所引發或達成的事件敘述，因此傾向於呈現「敘事動機」中的「題旨動機」。[1]由於上述兩個原因，本

---

[1] 俄國的形式主義學者湯瑪謝夫斯基（Boris Tomashevskij）將小說中的動機（motivation）歸納化分為三類：一是故事動機，二是寫實動機，三是藝術動機。「故事動機」（compositional motivation）使「事件」或「母題」達到最高的故事效率；「寫實動機」（realistic motivation）使故事看來若有其事，人物栩栩如生；「藝術動機」(artistic motivation)使某種因素新奇化和脫窠臼（make strange）。高辛勇則增加了一項載道或說教意圖的「題旨動機」，即敘事文本目的在表達出某些觀念和價值。見高辛勇：《形名學與敘事理論——結構主義的小說分析法》（台北：聯經出版，1987），頁25、48。

章擬將天耳、他心、天眼三神通的敘事放在一章，從「敘事動機」
的「題旨動機」分析三種神通的各自作用及其敘述方式。另外，
由於「漏盡通」是解脫證道時的身心狀況，缺乏敘事的各種變化
素材，屬於非敘事性的描述，但有一個象徵詞彙與一定型式套
語，則附帶略提。茲分析如下。

二、「天耳通」與「他心通」的敘事動機

（一）「天耳通」的敘事動機

由於「天耳通」能自在地同步接收到在另一個場所空間他人
所發出的訊息，因此是公開性或隱密性的使用「天耳通」，就有不
同的敘事策略，以下試從使用「天眼通」的不同動機，分析其敘
述的不同樣態：

1. 身處兩地彼此交流

「天耳通」敘事話語的作用，在於打破不同空間連繫所需的
歷時性，變成不同空間共時性的訊息交流，例如在《雜阿含經》[2]
中敘述舍利弗好奇地問目連：「汝以神通力至世尊所？為是世尊神
通力來至汝所」，如何和佛陀連絡？因為世尊住在舍衛國祇樹給孤
獨園，目連住在王舍城的竹園，兩地相隔極遠，是誰神足飛往對
方所在地呢？目連回答：他和佛陀並不以神足飛行到對方的處
所：「我不以神通力詣世尊所，世尊不以神通力來至我所」，因為
「世尊及我俱得天眼、天耳故」，他們只須以天眼、天耳進行溝
通，當目連問世尊問題時，世尊能同步以天眼看到、以天耳聽到

他的問題；而目連也能同步以天眼、天耳收到佛陀的回答。可見「天耳通」的時間敘事是描述具體空間距離的隔阻，因歷時性時間系列因素的消失而消失，使敘述時間由歷時性轉向共時性。在「神足飛行」的敘事中，即使是「如力士屈伸臂頃」般快速短暫的「此沒彼出」，仍是需要歷時性的時間，以連接兩個不同的空間；但在「天耳通」的敘事中，兩個空間的距離因時間的共時性而暫不存在了。

2. 尋聲救苦

　　「天耳通」的另一公開重要作用，是聽到眾生呼救的聲音而能聞聲救苦，就天耳通引發的尋聲救苦的敘事過程可以分為兩種類型：(1)經由「天耳通」要得到的改善—改善過程—得到改善(2)經由「天耳通」要得到的改善—改善過程—沒有得到改善。[3]以下試各舉一例分析：

(1)經由「天耳通」得到改善

　　《增壹阿含經》[4]中敘述流離王滅釋種之事，流離王攻進了釋種所在的迦毘羅越城，因為要調戲釋種女，被五百釋種女譏諷，心生瞋恚，將五百釋種女兀其手足，著深坑中。當時五百釋女皈依佛陀「稱喚如來名號」，並抱怨佛陀何以不來救她們「遭此苦惱

---

[3]　羅鋼：《敘事學導論》：「布雷蒙認為，所有的故事基本上有兩種發展可能，一是逐漸改善，一是逐步惡化，因此敘事過程可以分為『改善與惡化過程』兩種類型，或兩個發展序列。改善與惡化過程配合前面討論的各種敘事序列可以產生各種變化，如一個故事可以先改善，接著惡化，是為悲劇；也可以先惡化，接著改善，是為喜劇；或者一個改善的過程，中間可能鑲嵌著某種惡化，一個惡化的過程，中間包孕著某一階段的改善，這些複雜的變化就構成了敘事循環。」（昆明：雲南人民出版，1999），頁98。

[4]　《增壹阿含經》（T.2, no.125, p.690a-693c）。

受此毒痛，世尊何故而不見憶」，就在此時佛陀以「天耳通」同步聽到諸釋種女的求救抱怨聲「世尊以天耳清徹，聞諸釋女稱怨向佛」，這是「經由天耳要得到改善」的步驟；佛陀就立刻帶著比丘們前往迦毘羅越城，探視諸釋種女，並為她們說微妙法，除去她們心上的痛苦，這是「改善的過程」；諸女聽法後心開意解得法眼淨，各於其所而取命，終皆生天上，這是以天耳通「得到改善」的結果。

(2)經由「天耳通」沒有得到改善

《根本說一切有部毘奈耶藥事》[5]中敘述憍薩羅國勝光大王有一位名叫阿帝耶的醫官，卻被國王要脅以除其官位，為某位患痔病的比丘治療，由於該醫生不信佛教，所以瞋恚毀罵：「豈為汝輩，奪我官耶」，就捉病比丘至寺門外，縛其手足為割痔病。比丘疼痛難忍遂大呼佛陀求救，佛陀以「天耳」聽聞即刻來到比丘面前，這是「經由天耳要得到改善」的步驟；然而阿帝耶醫官盛怒未息，看到佛陀出現就口出惡言譏諷：「汝來！婢兒！看汝弟子下部如何」，佛陀聽到醫官的怒罵，不發一言地離開了「默然而去，還至本處」，這是「改善的過程」；佛陀回去後，雖記說阿帝耶醫官因謗佛，七日後將身死入地獄，並規定比丘以後不可以找不信佛的醫生治病，然而該比丘卻因阿帝耶治療的不當「因遣阿帝耶療治，彼作方便遂令命終」，不久就死亡了，這是以天耳通卻「沒有得到改善」結果。

以「耳根圓通」來「聞聲救苦」，開展大乘佛教中觀世音菩薩聞聲救苦的重要特質，《妙法蓮華經》所謂：「觀世音菩薩，以

---

[5] 以下醫官阿帝耶的故事所引經文，俱見《根本說一切有部毘奈耶藥事》（T.24, no.1448, p.5c-6c）。

何因緣名觀世音？佛告無盡意菩薩：善男子！若有無量百千萬億
眾生受諸苦惱，聞是觀世音菩薩，一心稱名，觀世音菩薩即時觀
其音聲皆得解脫」，[6]而中國許多有關「觀音感應」的故事，敘事
就立基於觀音菩薩超乎天耳之上，耳根圓通的能力。六朝志怪小
說如《光世音應驗集》、《續光世音應驗記》等，這一類記錄觀音
靈驗的故事，著重於描寫觀音菩薩在危急存亡、千鈞一髮的「瞬
間」中「聞聲救苦」，進行及時性的救濟，扭轉了原本可能發生的
致命危險，充份發揮了有關天耳通的敘事想像。

3. 隱密性「天耳通」的敘事策略

　　至於隱密使用「天耳通」的作用，多半用佛陀由「天耳通」
接收到弟子們正在議論的某一主題，為教化弟子此時要將個人私
密接收到的天耳訊息，變成公眾議題，其敘事策略是以「知而故
問」的方式，將佛陀已知的訊息藉由佛陀要弟子提問，而將此訊
息解密變成公眾議題。《阿含經》中最典型敘述模式是：首先敘述
不同空間的共時性訊息：諸比丘在某地議論某事，佛陀於其靜室
同時以天耳聽聞到諸比丘的議論某事；其次敘述不同空間歷時性
的往來：佛陀徒步或乘神足飛行來到諸比丘所在處；最後敘述讓
「天耳通」訊息公開化的策略：佛陀「知而故問」諸比丘議論何
事？諸比丘告訴佛陀它們議論何事，佛陀再問諸比丘是否想要知
道所議論之事的解答？諸比丘請佛宣說，佛則開始解說。如此則
將本是佛陀個人私下聽到的訊息，讓比丘在不知佛陀曾以天耳聽
聞的狀況下，巧妙地轉變成公開的議題。

---

[6] 《妙法蓮華經》（T.9, no.262, p.56c）。

　　例如《長阿含經》[7] 敘述眾比丘於食後集講堂上議言:「天地如何生成?如何毀滅?眾生所居住的國土如何?」當此之時「世尊於閑靜處天耳徹聽,聞諸比丘於食後集講堂上議如此言」,佛陀於己靜室同步聽到諸比丘的議論,於是佛陀來到講堂,坐下之後「知而故問,問諸比丘:向者所議議何等」,在諸比丘告訴佛陀剛才討論的事情之後,佛陀再問諸比丘是否想要知道所議論事的解答?於是諸比丘請佛說法,佛陀開始解說。

　　在此,佛陀用天耳聽到的訊息並不直接由自己口中說出,而是採取「知而故問」的方式由諸比丘口中說出。此敘述的策略意謂「天耳通」有其私密性,如果不是對方主動呼求而予以回應;而是自己暗中主動收聽他人言說,又欲主動回應,則宜權計隱去所聽,以毫不知情的姿態公開發問,以免對方得知已被暗中聽聞。雖說天耳通本就能自然而然接收十方世界的聲音,然就世俗角度觀之,或有侵犯他人隱私的疑慮,因此「知而故問」的話語,是讓「天耳通」的訊息公開出場的敘事策略。

(二)「他心通」的敘事動機

　　「他心通」意謂能進入對方內在心念空間,感知對方整體的心性狀況或某些意念。在四阿含中,佛陀曾說他有三種示現教化方式:神足變化示現、他心示現、教誡示現。而所謂「他心示現」是「如彼心、如彼意、如彼識;彼應作如是念、不應作如是念;彼應作如是捨、彼應作如是身證住,是名他心示現」,[8]所以「他心通」主要的作用是為了教化眾生而使用的。

7　《長阿含經》(T.1, no.1, p.114b)。

8　《雜阿含經》(T.2, no.99, p.50b)。

1. 知人狀態以行教化

　　經由「他心通」知人心念以進行教化的敘事模式，多由三個過程所構成：首先設定要觀察的對象；其次進入「入如其像定」的三昧禪定中，來感知被觀察者的心念狀況；接著出定後或是直接點破對方心念，予以教導或是保持沉默，由別人代為教導。例如《中阿含經》[9]中敘述佛般涅槃後不久，有一次尊者金剛子在阿難為大眾說法時，很想知道阿難是否已是無學的阿羅漢，於是尊者金剛子就以「他心通」的感知方式，主動觀察阿難的心性狀況「入如其像定，觀尊者阿難心」，發現阿難「故是學人而未離欲」，所以就直接點破，並勸阿難及時修行，阿難在金剛子的督促勉勵下精進修行，不久便證得阿羅漢。在《增壹阿含》[10]中記敘在一次集會中，佛陀宣稱不再為眾僧說戒，這是因為佛陀以「他心智」知道「眾中（有）不淨，如來於中說戒，彼人頭破為七分」，所以如來不於眾中說戒了。目連當時亦在集會之中，想知道究竟在此眾中有誰是毀法之人，而讓佛陀不說戒。於是目連以「他心智」「入三昧定，遍觀聖眾心中瑕穢」，而感知是馬師、滿宿二名比丘心有瑕穢行於不淨；目連就出定，將此二比丘趕出集會場。在此佛陀對其以「他心智」觀察的對象保持沉默，而由其餘弟子代為教導。

2. 有無「他心智」的敘事視角

　　《雜阿含經》[11]中敘述一則佛勸戒波斯匿王既然沒有「他心

---

[9]　《中阿含經》（T.1, no.26, p.474c）。

[10]　以下集會說戒故事所引經文，俱見《增壹阿含經》（T.2, no.125, p.786b）。

[11]　以下波斯匿王故事所引經文，俱見《雜阿含經》（T.2, no.99, p.305c-306a）。

智」，就不要輕易以肉眼判斷對方是否是阿羅漢的故事。全知的敘述者首先以全知的外視角敘述，有一次波斯匿王來到佛寺，恰有二十一位外道正好在寺門外徘徊；此時將敘述的視角交給故事中的人物波斯匿王，當波斯匿王突然由他的視角遠遠看見這些徘徊在寺門外的外道，立即從座而起，來到那些外道前面，合掌問訊三次，自稱名言：「我是波斯匿王」，這時敘述視角又轉而交給故事中的人物世尊，由其視角看到波斯匿王的舉動，於是世尊就問波斯匿王：「汝今何故恭敬斯等？三稱姓名合掌問訊」，波斯匿王回答佛陀：「我作是念：世間若有阿羅漢者，斯等則是」，也就是從波斯匿王的視角來看，認為那些外道是阿羅漢。這時佛陀告訴波斯匿王：「汝今且止！汝亦不知是阿羅漢、非阿羅漢，不得他心智故」，佛陀叫波斯匿王暫時停止判斷，因為波斯匿王「不得他心智故」，沒有他心智的感知能力，無法判斷誰是阿羅漢、誰非阿羅漢。也就是說從佛陀的敘述視角來看，認為要從「他心智」的感知方式，才能觀察出對方是否具備阿羅漢的心性。佛陀接著教導波斯匿王沒有他心智，則判斷的視角應「且當親近觀其戒行，久而可知。勿速自決！審諦觀察……當須思惟，智慧觀察」，應從日常生活是否合乎戒行來觀察。

綜上所述，可知「他心通」是一種感知方式，一種可以主動洞悉他人內在意念的神通能力，而佛陀對由「他心通」得來的訊息，都是直接主動揭露、或是直接肯定、或是讓對方無所遁形，這和「天耳通」收到訊息後迂迴的反應模式不同。阿含經典中並沒有說明何以佛陀對由此二通收的訊息，採取不同的反應模式。也許是因為「天耳通」基本上就像凡夫肉耳般，是被動的接收到彼方的聲波，沒有獲得允許就介入他者的交談議論中是非常突兀

的舉止，此或是佛陀採取迂迴反應模式的原因。但由於眾生亦能由「察言觀色」而知對方心意，眾生之間有時也能產生「心電感通」的現象；因此能洞察對方的心意是被大眾默許認可的舉止，用「他心通」只是更為清楚洞悉，此或是佛陀採取直接揭露對方心意的原因。

（三）「漏盡通」的意象與套句

1.「漏盡通」的「明星」意象

在阿含與律部中，敘述釋尊入四禪起神通正覺成佛的過程中，都沒有「明星出」而悟道的意象，但在諸本佛傳中則有添加「明星出」而悟道的意象。例如《太子瑞應本起經》：「至三夜時得三術闍，漏盡結解，自知本昔久所習行……菩薩自知，已棄惡本無婬怒癡，生死已除……；所作已成，智慧已了，明星出時，廓然大悟，得無上正真之道為最正覺；得佛十八法有十神力四無所畏」、《普曜經》：「菩薩自知以棄惡本，無婬怒癡，生死以除，種根以斷……所作以成，智慧以了，明星出時，廓然大悟，得無上正真道為最正覺」、《方廣大莊嚴經》：「佛告諸比丘：菩薩於後夜分明星出時，佛世尊調御丈夫聖智，所應知、所應得、所應悟、所應見、所應證。彼一切一念相應慧證阿耨多羅三藐三菩提，成等正覺具足三明」、「爾時如來於彼後夜明星出時，得成阿耨多羅三藐三菩提已」[12]。此類「明星出時，廓然大悟」的「明星」意象，雖然是如此簡短的描述，卻有深刻的象徵性，「明星出時」象

---

[12] 所引經文依次為《太子瑞應本起經》（T.3, no.185, p.478b）、《普曜經》（T.3, no.186, p.522b）、《方廣大莊嚴經》（T.3, no.187, p.595c）、《佛本行集經》（T.3, no.190, p.796c）。

徵心性智慧的光明顯現出來;「廓然大悟」象徵以此心性智慧的光明,照亮了往昔宿世無量劫的無明業力輪迴的無明黑闇;在這悟道的一天,曉明之星照在煥然一新的世界上,象徵佛陀對宇宙人生的廓然大悟,成為覺者證道成佛。因此「明星出時」是具有意味的重要意象。

2.「漏盡通」的證道套語

在佛經中關於「漏盡通」的描述普遍缺乏敘事性,因為「漏盡通」不是某種如前五神通的作為,「漏盡通」是對佛陀教法如四念處、四聖諦、十二緣起的實修與證悟,此種境界是和實相直接了當的會晤,言詞在真知中完全失去作用,全然契入那無聲之言,化為涅槃的寂靜。因此證道的阿羅漢都只能用「我生已盡、梵行成立、所作已辦、畢竟更不受後世生」等相類似的套語,來表徵那無明永盡無餘的境界。

三、「天眼通」的敘事動機

「天眼」是禪定中修鍊出來的無形神秘之眼,佛典常用「清淨無瑕穢」來形容天眼,藉由這神秘之眼,能打開肉眼看不見的他方世界,開向無限空間,對於時空就有了不同的感受,因此「天眼」是觀看的新角度。至於「天眼通」的故事,主要敘述以下三方面的作用:其一,能看見人間不同地域的空間;其二,能看見鬼神、地獄等他方世界;其三,能「記說」眾生死後去處,以下進行分析:

（一）天眼可見人間不同地域的空間

　　人間各地本具有實質性的距離，肉眼無法在此地而睹見彼地，然以天眼可見人間不同地域的空間，對於尋人覓物甚有功用，例如《增壹阿含經》[13] 中敘述舍利弗以「天眼」見阿那邠祁長者（即須達長者）身患重病，就和阿難一起前往探病，當時阿那邠祁長者被病痛折磨得非常痛苦，舍利弗以修行念佛、念法、念僧、十二因緣等勸慰開導阿那邠祁長者，當舍利弗和阿難離開不久，阿那邠祁長者因心開意解而命終，須臾之頃便生三十三天。因此舍利弗的「天眼」在此就發揮了救度的作用。由於天眼可見人間不同地域的空間，常與天耳合併敘述，此部份已在上節「天耳通」的敘事分析中已提到，此處不再多談。

（二）天眼可見虛質空間的天神世界

　　長空遼渺，天界玄遠，唯有具「天眼」者方能看見天界的空間，在《長阿含經》中佛陀以第一人稱見證人的視角告訴阿難世界有八類眾生：「世有八眾，何謂八？一曰剎利眾、二曰婆羅門眾、三曰居士眾、四曰沙門眾、五曰四天王眾、六曰忉利天眾、七曰魔眾、八曰梵天眾」，[14] 其中四類即是天界的神魔。在《中阿含經》中佛陀亦宣說天界是真實的存在，且鼓勵居士和弟子修天德，死後可生諸天之中：「多聞聖弟子若持齋時，憶念諸天，實有四王天。……實有三十三天、焰摩天、兜率哆天、化樂天、他化樂天。彼天若成就信，於此命終，得生彼間」，[15] 佛陀亦曾敘述其

---

[13] 《增壹阿含經》（T.2, no.125, p.819b-820c）。

[14] 《長阿含・遊行經》（T.1, no.1, p.16b）。

[15] 《中阿含經》（T.1, no.26, p.772a）。

常以「精進定力，在所能現」，現身天界為天人說法，然後「即於彼沒」，返回人間，更妙的是天人根本不知佛陀究竟是天還是人「彼不知我是天、是人；如是至梵天眾，往返無數，廣為說法，而莫知我誰」，[16]可見人天兩界是虛實不同而並存的空間。

（三）天眼可見人天往來互動

1. 天眼可見天人來訪人間

人天兩界的交往是雙向的，《雜阿含經》卷22中記敘許多天人來到人間向佛陀問法之事，全知敘述者敘述天人通常是夜半來訪佛陀，天人的身光使得佛陀的靜室發出特殊明亮之光，雖然很多經典敘述中都簡省了佛陀或弟子們是在禪定空間中與天人交往的段落，但也有特別標明的，如：「世尊新剃鬚髮，於後夜時結加趺坐，直身正意繫念在前，以衣覆頭。時，優羅提那塔邊有天神住，放身光明遍照精舍，白佛言……」。[17]又《雜阿含經》[18]中全知敘述者敘述在一個天下小雨時有閃電的夜晚，佛陀在戶外經行，阿難奉佛陀之命中以傘蓋覆蓋燈上，至某處世尊突然微笑，阿難不明所以，因而請示佛陀為何微笑？於此將敘述視角轉給佛陀，佛陀告訴阿難，因為他以天眼見到梵天為拘隣比丘，釋提桓因為摩訶迦葉，袟栗帝羅色吒羅天王為舍利弗，毘樓勒迦天王為大目揵連，毘樓匐叉天王為摩訶拘絺羅，毘沙門天王為摩訶劫賓

---

[16] 《長阿含·遊行經》（T.1, no.1, p.16b）。

[17] 《雜阿含經》（T.2, no.99, p.155c）。

[18] 《雜阿含經》：「汝今持傘蓋覆燈，隨我而行；我見（天眼）梵天亦復如是持傘蓋覆燈，隨拘隣比丘後行；釋提桓因亦復持傘蓋覆燈，隨摩訶迦葉後行；袟栗帝羅色吒羅天王亦持傘蓋覆燈，隨舍利弗後行；毘樓勒迦天王亦持傘蓋覆燈，隨大目揵連後行；毘樓匐叉天王亦持傘蓋覆燈，隨摩訶拘絺羅後行；毘沙門天王亦持傘蓋覆燈，隨摩訶劫賓那後行。」（T.2, no.99, p.220a-c）。

那等大阿漢漢，同樣持傘覆於燈上並跟隨其後。是以佛陀的微笑，是由於其以「天眼」特殊的視角，看到天人的恭敬。佛陀的微笑帶出天人護持佛教，人天相依的空間場景。

天人縱然來到人間，然人若無天眼則無法睹見天人形象，《四分律》中敘述：「時有天龍鬼神來聽說戒，有得天眼比丘見之皆生畏慎心」，有天眼的比丘看到天龍鬼神來聽說戒心生畏慎，這是因為佛陀制戒，不許比丘於未受大戒的人前作羯磨說戒。當諸比丘將此情況問佛時，佛陀回答：「自今已去聽，除人未受大戒，餘者聽在前作羯磨說戒」，佛說至今以後除了人未受大戒不可聽戒外，其餘天龍鬼神等他界眾生可以聽戒。[19]因此「天眼通」的觀看方式，能打破虛實空間的界限隔閡。

2. 天眼可見人天的同步共構

《長阿含・遊行經》[20]中敘述佛陀旅居羅閱祇城時，摩竭王阿闍世在策劃攻打跋祇國，行動之前派了他的大臣禹舍（Varsākāra，或譯行雨）往見佛陀，傳達問候並知會計畫中的侵略，探察佛陀有什麼意見再回來報告，因為佛陀講的話不會不真實的。禹舍帶著這個非常的使命去見佛陀，佛陀巧妙地在和阿難一問一答間，提出了七項跋祇國人的優點，讓禹舍明白了佛陀不贊成進攻的立場，「時，大臣禹舍白佛言：彼國人民，若行一法，猶不可圖，況復具七，國事多故，今請辭還歸」禹舍就告辭歸去。後來佛陀帶領弟子來到巴陵弗城，[21]此時禹舍正在巴陵弗築

---

[19] 《四分律》（T.22, no.1428, p.829c-830a）。

[20] 以下有關禹舍故事的經文，俱見《長阿含・遊行經》（T.1, no.1, p.11a-13b）。

[21] 《佛光大藏經電子版・阿含藏》：「巴陵弗城（巴Pātaliputta），譯為華氏城，係中印度摩竭陀國之都城名。」（高雄：佛光山文教基金會出版，2002）。

城防衛跋祇人「此是禹舍大臣所造，以防禦跋祇」，顯然阿闍世嗅到了跋祇人的實力，改採守勢。巴陵弗城瀕臨恆河前線，是羅閱耆城和吠舍離城之間通道上一個重要的戰略位置，側面被恆河的支流掩護著。在那裡建築要塞，實際是建立一座有城牆圍繞的城市，無疑準備作為將來渡河進攻的橋頭堡。

經文敘述佛陀告訴阿難：「造此城者，正得天意」，佛陀認為造此城市是符合天意，因為佛陀以「天眼」看到這片土地上將要建立城市的許多位置，當時都已有一些上等、中等、次等的天神已在同步位置的天界建築天宮「以天眼見諸大神天各封宅地，中、下諸神亦封宅地」；佛陀並告訴阿難將來上、中、下三等人民，會居住在相應地點的住所裡。佛陀並預言：「阿難！此處賢人所居，商賈所集，國法真實，無有欺罔。此城最勝，諸方所推。不可破壞」，巴陵弗城隨著貿易的發展將是賢人所居，國家最主要的城市和商業中心。並附加一句：「此城久後若欲壞時，必以三事」，未來會毀滅此城的三種危險是大火、大水、與外人謀的內亂。[22]

相類的敘述見於《根本說一切有部毘奈耶藥事》[23]中，敘述佛陀人間遊行至波吒離村（Pātaliputra，或譯華氏城；即《長阿含·遊行經》中的巴陵弗城），在禪定中以天眼「觀見波吒離村大威力天神，以繩量界欲造大城」，世尊從定起出於室外和諸比丘露地而坐，問阿難陀：「汝不聞此波吒離村欲造大城」，阿難回答說

---

[22] 此處參考英·渥德爾著，王世安譯：《印度佛教史》（北京：商務印書館出版，2000，頁69）中的文字稍加改寫。

[23] 以下關於波吒離村的經文，俱見《根本說一切有部毘奈耶藥事》（T.24, no.1448, p.22a-b）。

他知道「行雨婆羅門與三十三天，籌量欲造大城」，在此更進一步的描述人天兩界的交往，行雨婆羅門也有天眼可和三十三天打交道，而人天兩界竟然同商共籌建城之事。佛陀則告訴阿難：「我在室中入定即以清淨天眼，觀見於彼波吒離村大威力天神并諸小神，及有威德諸人民等，各隨彼神愛樂而住」，這時佛陀才告訴阿難，他在定中以天眼看到波吒離村的上空有大威力天神并諸小神住於其上，而人民都能隨順天神的教法，並且「由諸天神於此住故，當知是城應為最勝，亦無隣國之難及所損」，由於天神住於波吒離村，所以此村無鄰國的災難損害。當行雨婆羅門供養佛陀及中僧飲食後，長跪向佛發大誓願，願將供養的所有功德迴向給波吒離所住天神願祂們長夜安樂：「迴施波吒離所住天神，長夜安樂」，佛陀則以偈回應：「若有清信人，供養諸天眾；此依大師教，是佛所稱揚」。

　　由上所述，就敘述形式而言，可以發現「故事」獨立於「文本」之上，大臣禹舍築城的故事，可有不同的敘事話語；此外也可發現二則文本的敘事聲音都指向「天眼通」承認天界眾生的存在，打開人間天界、下界上界、有形無形空間的互動交通，肯定人間上空若有天神住處則可受其保護，人民安樂國土豐榮，此寓含佛教肯定天神的信仰。

（四）「肉眼」／「天眼」／「慧眼」之別

　　阿那律雖是佛陀弟子中修得「天眼第一」者，但他的肉眼在得天眼時已敗壞，《增壹阿含經》中敘述：「爾時，阿那律縫故衣裳，是時眼遂敗壞，而得天眼，無有瑕穢」，[24]阿那律的肉眼雖敗

24　《增壹阿含經》（T.2, no.125, p.719a）。

壞但因得天眼，他還是能看見世間的一切，但當世尊不准他用天眼時就宛如瞎子，《摩訶僧祇律》敘述有一次佛在王舍城耆闍崛為諸比丘作布薩羯磨時，阿那律不來，不來的原因是阿那律認為：「世尊說清淨是布薩，世間清淨者我即是，我不去」，佛於是派使者傳喚阿那律「佛言：汝往喚來，莫用天眼來。是長老失肉眼故，涉山嶮道極苦乃到」，[25] 佛陀罰阿那律不可用天眼爬山上，阿那律肉眼已壞，所以涉山嶮道極苦乃至，可見天眼可含括肉眼的作用。

天眼之上是又高於天眼的「慧眼」，《長阿含經》：「復有三法謂三眼：肉眼、天眼、慧眼」，[26]《增壹阿含經》[27] 中敘述有一次帝釋、梵天、四天王及五百天人還有二十八大鬼神王，共同來到尊者阿那律的住所。這時有一有梵志名曰闍拔吒也到阿那律的住所，問阿那律曰：「我昔在王宮生，未曾聞此自然之香。為有何人來至此間？為是天龍鬼神人非人手」，梵志言在己王宮生長，從未聞此自然之香味，此香從誰而來？阿那律告訴梵志，帝釋等天眾和二十八大鬼神王共同來到他的住所，帶來此香。梵志就問阿那律為何其看不見這些天眾鬼神呢？阿那律回應：「以汝無有天眼故也」，梵志再問如果他能得天眼，就能看見嗎？阿那律回應若得天眼就能看見。但阿那律進一步告訴梵志：「此天眼者何足為奇！有梵天名曰千眼，彼見此千世界，如有眼之士，自手掌中觀其寶冠；此梵天亦如是見此千世界無有罣礙，然此梵天不自見身所著

---

25 《摩訶僧祇律》（T.22, no.1425, p.447c）。

26 《長阿含經》（T.1, no.1, p.50b）。

27 以下所引阿那律與梵志的對話及經文，俱見《增壹阿含經》（T.2, no.125, p.580c-581b）。

衣服」，阿那律指出有天眼並不為奇，因為梵天有千眼，觀此千世
界如自手掌中觀其寶冠，卻不能看到己身所著服飾。梵志進一步
問為何千眼梵天不自見形所著服飾？阿那律回答：「以其彼天無有
無上智慧眼故，故不自見己身所著服飾」，梵志再問假如我得無上
智慧之眼，我可以看見梵天所著服飾嗎？阿那律回答可以。

　　由此可知，若要有自見自知之明，還需要「天眼」之上的無
上「慧眼」。梵天沒有慧眼，在此則文本中是以「不自見身所著衣
服」，來隱喻其無自見自知之明。

（五）天眼「記說」眾生來生去處

　　「天眼通」又稱「見眾生生死智證」，因此「天眼通」重要的
作用是能看到眾生在未來無數劫的輪迴中，死此生彼、死彼生
此，以及形色好醜、善惡諸果、尊貴卑賤、業報因緣等。然首先
要面對的質問是：究竟有否「來生」這回事呢？其次，是誰可以
「記說」眾生死後轉生去處（亦即來生去處）？以下茲就佛經故事
分析之：

1. 是否有來生的對辯及譬喻

　　關於死後是否有來生？《長阿含・弊宿經》[28]中有一則佛教
比丘與婆羅門的精彩對辯及譬喻。經文敘述童女迦葉[29]與婆羅門

---

[28]　《長阿含・弊宿經》（T.1, no.1, p.42b-47a）。相關資料可參考：《中阿含・蜱肆
經》（T.1, no.1, p.525a-532b）、宋・法賢譯：《大正句王經》（T.1, no.45, p.833a-
835c）、《長部・弊宿經》（D.23. Pāyāsi Suttanta）。

[29]　《佛光大藏經電子版・阿含藏》：「『童女迦葉』，巴利本作Kumāra-kassapo（童
子迦葉），《阿含・蜱肆經》作「鳩摩羅迦葉」。《大正句王經》作「童子迦葉：
八歲出家，得阿羅漢果。」（高雄：佛光山文教基金會出版，2002）。

弊宿的對答。弊宿為拘薩羅國斯波醯村的領主，此地人民眾多，物產豐盛。宿弊主張斷滅論，認為人死後一切均歸於無有，既無來生，更無善惡報。其時迦葉尊者已證得阿羅漢果，率領五百比丘遊行教化至此，從而引起全村人民轟動，日日結隊前往拜見。這個現象引起弊宿的好奇，遂問左右發生何事，左右據實回答，弊宿於是前往一探究竟，展開一連串的問答。因此是在情境敘事中展開對辯議論在其中弊宿共問了十一個問題，而迦葉尊者分別用了十二次的譬喻答覆，茲分析如下：

〈第一問〉

弊宿認為人死歸於斷滅「無有他世，無罪福報」，迦葉反問其理由，弊宿舉其親族有作大惡事者，臨終時自己曾囑咐他將來落墮地獄時，一定要回來報告地獄景況，至今卻沒有任何消息，「彼命終已，至今不來，彼是我親」（T.1, no.1, p.43a）可證一定沒有他世及罪福報。

譬喻一：

迦葉以「諸有智者，以譬喻得解」（T.1, no.1, p.43a）為由，舉盜賊為喻反問弊宿，彼倘若有一奸詐盜賊被國王逮捕，然卻要求守衛放他回去與親族辭別，這種事情可能嗎？弊宿自知不可，因而第一個質疑也就不成立。

〈第二問〉

弊宿又舉其親族有十善皆備之人，死前弊宿同樣叮嚀死後當來告知自己天上情形，然而至今不來，「彼命終已，至今不來，彼是我親，不應欺我，許而不來，必無他世」（T.1, no.1, p.43a）可知一定沒有所謂的來世。

譬喻二：

　　迦葉再以譬喻反問：假如有人墮於糞坑，而後被國王救起，再三清洗後給予各種飲食、衣服、美女等享受，試問此人還願再次跳入糞坑嗎？弊宿自知不可，因此這個質疑也就不成立。

〈第三問〉

　　弊宿又舉沙門說五戒具足者，死後可生忉利天上。其親族中正有具足五戒之人，弊宿叮嚀死後必當告訴自己忉利天的情形，然而至今音訊全無，可知必無他世。對此迦葉答道：「此間百歲，正當忉利天上一日一夜耳；如是亦三十日為一月，十二月為一歲，如是彼天壽千歲」（T.1, no.1, p.43c），人間百歲，忉利天上不過才一日一夜。而天上同樣是以三十日為一月，十二月為一歲。你的親族五戒具足，死後生於忉利天上。然卻想先玩個兩三天再回報，如此你怎麼等得到！弊宿卻仍不信「婆羅門言：我不信也，誰來告汝有忉利天、壽命如是」，認為迦葉如何能夠得知忉利天的壽命狀況。

譬喻三：

　　對此迦葉譬喻道：好像有人生而眼盲，不能分辨青黃斥白、日月星象，因而就說沒有這些東西，這種回答正確嗎？弊宿回答不正確，迦葉於是說不能見到忉利天人壽命的人，正像這位盲眼之人，自己不見，便說無有忉利天一樣「婆羅門！汝亦如是忉利天壽，實有不虛，汝自不見，便言其無」（T.1, no.1, p.44a）。

〈第四問〉

　　弊宿又質疑：自己曾將一個偷竊犯罪之人密封在大鍋（大釜）中用火燒煮，藉此觀察他的精神從何而出，但都沒有發現他的神識來去。打開鍋子檢查，同樣沒有任何痕跡「又發釜看，亦

不見神有往來之處」（T.1, no.1, p.44a），所以說一定沒有來世。

譬喻四：

迦葉又舉例反問弊宿：你在睡覺時可曾夢見山林、江河等物？睡覺之時，家人是否又陪伴在你身邊？他們可曾看見你的識神出入。答案顯然是沒有，可證弊宿你的實驗也是同樣的情形。迦葉又說：「婆羅門！有比丘……以天眼力，觀於眾生，死此生彼，從彼生此。……皆悉知見。汝不可以穢濁肉眼，不能徹見眾生所趣，便言無也。婆羅門！以此可知，必有他世」（T.1, no.1, p.44a），修得天眼的比丘，可以現量觀察到眾生生死流轉的情形，凡人不可以以穢濁肉眼的標準武斷否定來世。

〈第五問〉

弊宿再度質疑：自己曾將一犯罪作賊者生剝其皮、臠割其肉、截其筋脉、打骨出髓，藉此求其識神，然而都無所獲，可知必無來世。

譬喻五：

對此迦葉說道：久遠的過去世，有一事奉火神的梵志收養了一個小兒。十年後小兒長大了，梵志於是交代他看守火焰，假如火滅，則可使用鑽木取火方式，將火重新點燃。交代完畢，自己就四處雲遊去了。

後來小兒貪玩，火焰果然熄滅。小兒首先吹灰求火，火依舊不能復燃。接著又用斧頭劈柴、石臼磨柴等方式，然都無法使火復燃。直到梵志回來，重新用鑽子鑽木取火，火才又重新燒了起來。迦葉以這個譬喻告訴弊宿，你所做種種尋求識神的方式，正像這個小兒一樣。迦葉告訴弊宿證得天眼的比丘，他們能以現量見到眾生的流轉，弊宿你不能因穢濁的肉眼無法見到，便說沒有

來生。

〈第六問〉

　　婆羅門聽了迦葉的譬喻，還是說：「汝雖引喻說有他世，如我所見，猶無有也」，迦葉復言：「汝頗更有因緣，知無他世耶」（T.1, no.1, p.44b），弊宿又質疑：自己曾將一個作賊犯罪之人，先秤出他的重量，然後命人小心和緩地將他殺害，同時不要傷到他的皮肉。待他死後再秤一次，竟比原來重量還要重。此人活著的時候身體較輕，死後識神已滅，反而比較重，由這件事的不合理，證明絕對沒有來世。

譬喻六：

　　對此，迦葉反問弊宿：好像我們秤鐵一般，冷卻的時候秤一遍，高溫的時候再秤一遍，哪種情形是鐵有金屬色而重量較輕？哪種情形是鐵無金屬光澤而較重？弊宿回答：「熱鐵有色，柔軟而輕；冷鐵無色，剛強而重」（T.1, no.1, p.45a）。迦葉說人也是這樣，生有顏色，柔軟而輕；死無顏色，剛強而重。因此，你的質疑沒有任何道理。

〈第七問〉

　　弊宿再度質疑：自己曾叫人將一個臨命終時的親族左右翻轉，他的目光、動作與說話能力都像平常一樣；待其死後命人再作一次同樣的行為，可是這個死去的親族他的言語、動作已經完全沒有反應了，「吾以是知，必無他世」（T.1, no.1, p.45a）可知一定沒有來世。

譬喻七：

　　迦葉答道：「諸有智者，以譬喻得解，今當為汝引喻」，遂又舉一譬喻回答：從前有一個國家的人民從來不曾聽聞過吹貝殼的

聲音,當時有一個善於吹貝者到這個國家表演,結果引起村人的
騷動,紛紛問這是什麼聲音,竟然這麼好聽。那人指著貝殼說聲
音來自於此,村人於是用手碰觸貝殼說:「『汝可作聲!汝可作
聲!』貝都不鳴」,貝殼主人只好拿起貝殼示範給他們看。那些村
人於是說:「原來剛剛美妙的聲音並不是因為貝殼的緣故,還需要
手、口以及氣來吹它,貝殼才會發聲。」迦葉以此譬喻告訴弊
宿:「人亦如是,有壽有識,有息出入,則能屈伸、視瞻、語言。
無壽無識、無出入息、則無屈伸、視瞻、語言」(T.1, no.1,
p.45a),人也是這般,有生命魂識以及氣息的出入,才能屈伸言
語,否則一切自然也就停止。

〈第八問〉

經過以上反覆辯論,迦葉已經答覆弊宿所有質疑,並呼籲弊
宿:「汝今宜捨此惡邪見!勿為長夜自增苦惱」,放棄原有的邪
見,免得自增苦惱。弊宿則說:「我不能捨,所以然者,我自生來
長夜諷誦,翫習堅固,何可捨耶?」(T.1, no.1, p.45a)自己不能
放棄斷滅論,因為這是自己生來於此濁世中便已諷誦熟悉的,如
何可以捨棄。

譬喻八:

迦葉又舉一譬喻:久遠以前,有一個國家土地貧瘠,其中有
一智一愚兩個具有親屬關係的人,相約外出謀取財富。他們在一
個空地見到地上有麻,於是各取一擔前進;後又見到麻縷,智者
認為麻縷已經編好,重量較輕,比較方便。愚者則因已經將麻綁
得很堅固,因而不願捨棄。而後又遇到劫貝,智者以為劫貝價值
貴重,於是棄麻布而取劫貝;愚者仍是堅持前見。如此依序見到
劫貝縷、白疊、白銅、白銀乃至黃金。智者最後因取得黃金,回

家後大受親族的歡迎，愚者則因取回不值錢的麻，因而受到眾人的輕視，同時自己也感到非常羞愧。迦葉以此譬喻開示弊宿不應堅持原來的邪見。

〈第九問〉

弊宿仍舊認為自己不能捨棄斷滅論：「我終不能捨此見也，所以者何？我以此見多所教授，多所饒益，四方諸王皆聞我名，亦盡知我是斷滅學者」（T.1, no.1, p.45c），因為自己就是為了這個主張而聞名於四方。

譬喻九：

迦葉又言：「諸有智者，以譬喻得解，我今當更為汝引喻」，再舉一例：久遠以前有一土地因處於邊疆，因而物資水草缺乏。有個擁有千輛車的大商人經過該地，認為車隊太過龐大，擔心糧草不足，於是將車隊分成兩半，分梯前進。第一梯的前發導師遇到一人，身體粗大，黑臉紅眼，身上塗滿泥巴。這個人告訴商主前面地方水草豐富，穀物無缺，你們車上的穀草可以全部拋棄，減輕車隊的負擔。商主聽從其言，輕車前進，結果七日之中沒有見到任何糧草，終於困頓於曠澤，被鬼所食。

第二梯次商隊也遇到相同的情形，然而這次的商主卻告訴其他人不可將車上糧草拋棄，必定等到見到豐盛的土地，才可減輕車隊負擔。如此經過七日，赫然發現前梯車隊被鬼吃剩的殘骸。原來這個赤眼黑面者就是羅剎鬼。迦葉以此故事曉喻弊宿，應當學習第二梯次有智慧的商人，如此才能捨棄惡見，得免危難。

〈第十問〉

至此弊宿仍然認為自己不能捨棄斷滅論，「我終不能捨所見也，設有人來強諫我者，生我忿耳，終不捨見」（T.1, no.1, p.46a）

假如有人來強諫自己，並定是在生自己氣的人，因此不能捨棄原見。

譬喻十：

迦葉又舉一喻：久遠以前有一個地方，因為地處偏僻，人民生活很差。當時有一個人喜歡養豬，到其它村落見到乾糞，感到非常高興，因為糞便可以回去餵豬。他將糞便戴在頭上，不料路上遭逢大雨，糞汁從頭流到腳。路上的人都罵他狂人，說即使是天晴，糞便都不能戴在頭上，何況現在正在下雨。而此人也大怒，回罵那些路人，你們自己才是笨蛋，不知我家的豬隻正在挨餓；假如知道，就不會說我是癡人了。迦葉以此故事曉喻弊宿：「汝今寧可捨此惡見，勿守迷惑，長夜受苦，如彼癡子戴糞而行，眾人訶諫，逆更瞋罵，謂他不知」（T.1, no.1, p.46b），你的回罵行為正如戴糞而行之人，只會增長夜之中的痛苦。

〈第十一問〉

弊宿最後反問迦葉，你們說行善便會生天，死後勝於生時。那麼就應當以各種方式自殺，而你們不願自殺「而今貪生，不能自殺者，則知死不勝生」（T.1, no.1, p.46b），可以反證死後不如生時。

譬喻十一：

對此質疑，迦葉舉了兩個譬喻。第一個譬喻：從前在這個斯波醯村有一個年紀一百二十歲的梵志，他有兩個妻子，一個先有兒子，一個正懷胎中。梵志不久去世，大妻的小孩對小妻說自己應當分得所有的財產。小妻回答應當等到自己分娩後，如果生男，則也應該分得財產；如果生女，你就可以分得嫁娶所需的財物。然而大妻的兒子卻再三逼迫索財，小母受擾不過，竟以利刀

剖開自己的肚子以辨別男女。迦葉以此曉喻弊宿自殺的愚癡無益。

譬喻十二：

　　其次，迦葉又舉一例說明惡見的禍患：從前在斯波醯村有兩個善於弄丸的雜耍人。某日兩人較量技藝，其中不勝者告訴勝者明日再比一場。不勝者回去之後取出戲耍用的丸，<u>塗上毒藥並曬乾</u>。明日到了勝者的地方，將此毒丸給予勝者再比一場。勝者吞下藥丸後，不勝者也隨著吞下毒丸，並以偈罵道：「吾以藥塗丸，而汝吞不覺。小伎汝為吞，久後自當知」(T.1, no.1, p.46b-c)，迦葉以此故事曉喻弊宿，應當即時捨棄惡見，以免像那個雜耍人，吞毒而渾然不覺。

〈尾聲〉

　　弊宿經過這上述十一次質疑，以及迦葉十二個善巧譬喻的回答，終於心悅臣服皈依迦葉，並說自己在最初以月亮作譬喻時已經瞭解「尊者初設月喻，我時已解；所以往返，不時受者，欲見迦葉辯才智慧，生牢固信耳。我今信受，歸依迦葉」(T.1, no.1, p.46c)，之所以反覆辯論，只是想要見識迦葉的辯才智慧，同時加深自己對於佛法的信心。迦葉遂命他皈依佛陀，並授弊宿五戒，教導他善待僮僕、常行布施的各種道理。

　　由上所述可知，弊宿婆羅門以話激話，不斷提問多方質疑死後有來生的觀點。雖然童女迦葉告其若有「天眼」即能睹見人死轉生之處，可確知有來生；然要說服不具「天眼」的弊宿婆羅門，童女迦葉只能採用譬喻比擬的方式，來間接證明有來世，並駁斥弊宿婆羅門的論點。童女迦葉一連用了十二個廣博善巧的譬喻，可謂為其所肯定的「來世」之說「接生」，而通過冗長反覆的

爭辯與一連串的譬喻，終於將其「來世」之說接生成功，說服了
弊宿婆羅門。然由迦葉如此大費周章回答弊宿婆羅門的過程，可
知關於是否有來世的問題，對一般人而言，是既好奇又不易相信
的。

2.「記說」死後轉生處

　　在佛教的輪迴世界中，時間沒有開始也沒有終結，生命在過
去、現在與未來互通的時間之輪中，去了又來，來了又去，生死
循環。於是仍在六道輪迴中的生命，當今生結束後，在因果業報
法則的支配下，來生將投生何方？是何種生命的樣態？面對相識
生命的死亡，熟能無情無所牽念？然生死殊途天地悠悠，因此產
生以說來生去處為主的「記說」敘述。

　　經典中「記說」（巴Veyyākarana）一詞，是佛教經典的表達
形式，屬於十二分教之一，《中阿含經》：「云何比丘為知法耶？謂
比丘知正經、歌詠、**記說**、偈咃、因緣、撰錄、本起、此說、生
處。廣解未曾有法及說是義，是謂比丘為知法也」，[30] 可知「記說」
是佛典中的專有名詞，指親身作證的真實之說，也就是真實印證
的記錄言說。「記說」可分成「自記說」與「他記說」二類，茲分
述於下：

(1)自記說

　　「自記說」多指若比丘、比丘尼證阿羅漢，則能親身作證
「自記說」已以成就阿羅漢，如《雜阿含經》：「心正解脫者，能自
記說：我生已盡、梵行已立、所作已作、自知不受後有」，[31]《雜

---

[30]　《中阿含經》（T.1, no.26, p.421a）。

[31]　《雜阿含經》（T.2, no.99, p.49b）。

阿含經》中阿難亦告諸比丘：「若比丘、比丘尼於我前自記說，我
當善哉慰勞問訊，或求以四道」，阿難言若有任何比丘、比丘尼，
在其面前自作證「記說」其獲得阿羅漢果者，必由斷諸使、離諸
使等四道而獲得。[32] 至於在家居士亦有能「自記說」己之修行證
量，如《雜阿含經》中敘述訶梨聚落主長者身遭病苦，迦旃延比
丘前往慰問，長者告訴迦旃延比丘其修念、念法、念僧、念戒、
念施、念天等六念法門，迦旃延回答：「善哉！長者！能自記說，
得阿那含」，迦旃延是大阿羅漢比丘，當他聽了長者自陳修六念法
後，認為長者其實等於「自記說」已親證阿那含的境界。[33] 又《雜
阿含經》中敘述阿難聞給孤獨長者身遭苦患，往詣其舍慰問，給
孤獨長者告訴阿難，其此生已堅信佛、法、僧，並奉獻所有錢財
供養，所以面對死亡不覺恐怖，阿難聽後告訴給孤獨長者：「善
哉！長者！汝自記說是須陀洹果」，阿難認為長者「自記說」的境
界是得須陀洹果。[34] 可見「自記說」是生命自知之明的表現。

(2)「他記說」

2.1 佛陀記說

　　「他記說」的敘事，在《阿含經》中絕大多數都是敘述佛陀
以天眼記說眾生死後轉生之處，偶而出現阿羅漢比丘記說的敘
事，至《大寶積經》中更直接宣稱唯佛天眼可知眾生來生去處，
經文敘述：「眾生本性，沒此生彼，是佛境界，非五通仙之所能
知。亦非天人、魔、梵色究竟等；并餘聲聞之所覺了」，[35] 眾生輪

---

[32]　《雜阿含經》（T.2, no.99, p.146c-147a）。

[33]　《雜阿含經》（T.2, no.99, p.145a-c）。

[34]　《雜阿含經》（T.2, no.99, p.269b-c）。

[35]　《大寶積經》（T.11, no.310, p.681a-b）。

迴死生中不斷的沒此生彼，唯佛能知眾生沒此生彼的去向，非天
魔梵眾乃至聲聞之人所能覺了。

　　佛陀能夠記說眾生死後轉生去處，在當時亦是被質疑究竟是
真是假呢？《雜阿含經》中敘述有一婆蹉種出家[36]的修行人來向
佛陀請教身與命之間的關係，他質疑佛陀：「沙門瞿曇有何等奇？
弟子命終，即記說言：某生彼處、某生彼處。彼諸弟子於此命終
捨身，即乘意生身生於餘處」，[37] 他懷疑佛陀究竟有何能耐，弟子
命終能記說死後轉生之處。

　　許多比丘喜歡問佛陀眾生死後去處，如《雜阿含經》中敘述
眾多比丘聽聞難屠比丘、難陀比丘尼、善生優婆塞、善生優婆夷
命終，就問佛陀：「彼四人命終，應生何處」，佛陀分別指出四人
去處。[38] 此外，敘述曾有一次正巧那梨迦聚落多人命終，許多比
丘聽聞那梨迦聚落闍迦舍優婆塞命終、尼迦吒、佉楞迦羅、迦多
梨沙婆、闍露、優婆闍露、梨色吒、阿梨色吒、跋陀羅、須跋陀
羅、耶舍耶輸陀、耶舍鬱多羅等，悉皆命終；又復有五百優婆塞
命終；諸比丘都一一問佛這些往生者的轉生之處，佛陀在回答之
後，告訴諸比丘：

> 汝等隨彼命終，彼命終而問者，徒勞耳！非是如來所樂答
> 者。夫生者有死，何足為奇？如來出世及不出世，法性常
> 住。[39]

---

[36] 《佛光大藏經電子版·阿含藏》：婆蹉種出家（巴 Vacchagotta paribbājaka），婆
　　蹉是印度種族名，此處指婆蹉種之出家行者。印度宗教很多，各教都有出家行
　　者，此不是專指於佛教出家者（高雄：佛光山文教基金會出版，2002）。

[37] 《雜阿含經》卷34（T.2, no.99, p.244a）。

[38] 《雜阿含經》卷30（T.2, no.99, p.217a-b）。

[39] 《雜阿含經》卷30（T.2, no.99, p.217b-c）。

佛陀告訴諸比丘一再問眾生死後轉生處是「徒勞耳」，不是佛陀所樂意回答的。《長阿含經》敘述有一次佛陀與阿難一同來到那陀村，正巧那陀村有十二居士伽伽羅等命終，不久復有五十人命終，接著又有五百人命終「爾時，世尊於拘利村隨宜住已。告阿難俱詣那陀村，阿難受教，即著衣持鉢，與大眾俱侍從世尊，路由跋祇到那陀村，止揵椎處。」[40]阿難就請教佛陀：「斯生何處？唯願解說」，這些人死後轉生何處呢？佛陀告訴阿難這些往生者分別得阿那含、斯陀含、須陀洹三種果位。然後佛陀對阿難說：

> 夫生有死，自世之常，此何足恠，若一一人死，來問我者。非擾亂耶？阿難答曰；信爾，世尊！實是擾亂。[41]

從阿難的視角觀之，對眾生死後的去處充滿了未知的好奇，所以想透過佛陀天眼的記說來獲得消息；然而從佛陀的視角來看，有生就有死，本是是世界的常態，如果人死都一一來問佛記說去處，是不是太打擾佛陀了呢？阿難經由佛陀的提醒，才發現他數問的行為「實是擾亂」。可見佛陀雖會記說死後轉生處，但不認為這是必要的。

那麼佛陀為什麼要「記說」呢？「記說」的對象是何等人呢？在《中阿含・婆雞帝三族姓子經》[42]中佛陀對阿那律說明其何以會「記說」死後生處，非為了有趣、討人歡樂或欺罔人「如來非為趣為人說、亦不欺誑人、亦不欲得人歡樂故，弟子命終，

40　《長阿含經》（T.1, no.1, p.13a）。

41　《長阿含經》（T.1, no.1, p.13a-b）。

42　《中阿含・婆雞帝三族姓子經》（T.1, no.26, p.545b-547a）。

記說某生某處、某生某處」，佛陀會「記說」的對象只針對「如來
但清信族姓男、族姓女」，因為他們對佛陀的記說「極信極愛、極
生喜悅」，當他們聽聞修行人死後轉生的各種境界，就能興起效法
之心「或心願效如是如是」，這是佛陀「記說」的目的。接著佛陀
用了十四句排比句，分別說明出家的比丘、比丘尼；在家的優婆
塞、優婆私，[43] 此四種佛教弟子聽聞佛陀記說後，就會興起效法
之心。佛陀首先敘述若比丘、比丘尼聽聞佛陀記說某出家尊者死
後證得阿羅漢、阿那含、斯陀含、須陀洹四果的其中一種，必得
「差降安樂住止」，鼓舞了樂於安心向道的修行決心。其次敘述若
在家的優婆塞、優婆私聽聞佛陀「記說優婆塞（優婆私）聞某優
婆塞（優婆私），於某村命終」，死後證得阿那含、斯陀含、須陀
洹三果的其中一種，就會「或心願效如是如是」，興起效法之心。
此處亦可見阿羅漢是出家僧侶才能證到的果位，在家居士最多只
能修到三果阿那含。最後，佛陀總結：「阿那律陀！如來以此義
故，弟子命終，記說某生某處、某生某處」，強調佛陀記說弟子命
終時生於何處，是為了要讓信佛的出家及在家弟子們，因而生信
起而效法。由此可知「記說」不是佛教的本質，而是方便教化眾
生的權宜策略。

　　佛陀天眼通的「記說」敘事，通常都採用「概述」的敘述方
式，指點未來世轉生的去處方向或地點，並不會描述來世一生的
生命藍圖，如《增壹阿含經》敘述：

　　　　爾時，舍衛城中有一優婆塞而命終，還生舍衛城中大長者
　　　　家最大夫人身。爾時，世尊以天眼觀，清淨無瑕穢，見此

43　優婆私（巴upāsikā），又作優婆夷、近事女，為在家信佛受持五戒之女子。

優婆塞生舍衛城中最富長者家。即於其日，復有梵志身壞
命終，生地獄中；爾時世尊亦以天眼觀；復即以其日，阿
那邠邸長者命終，生善處天上，是時世尊亦以天眼觀；即
其日有一比丘而取滅度，世尊亦以天眼觀見。[44]

此則敘述文本中只有簡短「講述」，世尊一一說出了舍衛城某一日
中眾生命終轉生之處，有生天界或轉生富貴人家的優婆塞、有下
地獄的外道梵志、有取滅度證阿羅漢的比丘。在此話語中另一重
要的「天眼」意涵，是指當佛陀以天眼「記說」比丘已取滅度入
涅槃，是不會接著再描述比丘未來的轉生去處。因為只有還在生
死輪迴中的眾生，其生命的輪子才會繼續向前轉動，才有未來的
去處可看，所以佛陀在回答婆蹉種出家行者（見前述）關於以天
眼「記說」眾生死此生彼，是一種「有餘」的狀態：「眾生於此處
命終，乘意生身生於餘處；當於爾時，因愛故取，因愛而住，故
說有餘」，佛陀指出眾生是乘意生身轉生他處，之所以會死此生
彼、生此彼死輪轉不息，是因為愛取執著的牽引而繼續轉生，因
此來生是不究竟的「有餘」狀態。[45]

2.2 天神記說

　　佛陀天眼通的「記說」敘事既以「概述」為多，在敘述手法
上常失之單調。唯有《長阿含・闍尼沙經》中佛陀借一自稱「闍
尼沙」的鬼神來說死後生處的故事，其迴圈式的敘事視角最為特
別。趙毅衡在《苦惱的敘述者》中談到「迴圈敘述」，意指：

---

[44]　《增壹阿含經》卷23（T.2, no.125, p.670b）。
[45]　《雜阿含經》卷34（T.2, no.99, p.244b）。

> 當被敘述者轉述出來的人物語言講述一個故事，從而自成
> 一個敘述文本時，就出現敘述中的敘述，敘述就出現分
> 層。此時，一層敘述中的人物變成另一層敘述的敘述者，
> 也就是一個層次向另一個層次提供敘述者。……有時此敘
> 述分層是最後一層敘述和第一層敘述，形成迴圈敘述。[46]

也就是上一層敘述中的故事人物，成了下一層敘述中的敘述者，
如此層遞敘述，而當第一層敘述和最後一層敘述的敘述者又是同
一人時，就形成了「迴圈敘述」。《長阿含·闍尼沙經》敘事中便
出現上一層敘述中的故事人物，成了下一層敘述中的敘述者，且
最後一層故事的敘述者和第一層故事的敘述者都是阿難，形成迴
圈敘述的形式。

　　經文故事開始於阿難以「如是我聞」的套語，展開「第一人
稱見證人外視角」，[47]「一時，佛遊……」的敘述。接下來進入
「故事層」的敘述，約可分為如下層次的敘述：

第一層敘述：阿難展開「故事層」敘述

　　此部份敘述阿難請求世尊以「天眼通」，為摩竭國人民死後
去處做記說的事件。包含有兩個小事件：一是阿難請求世尊為摩

---

[46] 趙毅衡：《苦惱的敘述者——中國小說的敘事形式與中國文化》（北京：十月文藝出版，1994），頁117。

[47] 申丹在《敘事學與小說文體研究》中耙梳各家說法，提出四種不同類型的敘事視角，其中關於第一人稱的視角有：(1)第一人稱內視角：包括第一人稱主人公敘述中的「我」正在經歷事件時的眼光；以及第一人稱見證人，敘述中觀察位置處於故事邊緣的「我」的眼光。(2)第一人稱外視角：涉及第一人稱（回顧性）敘述中，敘述者「我」追憶往事的眼光；以及第一人稱見證人敘述中，觀察位置處於故事邊緣的「我」的眼光。以上四種類型見氏著：《敘述學與小說文體學研究》（北京：北京大學出版，2004），頁218。

竭國人民死後去處做記說；另一是佛陀在禪定中和天神闍尼沙的
對話。在此阿難的敘述視角越界成為「第三人稱全知視角」，敘述
「尊者阿難」──「他」，在靜室坐時心中的想法：

> 尊者阿難在靜室坐，默自思念：甚奇！甚特！……彼十六
> 大國有命終者，佛悉記之。摩竭國人皆是王種王所親任，
> 有命終者，佛不記之。（T.1, no.1, p.34b）

阿難「他」心中思索認為佛陀能以天眼「授人記說」，說出
死者轉生去處，此事件本身是「甚奇！甚特！」的不可思議之
事。因此，阿難認為佛陀對那麼多國家的眾生，皆做死者轉生去
處的記說；佛陀又和摩竭國因緣特別深厚，卻唯獨對摩竭國人死
者轉生去處不做記說，是不妥當的。阿難因此想要請求佛陀特別
為摩竭國人民，死後去處做記說。於是阿難離開他的房間來到佛
陀所在之處，將其心中想法向佛陀報告之後，即離開佛所。

接著繼續敘述，佛陀聽了阿難的請求，有一天乞食完畢就坐
在一樹下思惟摩竭國人「命終生處」。而就在佛陀入三昧禪定思惟
之際，突然有一自稱「闍尼沙」的鬼神來拜見佛陀：「時，去佛不
遠有一鬼神，自稱己名，白世尊曰：我是闍尼沙。我是闍尼沙」
（T.1, no.1, p.34c）。

第二層敘述：故事人物闍尼沙展開「次故事層」的敘述

佛陀問闍尼沙：「汝因何事，自稱己名為闍尼沙？」[48]闍尼

---

[48] 《雜阿含經》：「初禪正受時，言語止息」（T.2, no.99, p.121b），定中一直維持心
一境性，無二念，照理無法對話。然在經文的書寫策略上，是以「對話」的形
式敘述，我們由經文敘述可發現當闍尼沙自陳身份後，經文用「佛言」二字，
展開佛陀問闍尼沙的回應。

沙言其過去生本為人王是佛陀弟子，一心念佛而取命終，故得生為毘沙門天王太子，得須陀洹不墮三惡道，於七生中常名闍尼沙。

在上一層阿難敘述中自稱「闍尼沙」的故事人物，在第二層敘述中以故事人物「第一人稱主人公回顧視角」，向佛陀報告「我是闍尼沙」的往事因緣。也就是說在講述之所以是闍尼沙的故事層上，闍尼沙變成了敘述者。

第三層敘述：故事主要人物佛陀向阿難轉述遇見闍尼沙的經過

在上一層是聆聽闍尼沙敘述的佛陀，回到精舍傳喚阿難前來，以「第一人稱主人公回顧視角」先只敘述闍尼沙向其報告「我是闍尼沙」，因此在此層級上佛陀成為敘述者：

> 爾時，世尊告阿難曰：汝向因摩竭國人來至我所，請記而去。我尋於後，著衣持鉢，入那羅城乞食，乞食訖已，詣彼大林坐一樹下，思惟摩竭國人命終生處。時，去我不遠，有一鬼神，自稱己名而白我言：我是闍尼沙！我是闍尼沙。（T.1, no.1, p.34c）

事實上闍尼沙向佛陀的報告中，不只自陳身份，最重要的是向佛陀報告了摩竭國人「命終生處」。但在敘述策略上，運用「錯時」（anachronies）[49]的方式，打破故事時間順序，就故事時間的發生順序而言，應是闍尼沙向佛陀講述全部的事件完畢後，佛陀

---

[49] 「錯時」即指故事序列的時間次序和敘述的時間次序之間不一致的這些關節點。參見史蒂文・科恩（Steven Cohan）、琳達・夏爾斯（Linda Shires）著，張方譯，《講故事——對敘事虛構作品的理論分析》（台北：駱駝出版，1997），頁92。

回到精舍傳喚阿難前來，再把全部的事件轉述給阿難。但在文本的敘事時間中，把整個流程切分為二，依照故事時間發生的順序，先只敘述到闍尼沙向佛陀報告「我是闍尼沙」，然後暫時隱藏其後續報告摩竭國人「命終生處」的事件。於此產生故事時間的「停頓」（pause）[50] 情況，也就是讓闍尼沙的報告暫時中斷，插入佛陀問阿難是否聽過「闍尼沙」這個名字，阿難回答未曾聽聞：

> 「阿難！汝曾聞彼闍尼沙名不？」阿難白佛言：「未曾聞也……世尊！此鬼神必有大威德。故名闍尼沙爾。」（T.1, no.1, p.34c-35a）

在敘述過程中，以「停頓」故事時間來特別標示受敘者，並直接與受敘者對話，可以縮短敘述者與受敘者的距離，渲染描述事件的臨場感。在阿難回答之後，佛陀才接著告訴阿難，他問闍尼沙何以自稱「闍尼沙」：「我先問彼，汝因何法，自以妙言稱見道迹？」（T.1, no.1, p.34c-35a）。

第四層敘述：闍尼沙自述其名之來由，及看見大梵天王的場景

佛陀此時才讓原本被打斷的故事敘述時間至此繼續下去，又重複讓闍尼沙以「第一人稱主人公回顧視角」，自述自己稱名「闍尼沙」的原由。然後以「一時」、「又復一時」、「時」等時間提挈語，再帶出闍尼沙自敘其本想問佛陀「摩竭國人有命終者，當生

---

50 「停頓」是對敘事時間的強調，更進一步地超過了故事時間，它發生在敘述活動的時間繼續而故事的時間停止的文本中的任何一個關節點，比如人物描寫、議論、說明以及直接與讀者說話的方式等。參見史蒂文‧科恩（Steven Cohan）、琳達‧夏爾斯（Linda Shires）著，張方譯：《講故事——對敘事虛構作品的理論分析》（台北：駱駝出版，1997），頁96-97。

何所？」以及自述其在忉利天宮，當四天王、闍尼沙本人及諸大
天神都依序入坐後，釋提桓因開始說法：

> 時，四天王皆先坐已，然後我（闍尼沙）坐，復有餘諸大
> 神天，……爾時，釋提桓因知忉利諸天有歡喜心，即作頌
> 曰……。（T.1, no.1, p.35a）

接著，突然插入佛陀聲音：「闍尼沙神復言」，作為佛陀「第一人
稱見證人」在場的提示，然後讓故事人物闍尼沙繼續敘述他在忉
利天的法堂聽帝釋說法時，看見大梵天王突然出現、光照四方的
景象：

> 闍尼沙神復言：所以忉利諸天集法堂者，共議思惟觀察稱
> 量，有所教令，然後勅四天王。四王受教已，各當位而
> 坐，其坐有大異光照于四方，……時，大梵王即化作童
> 子，頭五角髻，在天眾上虛空中立……。（T.1, no.1, p.35b）

所以在上一層是佛陀敘述中的人物闍尼沙，在此層敘述中成了看
見大梵天王的敘述者。

第五層敘述：大梵天王以「第一人稱見證人視角」說出摩竭國人的命終生處

大梵天王以「第一人稱見證人視角」為帝釋、忉利天眾及四
大天王說法，並說出摩竭國人的命終生處：

> 時，梵童子說此偈已……我今更說，汝等善聽！如來弟子
> 摩竭優婆塞，命終有得阿那含、有得斯陀含、有得須陀洹
> 者、有生他化自在天者、有生化自在、兜率天、焰天、忉

> 利天、四天王者、有生刹利、婆羅門、居士大家、五欲自
> 然者。……。（T.1, no.1, p.35b）

在大梵天王的自述中，敘事的重點——摩竭國人「命終生處」的謎底才揭露出來；在上一層是闍尼沙敘述中的人物大梵天王，在此以自己的聲音口吻講述佛法，並說出摩竭國人的命終生處時，可自成一個敘述文本，大梵天王在此層次上變成了敘述者。

第六層敘述：阿難復以「第一人稱見證人內視角」總結「故事層」的敘述

在大梵天王演說正法完畢，故事進入尾聲，阿難復以「第一人稱見證人內視角」總結「故事層」的敘述：

> 時，梵童子于忉利天上說此正法；毗沙門天王復為眷屬說
> 此正法；闍尼沙神復於佛前說是正法；世尊復為阿難說此
> 正法；阿難復為比丘、比丘尼、優婆塞、優婆夷說是正
> 法。（T.1, no.1, p.36b）

阿難總結摩竭國人的「命終生處」消息來源的敘述層次，原來是大梵天把摩竭國人的「命終生處」及正法告訴四天王；四天王告訴其眷屬；身為毗沙門天王兒子的闍尼沙神，再把消息告訴佛陀；佛陀再告訴阿難；阿難再告訴四眾弟子。在此，第一層「故事層」的敘述者阿難，和第六層「次故事層」的敘述者阿難，得以首尾呼應的銜接，形成迴圈敘述的形式。

阿難在說明了整個故事的來龍去脈之後，就用「是時，阿難聞佛所說，歡喜奉行」結束經文。特別強調是「阿難」，而非是「眾比丘」聞佛所說歡喜奉行，凸顯了故事最後的「超故事」層框

架，是和故事層重疊，阿難既是在場聆聽佛陀說故事的受敘者，也是「第一人稱見證人內視角」的敘述者。[51]

(3)生前記說

如上所述天眼通的「記說」，一般而言是記說臨命終者死後轉生去處，但偶爾也有在臨命終前幾日，佛陀就先「預記」其死亡日期，例如《增壹阿含經》中敘述流離王滅釋種之事，當流離王滅釋種後，佛預言流離王七日後將死亡「世尊告諸比丘：今流離王及此兵眾不久在世，却後七日盡當磨滅」，而「流離王聞世尊所記」，就心生怖懼，因為流離王的認知是「諸佛如來語無有二，所言終不異」，諸佛如來是從無虛語的。當七日夜半，流離王及兵眾正在河邊止宿娛樂，竟被突然而起的暴風疾雨淹沒而死。此時佛陀再以「天眼」觀流離王死後的去處：「爾時，世尊以天眼觀見流離王及四種兵為水所漂，皆悉命終入地獄中」，佛陀告訴諸比丘流離王死後將入地獄。[52] 然此亦是佛陀在流離王活著之時，只「記說」其將死亡之事，待流離王命終後方觀其轉生何處。

《增壹阿含經》中另有一則敘述在人生前，佛陀就「記說」其死後去處的故事，經文敘述曾有一次佛陀說法時，有一長老比丘向著佛陀「舒脚而睡」；而另一名叫修摩那的八歲沙彌卻「結加趺坐，計念在前」；佛陀看到這一老一少出家眾如此懸殊的對比，重新定義「長老」未必是先出家者，而是「設有年幼少，諸根無漏缺，此謂名長老」，雖然年幼卻諸根無漏者可名之為「長老」。

---

[51] 以上闍尼沙故事視角分析，參考丁敏：〈漢譯佛典《阿含經》神通通故事中阿難的敘事視角試探〉，台大《佛學研究中心學報》第11期（2007年7月），頁23-28。

[52] 以上流離王故事所引經文，俱見《增壹阿含經》（T.2, no.125, p.690a-693c）。

接著佛陀即「記說」此舒脚而睡的年長比丘，過去「五百世中恒為龍身」，而此世命終之後又將生龍中「今設當命終者，當生龍中」，這是因為凡是「無恭敬之心於佛、法、眾者（即僧眾）」，身壞命終皆當生龍中。至於八歲的修摩那沙彌，佛陀則「記說」其此沙彌七日過後，當得四神足等法，這是因為修摩那沙彌對佛法僧有恭敬之心。此處雖無提及佛陀是以天眼「記說」，然能看到死後轉生處必定是用天眼，由是可知佛陀亦有於人生前即預說死後去處，只是此種例子很少，多是在特殊狀況下才會發生。[53]

　　此外，《增壹阿含經》中敘述佛陀告訴弟子優頭槃其背痛，要弟子化緣溫湯，優頭槃覺得事有蹊蹺，他認為：「如來諸結已盡，諸善普會。然如來復作是語：我今患風，又復世尊不授姓名，當至誰家」，所以他覺得是佛陀要度化某人又不明說，於是優頭槃以「天眼」自行觀察：「尊者優頭槃以天眼觀羅閱城男子之類，必應度者。是時，見羅閱城中有長者名毘舍羅先不種善根，……餘五日之後當取命終，又事五道大神。……如來必欲度此長者。所以然者？此長者命終之後，當生啼哭地獄中」，優頭槃發現佛陀要度化毘舍羅長者，因為他不種善根，還有五日就要命終入地獄了。於是優頭槃比丘到毘舍羅長者家乞溫湯，不信佛而信五道大神的毘舍羅長者當然不肯供養溫湯，因此優頭槃勞動五道大神化作大鬼神形，右手執劍恐嚇他：「今我身者是五道大神，速與此沙門湯，勿足稽留」，這時信奉五道大神的長者才拿出香湯石蜜授與優頭槃。毘舍羅長者五日後果然命終，而生四天王中。這時，優頭槃問佛陀：「此長者命終為生何處？」世尊告曰：「此

53　《增壹阿含經》（T.2, no.125, p.659b-c）。

長者命終生四天王中」，佛陀並繼續預記此長者未來六十劫中的生生死死處：「於彼命終當生四天王中、三十三天、乃至生他化自在天，於彼命終，復來生四天王中。此長者身六十劫中不墮惡趣，最後得作人身……成辟支佛。所以然者？湯施之德。其福乃爾」，[54] 雖然整個故事是鼓勵供養的功德，且情節中加入民俗信仰的五道大神等，但佛陀的「天眼」作用則展示了不僅能在人臨命終時記說死後去處，且能看出其未來生生世世，死此生彼、死彼生此的投生處。

綜上所述，我們可以發現在《阿含經》中天眼通的「記說」，幾乎都是記說臨命終者死後轉生的去處，並不是拿來作為預測今生在世時，生命可能發生的種種事件；換句話說，不是拿來算命用的。

四、結語

綜觀佛典中天耳、他心、天眼三神通，它們是特殊的接收、感知與觀看的方式，由於它們無質無形，卻有具體功能，因此多作為事件發生或達成的媒介，很少作為敘事的主體。有關此三神通的敘事，偏重在敘述由此三神通所引發或達成的事件，敘述方式傾向於描述文本引入使用天耳、他心、天眼三神通的動機、原因。例如：敘述「天耳通」，意在描述以天耳可以打破不同空間連繫所需的歷時性，變成不同空間彼此可有共時性的訊息交流；於是即時性的「尋聲救苦」就變成可能，而產生許多此類的感應故事。又如：敘述「他心智」多為其可作為察言觀色、知人心意以

---

[54] 以上關於優頭槃比丘度化毘舍羅長者所引經文，俱見《增壹阿含經》（T.2, no.125, p.699c-700b）。

行教化的功用。至於「天眼通」的敘事，為其能打開人天兩界虛實空間的往來互動，凸顯佛教受到天神擁護的敘事聲調，對佛教在當時的印度，面對多神信仰的婆羅門教，實有提高自身地位的作用。而天眼「記說」死後轉生之處的作用，更是敘述天眼故事的主要動機，精彩的《長阿含‧闍尼沙經》故事，以迴圈式的敘事視角展開多層敘述，其目的在敘述佛陀藉一自稱「闍尼沙」的鬼神說出摩竭國人的「命終生處」；然「記說」只是方便而非究竟，也是天眼故事的重要敘事聲調。此外，我們可以發現天耳、他心、天眼三神通的敘事，都呈現了人物一邊在談話，且其談話有所呼應；另一邊卻在變換空間，變成同步時間中空間的并置。

第七章 「前世今生」故事的
敘事主題與模式

一、前言

佛教由因果業力推動生命不斷輪迴的觀念，開展出佛典中以「宿命通」為基調的「前世今生」故事；在《阿含經》、五廣律中記載著大量「前世今生」的故事文本。各式各樣「前世今生」的故事，都是環繞業習思想而敘述，佛教認為一切眾生在未達到涅槃解脫的彼岸前，生命的長流就在「死此生彼、死彼生此」、生生死死的輪迴中流轉不息，而業力就是驅動的作用力；業力大體分為善惡業力與習氣業力二類，《根本說一切有部毘奈耶雜事》中云：

> 非山非海中，無有地方所，亦不在空裏，能避於先業，如影隨人去，無有安住者，**善惡業不亡**，無上尊所說。[1]

《根本說一切有部毘奈耶》中云：

> 汝等苾芻（即：比丘）若作純黑業得純黑異熟；若作純白業得純白異熟；若作黑白雜業得雜異熟；汝等苾芻應離純黑及以雜業，當修純白業得純白報。[2]

---

[1] 《根本說一切有部毘奈耶雜事》（T.24, no.1451, p.288a）。
[2] 《根本說一切有部毘奈耶》（T.23, no.1442, p.814b）。

　　以上強調的是「**善惡業不亡**」的因緣果報，用「白業」、「黑業」來形容善業、惡業，而「黑白雜業」意指有善有惡的善惡業交雜，這些都是強調善業惡業的道德因果律。人所做善業惡業的因緣若未了，其作用力就不會在時空的流轉變遷中消逝，所謂：「假令經百劫，所作業不亡，因緣會遇時，果報還自受」，當因緣會合時機成熟之時，還是要自受果報。[3]

　　然而驅動輪迴的業力除了善惡業之外，還有一個巨大的力量，就是習氣的慣性作用力，《根本說一切有部毘奈耶雜事》中言：

> 一切事業皆是串習以為因緣。[4]

芸芸眾生，無論是成就正向或負向的事業果報，都是由不斷累積串連某一方面的習氣而成。習氣有如盤根錯節糾葛纏結的老樹藤蔓，樹與藤已成生命共同體，難以釐清分割彼此。《優婆塞戒經》中言：

> 聲聞緣覺雖斷煩惱，不斷習氣，如來能拔一切煩惱習氣根原，故名為佛。[5]

即使已證聲聞緣覺斷除煩惱善惡業力的修行者，但其習氣猶未能斷盡，唯有如來能從根柢拔除煩惱習氣，可見習性牽引的作用力量比善惡業力還更難切斷。正是由於善惡業力與習氣業力此二種業力的不斷牽引，才會連結過去生命的業因和導致現今生命的因

---

[3] 《根本說一切有部毘奈耶》（T.23, no.1442, p.698a）。

[4] 《根本說一切有部毘奈耶雜事》（T.24, no.1451, p.350b）。

[5] 《優婆塞戒經》（T.24, no.1488, p.1038b）。

緣果報，展開在無止盡的時間長流中，「前世今生」循環往復的生命模式。

　　《阿含經》中的《中阿含》、《增壹阿含》相當強調業力思想，也記載一些「前世今生」因緣果報的故事，但就數量及故事的豐富性而言，則以律部為多。律部中的《十誦律》、《摩訶僧祇律》、《根本說一切有部毘奈耶》都記載有「前世今生」的故事，其中尤以「根本說一切有部」的律典份量最為龐大，同時也是五部廣律中最具故事性的律典，[6]記載了最多有關「前世今生」的故事。而阿含部與律部中各式各樣「前世今生」的故事，皆是環繞表達善惡業力與習氣業力的思想而展開，因此呈現出以（一）善惡業報（二）習氣牽引（三）業習交織為主題[7]的三類型「前世今生」故事。

6　平川彰：《律藏之研究》指出：「根本說一切有部律與其他派律典比較起來，根本說一切有部律是非常多增廣部分的律典，而其增廣部分主要以阿波陀那為主。律典中因緣談原本是始於單純的傳聞，順次再附加上阿波陀那而增大，這一點可以從各部諸律的比較中得知。這種情況顯示出根本有部律的形式常常是在最新的階段。」、「若從律典翻譯的先後而言，五部廣律中『根本說一切有部』的律典也是最晚譯出，其他四部律在《出三藏記集》上就有經錄的記載，但根有律要到《開元錄》、《貞元錄》才出現。這五部律中最古的是《十誦律》，其次是《四分律》，第三是《摩訶僧祇律》，第四是《五分律》，最後才是《根本說一切有部毘奈耶》。」（東京：山喜房佛書林，1982），頁334、119、151。

7　劉守華：《比較故事學》：「應該把敘事作品中最低限度的敘述元素分解為具體和抽象兩個方面，前者為『母題』，後者為『主題』。『主題』是由一個母題或多個母題結合而表達的基本思想，『母題』是純粹的情節和行動；『主題』是『母題』的寓意，是從『母題』中提取出來的。」（上海：上海文藝出版社，1995），頁82。

二、「前世今生」的敘事動機與敘事模式

（一）「前世今生」的敘事動機

「前世」是一般人肉眼所看不見的，因此有關無數個「前世」的生命歷程，多是設定在「宿命通」的視野下，「如實」看到故事人物過去生中所發生的種種事件。而這個能如實描述「前世」的角色人物，絕大多數是由佛陀來擔任。至於佛陀為何要以「宿命通」來訴說那些不在場的「前世」呢？

《中阿含·鞞摩那修經》回答了這個問題，「如是我聞」的阿難以第一人稱見證人視角，敘述一名叫鞞摩那修的異學外道，批評佛陀「不知世前際、不知世後際、不知無窮生死，而記說得究竟智」，認為佛陀並不知道前世來生而記說已得「究竟智」。在此敘述聲音是異學外道的，但敘述的視角卻是阿難的，因為阿難評論異學外道的聲音所透露的訊息：「向佛瞋恚、生憎嫉、不可、欲誣謗世尊、欲墮世尊、如是誣謗世尊」，是故意誣蔑詆毀佛陀的。所以接著敘述佛陀告訴異學外道：「我如是說：置世前際、置世後際；設不憶一生，我弟子比丘來，不諛諂、無欺誑、質直，我教化之。若隨我教化如是行者，必得知正法」（T.1, no.26, p.787 b-c），其是真實具有宿命通的，並且若有質直老實的弟子，聽了佛陀告知其之前世，能聽從佛陀的教化精進修行，必定可得知正法。

接下來則以對話形式，以佛陀聲音與視角來對異學外道說明其中緣故。首先，佛陀譬喻人遺忘前世的記憶，就有如嬰孩童子仰躺床上，父母懼其翻落床下，遂綁縛他的手腳；迨其長大，「唯憶解縛時」，只記得沒被綁住手腳的時候，而忘記幼時曾被縛手腳

的經驗；人忘失自己前世的記憶亦復如此。所以佛陀說，假使弟子已經忘了自己的前世「設令不憶一生」，當其告知之後，若能老實篤修，必能有所成就。

佛陀用了兩個譬喻來描述得知前世與修行之間的關係：其一是：「譬若因油因炷而燃燈也，無人益油，亦不易炷者；前油已盡，後不更益，無所受已，自速滅也」（T.1, no.26, p.787c），譬如油因點著火炷而有燃燈的作用；但是如果沒有人點燃油炷，也不易有火炷升起；如果前油一時燃燒殆盡，而不再續加後油，則所有的火燄自然很快地就會熄滅。其二是：猶如十絪、二十絪、三十絪乃至六十絪木材，一時「以火燒之」，木材就會一時俱燃而火燄洞熾，但只要不再加添木材，則「前薪已盡，後不更益，無所受已」（T.1, no.26, p.787c），木材很快就會燒盡而火燄不再有餘。

佛陀在此以點燃油脂與木絪的火炬自居，當他告知有關弟子的前世，就像火炬點燃了油脂與木絪般，把弟子已遺忘在記憶底層的前世瞬間照亮，那些空白的記憶遂被填補起來，種種前世今生的因果業力關係，頓時鏈結起來，了然於心；於是讓前世出場，有著拆散前世的作用；將生命累世輪迴的業緣，在此世全都照亮燃盡；如此前業已了，只要弟子精進修行不續造新業，則必可知正法。

佛陀說完這些譬喻後，敘述者敘述：「異學從佛得出家學道」，鞞摩那修改宗信佛：「佛說如是，**尊者**鞞摩那修及諸比丘聞佛所說，歡喜奉行」，此時敘述者對鞞摩那修的稱呼，從「異學」改稱「尊者」，其對改宗的鞞摩那修，立即進行新身份的確定，發出接納的敘事聲音。[8]

---

[8] 《中阿含經》（T.1, no.26, p.786b-788a）。

（二）「前世今生」的敘事模式

　　各式各樣「前世今生」的故事，都環繞著表達因果業力而敘述；此種以結論為目的的故事情節，容易產生程式化的定型模式。首先，我們可以發現在《阿含經》、五廣律中「前世今生」的故事，通常採取「今世—前世—今世」的框架敘述，產生不同的敘述層次，這是根據敘述者相對於故事的位置，以及敘述者是否參與故事以及參與故事的程度，所形成「敘述的層次」。里蒙・凱南（Shlomith Rimmon-Kenan）《敘事虛構作品》論及敘事文本的「敘述層次」，最高的層次是處在他所敘述的故事「上面」或高於這個故事的敘述者，他所屬的那個敘述層次是「超故事層」（extradiegetic）。直接從屬於「**超故事層**」的，是由超故事層所敘述的「**故事層**」，即事件本身。再來是虛構作品中的人物講的故事，此構成第二層次的敘述，因此稱作「**次故事層**」（hypodiegetic），亦即「低於」另一故事層的那一個層次。因此，「故事層」由「超故事層」的敘述者敘述；「次故事層」由「故事層」（「內故事層」intradiagetic）的敘述者敘述。按照這些層次，每個內部的敘述故事都從屬於使它得以存在的那個外圍的敘述故事。如此類推，以至無限。[9]吳海勇在《中古漢譯佛經敘事文學研究》一書中，提到有關佛經講述文體最具特色的內涵是多級敘述層面，他認為佛經講述體如此分級敘述，正與西方敘述學理論所說的「框架敘述」近似。[10]

---

[9] 里蒙・凱南（Shlomith Rimmon-Kenan）著，姚錦清等譯：《敘事虛構作品》（北京：三聯書店出版，1989），頁 165-168。

[10] 參見吳海勇：《中古漢譯佛經敘事文學研究》：「佛經的具體展開涉及多種敘述層面，多級層面的講述始可謂是佛經講述文體最具特色的內涵。經首語中的『我』

　　《阿含經》有「如是我聞」的經首語；律部無常規經首語，致使第一講述者處於退隱狀態；[11]在「前世今生」的故事中，「超故事層」的敘述多由經首語敘述者或隱藏性的第一敘述者擔任，他們多外在於其所講述的故事，只是交代一時佛在某地進行什麼樣的活動而已。如此，他們是超乎故事之上的敘述者，敘述「故事層」的故事。接下來由「故事層」敘述者，通常由故事人物佛陀的敘事視角，敘述同是位於故事層的弟子，其「次故事層」若干不同前世的故事；以此形成與今生相接的一長串業力鏈條；於是最後再回到「故事層」今生佛陀敘事的現場，以前世解說今生的因果。

　　「宿命通」的視域打開「前世今生」時空相連互通的管道，產生「今生」（業報事件）──「前世」（前生的因果事件）──「今生」（串連前世今生的關係）分層敘述的框架敘述。其中序列事件的組合關係，是以「鏈接」、「嵌入」和「接合」不同的方式，[12]

是第一講述者，『如是我聞』以下盡為其所述，此構成佛經的第一級敘事層。第一敘事層一般首先交代一時佛在某地，隨即引出說法緣起，此後詳記佛陀說法。佛陀說法終了，佛經多以會眾熱烈的反響完結全篇。佛陀說法如包含本生、本事、譬喻等敘事內容，那麼佛陀所述就成為第二級敘事層，其中故事似可稱之為元故事，一般具有解釋說明佛經緣起事件的功能。作為元故事的講述者，佛陀顯然也就是第二講述者。第二敘事層一般不再下分敘事層，但佛經中也存在著個別例外。」（高雄：佛光出版，2001），頁336。又「框架敘述」：「即在第二或第三層次中，一個完整故事在其中講述敘述文本」，吳書引米克・巴爾（Mieke Bal）著，譚君強譯：《敘述學：敘事理論導論》（北京：中國社會科學出版，1995），頁167。

[11] 吳海勇：《中古漢譯佛經敘事文學研究》（高雄：佛光出版，2001），頁338。

[12] 史蒂文・科恩（Steven Cohan）、琳達・夏爾斯（Linda Shires）著，張方譯：《講故事──對敘事虛構作品的理論分析》指出：一個事件在故事的組合段將它置於與另一個事件一前一後的程序中時，在結構上是被「鏈接」（enchained）；⋯⋯此外，如果故事的組合段將一個事件插入另一個事件的時

分別推進故事的進程。首先，整則「前世今生」的序列事件是以「鏈接」的方式，依順序的時間敘述，進行「今世─前世─今世」的敘述流程。其次，說法現場「今生」業報的事件，則與其他所有事件發生「接合」關連。此外，就「前世」這段的序列事件而言，則是採取將「前世」數個原本不同的故事時間，同時並列嵌入「現在」的敘事時間；亦即敘述層次是利用大故事套小故事的框架；講述關於某人累劫千生扮演形形色色的角色，和今生業力果報的牽連互動關係。

下文依以宿命通開展的「前世今生」故事的主題類型，採取個別的故事文本為例證，依以上框架敘述等敘事方式，分析其如何凸顯主題特色。

三、「前世今生」善惡業報的主題敘事

（一）「增上慢」的主題敘事

《中阿含‧鸚鵡經》中敘述鸚鵡摩納都提子家中白狗的前世今生故事。從框架敘述的分層敘述來看，此則故事的敘事視角，多由「超故事層」處於故事外的阿難，以第一人稱向第三人稱越界的全知視角來敘述。首先敘述佛陀至鸚鵡摩納都提子[13]家乞

間之中，以使這兩件事情同時發生，這個插入的事件在結構上就是被「嵌入」（embedded）的，……嵌入將事件組合在序列之中，以意指作為相似事件之間關係的同步順序的時間。最後，如果故事組合段給予某事件一種複合功能，從而使它與一個以上的其他事件產生聯繫，那麼這種多重指代的事件，在結構上便是被「接合」（joined）的。……接合將事件分布並組合在序列之中，以指代作為獨立事件之間關係的順時和／或類似順序的時間。（台北：駱駝出版，1997），頁61-62。

13　鸚鵡摩納都提子（巴Subha mānava Todeyyaputta），「鸚鵡」即其名，「摩納」指婆羅門童子。婆羅門童子「鸚鵡」為「都提」之子，故稱之。參考《佛光大藏經電子版‧阿含藏》（高雄：佛光山文教基金會出版，2002）。

食，正巧其有事外出，家中有一隻白狗坐在大床上吃金槃中的食物，看見佛陀即追逐吠叫「見已便吠」，佛陀斥責白狗：「汝不應爾！謂汝從呧至吠」，此句在同本異譯的《佛說兜調經》中作：「汝平常時舉手言呧，今反作狗嚇，不知慚愧」，[14]意謂佛陀已知白狗前世，所以責備白狗前世就脾氣暴躁常舉手呧哮，今生作狗又以汪汪叫聲來嚇人。這句是從「故事層」的故事人物佛陀敘述視角，發出斥責白狗的聲音。接著敘述視角又轉為「超故事層」的敘述者，敘述白狗聽後極其恚怒，下床不飲不食，憂慼愁臥，鸚鵡摩納都提子回家見狗如此，即怒氣沖沖跑來質疑佛陀：「向我白狗說何等事？」佛陀遂把整個過程的原委告訴他。此是屬於白狗「今生」的事件。

「超故事層」的敘述者繼續敘述鸚鵡摩納都提子聽後，好奇地詢問佛陀白狗前世和他的關係：「白狗前世是我何等？」，佛陀不願告知，而對鸚鵡摩納說：「止止！摩納！慎莫問我，汝聞此已，必不可意」，鸚鵡摩納復再三追問世尊，世尊亦再三拒絕，理由是佛陀認為一旦說出真相，鸚鵡摩納難以接受。由於鸚鵡摩納的再三追問，佛陀終於簡短地點明二者前世是父子關係，所謂：「摩納當知彼白狗者，於前世時即是汝父，名都提也」（T.1, no.26, p.704b），在此敘事視角再轉給「故事層」故事人物佛陀，由其視角指出白狗前生是鸚鵡摩納的父親。此進入「前世今生」關係的敘述。雖然只是短短的一句，然此句子應是暗自指向屬於「次故事層」白狗前世為人的故事。

最後又轉回「超故事層」的敘述者，敘述鸚鵡摩納聽佛陀說白狗前世是其父，果然反應激烈，非常生氣，反問佛陀：「我父都提大行布施，作大齋祠，身壞命終，正生梵天。何因何緣，乃生

---

[14] 《佛說兜調經》（T.1, no.78, p.887b-888b）。

於此下賤狗中？」佛陀向其解釋:「汝父都提以此**增上慢**,是故生於下賤狗中」,其父正是因為以此增上慢,是故生於下賤狗中,佛陀並記說:「梵志增上慢,此終六處生:雞狗豬及犴,驢五地獄六」,所有的梵志皆因生前的「增上慢」,[15]死後生於雞、狗、豬、犴、驢、地獄六處。佛陀教鸚鵡摩納認證白狗前世是其父的三個方式,佛陀告訴鸚鵡摩納他回家後,對白狗說:「若前世時是我父者,白狗當還在大床上」、「若前世時是我父者,白狗還於金槃中食」、「若前世時是我父者,示我所舉金、銀、水精、珍寶藏處,謂我所不知」(T.1, no.26, p.704b),鸚鵡摩納回家照著做,白狗果以其指示的動作告示前生的確是其父。鸚鵡摩納因此獲得寶藏,非常歡喜,稱譽佛陀所說不虛,並向佛陀請問因果業報之事,佛陀向其長篇闡明起心動念、行為舉止和相對應的善惡業報間之關係。

綜上所述,此則白狗「前世今生」的故事,宣說了「增上慢」此惡業所導致的因果業報。在敘述層次上只是隱約可見「今生」(業報事件)—「前世」(因果事件)—「今生」(串連前世今生的關係)的分層敘述,這是由於只用一句白狗前世身份指認的句子,略過屬於「第三層」的「前世」故事敘述。多數敘事集中在前後「故事層」的「今生」故事。然白狗的因果業報故事在此是提供置於故事情節尾端,正式說明各種善惡因果業報理論的情境背景。這個故事,也再度印證了佛教「故事佛學」的宣教形式。

---

15 「增上慢」:梵語abhi-māna,即對於教理或修行境地尚未有所得、有所悟,卻起高傲自大之心。參見佛光山文教基金會編:《佛光大辭典》(高雄:佛光山文教基金會出版,2002)。

(二)「發願成佛」的主題敘事

在《增壹阿含經》[16]中敘述佛陀在過去世中蒙定光佛「授記」及與今生妻子結姻緣、與提婆達多結怨緣，還有當時的梵志同學、今生的弟子曇摩留支造業受報的故事，是以「今世—前世—今世」的框架敘述展開。

阿難首先以「第一人稱見證人外視角」，站在「超故事層」敘述：「聞如是：一時，佛在舍衛國祇樹給孤獨園」。接著，阿難越界以「全知視角」，用「**爾時**」、「**是時**」作為敘述兩個不同的地點同時發生的事：

> **爾時**，世尊與無央數之眾圍遶說法；**是時**，曇摩留支在靜室中，獨自思惟，入禪三昧，觀見前身在大海中作魚，身長七百由旬；即從靜室起，猶如力士屈申臂頃，便往至大海中故死屍上而經行。（T.2, no.125, p.597a）

阿難在此不但同時敘述分處兩地的佛陀與曇摩留支的活動，更可以知曉曇摩留支在禪定中看見自己前生的畫面。阿難敘述尊者曇摩留支在靜坐中以宿命通觀見自己前生在大海中作魚，身長七百由旬，於是就以神足飛行到大海中，在他的大魚故屍上經行，然後曇摩留支又從大海上隱沒，來至佛陀身旁。因此阿難在此的敘述視角已是越界成「全知的敘述視角」。

接著，阿難將視角轉給故事中的人物佛陀與曇摩留支，讓他們彼此看見對方後，互相說出「久來此間」此一充滿隱喻的神秘話語：

---

[16] 以下超術梵志的故事，所引經文俱見《增壹阿含經》（T.2, no.125, p.597a-599c）。

> 爾時，世尊見曇摩留支來，作是告曰：「善哉！曇摩留支，
> **久來此間**」，曇摩留支白世尊曰：「如是，世尊！**久來此**
> **間**」。（T.2, no.125, p.597b）

之後，敘述的視角又轉回阿難的「全知敘述視角」，敘述在場的比
丘們都聽得一頭霧水，心中充滿疑惑，明明曇摩留支經常在佛陀
身旁，何以互說「久來此間」？彷彿二人久未碰面般。佛陀心中
知諸比丘心內的疑惑，為釋群疑，佛陀要說一個過去生的故事：
「爾時，世尊知諸比丘心中所念，欲斷狐疑故。便告諸比丘：非為
曇摩留支久來此間，故我言此義，所以然者，昔者過去無數劫
時⋯⋯」（T.2, no. 125, p.597b）。

　　然後，敘事視角轉給「故事層」的人物佛陀，敘述「次故事
層」的前世故事。佛陀首先以「第三人稱全知視角」，敘述過去世
中婆羅門耶若達梵志的弟子雲雷梵志，因博學擅論、技藝超群，
耶若達梵志遂賜名改稱其為「超術梵志」。超術梵志學成後為報師
恩，遂至另一婆羅門團體欲挑戰其第一上座婆羅門，就在此時，
佛陀將敘述的視角轉給「次故事層」的配角人物，**由眾婆羅門的**
視角來看超術梵志：

> 眾多梵志**遙見**超術梵志，各各高聲喚曰：善哉！祠主！今
> 獲大利，乃使梵天躬自下降。（T.2, no. 125, p.598a）

眾婆羅門把超術梵志視為梵天降臨，由此視角可襯托出超術梵志
出眾的儀表。接著又**轉回佛陀的視角**敘述超術梵志和第一上座婆
羅門展開經辯記誦，此時佛陀突然以「**比丘當知！**」提示語暫時
打斷故事的進行，把敘事時間帶回「今生」說法的現場，直接呼

喚在場聽故事的比丘們（即受敘者），提醒他們要繼續注意聽故事；然後再繼續回到「次故事層」過去世的敘事，敘述超術梵志背誦出其師耶若達梵志祕傳給他，而對手第一上座婆羅門所不知的「一句五百言大人之相」，贏得最後的勝利，獲得五百兩金等戰利品。接著，繼續敘述超術梵志聞定光佛將至缽摩大國，遂向婆羅門女買花供佛，因而與婆羅門女結來世姻緣；以及超術梵志請求定光佛為其授將來成佛之記，定光佛授記其將來成佛號釋迦文佛；佛陀在敘述過程中**有時亦將敘述視角轉給「次故事層」的主角人物**，例如以超術梵志的視角來描述定光佛的威儀：

> 時，超術梵志遙見定光如來顏貌端政，見莫不歡。諸根寂靜行不錯亂，有三十二相、八十種好，猶如澄水無有穢濁。光明徹照無所罣礙，亦如寶山出諸山上。（T.2, no. 125, p.599a）

又如：以超術梵志的同學**曇摩留支的視角**，看見定光佛以足蹈超術髮上過，就脫口罵定光佛：

> 見已，便作是說：此秃頭沙門何忍？乃舉足蹈此清淨梵志髮上，此非人行。（T.2, no. 125, p.599b）

最後，又回到「今生」的「故事層」，聽法的事件現場，然阿難仍將敘述的視角交由「故事層」的人物佛陀，此時佛陀轉換視點成為「第一人稱主人公回顧性視角」，進行「故事層」與「次故事層」、前世與今生，故事人物角色身分的串連認證：「佛告諸比丘：爾時耶若達梵志者。豈異人乎？莫作是觀。所以然者。爾時耶若達者，今白淨王是。爾時八萬四千梵志上坐者，今提婆達

兜身是也。」並指出自身的前世今生的身份連結認證:「時超術梵志者,即我身是也」。再繼續指認:「是時梵志女賣華者,今瞿夷是也。爾時祠主者,今執杖梵志是也」(T.2, no. 125, p.599b)。再繼續說明過去生中曇摩留支因謗定光佛而數劫中恒作畜生,最後受身在大海作魚。總之,佛陀藉此說明了「久來此間」的前因後果。

接著,曇摩留支亦復自陳:「如是!世尊!久來此間」,接著又用「自由直接引語」[17]的方式,以佛陀的視角,直接將此一事件作一總結:「是故,諸比丘!常當修習身、口、意行。如是,諸比丘!當作是學」,再回到「超故事層」阿難敘述:「爾時,諸比丘聞佛所說,歡喜奉行。」(T.2, no. 125, p.599c)作為結束。

由上所述可知,此則經文是在諸種視角靈活交替操作中進行敘述,以故事外敘述者阿難的視角、及「故事層」中人物佛陀的視角為主;然亦加入「次故事層」中眾婆羅門、超術梵志、及過去世的曇摩留支等視角,用他們所觀察到的情況描述某些細節,增加故事的生動性。尤其「次故事層」的敘述策略,是將其實是佛陀的「過去我」,用過去世中的名字「超術梵志」來稱呼,這第三人稱的名字隱藏了「過去我」的真實身份,變成佛陀以「第三人稱全知視角」,在述說「次故事層」彷彿與己不相干的「過去

---

[17] 胡亞敏:《敘事學》指出敘事文中依據人物語言與敘述者的關係,可分為四種話語模式:直接引語、間接引語、自由直接引語、自由間接引語。其中「直接引語」是指由引導詞引導並用引號標出的人物對話和獨白。「自由直接引語」是指省掉引導詞和引號的人物對話和內心獨白。而「間接引語」是敘述者以第三人稱明確報告報告人物語言和內心活動。「自由間接引語」是敘述者省掉引導詞以第三人稱模仿人物語言和內心活動。這四種話語模式構成了敘事文中人物語言的千姿百態。(武漢:華中師範大學出版,2004),頁89-90。

他」某人的故事。直到「次故事層」結束，回到「故事層」聽法
的事件現場，佛陀才以「第一人稱主人公回顧性視角」指認出
「時超術梵志者，即我身是也」，讓「過去他」和「現在我」相會
合一，超術梵志真實身分的謎底至此才揭曉。此種視角的移位，
讓「過在我」偽裝成「過去他」所經驗的事，拉開了實際上是
「現在我」和「過去我」的距離；此疏離化的距離增加對事件情節
多所描繪和詮釋的空間，且造成故事情節「懸念」的效果，是非
常高明的敘述策略；[18]而在轉換視角的敘述過程中，前世發願授
記今生成佛的善業果報是最主要欲凸顯的敘事主題。

四、前世今生「習氣牽引」的主題敘事

　　除了因果業報的故事外，還有一類的故事所要彰顯的不是前
世今生善惡業的果報，而是「習氣」的連續性作用；也就是指習
氣的貫穿前世今生，過去世的習氣，會以雷同的性質出現於今
世，今世的習氣乃前世習氣的延伸展現。這些故事多半出現在律
部中，敘事的模式仍是：「今生」（業報事件）—「前世」（前生的
因果事件）—「今生」（串連前世今生的關係）分層敘述的框架敘
述。但在此三層敘事的轉折處，會出現以定型套句作為分節點[19]

---

[18] 以上超術梵志故事分析，修改自丁敏：〈漢譯佛典《阿含經》神通通故事中阿
難的敘事視角試探〉，台大《佛學研究中心學報》第11期（2007年7月），頁
18-22。

[19] 所謂「分節」（articulation）是指空間場景自然而然，油然而生的停頓與轉換
的現象。分節不僅有切換的特徵，還具有分中有連的含義，而不是把事物截然
分開、隔斷。分節具有很強的空間感，其在敘事中的作用是擴大空間描寫的張
力，延宕、推動了情節的發展。而空間敘事的分節有其「分節點」，這個分節點
是指在場景內外的轉換、過渡的臨界處有一個明晰的點位，它形成上一場景向
下一場景轉換的分界線和連接的媒介，我們稱之為「分節點」。參考張世君：
《《紅樓夢》的空間敘事》（北京：中國社會科學出版社，1999），頁109-110。

的形式,如在「今生」業報的事件的敘述後,在要進入「前世」因果對照事件之前,通常會出現諸比丘向佛陀提問追溯前世的句子,例如:「諸比丘白佛言:世尊!云何是……」。然後再開始將敘述前世故事之前,亦會有佛陀對諸比丘的提示句,例如:「佛告諸比丘:是×××不但今日如此……。過去世時亦已如此……。諸比丘白佛言。已曾爾耶?佛言:如是!過去世時……」,之後才展開前世因果的對照事件。最後在串連前世今生的敘述上,亦用「佛告諸比丘:爾時×××身者。豈異人手?即×××是」作為分節的轉折點,進行前世今生的身份串連認證。茲述如下:

(一)「角色互動」的習氣模式

《摩訶僧祇律》[20]中有關達膩伽比丘的故事,可說是「前世今生」行為模式的習氣作用相當典型的例子,其以定型式套句用於「今世─前世─今世」敘述層次的轉折處作為分節點,分析如下:

1.「今生」的業力事件

敘述達膩伽比丘在出家前本就擅長燒瓦造屋,出家後不能斷其習「是達膩伽比丘雖得出家,猶故不能厭本所習,工巧技術猶未能捨」,由於其造屋精美雕文刻鏤極好莊嚴,所以「傍人常待如貓伺鼠,成便見奪」,所造之屋恆為上座比丘所奪,因此達膩伽本人始終無屋可住。後來世尊不許其建瓦屋,達膩伽遂擅自取瓶沙王的木材營造房舍,被瓶沙王發現,達膩伽以身是比丘且相貌裝嚴善於應對,而獲瓶沙王的諒解;佛陀知後訶責達膩伽是僧團中最先犯「不與取」(對方沒有給與就自行取用)罪者。接下來諸比

---

[20] 以下達膩伽故事所引經文,俱見《摩訶僧祇律》(T.22, no.1425, p.238a-241c)。

丘向佛陀提出四個關於達膩伽比丘前世業力的問題，於是佛陀共敘述了四個前世的因果事件：

2. 前世的業力對照事件

(1)事件一：達膩伽比丘最初犯「不與取」戒的前世事件

1.1 追溯前世的程式化問答句

在佛陀開始以居於「故事層」的敘述視角，敘述達膩伽比丘位於「次故事層」的過去世故事之前，首先會出現程式化的答問句型諸比丘向佛陀提出問題：「諸比丘白佛言：世尊！云何是達膩伽比丘最初開不與取」，接著佛回答諸比丘：「是達膩伽不但今日犯最初不與取，過去世時已曾最初犯不與取。諸比丘白佛言：已曾爾耶？佛言：如是！過去世時……」（T.22, no.1425, p.239b），以此二句式作為承上事件與開啟新事件分節點。

1.2 前世惡業與今生的串連事件

佛陀敘述達膩伽過去生中犯不與取戒的故事，追溯到佛教對於人類起源的神話故事，敘述從光音天飛來此娑婆世界的天人，因為貪食地味而失神通，無法飛行，被迫住在娑婆世界成為人類，而最初人類自然會有足夠的糧食，但隨著人心愈來愈壞，劃分彼我地盤界線，私自儲存糧食，甚至有人沒得到別人的允許就擅自拿走別人的糧食，而達膩伽就是那時第一個犯「不與取」，擅自拿走別人的糧食的人類；並再次重複強調：「是達膩伽，從過去最初時不與取；今復於我正法中，亦最初不與而取」（T.22, no.1425, p.240a），以此句式作為前世今生的身份串連。

(2)事件二：瓶沙王為何放走膩伽比丘的前世事件

2.1 追溯前世的程式化問答句

　　同樣以諸比丘提問：「時諸比丘復白佛言：云何是達膩伽比丘，蒙世尊恩被袈裟，瓶沙王見已便放令去」，諸比丘問佛陀何以瓶沙王見到披著袈裟的達膩伽比丘，就放他回去的前世因緣；佛陀回答諸比丘：「是達膩伽比丘不但今日蒙我袈裟而得免罪；過去世時已蒙我恩著袈裟亦得度脫」（T.22, no.1425, p.240a），以此二句式作為承上事件與開啟新事件分節點。

2.2 前世角色模式與今生的串連事件

　　在這一世的過去生中，達膩伽是龍身而瓶沙王是金翅鳥，金翅鳥以龍為食物，但若龍披上袈裟，金翅鳥因為恭敬袈裟，便不復食龍，有一次龍身的達膩伽被金翅鳥身的瓶沙王追逐捕食，二者都化為人形，一前一後競奔追跑，化為人身的龍依然緊裹袈裟不放，逃到海邊的仙人處請求庇護救命，仙人為金翅鳥說殺生的惡報並勸二者和解。接著佛陀進行現在與過去的身份串連：「爾時仙人者豈異人乎？即我身是。金翅鳥者，瓶沙王是。龍者，達膩伽比丘是」，並再次重複強調「是達膩伽比丘，本已蒙我袈裟得脫金翅鳥難；今復蒙我袈裟得脫王難」（T.22, no.1425, p.240b），當時的金翅鳥就是瓶沙王；當時的龍就是達膩伽比丘；當時救了龍的仙人就是佛陀。由此可見習性的業力，一直起著牽動人物角色互動關係的重複模式作用。

(3)事件三：再說瓶沙王為何放走膩伽比丘的另一前世事件

3.1 追溯前世的程式化問答句

　　亦是以諸比丘白佛言：「『云何是瓶沙王見是達膩伽比丘著袈裟故，放令解脫？』佛告諸比丘：『不但今日，本已曾爾。』」諸比

丘白佛言：『已曾爾耶？』佛言：『如是！過去世時……』」；以及佛陀的回答：「佛告諸比丘：不但今日；本已曾爾」（T.22, no.1425, p.240b）的二個程式化句式，作為承上事件與開啟新事件的分節點。

3.2 前世角色模式與今生的串連事件

敘述在這一世的過去生中，達膩伽是獵師而瓶沙王是大象王，獵師把兩次入山騙取大象王所收藏的祖父及父親的二象牙，都為喝酒而典當光了，遂不遵守約定第三次入山，以箭射中大象王欲取其牙，大象王因恭敬獵師所披的袈裟，所以非但不殺獵師，還讓獵師拔走自己的象牙。此處插入林中諸天神對獵師的評論：「內不離癡服，外託被袈裟，心常懷毒害，袈裟非所應」，批評獵師披袈裟的偽善狡欺。接著佛陀進行現在與過去的身份串連：「爾時大象王者，豈異人乎？即今瓶沙王是。獵師者，今比丘達膩伽是」，當時的大象王就是今生的瓶沙王。當時的獵師就是今生的達膩伽比丘；並再次重複強調：「瓶沙王曾已恭敬袈裟故恕彼獵師；今復以達膩伽被袈裟故而不與罪」（T.22, no.1425, p.241a），瓶沙王在過去世就曾因為恭敬袈裟，寬恕過當時是獵師的達膩伽；今生瓶沙王還是因為達膩伽被袈裟而不加罪於他。在此亦可見習性的業力，一直起著牽動人物角色互動關係的重複模式作用。

⑷事件四：復說瓶沙王為何放走膩伽比丘的又一前世事件

4.1 追溯前世的程式化問答句

這次事件亦以諸比丘問佛開頭：「『云何是瓶沙王見是達膩伽比丘著袈裟故，放令解脫。』佛告諸比丘：『不但今日！本已曾爾！』諸比丘白佛言：『已曾爾耶？』佛言：『如是！過去世時

有……』」，佛陀回答諸比丘：「是瓶沙王，不但今日愛樂威儀不起惡心」（T.22, no.1425, p.241a）的二個程式化句式，作為承上事件與開啟新事件的分節開始。這已是關於瓶沙王看見達膩伽比丘披袈裟而不加罪於他的第三次問答。

4.2 前世角色模式與今生的串連事件

敘述在這一世的過去生中，瓶沙王是一隻兇猛大力的大象，常為國王蹋殺罪犯，有一次此大象來到精舍旁，聽聞比丘誦經的聲音，心意頓覺柔軟，不肯再殺人。大臣向國王獻計，在大象廄旁設立博戲舍、屠兒舍、囚繫舍，然後繫象近此諸舍，大象見博者張目舞手高聲大喚、見彼屠者殘殺眾生、又見獄囚考掠楚毒，大象見是已惡心還生，國王送罪人大象即又蹋而殺之。接著佛陀進行現在與過去的身份串連：「爾時大身象者豈異人乎？即瓶沙王是」，並再次解釋「瓶沙王宿世時，曾見比丘威儀庠序愛樂歡喜；今具達膩伽威儀庠序，甚大歡喜不問其罪」（T.22, no.1425, p.241b），說明達膩伽比丘之所以能免罪，是受到瓶沙王過去生中就曾因看到比丘威儀莊嚴，心生歡喜的習氣作用使然，以此作為此事件的結束。

3. 今生解除因果業力的事件

故事敘述就在佛陀和諸比丘一問一答，解達膩伽比丘前世受業習牽引作用的四個過去生中事件後，達膩伽比丘忽然對其此生不斷造房又不斷被佔走，甚至盜取國王木材被佛陀種種呵責的經驗，感到非常厭倦：「徒自辛苦用多事為」，於是達膩伽比丘切斷業習的因果鏈，「便習無事，晝夜精誠專修道業，得諸禪定成就道果，起六神通自知作證」（T.22, no.1425, p.241b-c）學習不做世間

俗事，精進修行，成為三明六通大阿羅漢。

綜合上述佛陀回答的模式可知，佛陀關於達膩伽「前世今生」的敘述，對其此生犯「不與取」戒，只用了一個前世雷同的惡業來說明；此外，對於過去世角色模式與互動關係的習性重複作用，則用了三個事件來說明；可知側重的是**習氣貫穿「前世今生」的牽引作用**。過去生中的達膩伽與瓶沙王，無論二人角色是動物或人身，互動的模式都是相同的，總是達膩伽觸犯了瓶沙王，瓶沙王因袈裟又原諒了他。而達膩伽所犯的「最初不與取」的「最初點」，竟可推溯到光音天人最初來到娑婆世界而有人類開始。故事中的達膩伽，一直在他所犯的「不與取」，以及與瓶沙王互動的模式中流轉生死，直到此世他又再度經歷同樣的習氣經驗模式，而真正厭於營造屋舍，從此將生命轉向精進修行的方向，才切斷了累世以來的習氣模式證得阿羅漢果。

（二）「性別認同」的習氣模式

《增壹阿含經》[21]中敘述名曰婆陀的比丘尼，自憶其無數宿命皆發願生為女人身的故事，就是典型的「性別認同」的習氣作用，其亦是以定型式套句用於「今世—前世—今世」敘述層次的轉折處作為分節點，共分四小節進行：

1. 今生自識宿命的事件

首先全知的敘述者敘述某日婆陀比丘尼[22]禪坐三昧時，憶起

---

[21] 以下婆陀比丘尼的故事，所引經文俱見《增壹阿含經》（T.2, no.125, p.823b-825b）。

[22] 婆陀（巴 Bhaddākapilānī），又作跋陀迦毗羅、劫毗羅，譯為妙賢。巴利本（A. vol.1, p.25）作 pubbenivāsaj anussarantīnaj（隨念宿住中之〔第一〕）。參考《佛光大藏經電子版・阿含藏》（高雄：佛光山文教基金會出版，2002）。

自己無數宿命之事，就笑了起來，她所帶領的五百比丘尼看見婆陀比丘尼獨在樹下而笑，就好奇地請問她為何而笑？此時敘述的視角便轉為以故事中人物，第三人稱限知視角的對話。婆陀比丘尼回答：「我向者在此樹下自憶無數宿命之事，復見昔日所經歷身，死此生彼，皆悉觀見」（T.2, no.125, p.823b-c），婆陀比丘尼自述她看到自己過去無數世中所經歷之身，也看到自己每一世的死此生彼處，所以就笑了。

2. 追溯婆陀比丘尼前世的提問

這時五百比丘尼復言：「唯願當說曩昔之緣」，請求婆陀比丘尼敘述她過去生中的事蹟，此句亦是作為承接「故事層」的結束，與展開「次故事層」過去世故事的分節作用。

3. 宿命通中過去無數世皆是女身的事件

接著婆陀比丘尼就開始將她以「宿命通」所看到的自身過去世的故事，娓娓道來。在時間上婆陀比丘尼的故事開始於過去劫中第九十一劫，毘婆尸如來出現世間時；然後她經歷了三十一劫中的式詰如來、劫毘舍羅婆如來出世；接著經歷了無佛出世唯有各佛（辟支佛）出世的時代；然後又經歷了賢劫第六劫的拘屢孫如來、第七劫的拘那含牟尼、第八劫的迦葉如來，終於來到了第九劫的釋迦牟尼佛時代。[23] 婆陀比丘尼在經歷了如此長久的無量劫中，在最開始的毘婆尸如來時代，**本是位童子**長得莊嚴端正，當他手執寶蓋在街道行走時，因見眾人只喜歡看漂亮的居士婦，卻都不看他，遂手執寶華至毘婆尸佛所供養七日七夜，以此功德發下誓願：「持此功德，使我將來之世作女人身，人民見之莫不喜

---

[23] 可參見《七佛經》（T.1, no.2, p.150a）。

踊」（T.2, no.125, p.823c），童子死後就生在三十三天「於彼作女人身」，成為天女，且是天女中最美麗的。接下來在過去三十一劫中的式詁如來以迄賢劫的釋迦牟尼佛，婆陀比丘尼在每一佛出世以及唯有辟支佛的時代，她都重複著以供佛的功德發願來世要生為女身，於是在七佛出世如此曠遠的時間長流中，婆陀比丘尼都保持著由三十三天的天女身命終轉生為人間女，容顏殊妙，為長者婦；再由人間女死後轉生三十三天，成為最美麗的天女；**就這樣對女身認同的習氣牽引，使她始終以女身身相於天上人間輪轉不息。**

4. 前世今生的身份串連認證

在婆陀比丘尼敘述宿命完畢後，她接著說明她此世原是大迦葉的妻子，大迦葉先出家後來她才出家，所謂「於此賢劫釋迦文出現於世，時彼天女命終之後生羅閱城中，與劫毘羅婆羅門作女，顏貌端正出諸女人表。劫毘婆羅門女正以紫磨金像，至彼女人所黶如似墨，意不貪五欲。諸妹莫作斯觀！此女人身，豈異人乎？爾時婆羅門女者，則我身是也。諸妹當知！緣昔日功報，與比鉢羅摩納作婦，所謂摩訶迦葉是；尊大迦葉先自出家，後日我方出家」（T.2, no.125, p.825a-b）。接著婆陀比丘尼告訴諸比丘尼她所以發笑的原因，「自憶昔日所經歷女人之身，是以今故自笑耳。我以無智自蔽，供養六如來，求作女人身，以此因緣，故笑昔日所經歷」（T.2, no.125, p.825b），憶起最初本是男子身相，竟因想吸引路人對自身觀看欣賞，從此以後所有供佛功德竟然不是迴向解脫，而是發願生為女身。此所以婆陀比丘尼在看到自身的宿命經歷後會自我發笑，此「笑」的敘述聲調，隱含了嘲笑自己

可笑之無明習氣的敘事意涵。故事最後，在佛陀稱讚其「我聲聞中第一弟子自憶宿命無數世事，劫毘羅比丘尼是（即婆陀比丘尼）」（T.2, no.125, p.825b），以佛陀的稱讚作為經文的結束，亦寓含了自識宿命可讓自我破除無明而有自知之明，所謂「無明滅而明生」的寓意。

此則經文故事在敘述的策略上，採取反覆運用重複的模式與套句，不斷地以相類似的套句，一遍又一遍地敘述婆陀比丘尼在每一佛出世中，天上人間都為女身的歷程。多數的時候婆陀比丘尼都是天上人間絕妙殊容的女子，在第一次由梵童子轉生三十三天天女時，為了刻劃她是最美麗的天女，遂敘述三十三天的諸天子，個個想爭奪她，還偏勞三十三天天主帝釋出面排解，規定諸天各作一偈來競賽，最後以作出「汝等猶閒暇，各能說斯偈。我今不自知，為存為亡乎」（T.2, no.125, p.824a）此一偈語的天子迎娶到她。其餘的轉世輪迴中都用「極為端正」等簡單套句描述她的美麗。而或許是為了在一遍又一遍地反覆敘述中，不使故事顯得過於單調，婆陀比丘尼在辟支佛出世的時代，是唯一一世以容貌醜陋、地位卑微的女侍身分投生人間「在波羅奈大城，與月光長者作婦婢，顏貌麁醜人所惡見」（T.2, no.125, p.824b），而那一世也特別有其以飯供養辟支佛的生動情節。其餘的敘述都重複著相同模式：1.表明轉世的時間點及佛名。2.在人間持物供佛發願來世生為女身。3.每一佛出世都經歷天上人間輪轉的女身。4.每一次天上人間女身輪轉的敘述完畢，結尾時都要指出當時的女身，就是現在的「我」婆陀比丘尼。我們不禁要問：一再重述如此相類似的敘述模式及情節，其意涵究竟為何？也許就在單調重複中蘊含深刻，在簡單樸素中見到犀利，**像滾雪球一樣使習性的**

相似性愈來愈鮮明突出，針針見血地指出習氣長鍊桎梏生命的巨大力量，可以持續七佛出世的如此長劫，乃至今生遇到世尊而證阿羅漢亦以女身證道的敘事意涵。

五、前世今生「業習交織」的主題敘事

《增壹阿含經》中的「朱利槃特」、「周利般兔」，就是《根本說一切有部毘奈耶》[24] 中的愚路比丘，三者名稱不一但指的是同一人。《增壹阿含經》[25] 中敘述朱利槃特資質魯鈍出家求道歷盡挫折，最後終在佛陀的親自教導下誦持一偈而開悟；但他也只會誦持一偈。《增壹阿含經》有關朱利槃特比丘的故事僅敘述其現世以一偈而開悟的故事，並未敘述其過去生中的故事；但在《根本說一切有部毘奈耶》[26] 中以愚路比丘今生由至愚而至開悟的「核心事件」，分別連結三組「衛星事件」：第一組「衛星事件」是有關愚路比丘開悟後仍被十二比丘尼輕視的前世因果。第二組「衛星事件」則敘述愚路比丘過去世的三個因果事件，來詮釋愚路比丘何以今生至愚而得開悟的「核心事件」；第三組「衛星事件」則有回到今生，敘述愚路比丘開悟後，仍被大醫王侍縛迦輕視的前世因果，形成宛若「一鼎三足」的敘事結構，茲依序分析如下：

（一）今世業報的「核心事件」

關於愚路比丘今世業報的事件，是按時間順序以「鏈接」方式展開，故事文本首先敘述愚路比丘及其兄的家世背景、出生來

---

[24]　《根本說一切有部毘奈耶》（T.23, no.1442, p.799c-803c）。

[25]　《增壹阿含經》（T.2, no.125, p.768b）。

[26]　《根本說一切有部毘奈耶》（T.23, no.1442, p.799c-803c）。

歷；再敘述愚路比丘生性愚闇魯鈍，其兄大路比丘聰明有智，出家不久即證阿羅漢，並度愚路出家。然愚路比丘愚闇魯鈍至極，三月之內不能記誦一偈，被大路比丘痛責逐斥。其次，敘述正當愚路在其兄僧房外傷心茫然之際，佛陀適巧經過，就收留他並親教以背誦「我拂塵我除垢」之句，然愚路仍無法記誦，於是佛陀要其為眾僧拂拭鞋履以消業障，後愚路終於領悟「我拂塵我除垢」句的奧義，不久證阿羅漢果，有大神通。愚路之所以能由不能記誦一偈到開悟證阿羅漢，此一轉變的關鍵，全知的敘述者插入的詮釋是愚路「**善根發起業障消除**」。

接著敘述愚路比丘雖證果，但由於眾人對他異常愚鈍的形象已根深蒂固，所以外道發動攻擊「諸外道輩共起譏嫌，沙門喬答摩自云我證甚深妙法、難知難悟非思量者之所能測，大聰智人方能解了者，斯誠妄說」（T.23, no.1442, p.797a-b），抨擊佛陀自稱佛法甚深微妙，大智之人方能了解，而愚路比丘是「至愚極愚至鈍極鈍」，連他都能證入，佛法還有什麼深奧的？佛陀為了讓眾人能重新認識開悟後的愚路比丘，就派愚路比丘至比丘尼的寺院去教授佛法，引發其中十二位比丘尼的不信服，認為派「三月中不持一頌」的愚路來教導比丘尼，是「諸大德輕蔑女人」，是男性比丘輕蔑女人的態度。於是十二比丘尼設計要讓愚路比丘來說法時當眾出醜，沒想到愚路比丘侃侃而談，讓大眾法喜充滿，十二位比丘尼「不遂所懷，默椒無說」。由此看來，此處的「衛星事件」有助於映襯出「核心事件」的意義，總括而言能彰顯出愚路比丘今生由至愚至鈍到開悟證道，卻仍不為十二比丘尼心服的形象。

（二）「衛星事件」之一：愚路比丘與十二比丘尼前世因果的對照事件

1. 追溯前世的提問

以諸比丘問佛陀關於愚路和十二比丘尼事件的前世因緣：

「**十二眾苾芻尼，何故欲與具壽愚路作無利事反成大益？**唯願世尊為說因緣」（T.23, no.1442, p.798b）的套句形式，作為承上啟下的分節點。

2. 前世因果的對照事件

以「世尊告曰：汝等苾芻！非但今日欲作無利反成大益，**乃往古昔**，斯等諸尼**欲作無利反招利益，汝等應聽！**」（T.23, no.1442, p.798b）的起首套句，作為開始「次故事層」敘事的分節點，展開愚路和十二比丘尼的前世因果事件。

敘述過去的某一世中愚路是一婆羅門，其有十二子並各娶妻，此時婆羅門已老，且兩目青盲看不見東西，他的十二個年輕媳婦常趁自己的丈夫不在時，「便與外人行邪惡事」就和其他男人私通，老婆羅門「善知聲相」，聽聲音就知媳婦和別的男子私通，於是加以呵斥。十二個年輕媳婦共同設計詭計，意圖餓死、毒死老婆羅門。沒想到沒毒死老婆羅門，反而意外地讓老婆羅門的雙眼因喝了蛇湯而重新恢復光明。

3. 前世今生關係的串連

以「勿生異念！」的起首套句，佛陀將前世與今生身分、行為模式進行連結認證。在說完愚路和十二比丘尼事件的前世因緣後，總結說：「汝等苾芻勿生異念！昔時婆羅門者即愚路是；十二

婦者即十二眾苾芻尼是。往時欲害其命反成大利，今時欲令恥辱
更彰聖德」（T.23, no.1442, p.799a-b），將前世的老婆羅門和今生
的愚路進行身分連結認證；將前世的十二個年輕媳婦和今生的十
二位比丘尼進行身分連結認證；將前世十二個年輕媳婦欲害老婆
羅門不成，反讓老婆羅門蒙利的事件，和今生十二比丘尼設計要
讓愚路比丘來說法時當眾出醜，反讓愚路受到眾人肯定的事件加
以連結認證。由佛陀詮釋愚路比丘和十二比丘尼之間的前世就結
惡因緣的面向，我們可以發現此則故事的**敘事聲音**是在**強調惡業
互動模式的雷同重覆，而非宿業的成熟受報**。

（三）「衛星事件」之二：愚路比丘此生至愚至鈍的前世因果事件

關於愚路比丘此生為何至愚至鈍的前世因緣，佛陀總共說了
三個過去世的事件：

1. 前世惡業的事件

(1)追溯前世的問答句

諸比丘問佛陀關於愚路比丘此生為何至愚至鈍的前世因緣：
「時諸苾芻更復有疑，問世尊曰：具壽愚路先作何業？得受人身至
愚至鈍」。佛陀回答：「此愚路苾芻曾所作業，增長時熟果報現
前。汝等苾芻！凡諸有情，自所作業善惡果報，非於外界地水火
風令其成熟，但於己身蘊界處中而自成熟。說伽他曰：假令經百
劫，所作業不亡，因緣會遇時，果報還自受。汝等苾芻！乃往過
去人壽二萬歲時，有迦葉波佛出現世間……」（T.23, no.1442,
p.799b），透過以上二個程式化的句子，作為展開過去世敘述的分
節點。

⑵前世因果的對照事件

　　以佛陀首先揭示因緣果報的原理原則，然後開始敘述愚路此生為何至愚至鈍的前世因緣。這牽涉到一個古老的過去，在賢劫的第三個佛迦葉波佛（釋迦牟尼佛的前一個佛）出現世間時，人壽長達二萬歲，當時愚路比丘是明嫻三藏的大法師，但他稟性慳吝，從不教人，乃至四句記頌亦不為人說，命終之後生在天宮，從彼死後墮入人間，生販豬家，長大成了屠夫。後偶遇獨覺學跏趺靜坐，頻頻修鍊，得無想定，命終生無想天處，從彼命終已生此人中。

⑶前世今生關係的串連

　　以「汝諸苾芻勿生異念！」的起首句型，將前世與今生身分進行連結認證，說明指認往時的大法師即今之愚路比丘。因為那一世的博學卻慳吝於法，死後雖生於天，但從天上再轉生人間時，就變成屠夫；由於屠夫沒有智慧，雖遇獨覺教其禪定，卻修到無想定，死後生在無想天中。由於以上諸種業緣的集合，所以今生為人至愚至鈍；接著佛陀訓勉諸比丘不應慳法，並要遠離邪定所謂「於諸有情常生悲愍，遠離邪定（指無想定），當如是學」（T.23, no.1442, p.799c）。我們可看出此則前世的故事，**其敘事聲音著重在前世所造惡業緣，匯聚於今生所造成的惡果報。**

2. 前世善業的事件

⑴今生業報的事件

　　關於愚路比丘此生能以一偈而開悟的事件，故事文本前已敘述過，此處則直接以「爾時諸苾芻，見如上事咸復生疑」一句帶過，而跳至以下的提問。

(2)追溯前世的問答句

由於「爾時諸苾芻見如上事咸復生疑，重白佛言：『世尊！何意愚路苾芻因少教誡自發正勤，於生死中速能出離，證得究竟安隱涅槃』」，諸比丘向佛提問愚路此生何以能以一偈開悟的前世的因緣，故世尊回答：「汝等當知！愚路苾芻非但今日因少教誡而能證悟；於過去時。亦因少教自發正勤，得大富貴安樂而住。汝等應聽！乃往古昔於某聚落有一長者……」（T.23, no.1442, p.799c），透過這種一問一答的程式化套句，作為承上起下的分節點。

(3)前世因果的對照事件

敘述過去往古某一世中的愚路，其父是富貴多財的長者，當其父欲往海中求覓珍寶時，將其大部分的財產託交給一位商主朋友看管，然後就一去不返，而此商主也沒把託交的財產拿出來給長者的妻兒用。所以那一世的愚路就在窮困的環境長大，當他長大想從商時，由於家中沒有資本供其做生意，他的母親就叫他到父親託管財產的商主朋友那想辦法，當愚路來到其家門口，主人正和別人吵架，其婢拿一隻死鼠往外丟出，主人罵言：「世間有人解求利者，能因此婢所棄之鼠產業豐盈」，沒想到愚路聽後就相信了，拾起婢女所棄之鼠來到大市場，從此展開了他傳奇曲折的致富過程，當他最後亦如其父入海求寶而平安歸來後，就以「四寶造鼠四枚、復以銀槃盛滿金粟，上置四鼠」（T.23, no.1442, p.801a），來到原先的商主之家，把寶鼠金槃送奉商主，作為報答啟發他致富的謝禮。商主這時才認出他是託其保管財產的長者之子，不但把財產歸還給他，並把自己的女兒嫁給他。那一世的愚路從此就被稱為「鼠金商主」。

⑷前世今生關係的串連

以世尊告曰：「汝等苾芻勿生異念」的起首句型，將前世與今生的角色身分進行連結認證，說明指認「往時商主即我身是，鼠金商主即愚路是」，那一世的商主即是今生的佛陀，那一世的鼠金商主即是今生的愚路。佛陀並說兩世之間二人的互動因果關係為：「是我於往日說少因緣言及死鼠，遂令因此得大富盛；今時因我說少教授，便自策勵斷諸煩惱，出生死岸，成勝妙果，永證涅槃」（T.23, no.1442, p.801b），前世與今生愚路都因佛陀的一句話而蒙大利。因此**此事件的敘事聲音是在強調佛陀與愚路前世今生善業互動模式的雷同重複**。

（四）「衛星事件」之三：愚路比丘與大醫王侍縛迦前世的對照事件

1. 今生業習的事件

當佛陀敘述有關愚路比丘以上種種業力習性、前世因果事件後，故事情節又轉回今生的現場。敘述當大醫王侍縛迦請佛及僧應供時，因為瞧不起至愚的愚路比丘，特別指明唯獨不請愚路比丘「唯除愚路不在請限」；佛陀欲讓人明白愚路比丘已非吳下阿蒙，遂設計在宴席之時，要求主人派人去喚請愚路比丘前來，愚路比丘就在竹林內化成一千二百五十個一模一樣的分身，讓前來傳請他的人分不出那個是他的真身，後按如來指示的辨認方法，愚路比丘才合分身為一。愚路比丘藉此分身合身的展演，取得供僧宴上的一席之地。但主人大醫王侍縛迦雖讓朱利槃特入座，內心還是不尊敬他，於是在飯食完畢後，佛陀示意愚路比丘再現神通，展露「便移半座長舒其手，如象王鼻至世尊所而取其鉢」的

本領，至此大醫王侍縛迦才真正折服，甚至懊惱自己先前的不敬而昏厥過去「既見是已，生大懊惱悶絕躄地，時諸親族以水灑面方乃蘇息」，甦醒後當場向愚路比丘懺悔。總括言之，是敘述關於愚路比丘今生開悟後大醫王先不敬重後懺悔的故事。

2. 追溯前世的提問

　　諸比丘提問：「時諸苾芻至住處已咸皆有疑，請世尊曰：『大德！何因緣故？侍縛迦王子未知具壽愚路真實德時，即不恭敬；知已禮足求哀懺謝』」，諸比丘問佛陀關於愚路和大大醫王侍縛迦的前世互動因緣。佛陀回答：「**非但今日作如是事，於往昔時亦復如是。汝等當聽！於過去世有一大王名梵摩達多……**」（T.23, no.1442, p.802a），透過以上二句程式化句式，作為承上起下的分節點，展開以下宿命通的敘述。

3. 前世業習的對照事件

　　敘述過去世有一大王名梵摩達，當時北方有販馬商客，有一草馬生了一匹智馬種，但此商客非但不知此小馬駒是智馬，甚至認為牠不是吉相，把牠當成普通的草馬來騎，也不給牠餵食上妙草穀。後來就把牠送給瓦師，被梵摩達多王的相馬師認出是智馬，就高價從瓦師那買至王宮，此智馬後來在戰爭中救了國王一命，當商客聽到這消息，懊悔不已，「聞已悶絕躄地，水灑方蘇」，甦醒後就「便捧馬足申謝而去」（T.23, no.1442, p.803c），向智馬道歉離去。

4. 前世今生關係的串連

　　以世尊告曰：「汝等苾芻勿生異念」的起首句型，將前世與

今生身份進行連結認證。指認「往時商主者即侍縛迦太子是；往時智馬者即愚路苾芻是。往昔商主未識智馬有勝德時便生輕蔑，知勝德已懺謝而去；今時侍縛迦未知愚路有勝德時。便生慢心，及知具德禮足申謝」，接著佛陀將敘述此宿命故事的意涵揭示出來：「是故諸苾芻凡夫之人自無慧目。不應於他輒生輕慢。當以智慧隨處觀察如是應學」（T.23, no.1442, p.803c）。由上可知，**此事件的敘述聲音亦是在說明前世今生關係互動模式的雷同重複。**

綜合以上的分析，愚路比丘前世今生的業習交織故事，是由一個「核心事件」加上三組「衛星事件」，敘述善惡習氣因緣果報延續若干個過去世的對照事件；和《阿含經》中普遍只說一世因果對照事件相較，《根本說一切有部毘奈耶》共用了五個發生在不同前世的事件，來詮釋今生發生在愚路身上重大生命事件的累世因緣。

我們首先發現，這四個不同前世所發生的事件，彼此並沒有連貫性或相關性，但它們昔時所埋下的善惡業習互動模式，通通在今生聚合在一起，發生各自的作用力，遂串連成愚路比丘此生的命運。其次，這個今昔對照的善惡業習系統，除了串連前世今生事件的因果關係外，更強調前世與今生因果業力模式的雷同性、重複性，敘述的話語常用「非但今日（如此）；於過去時亦（如此）……」作為敘述開始的套句，來印證在表象上是完全不同的前世今生事件，其潛藏的本質卻是習性與善惡因緣重複互動的模式；此外，亦特別強調印證前世今生的人物角色身份雖然不同，但潛藏的本質其實都是同一人。因此整則故事呈現出愚路比丘在生命的長流中，所造善惡業報的串連性與行為互動模式的雷同性、重複性；以及愚路不論是什麼身份角色，其本質都是不變

的；而最終以愚路前世就和佛陀未成佛時的角色結了善緣，而在
今生蒙佛點化而證阿羅漢果位。是以就敘事的手法而言，愚路比
丘前世今生的大故事，以一個核心事件加上三組衛星事件，而每
組衛星事件又以多個序列事件組成，形成大故事套小故事的層層
框架敘述，將一段又一段的前世今生生命事件盤根錯節地纏結起
來，形成宛若「一鼎三足」的敘事大結構；然始終貫穿沉潛其中
的則是善惡業報與習性業報的主題思想。

六、結語

綜上所述可知，《阿含經》與律部的「前世今生」故事是透
過「宿命通」超常的視覺意象，敘述在時間之流中已隱沒於過去
的人物、事件及景象，和今生現世人物的角色身分、事件命運等
相互映照串連的事件。無數個過去世的景象並未消逝，而仍保存
在它們曾發生的時間點，其作用又以隱沒不見的方式，神秘地延
續到現在，並開向未來。此類佛教「前世今生」的故事有其特定
的敘述意涵，亦即將因緣果報業習思想具體化為個別生命經驗的
見證。而佛教循環往復輪迴不已的時間觀念，又使得「前世今生」
的故事宛如遠古迷宮的通道，一個通道分出許多叉道，每個叉道
又可分出另外的許多歧路，它們通向無始遠古無窮無盡的時間長
廊，每一眾生「前世今生」的故事都是講不完的；於是在敘事策
略上，故事可長可短、可多可少，具有任意安排組織串連的自由
度；但就時間敘事而言，無論其內部「前世」時間有多遙遠浩
長，總是受到外部今生時間的制約，故事時間遠遠長於敘事時
間。

此外，就敘事結構而言，「前世今生」的故事多是以「今生

一過去一今生」的框架敘述展開，其中的空間敘事，是在「宿命通」所開啟的這麼一個空間中，包容了過去世的無數空間，有如多寶格的空間展示。

由於經與律的本質是不同的，各有其特殊的神聖性與權威性，故事與經典的互動模式不一而足，端視經律的需求而定。我們因而可以發現《阿含經》與律部關於「前世今生」故事的敘事重點有同有異，在《阿含經》中敘述前世今生的故事，多是為了作為業習果報教義的解釋性例證；但在律部則是涉及戒律才會被提及：如有關流離王滅釋種的事件，在《增壹阿含經》[27] 與律部[28]都有記載，但因律部涉及的戒律問題是流離王滅釋種後，劫後餘生的釋迦族人逃到佛陀所在處，向諸比丘乞衣服以蔽體，諸比丘不知能否把衣服給在家居士而問佛陀，佛陀因此訂立關於施衣於在家居士的律條；此不涉及因果業報之事，所以諸律典都沒有記載流離王滅釋種的前世因果事件。《增壹阿含經》則是要說明何以連佛陀也無法挽救自己的國家被滅亡的命運，遂對流離王滅釋種的事件賦予前世今生因緣果報的詮釋。又如愚路比丘的故事，在《阿含經》中主要的重點是宣揚其以一偈而能開悟，且分身神通第一，完全沒涉及其今生何以至愚的前世因果；在律部的《四分律》、《五分律》[29]中愚路比丘名叫「般陀」比丘，由於敘述的重點在開悟後的般陀比丘被派前往教授比丘尼，由於所誦唯一偈，

---

[27] 《增壹阿含經》（T.2, no.125, p.690a-693c）。

[28] 《四分律》：「當觀昔日業報因緣，諸釋種昔日所造定業報，今當受之。」（T.22, no.1428, p.860b-861b）《彌沙塞部和醯五分律》：「汝雖有神力何能改此定報因緣。」（T.22, no.1421, p.140c-142a）。

[29] 《四分律》（T.22, no.1428, p.647b-648b）、《彌沙塞部和醯五分律》（T.22, no.1421, p.45c）。

遂遭六群比丘尼輕蔑調戲,即使現神通亦未能降服她們,而六群
比丘尼反而歡迎不守戒律的六群比丘[30]來為尼眾說法;眾比丘尼
以此事向佛陀報告,佛陀遂呵責六群比丘尼的不如法。《五分律》
敘述的重點前半部與《四分律》相同,後半部則敘述由於般陀覺
得比丘尼輕蔑自己,遂大現神通直至日沒城門已關,讓眾比丘尼
無法進城露宿城邊,招來民眾的譏諷,認為是夜晚找男子廝混所
致,眾長老比丘以此事向佛陀報告,佛陀遂呵責般陀比丘,並制
戒禁止比丘為比丘尼說法至入暮。因此,此二律典均未涉及敘述
其今生何以至愚的前世因果。然而在《根本說一切有部毘奈耶》
中則將愚路比丘塑造成愚路說法生動能令聽者信服,唯有十二位
比丘尼不信服,想讓他出醜不成的事件,由此展開眾比丘詢問佛
陀愚路比丘前世今生因緣果報之事,此亦可見「根本說一切有部」
的律典特別喜歡增添前世今生因緣果報的故事。

　　此外,「前世今生」因緣果報是中國明清小說中一個重要類
型,甚至成為敘事的外圍框架作用,若究其源,或許受到此類佛
經故事的啟發。至於二者在敘事模式與主題類型呈現的異同,則
有待審慎研究方可論述。

---

[30] 六群比丘、六群比丘尼在律典中代表常不守規矩的、惡比丘、惡比丘尼。

第八章　目連「神足第一」的
形象建構：文本多音的敘事分析

一、前言

在《阿含經》及各部廣律中，目連具有佛陀弟子中「神足第一」的普遍認知，經典中多處記載佛陀公開稱揚目連的神足第一，所謂：「世尊告曰：吾昔有弟子名目犍連，神足之中最為第一」、[1]「神足第一者名曰大目連」。[2]佛陀雖然公開稱揚目連甚至其他弟子的神通力，但是神通並不是佛教解脫證道的必要條件。佛陀的阿羅漢弟子中不具神通的「慧解脫」阿羅漢，應是多於具有神通的「俱解脫」阿羅漢，[3]成為阿羅漢最重要的門檻是「以慧見諸漏已盡已知」，即所謂的「漏盡阿羅漢」。[4]此外五神通是佛教共外道都可修得的，佛教經典中稱之為「世俗五通」。因此神通本身有其弔詭性：既是神秘的超凡能力，具有吸引信徒的宗教魅

---

[1] 《增壹阿含經》（T.2, no.125, p.749c）。

[2] 《增壹阿含經》（T.2, no.125, p.663b）。

[3] 《中阿含經》中記敘舍利弗問佛陀，五百比丘中有幾比丘得三明達？幾比丘得俱解脫？幾比丘得慧解脫？佛陀告訴舍利弗：「此五百比丘，九十比丘得三明達，九十比丘俱解脫，餘比丘得慧解脫。舍梨子！此眾無枝無葉，亦無節戾，清淨真實，得正住立。」亦即五百比丘中有一百八十位具有神通，三百二十位不具神通。（T.1, no.26, p.610b）。

[4] 《中阿含經》載：「諸漏已盡，心解脫、慧解脫。於現法中，自知自覺，自作證成就遊。生已盡，梵行已立，所作已辦，不更受有。知如真，是謂漏盡阿羅訶共集會也。」（T.1, no.26, p.422b-c）。

力；又是宗教修行過程中極可能發生，而必須面對的課題；但卻不是佛教解脫道「慧」學的必要條件。本章想探究經典中稱揚目連「神足第一」的形象，在不同文本的敘事中，建構了怎樣的「神足第一」的形象？隱含了何種敘事意涵？可否映襯出神通在佛教體系中的定位？

以下擬以目連為中心，勾勒《阿含經》及各部廣律中有關其神通故事的二個主題特色：「目連與舍利弗較量神足」、「目連說神通」，進行經與律中不同文本，或同或異的敘事分析，以探索目連「神足第一」形象所建構的多重敘事聲音與意涵，也可藉此釐清在阿含與律部中，僧人神通形象在佛教修行中的定位。

二、「目連與舍利弗較量神足」中目連「神足第一」的形象

目連與舍利弗都是「三明六通」的大阿羅漢，他們在佛陀的眾多弟子中有其特殊地位，是佛陀得力的助手，宛如佛陀的左右手，佛陀常一起稱讚他們是：「彼佛有二大聲聞，一名等壽、二名大智。比丘等壽，神足第一；比丘大智，智慧第一。如我今日舍利弗智慧第一，目乾連神足第一」，[5]如同過去諸佛都有二大聲聞弟子般，佛陀也有神足第一的目連和智慧第一的舍利弗。可見「神足與智慧」代表不同的修行方向與成果。佛陀既然肯定目連神足第一，且經典中處處都顯示目連神足第一已是大眾一致的共識，因此阿含、律部的經典中普遍記載，每當需要施展神足通時，眾比丘便公推目連；除此之外，沒有見到任何記載比丘和目

---

5 《增壹阿含經》（T.2, no.125, p.793a）。

連較量神足的故事。但非常有趣的是，唯獨在《增壹阿含經》與《根本說一切有部毘奈耶藥事》（以下略稱為《毘奈耶藥事》）中各有一則敘述目連與舍利弗較量神足的故事。具有「三明六通」的舍利弗自然也有神足通，不過他只是「智慧第一」，並非「神足第一」，但沒想到，較量的結果竟是舍利弗快過目連。故事中安排佛陀對此現象作出詮釋，佛陀說舍利弗由智慧而來的神力最大，所以他的神足快過目連；但佛陀還是反過頭來向眾比丘肯定目連神足第一。本文透過此一故事的敘事分析，佐以《阿含經》中其他經文文本的對照詮釋，或可一探佛陀稱揚目連神足第一，**其敘述聲音所指涉的意涵為何？**以及「神通與智慧」的關係。此外，亦將探討此故事在律部中所指涉的不同意涵。

（一）《增壹阿含經》中「目連與舍利弗較量神足」的目連神足形象

在《增壹阿含經》中記敘了一則非常特別的神通故事：「目連與舍利弗較量神足」。[6]就整個敘述過程而言，依故事情節的結構[7]模式可分為「主幕」、「序幕」和「尾幕」三序列事件；而此三序列事件的互動結構又兼具組合關係與聚合關係。以下先依故事的情節結構模式進行文本分析；其後再概括其組合關係與聚合關係的作用：

---

[6] 以下目連與舍利弗較神足，所引經文俱見《增壹阿含經》（T.2, no.125, p.708c-710c）。

[7] 楊義：《中國敘事學》：「結構是以語言形式展示一個特殊的世界圖式，並作為一個完整的生命體向世界發言。……結構既內在地統攝著敘事的程序，又外在地指向作者體驗到的經驗和哲學。」（嘉義：南華管理學院出版，1998），頁45。

1. 敘事情節的結構模式

(1)序幕:「神足第一」的「位置」敘述

　　故事文本由「聞如是,一時,佛在阿耨達泉與大比丘眾五百人俱,斯是羅漢,三達六通,神足自在,心無所畏;唯除一比丘阿難是也」(T.2, no.125, p.708c) 開始,可知阿難是在場的參與者和敘述者,對此部經典起著見證的作用。[8]因此阿難所擔任的敘事視角是「第一人稱見證人內視角」,[9]由阿難的視角,他看到在場的除了他以外都是「神足自在」的阿羅漢比丘。這時再藉由故事人物阿耨達龍王的視角——阿耨達龍王發現並在意舍利弗的不在場——展開故事的序幕。阿耨達龍王要求佛陀派遣比丘喚舍利弗前來,佛陀於是派遣「神足第一」的目連前往,而目連也展現「如人屈伸臂頃,往至祇洹精舍舍利弗所」神足飛行的神速。此段文本聚焦[10]的「位置」:一則聚焦於當時在四百九十九位神足比丘中派遣目連,這暗喻著目連「神足第一」的位置受到肯定;另一

---

[8] 胡亞敏《敘事學・敘述者的功能》中指出敘述者具有五種功能:敘述功能、組織功能、見證功能、評論功能和交流功能。(武漢:華中師範大學出版,1994),頁51-52。

[9] 申丹在《敘事學與小說文體研究》中耙梳各家說法,提出四種不同類型的敘事視角,其中關於第一人稱的視角有:(1)第一人稱內視角:包括第一人稱主人公敘述中的「我」正在經歷事件時的眼光;以及第一人稱見證人,敘述中觀察位置處於故事邊緣的「我」的眼光。(2)第一人稱外視角:涉及第一人稱(回顧性)敘述中,敘述者「我」追憶往事的眼光;以及第一人稱見證人敘述中,觀察位置處於故事邊緣的「我」的眼光。(北京:北京大學出版,2004),頁218。

[10] 楊義於《中國敘事學》分別「視角」與「聚焦」:「所謂視角是從作者、敘述者的角度投射出視線,來感覺、體察和認知敘事世界的;假如換一個角度,從文本自身來考察其虛與實、疏與密,那麼得出的概念系統就是:聚焦與非聚焦。視角講的是誰在看,聚焦講的是什麼被看,它們的出發點和投射方向是互異的。」(嘉義:南華管理學院出版,1998),頁265。

則聚焦於舍利弗「不在場」的位置。就敘述文本之整體結構而言，「位置」本身就是一種具有功能和意義的標誌，是一種只憑其位置，不須用語言說明，甚至比語言說明更具有重要功能和意義的標誌。[11] 因此開場的「序幕」，可說是遵循佛教經典中普遍對目連「神足第一」的「位置」的肯定。但舍利弗「不在場」的「位置」，反而使他變成與會大眾中最強烈的聚焦點，暗示著其具有某種呼之欲出的特殊性「位置」。所以文本的潛台詞是：「誰是真正的神足第一」？

(2)主幕：較量神足的意象敘事

第二幕開始於目連抵達舍利弗所在的祇洹精舍，並傳達佛陀的交代事宜。當時舍利弗正在「補衲故衣」，沒有爽快地答應立即與目連同行，而回應：「汝竝在前，吾後當往」，目連提醒舍利弗：「唯願時赴，勿輕時節」；未料舍利弗仍然回應：「汝先至彼，吾後當往」，舍利弗兩次相同的回應，意謂由舍利弗自己的視角（故事人物的限知視角）來看，他並不以為目連的神足會勝過自己。這就和目連自我認知的視角（亦是故事人物限知的視角）起了衝突，目連直覺地質問舍利弗：「云何？舍利弗！神足之中能勝吾乎？然今先遣使在前耶」，目連從他「神足第一」的自我認知視角回應舍利弗，所以他語帶威脅地警告舍利弗：「若舍利弗不時起者，吾當捉臂將詣彼泉」，這時又轉到舍利弗的視角，描述舍利弗認為目連要趁機試探捉弄他，於是舍利弗解下衣帶對目連說：「設汝神足第一者，今舉此帶使離於地，然後捉吾臂將詣阿耨達泉」（T.2, no.125, p.709a），這句話中的假設口吻，已經透露舍利弗對

---

[11] 楊義：《中國敘事學》（嘉義：南華管理學院出版，1998），頁39。

目連「神足第一」的不信任；而能舉起衣帶這輕巧之物才有可能捉得動我手臂的口氣之大，更是暗喻自己的神足能力強於目連。

從目連的視角來看，他首先的解讀是「今舍利弗復輕弄我，將欲相試手」，認為舍利弗好像有點輕視捉弄他，要試試自己「神足第一」的本領。接著他又覺得事有蹊蹺，但馬上就恢復對自己神足的信心，認為舉起舍利弗的衣帶何難之有？由於彼此都只能從自己的視角來對話，所以就造成了訊息交流的誤讀，製造出衝突的情節，繃緊敘事的張力，推動故事前進，而有了以下的神足較量。

2.1 第一回合的神足較量：聚焦於「移動衣帶」的意象

楊義在《中國敘事學》論及「意象」的種種作用，並指出意象是故事的眼睛，可以點醒故事的精神，[12] 必然傳達著某種聚焦作用的訊息。較量神足的敘事主要聚焦於以下兩個意象：「移動衣帶」與「神足飛行」的快慢。

這時敘述者轉到阿難由「第一人稱見證人內視角」，觀看二人正式交鋒的場面；而文本的張力藉由聚焦於「衣帶」的意象，開始突顯目連接受舍利弗的考驗。舍利弗將衣帶繫於閻浮樹枝上，「尊者目連盡其神力，欲舉此帶，終不能移。當舉此帶時，此閻浮地大振動」（T.2, no.125, p.709b）目連雖不能移動衣帶，但卻撼動了閻浮地。舍利弗知道目連有大神力，擔心衣帶被移走，故

---

[12] 楊義：《中國敘事學》：「意象敘事和敘事結構、敘事時間、敘事意識、敘事視角等都是敘事文學中重要的一環。意象往往借助於某個獨特的表象，蘊含著獨特的意義，成為形象敘事過程中閃光的質點。它對意義的表達，不是借助議論，而是借助有意味的表象的選擇，在暗示和聯想中把意義蘊含其間。」（嘉義：南華管理學院出版，1998），頁299、341。

依次將衣帶繫於二天下、三天下、四天下、須彌山、三十三天宮、千世界、二千世界，甚至三千世界，而目連也「如舉輕衣」般依次撼動了閻浮地山乃至三千世界。這層層鋪敘排比較量的遞進，其實是不斷地放大目連的能力。舍利弗知道「三千大千剎土，目連皆能移轉」，顯示出截至目前為止，二人神足高下尚難分軒輊。最後目連弄得「天地大動」，唯有「如來坐阿耨達泉而不移動」，這既暗示了目連的神足能耐僅在一人之下，又暗示了衣帶可不被移動的唯一地點。故事發展至此，綜觀全局的敘述者阿難，忽然又將視線轉移到佛陀與龍王的對話。而「天地大動」，是串連這兩個不同空間的橋段，形成神足較量的懸念空間。

　　這時阿難敘述阿耨達龍王問佛陀天地為何突然震動？佛陀在故事中扮演故事人物的權威全知視角，他同時知道兩個不同空間所發生的事件，因此佛陀告訴龍王目連和舍利弗正在較量神足。此時故事敘述採預敘筆法，藉由龍王問佛陀「此二人神力何者最勝？」讓佛陀預告結果——「舍利弗比丘神力最大」。但佛陀此時的回答卻與龍王原先對目連認知有所落差，因此龍王質疑：「世尊前記言：目連比丘神足第一，無過是者」，亦即佛陀過去一向肯定目連神足第一，現在卻予以否認。佛陀向龍王解釋只要精進修行「四神足」的比丘、比丘尼，就能得到「神力第一」。於是龍王緊接著問：「目連比丘不得此四神足乎？」佛陀指出目連也得此四神足之力，而且其大神力「欲住壽至劫」的話，也能辦到。在此佛陀話鋒一轉緊接著說：「舍利弗所入三昧，目連比丘不知名字」（T.2, no.125, p.709b），此語一出真是雷霆萬鈞，他盛讚目連的四神足有大神力可住壽至劫，但是如此具有大神力的目連竟連舍利弗所入的三昧名字都不知道，對比之下，舍利弗的神力不知超過

目連多少。所以佛陀才會說：「舍利弗比丘神力最大」，這似乎遙遙呼應序幕在神足較量中所欲探尋的「誰是真正的神足第一」的問題。

在佛陀以預敘的方式暗示龍王結果後，敘事的視角又再藉阿難的視角將場景轉回剛才舍利弗與目連較量神足的懸念空間。這時舍利弗發現在「移動衣帶」的較量上，他和目連的神力勢均力敵，不易分出高下。聰明的他立即想到「如來座者不可移動」，於是將帶子繫於如來座下。目連這次終於舉不起帶子。原本對自己信心滿滿的目連，此時便興起了自己「神足退手」的念頭，立即放下衣帶、丟下舍利弗，以神足飛向佛陀問明原委。文本便藉此使兩個空間的人物聚合，故事發展至此，可以發現原本目連催促舍利弗「勿輕時節」，卻由於二人的一番較量拖延至今。目連原本的用意已被取代，故事的情節已往歧出的方向展開，造成敘事情節的迭宕起伏。

2.2 第二回合的神足較量：「神足飛行」快慢的意象

接下來的發展更是出乎目連的意料，當目連抵達阿耨達泉邊時，舍利弗竟已經坐在佛陀旁。文本在此呈現出來的目連，已與先前「神足之中能勝吾手」的自信不同，先以舉不起帶子而懷疑「神足退」，又以舍利弗後發而先至佛陀處的雙重因素，因而產生「我不如舍利弗手」的自我懷疑。這時情節的張力已升至巔峰，究竟誰是真正的「神足第一」呢？目連問佛陀：「我將不於神足退手？所以然者，我先發祇洹精舍然後舍利弗發，今舍利弗比丘先在如來前坐」（T.2, no.125, p.709c），在此，文本藉著佛陀權威的敘事視角來解決衝突，以呈顯出朝向較量神足發展的意義。佛陀告訴目連：

汝不於神足有退，但舍利弗所入神足三昧之法，汝所不
解。所以然者，舍利弗比丘智慧無有量，心得自在。不如
舍利弗從心也。舍利弗心神足得自在，若舍利弗比丘心所
念法，即得自在。（T.2, no.125, p.709c）

佛陀指出目連的神足並沒有退失，重點在於舍利弗「智慧無有
量，心得自在」，所以目連「心得自在」的「心三昧神力」（四神
足之一）[13]是「不如舍利弗從心也」。看來舍利弗的「心神足得自
在」是來自於「智慧無有量」，因為「智慧無有量」，所以「心神
足得自在」，所以「舍利弗比丘心所念法，即得自在」。佛陀還如
同先前對龍王所言，他也告訴目連：「舍利弗所入神足三昧之法，
汝所不解」。而先前沒有告訴龍王舍利弗所入三昧的名字，在此才
揭露出來叫做「心神足」。

　　佛陀的這番詮釋對目連而言不啻當頭棒喝，點醒目連由修智
慧而來的「心神足」相對優於「神足」。所以二人兩次較量神足，
就「移動衣帶」的神力比賽而言，舍利弗事實上是以智慧取勝，
而非以神力大小取勝。把衣帶繫於如來座下，不但目連移不動，
舍利弗自己也移不動，甚至任何人都移不動。但目連根本沒有想
到舍利弗會把衣帶繫於如來座下，以致認為自己的神力退步了。

　　至於「神足飛行快慢」的較量，因為舍利弗的「心神足得自
在」是具有「心所念法，即得自在」的神力，也就是舍利弗只要
動念要到阿耨達泉佛陀旁邊，便可立即到達。他的「心所念法」
能在現實世界同步實現，沒有時空距離，所以他的神足飛行自然
比目連快。

---

[13]　《增壹阿含經》：「有四神足，云何為四？自在三昧神力、精進三昧神力、心三
昧神力、試三昧神力。」（T.2, no.125, p.709b）。

2.3 「受敘者」的回應意象

　　接著，再度由阿難的見證人敘述視角，敘述當聽了佛陀與龍王、目連的對話後，在阿耨達泉聚會的五百位比丘、龍王、目連這些現場「受敘者」[14]的回應意象。

　　首先是目連的回應意象：目連經此當頭棒喝必受很大衝擊，所以他的回應是「默然」。**「默然」的意象以聚焦於「無」以寫「有」的方式，**[15]讓目連的內心世界留白，帶領在場受敘者以及讀者，一起進入目連內心世界的沉思。但在「默然」的舉止間，可以知道目連彷彿聽懂了佛陀的教誨，明白佛陀藉由舍利弗為他開啟了更上一層的修行方向；他沒有爭辯，也沒有把箭頭指向舍利弗而有不服輸欲再次較量的動作。但目連是否對自己的神足力失去信心？亦在「默然」的意象中留下懸念的空間。其次是阿耨達龍王的回應意象：文本敘述「是時阿耨達龍王歡喜踊躍，不能自勝：今舍利弗比丘極有神力不可思議，所入三昧目連比丘而不知名字。爾時世尊與阿耨達龍王說微妙之法，勸令歡喜」（T.2, no.125, p.709c），阿耨達龍王是啟動、串連整個神足較量敘事的線索人物。[16]而他的回應意象是「歡喜踊躍，不能自勝」。當他說

---

[14] 胡亞敏《敘事學》提出敘述者、受敘者和讀者的界定：「敘述者是作品中的故事講述者」、「與敘述者不等同于作者一樣，敘述接受者（受敘者）也不同於讀者，敘述接受者是敘事文內的參與者，是虛構的，而讀者則是敘事文外的真實存在，是現實生活中千差萬別的人。」（武漢：華中師範大學出版，1994），頁37、54。

[15] 楊義：《中國敘事學》（嘉義：南華管理學院出版，1998），頁275-288。

[16] 劉世劍指出：「線索人物多半是充當敘述者的非主要人物，其任務在於將主人公命運串聯起來，並介紹給讀者。」見氏著：《小說敘事藝術》（長春：吉林大學出版，1999），頁102。

「舍利弗比丘極有神力不可思議，所入三昧目連比丘而不知名字」，敘事的聲調口吻是歡喜讚嘆舍利弗，**他並沒有對目連有何負面評論。他歡喜讚嘆舍利弗意味的是，對聽聞了更高深的佛法的感動**，所以文本敘述佛陀便善巧的當機為阿耨達龍王又說了微妙之法，讓他更是法喜充滿。

　　最後是現場眾比丘的回應意象：眾比丘和目連一樣，對此次神足較量的結果受到很大衝擊。他們原本的認知視野是目連的神足超越其他比丘，所謂「爾時諸比丘自相謂言：世尊口自記：我聲聞中神足第一者，目連比丘是也」（T.2, no.125, p.709c），所以當他們面對目連較量落敗——「然今日不如舍利弗」的巨大落差時，直接的反應是「起輕慢想於目連所」，即對目連神足第一的尊敬心立刻滑落為輕慢，覺得目連並不是真的那麼有本領。這與龍王的反應恰成對比，**一是讚嘆勝者，一是輕慢敗者**。現場眾比丘的回應，可能是佛陀始料未及的，佛陀著重的是趁機說明「神通與智慧」的定位，欲藉此事件教導期勉眾比丘更上層樓的修行方向，然而眾比丘聚焦的方向卻是「輕慢目連」。

(3)尾幕：神足試鍊的空間敘事

　　敘述者阿難敘述完現場受敘者的回應後，聚會便結束了，佛陀率眾返回祇洹精舍。在此，敘事時間的流速明顯加快，顯示出這場聚會本來的用意並非文本所關注的焦點，反而是關注在中間歧出的事件上。其實文本發展到返回祇洹精舍，情節的動力已經耗盡，本可結束。然而佛陀對於眾比丘「起輕慢想於目連所」的反應感到憂心，擔心眾比丘因而「受罪難計」。所以佛陀必須有所處置，新一波的文本動力，即由這些比丘所產生，故事的情節繼續推進。

　　佛陀處理的方式並不是直接對眾比丘說法解釋，反而命受眾比丘輕慢的目連現其神力來警醒他們。這是否又意味著佛陀並不否定神通？佛陀對目連說：「**現汝神力使此眾見，無令大眾起懈怠想**」（T.2, no.125, p.709c），目連在他最擅長的神足上跌倒，所以目連選擇以神足飛行到可能是其他神足比丘所無法飛到的、位於遙遠異次元空間的東方奇光如來佛土，以證明自己神足的高強，由此展開了宛如英雄試鍊之旅的空間越界敘事。

　　神話學家坎伯曾言：「英雄受到召喚，自日常生活的世界外出冒險，進入超自然奇蹟的領域，他在那兒遭遇到奇幻的力量，並且贏得決定性的勝利；然後英雄從神秘的歷險帶著給予同胞恩賜的力量回來」，[17] 目連受到佛陀的指令，選擇以神足飛行到異次元空間東方奇光如來佛土。那兒果然是超自然奇蹟的領域，奇光如來的比丘們「形體極大」，相形之下目連猶如小蟲。由於形體大小的差殊，所以奇光如來佛土的比丘們對目連也「起輕慢意」，他們對奇光如來說：「今有一虫，正似沙門。」奇光如來就像「智慧老人」的角色般，認出目連的來歷與本領，遂命目連顯現神足，扭轉比丘們的輕慢意。目連遂大展神足，用缽盂將奇光如來處的五百比丘盛至梵天，並且「以左腳登須彌山，以右腳著梵天上」的姿勢說出偈語。目連說偈的聲響「遍滿祇洹精舍」，令在人間的諸比丘好奇地問佛陀聲音的來源。藉由目連的聲響，文本在此連結了原本相互區隔的凡／聖兩個空間。佛陀便將目連的情形告訴眾比丘。這時眾比丘的反應頓時轉變為驚嘆，並意識到自己先前

---

[17] 坎伯（Joseph Campbell）著，朱侃如譯：《千面英雄》（台北：立緒文化出版，1997），鹿憶鹿〈中文導讀〉，頁25。

所生輕慢心的錯誤，重新肯定目連有大神足，所謂「諸比丘歎未曾有：『甚奇！甚特！目連比丘有大神足。我等起於懈慢於目連所』」（T.2, no.125, p.710a），但眾比丘似乎還有疑慮，因而要求更多對目連的試鍊。眾比丘希望佛陀要求目連「將此五百比丘來至此間」，讓他們親眼見證目連的神足大力。由此推動了文本情節的持續發展。

佛陀接受了諸比丘的請求，將訊息傳達給目連，目連便將鉢中的五百比丘帶到人間祇洹精舍。面對東方世界的比丘們，佛陀弟子們的反應如何？文本在此用了「仰觀」二字，企圖運用形體對比的懸殊，突顯目連神力之大。而佛陀的反應又是如何？文本在此呈現的是佛陀詢問他們「從何來」、「是誰弟子」、「道路為經幾時」（T.2, no.125, p.710b），其實就佛陀在文本中所扮演的權威全知者角色而言，顯然是明知故問，用意仍是為了突顯目連的能耐，好讓眾比丘知曉。面對佛陀的詢問，五百比丘僅答覆了「從何來」的這個問題，表明他們是奇光如來的弟子，另外兩個問題都以「不知」回應。這樣的回應更顯示了目連本領的高超。文本發展至此，動力已由原本的諸比丘轉移到佛陀。佛陀接著徵詢五百比丘回歸東方的意願，而反應都是肯定的。

然而文本並不就此結束，又歧出一段佛陀為奇光如來佛土的五百比丘說「六界」等佛法的故事。佛陀指出能明瞭其所說的「六界、六入、六識」，將來即有機會「得至涅槃」，語畢，即命目連將五百比丘送返奇光如來佛土。因此目連不但在奇光如來的佛土贏得大神足的肯定，當他帶著奇光如來佛國的比丘往返娑婆世界，宛若英雄從神秘的歷險帶著決定性的勝利回來，也讓眾比丘親眼證明他自在無礙、往來穿梭不同次元空間的大神力，消除眾

比丘對他的輕慢意，贏回眾比丘對他大神足的信心。最後，佛陀
則再度以權威者的聲調宣告：「我弟子中，第一聲聞、神足難及，
所謂大目乾連比丘是也」（T.2, no.125, p.710c），重新肯定目連
「神足第一」的地位，而眾比丘的反應則是「歡喜奉行」，已迥異
於原本的輕慢態度。文本的動力至此完全停頓，故事遂告結束，
目連也完成了宛若英雄歷險的試鍊，為自己找回「神足第一」的
「位置」。

2. 「誰是神足第一」的敘事聲音

　　我們可以發現《增壹阿含經》「目連與舍利弗較量神足」的
故事結構，既在組合關係、也在聚合關係上去組織事件。[18] 就組
合關係而言，其可分為屬於「衛星事件」的「序幕」、「尾幕」，以
及置於中間屬於「核心事件」的「主幕」；「序幕」和「尾幕」推
動、延緩並轉化了「主幕」。此外，故事事件以「鏈接」的方式，
依順序的時間進展「序幕」―「主幕」―「尾幕」的情節；而
「序幕」則是以「接合」的方式，連接著「主幕」和「尾幕」；至
於「尾幕」中有一段佛陀為奇光如來佛土的五百比丘說「六界」

---

[18] 一個故事裡的事件不只是在一個組合關係鏈中「簡單的發生」，而且也在聚合關
係上被結構起來。一個故事結構也沿著選擇和替換的垂直軸去安排事件，從而
既在組合關係也在聚合關係上去組織他們。在聚合關係上引發一個故事的，是
對一個在序列中標明某一個開端的事件的「安置」（placement）。結束一個故事
的，是用另一個標明結尾的事件對最初事件的「置換」（replacement）。而在組
合關係上，保持著故事作為諸多可能性事件的序列進行，作為對開頭和結尾事
件的「移置」（diplacement）。而故事的聚合關係結構強調結局的重要性。故事
的開頭和結局是相似性的聚合 關係靜止點，而故事的組合段卻根據相鄰性原則
在時間裡推進事件。見史蒂文·科恩，琳達·夏爾斯著，張方譯：《講故事——
對敘事虛構作品的理論分析》（台北：駱駝出版，1997）頁57、70-71。

等佛法的故事，此是以「嵌入」的方式加插進去，以增加故事情
節的豐富性。就聚合關係而言，「目連與舍利弗較量神足」的三個
敘事結構是用一個事件替代另一個事件的方式進行；首先，建立
對目連「神足第一」形象的普遍認知，是對此事件的「安置」；接
著敘述目連神足不及舍利弗，因而毀了「神足第一」的形象，應
是對此一事件的「移置」；而目連再現大神足而蒙佛再度肯定「神
足第一」的形象，是對此事件最後的「置換」；因此通過「安置」
的先予肯定—「移置」的再予否定—否定之後又予以肯定的「置
換」，就在這推動又抑制的關係中，隱含了「正反相生」的聚合關
係，突顯出整個文本中「神足」所承載的不同意涵。

　　然而，究竟在這之中發出何種敘事聲音？揭露了何種敘事意
涵？巴赫金（Mikhail M. Bakhtin）曾談到作品的「多聲部性」，強
調複調（polyphony）小說是由不相混同的獨立意識，各具完整價
值的聲音組成的對話小說。[19]至於所謂「敘事聲音」，浦安迪

---

[19] 譚君強：《敘事理論與審美文化》：「在一則故事敘述中，往往不只一種聲音。
巴赫金曾談到作品的『多聲部性』，強調複調小說是由不相混同的獨立意識，
各具完整價值的聲音組成的對話小說。」（北京：中國社會科學出版，2002），
頁210。又朱崇科：〈神遊與駐足：論劉以鬯「故事新編」的敘事實驗〉中指
出：「複調敘事源於巴赫金（M. Bakhtin）的複調理論。他在評價陀思妥耶夫斯
基長篇小說的基本特點時提出了複調概念，『眾多獨立而互不融合的聲音和意識
紛呈，由許多各有充分價值的聲音（聲部）組成真正的複調……不是眾多的性
格和命運同屬於一個統一的客觀世界，按照作者的統一意識一一展開，而恰恰
是眾多地位平等的意識及其各自的世界結合為某種事件的統一體，但又互不融
合』。巴赫金為我們圈定了一個多聲共鳴、百花齊放、平等共存的文本世界。」
《香港文學》第201期（2001年9月），頁52。相關討論可參見董小英：《再登巴
比倫塔——巴赫汀對話理論》（北京：三聯書店，1994），頁39；劉康：《對話
的喧聲——巴赫汀文化理論》（台北：麥田出版，1995），頁181-206。

（Andrew H. Plaks）《中國敘事學》指出，一篇敘事文學中常會有至少兩種不同的聲音同時存在，一種是事件本身的聲音，另一者是敘述者的聲音。[20]在此「聲音」意指「敘述者」的敘述口吻或故事「事件」中人物的敘述口吻；也就是說，是從題材內容、主題意蘊的角度來定位敘事的聲調。往往敘述者有其敘述時的立場與口吻，而事件本身也因故事中不同人物各自觀看的角度，而發出多種敘述口吻；如此形成多種聲音交錯的敘事聲調，使一篇故事文本不僅定位在單一的主題意蘊上，更能產生眾聲喧嘩的豐富敘事意涵。

綜而觀之，目連神足不及舍利弗的原因，據佛陀指出在於所修神足的不同。目連的神足源自修習「四神足」，而「四神足」是眾比丘獲得神足通的普遍方法。在多處《阿含經》中多處可以看到佛陀對「四神足」的內容與功用提出說明與肯定，例如：「彼云何為自在三昧行盡神足？所謂諸有三昧，自在意所欲心所樂，使身體輕便，能隱形極細，是謂第一神足。彼云何心三昧行盡神足？所謂心所知法，遍滿十方、石壁皆過，無所罣礙，是謂名為心三昧行盡神足」。[21]目連因為修習「四神足」，所以身體輕便，既能隱形極細，又能遍滿十方、石壁皆過，神足飛行非常高強；

---

[20] 浦安迪（Andrew H. Plaks）：《中國敘事學》（Chinese Narrative）（北京：北京大學出版，1998），頁14。

[21] 《增壹阿含經》（T.2, no.125, p.658a）。由經文對「四神足」的說明可知，「四神足」是修「神足通」的方法：修「自在三昧行盡神足」是修習隨心的三昧定力能轉變身體，使其能輕便、能隱形、能變極大或極細；修「心三昧行盡神足」是以心的三昧定力能到十方，亦可穿石過壁無所罣礙；修「精進三昧神力」則是指要得到神足通，則要不斷精進的修鍊；至於「試三昧神力」則是指要得到神足通，要修持戒的三昧定力。

在《增壹阿含經》中佛陀稱揚他：「神足輕舉，飛到十方，所謂大目捷連比丘是」，[22]因此目連「神足第一」的本領約表現為兩大特色：一是飛行的神力；另一是力量的神力，所謂「以足指動地，至於帝釋宮，神足無與等，誰能盡宣說？二龍王兇暴，見者莫不怖，彼於神足力，降伏息瞋恚」，[23]目連擁有大神力，僅是以腳輕踩帝釋宮，就令帝釋宮殿大為震動，諸天人被嚇得惶惶不安。

　　但是具有神足飛行與神足大力的目連，怎麼會在自己最擅長的部分落敗？雖然佛陀指出因為舍利弗是「智慧無有量，心得自在」，修得「心神足得自在」，而目連心得自在的「心三昧神力」（「四神足」之一）是「不如舍利弗從心也」。故事中並沒有進一步解釋這二種都涉及「心」的三昧究竟有何不同？在《增壹阿含經》的另一則文本中，佛陀又發出了類似的論調，一方面讚美目連「有大威力，神足第一，心得自在。彼意欲所為，則能辦之。或化一身，分為萬億；或還合為一，石壁皆過，無有罣礙；踊沒自在，亦如駛水，亦無觸礙，如空中之鳥亦無足跡，猶如日月靡所不照，能化身乃至梵天」，[24]又接著讚美舍利弗「能降伏心，非心能降伏舍利弗。若欲入三昧時，則能成辦，無有疑難。……隨意入三昧，皆悉在前」。[25]合而觀之，則可知道重點在於二人修「心」的方向有所不同，目連的「心三昧神力」著重在透過修心的定力來獲得變化物質的神力，應就是「四神足」之「心三昧神力」的修習方法；但它需要不斷精進地練習，所以「四神足」之一是

---

[22]　《增壹阿含經》（T.2, no.125, p.557b）。

[23]　《雜阿含經》（T.2, no.99, p.168a）。

[24]　《增壹阿含經》（T.2, no.125, p.711c）。

[25]　《增壹阿含經》（T.2, no.125, p.711c）。

「精進三昧神力」。舍利弗當然也熟諳此種禪修法，但是他所專修的「心神足」，卻是將焦點放在「能降伏心，非心能降伏舍利弗」，是屬於斷除有漏煩惱的智慧。所以佛陀指出舍利弗是因為「智慧無有量，心得自在」，並且還說「舍利弗所入三昧，目連比丘不知名字」，即謂目連甚至連舍利弗所修的心三昧的名字都不知道，當然也無法了解內容為何。

但舍利弗究竟修習何種能降服心的三昧呢？《雜阿含經》中敘述有一山鬼趁舍利弗靜坐入定時，以手打舍利弗的頭。山鬼若以手打山，山即碎如糖糠，而舍利弗竟毫無損傷，只有稍微的頭痛。世尊解釋這是因為舍利弗入於金剛三昧所致，說舍利弗「其心如剛石，堅住不傾動。染著心已離，瞋者不反報。若如此修心，何有苦痛憂」，[26] 可見金剛三昧是修心離於染著、瞋恚的智慧心。此外，佛陀並言舍利弗多遊於空三昧、金剛三昧，並讚美他的智慧廣大無邊。因此舍利弗所修乃**屬於修「慧」的「心神足」；在和目連所修屬於修「定」的「心三昧神力」**，能變化物質的形貌、心想事成的能力相較之下，便有所勝出。佛陀所指出的修「慧」的「心神足」威力非常大，「若欲入三昧時，則能成辦無有疑難。……隨意入三昧，皆悉在前」，[27] 這就是在較量神足時，神足第一的目連敗給智慧第一的舍利弗的原因。

可見佛陀本欲以此二人較量神足的機緣，藉機提醒眾比丘修「慧」的重要，期勉大眾往「神通慧」的方向更上層樓，並標舉「神通慧」才是佛教神通殊勝性所在。但這樣的訊息似乎遭到誤

---

[26] 《雜阿含經》（T.2, no.99, p.367b）。

[27] 《增壹阿含經》（T.2, no.125, p.711c）。

讀，諸比丘卻把焦點放在「起輕慢想於目連所」。因此佛陀只好命目連再現大神足，使其往返於奇光如來佛土，而這一次的神足展演卻歧出一段佛陀為奇光如來佛國的比丘說六界等法的故事，奇光如來佛國諸比丘聞法之後亦得「諸塵垢盡，得法眼淨」。這樣「鑲嵌」式[28]的敘述是否暗喻著佛陀再次強調了智慧的重要性？並指出唯有知法證法才能得法眼淨，將來才有機會「得至涅槃」，而且意味著這條路徑與神足無關。更耐人尋味的是，文中竟然沒有交代佛陀弟子們是否也同樣「得法眼淨」？這彷彿隱含編撰者藉由敘述者阿難對眾比丘無言的質疑：究竟除了重拾對目連「神足第一」的肯定之外，眾比丘是否也同時體會到佛陀為奇光如來佛國的比丘所說六界等法的弦外之音？另外，**舍利弗自較量神足之後便不再出場，目連重獲的「神足第一」的肯定，又是如故事序幕時一樣，是舍利弗不在場時的肯定。因此，在整個事件結束後，佛弟子們究竟是否真的明白佛陀利用這個事件所教的啟示便不得而知。只是，故事的最後以眾比丘「歡喜奉行」作結，徒然留下懸念的空間讓讀者自行玩味。因此，「目連與舍利弗較量神足」的故事可以說呈現出一種對目連「神足第一」形象亦揚亦貶的複調聲音。**

---

[28] 羅鋼：《敘事學導論》：「鑲嵌式這種形式是指在某一序列完成之前，在其中插入另外一個序列，用布雷蒙的話來說，這是『由於一個變化過程要得到完成，必須包含作為其手段的另外一個變化過程，這另外一個過程又還可以包含另外一個過程，依此類推。』」（昆明：雲南人民出版，1999），頁95。

（二）《毘奈耶藥事》中「目連與舍利弗較量神足」的目連神足形象

在五部廣律中，唯有《毘奈耶藥事》[29]中記述「目連與舍利弗較量神足」的故事，與《增壹阿含經》相較，就牽涉到文本互涉的「互文性」（intertextuality）[30]作用，《毘奈耶藥事》只留下目連與舍利弗較量神足的主要內容，至於目連再現神足前往奇光如來佛土的敘事則完全被刪除，取而代之的是加上幾則目連與舍利弗往昔累世較量本領的故事；全文亦減省許多鋪敘增華的文筆。

---

[29] 《根本說一切有部毘奈耶藥事》（T.24, no.1448, p.52c）。

[30] 蒂費納・薩莫瓦約（Tiphaine Samoyault）著，邵煒譯：《互文性研究》（L' Intertextualité: mémoire de la littérature）中敘述「互文性」的意涵，其言：「1982年面世的《隱跡稿本》一書決定了『互文性』概念從廣義到狹義的過渡。該書由吉拉爾・烈奈特所著，副標題為《二級文學》，它使互文性這一術語不再含混不清，而且把它從一個語言學的概念決定性地轉變為一個文學創作的概念。同時，他還為理解和描述『互文性』的概念做了決定性的工作，使『互文性』成為『文』與『他文』之間所維繫的關係的總稱。……《隱跡稿本》（Palimpseste）開篇，吉拉爾・烈奈特給互文性的定義是『一篇文本在另一篇文本中切實地出現』；在他看來，還有與之不同另一種關係：『一篇文本從另一篇已然存在的文本中被派生出來的關係』；後一種關係更是一種模仿或戲擬，他把後者叫做『超文性』，前者指兩篇文本的共存（甲文和乙文同時出現在乙文中），而後者指一篇文本的派生（乙文從甲文派生出來，但甲文並不切實出現在乙文中）。」（天津：天津人民出版，2003），頁17-19。又朱崇科：〈神遊與駐足：論劉以鬯「故事新編」的敘事實驗〉：「論及剪貼敘事，我們不得不關注『互文性』（intertextuality）或『文本互涉』的重要含義，以法國女權主義批評家克裏斯蒂娃（Julia Kristeva）的話講，『互文性』乃是對意義的要素及其法則的批判：文學作品是文字移轉貫通的組織設置，其中重新調配了語言的秩序，並且與在先的和同時的其他文本串通起來，是以作品具有『生產性』。這是說，一則作品內部諸意象、諸隱喻之間，二則作品與作品之間，都可以看到極其錯綜複雜的交織聯想關係。」《香港文學》第201期（2001年9月），頁52。

因此故事敘事的視角與聲音和《增壹阿含經》大相逕庭。

　　此則經文的故事文本，敘述者應是《毘奈耶藥事》的隱含編撰者，其站在故事之外以全知的視角敘述，並沒有如《增壹阿含經》的文本把敘述的責任派給文本中的阿難來承擔。但有時敘述的視角仍會轉移到故事情節中的人物身上。全知的敘述者也偶而在故事中露面發表評論。以下便就敘事情節的結構模式，進行文本分析：

1. 敘事情節的結構模式

(1)序幕：因果宿業的敘事框架

　　此次聚會的目的在《毘奈耶藥事》[31]中有非常明確的說明。故事一開始即由全知的敘述者宣告佛陀欲在無熱池中和諸弟子各說往昔因緣宿業：「爾時世尊起世俗心，作此心時，乃至蟲蟻皆知佛意。難陀鄔波難陀龍王知如來意，云何世尊起世間心？見佛欲於無熱池中，共諸苾芻各說往昔因業，即於池中化出大蓮花」（T.24, no.1448, p.76c），這次的聚會共有九百九十九位比丘到場，唯獨舍利弗缺席。這時的舍利弗正在王舍城祇利跋窶山上縫僧伽胝衣，佛陀就派目連前往傳喚。這種情形，迥異於《增壹阿含經》中從頭到尾皆未指出阿耨達泉聚會的原始目的為何；而且《毘奈耶藥事》的故事也未曾明言龍王主動發現舍利弗不在場，並要求佛陀派遣比丘喚舍利弗前來。亦即，這兩種版本的敘述視角與聲音有所不同。

---

[31]　以下目連與舍利弗較量神足故事所引經文，俱見《根本說一切有部毘奈耶藥事》（T.24, no.1448, p.76c-78a）。

(2)主幕:「目連與舍利弗較量神通」的意象敘事

　　和《增壹阿含經》的敘述類似,第二幕開始於目連至舍利弗處所傳達佛陀旨意,正在補衲故衣的舍利弗依舊告訴目連,等他縫補完僧衣再隨目連前往。從而展開以下三個意象敘事。

2.1 「以指為針助縫」的意象

　　急著催舍利弗出發的目連,就以神力變五指為針助縫,沒想到舍利弗告訴目連:「汝應前去,我即後來」,目連直接威脅說:「仁若不去,我強力將行」(T.24, no.1448, p.76c)。

2.2 「移動戶鉤較量神力」的意象

　　緊接著舍利弗立刻解開戶鉤,語帶挑釁地說:「汝神通為最,且取此戶鉤,然後將我」,大目連即挽戶鉤。文本精簡地敘述接下來的動作:「然舍利弗又作是念:『彼大威德,若挽戶鉤,并我將去』,便以神通,以身繫著祇闍崛山。其山即動,并贍部洲地俱時皆動。難陀鄔波難陀龍王并無熱大池之中諸大德等,咸悉總動」(T.24, no.1448, p.76c),亦即在移動戶鉤較量神力的過程中,所有在無熱大池旁的與會者都感到「地動」,文本亦藉「地動」連結兩個空間的同步性。這時諸比丘以故事人物限知視角對「地動」感到疑惑,便問佛陀:「此是難陀鄔波難陀龍王令動地耶」,佛陀則以故事人物的權威視角回答:「此非難陀鄔波難陀龍王動此地也,此是大聲聞現神通也」(T.24, no.1448, p.76c)。

　　接著敘述由舍利弗的視角看目連的神力:「舍利弗復作是念:『我若繫著須彌山者,彼亦將去』」(T.24, no.1448, p.76c),這意味舍利弗知曉目連神力之大。因此,舍利弗便運用他的智慧,將戶鉤繫於「如來所坐大蓮花」,戶鉤「即不能動」。但接下來目連發現戶鉤無法移動的回應話語,似乎意味他並不在意自己移不

動戶鉤，而認為只是陪舍利弗玩一場「拗神通」的遊戲罷了，所以他提醒舍利弗：「具壽拗神通訖，可往世尊所」（T.24, no.1448, p.76c），這和《增壹阿含經》不同。《增壹阿含經》敘述目連較量神足落敗後，立刻懷疑自己神足是否退步，便隨即丟下舍利弗匆匆飛回阿耨達泉，想向佛陀一問究竟，完全忘了當初來找舍利弗的目的。

2.3 「神足飛行快慢」的意象

　　文本接著敘述舍利弗再度對目連說：「汝且前去，我在後來」，目連就真的自己先走，但「未至佛所，舍利弗先到，禮佛雙足，於蓮花上坐已，目連方至」。文本中完全沒有提及目連得知自己後至時的反應，反而只見舍利弗語帶挑釁地問他：「汝於先來，何大遲之」，這與《增壹阿含經》中目連焦慮地主動詢問佛陀自己是否神足退步有很大的歧異。此外，諸比丘的反應不是輕慢目連，只是感到疑惑而想知道原因：「時諸苾芻皆生疑惑，唯佛能斷，白佛言：『世尊比見大目乾連神通第一，今乃不如』」（T.24, no.1448, p.77a），這「唯佛能斷」是全知的敘述突然在文本中露面所作出的聲明；而佛陀隨後的回答即推動故事情節繼續進行。

(3)尾幕：目連神通落敗的宿命敘事

　　由「佛告諸苾芻：汝等諦聽，非但今時，乃往古昔……」起始，佛陀總共說了目連與舍利弗在過去生中四個較量能力的本生故事。在過去四世中，目連與舍利弗分別以不同的角色相互較量，其中兩世以畫師的身分，一世以工巧師的身分，在這三世目連均敗給舍利弗；另外一世則為仙人，並擅咒術，目連同樣敗給舍利弗。佛陀在敘述完每一世的較量後都會下結論：「於彼時中，由有工巧而能勝彼，今用神通還復得勝」、「佛告諸苾芻！莫作異

見，時勝佉仙人者即大目揵連是；利棄多仙人者舍利弗苾芻是；
於彼時中而已勝彼，今時亦勝」（T.24, no.1448, p.77c），在此佛陀
把過去世中彼此較量的勝負結果與今生連結，即以過去較量工
巧、咒術的勝負結果，作為今生較量神通輸贏的原因。過去生中
舍利弗一直扮演勝者，而目連一直扮演敗者，因此今生目連神通
落敗是必然的宿命。

2. 「決定神通勝負關鍵」的敘事聲音

(1)業習牽引的敘事聲音

由上述《毘奈耶藥事》的文本分析可知，全知的敘述者藉由
故事情節中佛陀的視角來觀察、敘述並詮釋目連與舍利弗較量神
足時落敗的原因。從這之中所發出的敘事聲調寓含了兩個敘事意
涵：一是根本說一切有部諸本律典中不斷強調的因果業報，所
謂：「汝等苾芻如是應知，一切事業皆是串習以為因緣」，[32] 這是
「同類因等流果」同類串習相續的業報思想，亦即在說明某人某事
時，常以不但今生如此，過去累世中亦是如此的表達方式。[33] 因
此，今生目連與舍利弗較量神足而目連落敗，乃是二人累世的本
領較量結果的延續。其意味著：自過去生中目連的本領就不如舍
利弗，此世的結果只是前世現象的再現而已。這和《增壹阿含經》
詮釋目連神通劣於舍利弗的方向與重點完全不同。《增壹阿含經》
是就現世兩人修行著重點的不同，強調標舉修習「智慧」的重要
性與大威力；但《毘奈耶藥事》則完全將重點放在「同類因等流

---

[32] 《根本說一切有部毘奈耶雜事》（T.24, no.1451, p.350b）。

[33] 在此種同類因等流果的業報譬喻中，今世之業果，並非指前世行善行惡所導致
之果報，而是業是一種習氣的延伸，過去世的習氣，會以雷同的性質，出現於
今世。參見丁敏：《佛教譬喻文學研究》（台北：東初出版，1996），頁120。

果」的業習，強調今世目連的神通之所以敗給舍利弗，早在較量之前便已注定。就敘事的結構而言，《毘奈耶藥事》乃以業習作為貫穿整個故事的主軸，可謂首尾呼應，充分突出所欲傳遞的主旨，並藉故事來譬喻舉例，以彰顯所要傳達的佛理。這便是《增壹阿含經》與《毘奈耶藥事》，彼此雖具「目連與舍利弗較量神通」的互文性，卻發展出不同情節、不同敘事聲音的原因。

　　就敘事的藝術技巧而言，《增壹阿含經》中「目連與舍利弗較量神通」所表現出迭宕起伏、以「無」說「有」的敘事筆法，以及「正反相生」的敘事結構所產生的複調敘事聲音，都讓此短篇經文故事文本兼有文學的想像力與宗教的啟發性；相對來說，《毘奈耶藥事》中「目連與舍利弗較量神通」的敘事技巧與敘事聲音，則顯得單一與直接。但根據本生故事中較量工巧、咒術等技術性層面技藝的勝負結果，用以詮釋今生神通較量勝敗之因的方式，卻透露出一個重要訊息，**亦即暗示了《毘奈耶藥事》仍是把「目連神通第一」的「神通」定位在「術」的層面，關於這一點，則和《增壹阿含經》一致。只是這不是律典所要強調的重點，所以文本才將焦點置於業習力量的延續作用力之上。**

(2)「密說大目乾連神通第一」的敘事聲音

　　在《毘奈耶藥事》中，佛陀敘述完四個本生故事後，再度以權威的敘事聲調總結說明：「汝諸苾芻！如來所得之定，諸聖獨覺，名亦不知；諸獨覺所得之定，舍利子、大目連，名亦不知；舍利子所得之定，餘聲聞眾，名亦不知。舍利子苾芻具大威德，勝大目連，然而由彼多現神通，密作是說：大目乾連，神通第一」（T.24, no.1448, p.78a），這將佛陀、獨覺、舍利弗與目連、其餘聲聞眾所得之定作一位階比較。顯然舍利弗與目連所得之定高於其

餘聲聞眾;而舍利弗具大威德,他的神通則又勝過目連。然而由於目連「多現神通」,所以就權宜善巧地說:「大目乾連,神通第一」。**由此,對於佛教經律多稱「大目乾連,神通第一」,《毘奈耶藥事》提出的解釋是因為目連常現神通的關係。**

在佛陀的眾多弟子中,目連是否真為「多現神通」者?在《阿含經》、律部的經典中,的確記敘許多目連展現神通的事跡,例如佛食馬麥三月之事,《十誦律》、《四分律》都敘述這段期間目連本欲以神足飛行,取得忉利天食及閻浮提自然珍果供佛及眾僧,但佛陀不允許目連以神通取食供僧。[34] 目連神足飛行能力極強,《四分律》敘述有一次舍利弗罹患風痛,醫生教食藕根。目連就以神足飛到阿耨達池旁一個更大的池子,現神通折服七位大龍象王,讓牠們以鼻子拔取藕根洗去淤泥,授與自己。當舍利弗食用這奇珍藕根之後,疾病終告痊癒。[35] 由上所述,目連確實常現神足,**因此可以說「大目乾連神通第一」同時具有另一層意涵:在佛陀諸大聲聞弟子中,目連是最常使用、也最喜歡使用神通的一位。**

三、「目連說神通」中目連的神足形象

目連不但是佛陀大阿羅漢弟子中最常使用、也最喜歡使用神通的一位,同時他也常把自己聽聞的神通現象告訴諸比丘。以下便就「目連說神通」此一主題,首先比較《阿含》與《四分律》敘述此主題時的不同敘事視角與聲調;其次再進一步比較諸部律典的敘述差異。

---

[34] 《十誦律》(T.23, no.1435, p.99a)、《四分律》(T.22, no.1428, p.569a)。

[35] 《四分律》(T.22, no.1428, p.867b-c)。

（一）《雜阿含經》、《四分律》中「目連說神通」的敘事視角與聲音

在《雜阿含・第508經》至《雜阿含・第534經》，二十幾則經文皆記敘「目連說神通」[36]。其內容主要敘述目連在往城中乞食的路上，以天眼看到形形色色非人的受苦眾生，並因同伴請求，在佛及眾比丘面前說出自己所看到的非人形貌。這些眾生的形貌都非常駭人，例如有的是「舉身無皮，純一肉段，乘空而行，烏、鵄、鵰、鷲、野干、餓狗隨而攫食；或從脇肋探其內藏而取食之，苦痛切迫，啼哭號呼」（T.2, no.99, p.136a）；有的是「舉體生毛，毛如大針，針皆火然，還燒其體，痛徹骨髓」（T.2, no.99, p.136b）等等。在《四分律》中亦有一段「目連說神通」的敘述：目連自說其以神通看到或聽到的種種現象，例如：有眾生從虛空過，聞其身骨相觸聲；有眾生舉身以針為毛，受苦無量，號哭大喚；有眾生沒在屎中，受大苦痛，號哭大喚；有眾生坐鐵床上，鐵床火出，舉身燋然，衣鉢、坐具、針筒，亦皆燋然；有眾生其身熟爛，眾蠅封著，苦痛大喚等。這些敘述與《雜阿含經》的內容非常相似，但敘事視角與聲調則有不同，茲分析如下：

1. 《雜阿含經》中「目連被動說神通」的敘事視角與聲音

《雜阿含經》中「目連被動說神通」是由故事見證人阿難的視角，敘述目連因尊者勒叉那之請，在佛陀面前說出其以天眼所見事件；接著佛陀以故事人物的權威口吻，首先強調目連天眼所見之實：「我聲聞中，住實眼、實智、實義、實法，決定通達，見

---

[36] 《雜阿含經》（T.2, no.99, p.135a-139a）。

是眾生」；其次，佛陀再加強語氣，聲明自己所見與目連相同：
「我亦見此眾生，而不說者，恐人不信」；接著，佛陀以宿命通敘
述此一受苦非人眾生的本生故事，說明此眾生前世造何惡行，今
世餘罪未了而得此身，續受如是之苦；最後，佛陀再一次告訴諸
比丘：「如大目揵連所見，真實不異，汝等受持」。文本至此，見
證人阿難以「諸比丘聞佛所說，歡喜奉行」（T.2, no.99, p.135b）
總結經文。就敘事的技巧而言，共用了四個層遞的佛陀但書，為
目連所說的神通現象作證。諸比丘則一直扮演受敘者角色，文本
沒有讓他們對目連所說的神通現象從自己的視角來觀察與發聲，
只是扮演「聞佛所說，歡喜奉行」的受敘者角色。

　　由上分析可知《雜阿含經》的全知敘述者肯定「目連被動說
神通」的合宜性，並認可其所說的神通現象，也可說是正面肯定
目連具大神通。

2. 《四分律》中「目連主動說神通」的敘事視角與聲調

　　《四分律》的全知敘述者直接讓目連以其天眼所見，主動向
諸比丘說出所見種種受苦非人的形貌，但卻不被受敘者諸比丘所
接受。諸比丘從他們自己的視角對目連天眼所見發出了嚴厲質疑
的聲調，他們回應目連：「汝見有如是眾生，無有是處」，並指責
目連「虛稱得上人法，波羅夷，非比丘」，即認為目連妄語、不是
大修行人、非比丘，並向佛陀糾舉目連。佛陀則以權威口吻為目
連作證：「我先亦見如是眾生，而我不說。何以故？恐人不信」，
接著佛陀便以宿命通敘述此一受苦非人眾生的本生故事，說明他
前世造何惡行，今世餘罪未了，續得此身受如是之苦；並告訴諸
比丘：「是故目連無犯」（T.22, no.1428, p.984c）。《雜阿含經》並

沒有討論目連自說神通是否犯戒的問題，但《四分律》卻出現諸比丘不信服目連自說神通的現象，並認為目連犯戒。目連「神足第一」的形象，在《四分律》中一方面以其主動說神通所見的現象，一方面以其所說不被諸比丘信服，而有了負面貶抑的敘事聲音與意涵。

（二）諸部律典中「目連說神通」的敘事視角與聲音

目連神通形象的敘事，阿含與律部的描述非常不同。《阿含經》中的目連神通故事多為讚揚其「神足第一」，從未如律部敘及目連行使神通後竟遭眾比丘糾舉，懷疑其所言為偽，並涉及是否犯戒、是否應被逐出僧團等質疑。對向來在僧團中有著崇高地位的長老比丘目連而言，無疑是非常嚴厲的批評。在漢譯五部廣律中，除了《五分律》沒有敘述目連是否犯戒的神通故事外，其餘《四分律》、《十誦律》、《摩訶僧祇律》、《根本說一切有部律》等四部律典中，均提及目連行使神通是否犯戒的故事。這四部律典所述目連是否犯戒的神通故事，是將多個不同的爭議事件集中敘述，故事內容有同有異，即使源於同一故事原型，情節也有所出入。綜合歸納目連行使神通而引發爭議的事件，約可分為宿命通、天耳通、天眼通等方面，茲列表於下：[37]

	爭議事件	出處	分析
宿命通	業報因緣得神足的爭議 業報因緣得天耳、天眼、識宿命、知他心的爭議	《四分律》	過去無此說法，所以不相信

---

[37] 本表以上出處分見：《四分律》（T.22, no.1428, p.984a-985c）、《十誦律》（T.23, no.1435, p.12c-13c）、《摩訶僧祇律》（T.22, no.1425, p.465c-466b）、《根本說一切有部毘奈耶》（T.23, no.1442, p.679a-680b）。

天耳通	定中聞聲的爭議	《四分律》、《十誦律》、《摩訶僧祇律》、《根本說一切有部毘奈耶》	和佛所說的學理不符，被指責妄語
天眼通（看見的功能）	看到受苦非人眾生形貌的爭議	《四分律》	別人看不見，所以不相信
	水從阿耨達池中來的爭議	《四分律》、《十誦律》、《根本說一切有部毘奈耶》	和佛所說的學理不符，被指責妄語
	見阿修羅宮殿城郭在海底，而水懸其上，不入其宮城的爭議	《四分律》	別人看不見，所以不相信
天眼通（預言的功能）	波斯匿王、阿闍世王二國共戰，目連預言波斯匿王戰勝的爭議	《四分律》、《十誦律》、《摩訶僧祇律》	預言不準確
	目連記說長者妻腹中為男，結果生女的爭議	《十誦律》、《摩訶僧祇律》、《根本說一切有部毘奈耶》	預言不準確
	大旱之時，目連入定見七日後，天當大雨溝坑滿溢，卻沒下雨的爭議	《十誦律》	預言不準確

以上表格所列諸部律典中具有爭議的神通事件，就敘事的模式而言，不論其內容繁簡或敘述事件多寡，幾乎都具有定型的敘事模式：目連說神通→諸比丘質疑目連犯戒→諸比丘集眾糾舉目連→佛陀解說目連沒有犯戒。至於敘事的內容，則各律典有繁有簡。因此以下茲舉同一故事原型，在各律典中內容情節有所出入的兩例：「目連定中聞聲的爭議」、「目連記說長者妻腹中為男，結果生女的爭議」，就其敘事視角與聲音分析之。

1.「目連定中聞聲」的敘事視角與聲調

　　各律典所敘述「目連定中聞聲」引發爭議的故事，主要的情節內容是目連自己告訴諸比丘，他在無色界的禪定中以天耳聽到遙遠河池邊龍象的聲音，或阿修羅城中的伎樂音聲；但自諸比丘的視角來看，對目連於無色定中聞聲，依照教理判斷是不可能的。《長阿含經》中亦記載舍利弗在佛前代佛說法，教導諸比丘云：「若入初禪，則聲刺滅」。[38] 所以只要入初禪，應該就聽不到外界的聲音，目連怎麼可能入無色界禪定後還能聽聞聲響？因此，《根本說一切有部毘奈耶》（以下略稱為《毘奈耶》）特別安排由六群比丘之一的鄔波難陀視角來看待此事，以示強烈質疑。鄔波難陀對目連說：「上座！勿虧正理，勿害法眼」，鄔波難陀認為自己雖沒有證入「無所有定」的經驗，然而世尊明明說「若入無所有定者，必當遠離色聲諸境」（T.23, no.1442, p.680a），怎麼可能入此定而能聞聲？鄔波難陀的發聲同樣也是各律典諸比丘的聲調，因此各律典記述諸比丘都認為目連根本浪得虛名、未得「上人之法」、妄語、不配做出家人，應被逐出僧團。從各律典所述佛陀的視角來看，目連並沒有妄語，他的確以天耳聽到聲音，只是誤把出定後所聞，當成定中所聞；並於《四分律》、《十誦律》、《摩訶僧祇律》中指出：這是目連「不善知出入相，出定聞非入定聞」（T.22, no.1425, p.466a）的缺失。但在《毘奈耶》中，卻改以「速出速入，雖是出定，謂在定中」的說法讚美目連。綜而言之，各律典中佛陀的詮釋聲調是肯定目連能入無色定，並有天耳神通；至於把出定後所聞誤認為是定中所聞，則有呵斥與讚

---

[38] 《長阿含・十上經》（T.1, no.1, p.57a）。

揚兩種相反的詮釋，但都判定目連並沒有違犯妄語戒，不用受罰。

2. 「目連記說長者妻腹中為男，結果生女」的敘事視角與聲調

　　三部律典敘述「目連記說長者妻腹中為男，結果生女」而引發爭議的故事。全知的敘事者皆敘述目連入城乞食時，在家人請求預測生男或生女，其預言為男，結果生女，而引起城中眾人的譏嫌。諸比丘則向佛糾舉目連妄語，但佛皆詮釋目連「無犯」。其中以《毘奈耶》的情節最為鋪張揚厲。與《十誦律》、《摩訶僧祇律》中佛教居士的身分不同，《毘奈耶》將鄔波難陀的身分改為無衣外道的門徒，敘述目連入城乞食至此無衣外道門徒家時，門徒心想：「此大目連，眾所共聞，是第三聖，無不知見」，遂請問其妻所懷胎兒是男是女？目連回答胎兒是男。這個情景被裸形外道看見，憂心自己唯一的供養者又將轉向佛教，於是立刻跑到門徒家，問長者和目連交談了些什麼？當他知道目連預言「腹內是男」時，這個擅於占卜的裸形外道高興得「迴面翻掌而笑」。長者問他笑什麼？外道便回答他：「我觀是女，不見有男」，長者聞言後非常生氣，「面現瞋相，額起三峰」，怒斥說：「汝拔髮露形，何所知見？豈大目連智不及汝！聖者授記，必定誕男；汝之淺識，強云生女」（T.23, no.1442, p.679a），想生兒子的長者怒斥外道而選擇相信目連，未料結果竟如裸形外道所言。這時長者及家人親眷都起譏嫌，紛紛議論外道預言不虛，不似沙門目連說妄語，預言生男卻生女。

　　這樣的批評傳遍街頭巷尾，到處都在說：「寧親外道，不信沙門釋迦之子」，這樣的流言甚至連累到入城乞食的六群比丘，讓

他們也被譏諷。六群比丘還擊的言語也很犀利：「然人之所生，非男即女，豈復生狗及獼猴耶」，「諸人聞已默然不答」，他們就用此狡辯封住每個挑釁他們的人的口，但是眾人還是不信服，以致六群比丘乞食不得。六群比丘很生氣，就責備目連：「更以虛心，妄記他事，遂令我等乞食不得。仁既犯罪，應如法悔」（T.23, no.1442, p.679c），希望目連懺悔，但沒想到目連以「我不見罪」，不承認自己的過錯。六群比丘因此更加生氣，立刻鳴揵集合眾僧，向佛糾舉目連妄語。

　　佛陀一開始便先警告諸比丘：「有其四處不可思量，若強思者心則迷亂，或令發狂。云何為四？一思量神我、二思量世間、三思量有情業異熟、四思量諸佛境界」，這其中和目連預言相關的是「思量有情業異熟」。接著佛陀解釋目連誤判的原因：「然大目連授記之時，其實是男；彼於後時，由業異熟，轉之為女。若彼長者問大目連：『我婦產時為男為女？』時大目連記言是女。汝諸苾芻！目連當時據現事記，故無有犯」（T.23, no.1442, p.679c），佛陀判定目連預言無誤，沒有犯戒，理由是當目連言說的那個時間點，彼長者妻所懷之妊腹中是男，後因「由業異熟，轉之為女」。如果長者問目連其妻在生產時的時間點上是生男生女？那麼目連就會預言是生女。所以說目連是依據發問當時的實際情況（腹中是男）言說，因此沒有犯戒。佛陀從時間點來詮釋目連的預言，正是肯定目連明白「有情業異熟」的複雜性，才會依據發問的時間點說誠實語。佛陀的這番話語表達對目連的肯定，也暗示「有情業異熟」的複雜性不是一般人所能夠弄清楚的。《毘奈耶》將目連預言的故事，放在佛教與外道爭取信徒的框架下來敘述，對於城中居民的譏諷、六群比丘的反擊，以及各種挑釁、反諷目

連的言語，都有生動的描繪。而目連淡淡一句「我不見罪」，呼應之前佛陀訓示的「四處不可思量」，結合之後佛對目連預言時間點的詮釋來看，都在在顯示明褒目連、暗貶六群比丘和外道的寓意。

關於目連「無犯」的詮釋，《十誦律》中佛陀的詮釋非常簡短，只說「目連見前不見後，如來見前亦見後。……目連隨心想說，無犯」（T.23, no.1435, p.13b），此中所謂「目連見前不見後」，其背後實際隱含著《毘奈耶》「有情業異熟」的想法，說明目連預言的時間點是在「有情業異熟」之前，故曰「見前」，但同時也貶抑目連的「不見後」。但最後仍然肯定目連只是「隨心想說」，故「無犯」。至於《摩訶僧祇律》的詮釋則更加神話性，其所謂「目連見前男兒，不見中間尼。彌素夜叉，須女家持男與，須男家持女與」（T.22, no.1425, p.466b），則將目連言說的錯誤歸之於彌素夜叉的搗蛋：送男嬰給求女之家，送女嬰給求男之家。接下來佛陀的語氣相當權威，佛陀吩咐比丘：「汝去往語彼家：『世尊說言：女是汝許，男是我許。』」佛陀要比丘到彌素夜叉家，對其說：長者妻生女是你許給的，原本說生男是我許給的。由此可知《摩訶僧祇律》其實是肯定目連預言的準確性，將結果錯誤的原因歸言於彌素夜叉的搗蛋。

由各律典所敘述目連引起爭議的諸多神通事件可知，關於目連的神通形象，諸部律典多採取複調的敘事聲音。一方面藉由眾比丘的視角來看目連的神通，非但沒有讚揚「神足第一」，所發出的聲調反是質疑、糾舉、甚至要將其逐出僧團的嚴厲批判。但另一方面，由佛陀看待目連的視角與詮釋的聲調，則又是肯定目連的神通。《四分律》記載在佛陀一一詮釋目連神通事件不犯戒之

後，最後佛陀訓誡目連：「汝止止，不須復說，諸比丘不信汝言。
何以故？令諸比丘不信，故得多罪。時世尊告諸比丘：汝等當信
如是阿羅漢比丘有大神力，勿疑不信，長夜受苦」，[39]佛陀制止目
連不要再說神通現象，因為比丘們並不相信他所言；同時訓誡諸
比丘要相信像目連這樣的「阿羅漢比丘」是「有大神力」的。佛
陀此語亦是先貶後揚的複調敘事聲音。**觀察各律典所敘述的目連
神通故事，及其發出先貶後揚的複調敘事聲音，可知神通的確是
非常複雜，超出生活世界常態的經驗與現象。因而，目連「神足
第一」的形象每每帶有正負兩面評價，頗具爭議性。**

四、結語

　　《阿含經》與諸部廣律中都有關於目連神通形象的敘述，但
經與律的本質不同，各有其特殊的神聖性與權威性。《阿含經》以
教理義法為主，經中故事多為呼應教理義法的例證，如《增壹阿
含經》中「目連與舍利弗較量神足」的故事。但律藏是以闡明僧
團的組織及規則為目的，是僧伽共同的生活準則，所記錄的故事
則多著重於貼近僧團實際生活運作面所要處理的情境或事件，因
此律部諸典多記敘目連行使神通是否犯戒的故事。因此，《阿含
經》與諸部廣律關於目連神通形象的敘事有同有異，故事與經典
的互動模式不一而足，端視經、律的需求而定。

　　在《阿含經》中，佛陀常常公開稱揚目連「神足第一」。若
放在佛陀稱揚其眾多弟子的背景來看，可知佛陀是對修行有成的
阿羅漢弟子，依據每個人不同的特色或才能加以稱揚。在《佛說

---

[39]　《四分律》（T.22, no.1428, p.984a-985c）。

阿羅漢具德經》[40]中，佛陀讚揚許多阿羅漢比丘、比丘尼，並分別賦予其某能力「第一」的稱號，例如稱讚阿那律是「天眼第一」，賓頭盧是「降伏外道履行正法第一」等等。由此來看，目連的「神足第一」多偏重於對目連神足飛行與神足大力的讚美。但是能變化身形大小及分身無數的神足本領，目連雖也精通，佛陀卻將這方面「第一」的名號給了朱利槃特：「我聲聞中第一比丘，變化身形，能大能小，無有如朱利槃特比丘之比」、[41]「能化形體，作若干變，所謂周利般兔比丘是」。[42]其實朱利槃特資質魯鈍，雖因誦持一偈而開悟，但他也只會誦持一偈，而他最會並最常現的神通就是分身若干的神足通。

由此可知，佛陀所言的「第一」，含有「本領第一」和「最常展現」的雙重意涵，目連的「神足第一」亦是在此語彙脈絡下的肯定。而「目連與舍利弗較量神足」的故事，則有意將此「第一」的語彙脈絡推向更高層次，即「智慧第一」和「神足第一」的較量，用以彰顯佛教「第一」的終極意涵：「神通慧」才是真正的神力第一。即便如此，目連「神足第一」的事實，放在事相神通的層面，佛陀亦不希望因此而遭否定，是以「目連與舍利弗較量神足」的敘事即呈現出對目連「神足第一」形象亦貶亦揚的複調聲音。

藉故事來譬喻彰顯所要傳達的佛理，這是《增壹阿含經》與《毘奈耶藥事》雖在敘述用「目連與舍利弗較量神通」的相同故事大要，卻衍生出不同敘事情節與敘事聲調的原因，我們因此也可

---

[40] 《佛說阿羅漢具德經》（T.2, no.126, p.831a）。

[41] 《增壹阿含經》（T.2, no.125, p.768b）。

[42] 《增壹阿含經》（T.2, no.125, p.558a）。

見到這兩段經文互文性的關係。《毘奈耶藥事》將「目連與舍利弗較量神通」的「神通」，完全定位在屬於「術」的層面上來較量，文本呈現出業習牽引的單一敘事聲調與意涵。此外，在諸部廣律中也有其他阿羅漢比丘因現神通而被眾僧質疑是否犯戒的故事，如畢陵伽婆蹉、賓頭盧等，但事件數目都少於目連。這也可以映襯出《毘奈耶藥事》中所言「密作是說，大目乾連神通第一」（T.24, no.1448, p.78a），實是由於目連「多現神通」，所以就權宜善巧地說「大目乾連神通第一」。

至於各律典所敘述的諸多引起爭議的目連神通事件，顯現出神通是超出日常生活世界常態的經驗與現象，反映出在日常生活世界行使神通時，所呈現的複雜性、不確定性，以及難以證明性；因此，目連「神足第一」的形象遂帶有正負兩面評價，具有爭議性，導致敘事聲調往往發出先貶後褒的口吻。

佛教認為六神通中除了「漏盡通」之外，其餘五神通都是屬於在事相變化上展現超能力的神通，並非解脫道。因此藉由「神足第一」的目連，在阿含與諸律典中，以不同故事文本的互文性敘事，而非說理闡述的方式，讓人更容易看到神通的紛繁面向，進而領會神通的神奇與流弊。職是之故，經、律面對目連既是大阿羅漢，又具「神足第一」的形象時，對其神通敘事多採取了一種亦褒亦貶的複調敘事聲音。

第九章 「神通」與「幻術」
多音複調的敘事

一、前言

　　「神通」或者「幻力」（魔術力，māyā），本來就是婆羅門教（Brahmanism）[1]中心教義的一部分。[2]婆羅門教的重要典籍之一《白淨識奧義書》（Śvetāśvatara Upaniṣad），就把宇宙的創造神——大梵天神（Mahābrahman）和大自在天神（Maheśvara），[3]分別描寫成「幻力之主」（Māyin）和「幻力」（māyā）；而宇宙（萬物）也是祂們的「幻力」所設計和控制。[4]作為接受過婆羅門教義，而

---

[1] 婆羅門教（Brahmanism）為古稱，即今「印度教」（Hinduism）。

[2] Julius Lipner 曾分析「māyā」一詞的用法，有「哲學」的和「普遍」義的；前者提到這個詞牽涉的印度教世界觀，意指這個世界就是神聖力量（divine power）投射的形象，是短暫、虛幻如真的，或者，即真實的。而此字最普遍的用法意涵就是指神力的虛幻、不實。進一步可參考：Julius Lipner, *Hindus－Their Religious Beliefs and Practices*, London and New York: Routledge, 1994, p.256.

[3] 大梵天（Mahābrahman），印度教的重要神祇，為創造之神，有多種傳說，在佛經經典中梵天娑婆世界之主，又稱大梵天王，為色界十八天之王。大自在天神（Maheśvara），佛經音譯為摩醯首羅、摩醯首濕伐羅，是印度教三大重要的神祇之一，稱「濕婆神」（Śiva），具有創造主宰世界的能力。但佛典中皆稱其為「天神」而已，如《續一切經音義》卷5：「醯音馨奚反，梵語也。此云：大自在，即上界天王名也，住色究竟之最上頂也。」（T.54, no. 2129, p.957c）。

[4] 楊惠南：〈「實相」與「方便」——佛教的「神通觀」〉，收入《論命、靈、科學——宗教、靈異、科學與社會研討會論文集》（台北：中央研究院社會學研究所籌備處、行政院國家科學委員會人文及社會科學發展處、聯合報出版，1997），頁128-129。

又超越並批判婆羅門教的佛陀來說,「神通」或「幻力」的信仰,是其必須面對的時代課題。佛典中有許多關於「神通」與「幻力」的敘事聲音,[5]這應和佛教既承襲婆羅門教關於「神通」與「幻術」的觀念,而又須建立佛教獨特的詮釋有關。然本章並非針對佛教如何承襲、轉化婆羅門教關於「神通」與「幻術」的觀念進行論述,而是從不同的敘事話語,來分析探討二者如何呈現多音複調的敘事。

關於「神通」與「幻術」的種種區隔或交涉,相較於以哲理議論的闡釋說明,更多是藉由不同的經文故事,從不同的敘事方式,以不同的敘事聲音來表明。[6]以下即從有關「神通」、「幻術」的經文故事中,就不同的敘述方式,來分析探討二者敘事聲音的區隔、交涉與融通。

二、小乘佛典中的「神通」與「幻術」的敘事聲音

(一)「神通」與「幻術」本質相異的敘事聲音

1.「神通」與「幻術」在界義上的區隔

佛教「神通」的界義主要是指比丘、比丘尼依於修禪定而得到的超常力量,又稱神通力、神力、通力等,然最重要的是由開

---

[5] 相關研究可參考:大南龍昇:〈般若經における māyā(幻)と māyākāra(幻術師)〉,其由巴利聖典尼柯耶的《小部》、《中部》、《增支部》、《相應部》以及大乘般若系的《道行般若經》、《小品般若經》、《八千頌般若經》、《大智度論》等,分析 māyā(幻)與 māyākāra(幻術師)在大小乘經典中意涵的轉變;收錄於真野龍海博士頌壽記念論文集刊行會:《般若波羅蜜多思想論集》(東京:山喜房佛書林,1992),頁359-373。

[6] 有關敘事聲音的理論請參見第八章註19、20。

發神通而趨向涅槃。[7]「幻術」的界義主要是指能以各種以假混真的變幻手法和道具的輔助，讓觀者產生無中生有等視覺幻象的效果，與西方的「魔術」（magic）的意涵相近。佛經中稱展演「幻術」的人為「幻師」（巴māyākāra），[8]他們是表演幻術戲法的人，毋須講求禪定智慧的修持，而是以神乎其技的戲法，以假亂真的來愉悅大眾或眩惑人心，提供遊戲娛樂，所謂「戲場眾幻師」，[9]他們的行為是「幻師不真術」。[10]《中本起經》中云：

> 譬如幻師，出意為化；愚者愛戀，貪而無厭。幻主觀化，無染無著；所以者何？偽非真故。……但作幻術，惑人如是。[11]

可見偽而非真、迷惑人心是幻術的本質。《寂志果經》中云：「沙門梵志受信施食、學修幻術、興起邪見、說日之怪、逢占觀相、妄語有所奪。……所學呪欺詐術、乾陀羅呪、孔雀呪、雜碎呪術，是異術欺詐迷惑；如是之像非法之術，沙門道人已遠離此也。」，[12]可知幻術、咒語、占卜等都被列為是「異術欺詐迷惑」

---

7 《雜阿含・第1176經》：「世尊告諸比丘：汝當受持漏、無漏法經，廣為人說。所以者何？義具足故、法具足故、梵行具足故，開發神通，正向涅槃。」（T.2, no.99, p.316c）。

8 「幻師」（巴māyākāra），指幻術作者，即魔術師。

9 《佛本行集經》（T.3, no.190, p.717c）。

10 《佛說水沫所漂經》：「色如彼聚沫，痛如彼水泡，想如夏野馬，行如芭蕉樹。識如彼幻術，最勝之所說，若能諦觀察，思惟而分別。空亦無所有，若能作是觀，諦察此身中，大智之所說。當滅此三法，能捨除去色，此行亦如是，幻師不真術。」（T.2, no.106, p.502a-b）。

11 《中本起經》（T.4, no.196, p. p.148b-155a）。

12 《寂志果經》（T.1, no.22, p.273c）。

之列，是佛教認為沙門梵志等修道之人所應遠離的。

2. 「神通」與「幻術」在人物話語上的區隔

人物話語的主要的職能是表示說話人欲望、要求、對環境的反應，從而流露他的性格等，「言為心聲」，什麼人說什麼話。[13]例如由《雜阿含經》[14]中記載一則帝釋與阿修羅關於「幻術」的對話，亦可觀察「神通」與「幻術」本質上的差別。

經文敘述有一次毘摩質多羅（巴 Vepacitti）[15]阿修羅王疾病困篤，遂往三十三天懇求帝釋（巴 Sakka）[16]為其治病。帝釋向阿修羅王開出條件：「汝當授我幻法，我當療治汝病」，阿修羅王的回應非常有技巧，他不直接答應或拒絕帝釋，而回答：「我當還問諸阿修羅眾，聽我者，當授帝釋**阿修羅法**」，此語一出，便為自己留下其他可行的空間，也顯示阿修羅的狡詐本質。

當毘摩質多羅阿修羅王詢問眾阿修羅的意見時，有位擅於欺騙的「詐偽阿修羅」，他看準了帝釋的本質是「其彼天帝釋質直好信，不虛偽」，就教毘摩質多羅阿修羅王回應之道，果然當毘摩質多羅阿修羅王依其獻策告訴帝釋：

> 千眼尊天王，阿修羅幻術，皆是虛誑法，令人墮地獄，無量百千歲，受苦無休息。（T.2, no.99, p.296b）

---

[13] 劉世劍：《小說敘事藝術》（長春：吉林大學出版，1999），頁 125-126。

[14] 以下所引毘摩質多羅阿修羅王與帝釋的故事，所引經文俱見《雜阿含·第1118經》（T.2, no.99, p.296b）。

[15] 阿修羅王名。

[16] 帝釋（巴 Sakka），即釋提桓因（巴 Sakka devānaṃ Inda；梵 Śakro-devānāmindra）為三十三天（即忉利天；Tāvatiṃsa）之天主；三十三天位於四王天之上，須彌山之頂。

帝釋立即回答：

> 止！止！如是幻術，非我所須，汝且還去，令汝身病寂滅
> 休息，得力安隱。（T.2, no.99, p.296b）

本性質直誠信不虛偽的帝釋，當下就相信了阿修羅王說「阿修羅
幻法」是會下地獄的「虛誑法」，立刻決定不學阿修羅幻法，並為
阿修羅王治病。於是阿修羅王憑藉詐語，不用交換他的幻術就達
到帝釋為他治病的目的。

　　佛陀對此事作出評論，說帝釋之所以為帝釋，就是因為他
「**長夜真實，不幻不偽**」，並勉勵諸比丘；「汝等比丘正信非家、出
家學道，亦應如是不幻不偽」；由佛陀的評論中可知「不幻不偽」
是被肯定的，則「幻」與「偽」自然是被否定的。

　　另外，在《起世經》[17]中敘述帝釋與阿修羅的往復辯答，佛
陀最後作出結論：認為帝釋所說之偈是「善說」，而毘摩質多羅阿
修羅王所說之偈「非是善說」；其中的原因是帝釋所說的內容是：
「……復於生死中，有所厭患，求離於欲。為寂滅故、為寂靜故、
為得神通故、為得沙門果故、為成就正覺得涅槃故。」（T.1, no.24,
p.351c），而毘摩質多羅阿修羅王所說的內容是：「……復長養生
死無有厭患，貪著諸欲。不念寂靜、寂滅之行、**不悕神通及沙門
果**、不求正覺及大涅槃。」（T.1, no.24, p.351c-352a），由此亦可證
開發神通正向涅槃是修行之路，而阿修羅擅幻術幻法卻不悕神通
及沙門果、不求正覺及大涅槃；帝釋與阿修羅在人物話語上，呈
現出「神通」與「幻術」不同的敘事聲調。

---

[17] 以下經文俱見《起世經》（T.1, no.24, p.351c-352a）。

（二）「神通」與「幻術」在行動展演上的敘事聲音

「行動」指的是人物的外在活動或動作，也是對人的實踐活動的摹寫。[18]「神通」與「幻術」在行動的展演上，大體而言各有其不同的敘事聲音；但從觀看者的視角，有時卻會出現對「神通」與「幻術」交涉混淆的敘事聲調，以下從人物的身份與行動，展演「女色虛幻」二方面，分別舉例分析「神通」與「幻術」各自不同的敘事聲音，以及交涉混淆的敘事聲音。

1. 從人物的身份行動看「神通」與「幻術」在展演上的敘事聲音

(1)「幻術」展演的敘事聲音

佛典中稱專門展演「幻術」的人是「幻師」，他們是以行動展演幻術的行家。如《雜阿含經》[19]中佛陀對諸比丘說法時，就舉出幻師能在街頭行幻術，變出象兵、馬兵、車兵、步兵等等。此外，亦有身份是外道梵志而行「幻術」的敘事，如《舊雜譬喻經》中〈梵志吐壺〉的故事，[20]敘述有一梵志獨自來到山中四處無人處，在沐浴飯畢後**「作術吐壺」**，所謂「作術吐出一壺，壺中有女人，與於屏處作家室，梵志遂得臥」；梵志作幻術從口中吐出

---

[18] 劉世劍：《小說敘事藝術》（長春：吉林大學出版，1999），頁 121、123。

[19] 《雜阿含·第265經》：「諸比丘！譬如幻師、若幻師弟子，於四衢道頭，幻作象兵、馬兵、車兵、步兵。有智明目士夫，諦觀思惟分別。諦觀思惟分別時，無所有、無牢無實、無有堅固。所以者何？以彼幻無堅實故。如是！比丘！諸所有識，若過去、若未來、若現在、若內、若外、若麤、若細、若好、若醜、若遠、若近。比丘！諦觀思惟分別……所以者何？以識無堅實故。」（T.2, no.99, p.69a）。

[20] 《舊雜譬喻經》（T.4, no.206, p.514a）。

一壺，壺中藏有女人，讓女人從壺中出來與之交媾；然隱私之中又有隱私，壺中女人居然另有男人，梵志本人並不知曉；當梵志睡著「女人則復作術，吐出一壺，壺中有年少男子，復與共臥，已便吞壺」；本應修清淨梵行的梵志，竟然作幻術從口中吐出一壺，壺中私藏女人；而此壺中私藏的女人，竟然亦有一壺，其壺中另有私藏的男人；由此可知，全知的敘述者敘述吐壺吞壺的系列幻術動作，所發出的敘事聲音是指涉不可告人的祕密情欲空間。

　　至於專業幻師的身份有可能是一般民眾，且男女均有可能，如《根本說一切有部毘奈耶雜事》[21]中敘述國王為了要羞辱一位名叫增養的重臣，就找了一個「**妙閑幻術**」的女子作法術來戲弄增養，將大糞坑幻化為房室，「取枯骸骨作商主婦，顏容端正人所樂觀」然後色誘增養與此枯骨幻化成的商主婦交歡，當增養行畢入睡後「幻師遂乃解其術法」，幻師將法術解除，國王遂喚醒增養讓他看見自己抱著枯骨睡臥在大糞坑中「抱彼枯骨臥糞聚中」，趁機羞辱增養，以報一箭之仇。而由專業幻師、梵志與一般女子都可有幻術，可見幻術的變化戲法在印度自古有之；而全知的敘述者敘述「幻術」的展演，傾向於發出「幻術」是蠱惑人心、逞其私欲或陷害他人的負向聲音。

(2)「神通」展演的敘事聲音

　　佛典中描述比丘可展現將枯樹變成地、變成水、火、風、金、銀等形貌的神通。[22]又可以用神力遊戲來任意變化天候、隨

21　《根本說一切有部毘奈耶雜事》（T.24, no.1451, p.311c-312a）。

22　《雜阿含・第494經》（T.2, no.99, p.128c）。

其心念而變出種種天候樣貌；用「遊戲」[23]來形容「神通」展演，其敘事聲調傾向於肯定神通是自在無礙的真實力量。

然而從某個角度來看，神通也是對修行者嚴格的考驗，考驗修行者能否拒絕世間名聞利養的誘惑，也考驗修行者是否知道神通只是修行的光景而非目的。如《雜阿含經》[24]中敘述摩訶迦比丘，有一次在隨長老比丘們赴供返回樹林僧舍的途中，由於天氣太熱，他徵詢長老比丘的同意進入禪定顯現神通，「摩訶迦即入三昧，如其正受，應時雲起，細雨微下，涼風臺臺從四方來」他展現神通變化使悶熱的暑天午後下起細雨，吹來習習涼風；後來由於目睹全程的居士質多羅長者的要求，摩訶迦表演火光三昧，從房門的鉤孔放射火焰，一時之間院子中的乾材都燒光了，但覆蓋在乾材上的白氈毯卻完好如初，所謂「尊者摩訶迦即入火光三昧，於戶鉤孔中出火焰光，燒其積薪都盡，唯白氈不然」，質多羅長者又驚奇又崇拜，立刻表示願意終身供養摩訶迦比丘。但是摩訶迦比丘只是淡淡地告訴他，這些神通只是不放逸修行而產生的「當知此者皆以不放逸為本，……不放逸故得阿耨多羅三藐三菩提」，修行的最終目的不在神通而在解脫。第二天一早，摩訶迦比丘「不欲令供養利障罪故，即從座起去」，因為不希望自己受到名聞利養的誘惑，就悄悄離開此地再也不回來了，「遂不復還」。

此則故事暗寓神通固然是修行者修行有所得的表徵，但也是修行者的陷阱與關卡。擁有神通能力，意味一個修行者能跨越聖

---

[23] 《大智度論》卷7：「諸菩薩何以故生出遊戲是百千種三昧？……答曰：菩薩心生諸三昧，欣樂出入自在名之為戲。非結愛戲也，戲名自在。」（T.25, no.1509, p.110c）。

[24] 以下經文俱見《雜阿含·第571經》（T.2, no.99, p.151b-c）。

俗兩界，對於世俗凡界而言，其擁有大力量，能改變凡俗世間許多事物的運作規則，因此可能得到世俗的崇拜信仰，獲得豐厚的名聞利養。然而名聞利養正是欲望的淵藪，是修行者亟須避免的，因此神通能力對通往涅槃聖界的修行者而言，正是他邁向空慧的一大考驗。此外，由上所述亦可知，佛典中從不同面向來敘述神通的利弊得失，對神通的敘事聲音是亦褒亦貶的複調敘事。

(3)「幻術」與「神通」展演「女色虛幻」的敘事聲音

《大莊嚴論經》有兩則關於中「女色虛幻」的敘事，[25] 一則由「幻術」的角度切入，敘述幻師「幻尸陀羅木作一女人」，以尸陀羅木幻作一美女，在眾比丘面前和此女接吻交合，引起眾比丘嫌忿的情緒；幻師聞諸比丘譏呵嫌責，即刻「以刀斫刺是女，分解支節挑目截鼻，種種苦毒而殺此女」，諸比丘等見幻師以如此殘忍的方式殺害此女，更加嫌忿。這時幻師即拿出尸陀羅木用示眾僧：「我向所作即是此木，於彼木中有何欲殺？」說明此女是木頭製成的機關木女，接著說他點明做此機關木女的目的：

> 如斯幻身無壽、無命，識之幻師運轉機關，令其視眴俯仰
> 顧眄，行步進止或語或笑，以此事故深知此身真實無我。
> （T.4, no.201, p.285a）

幻師表明為了要向眾比丘展示佛陀在經中所言「一切法猶如幻化」的教誨，才以幻術做此機關木女來警醒大眾，讓眾比丘能深刻體認到「此身真實無我」，都是五蘊合和假緣而成，一切都是「如彼幻網中，化作諸色像」是幻偽無實。

---

[25] 《大莊嚴論經》（T4, no.201, p.285a-c, p.276c-279a）。

另一則「女色虛幻」的敘事，則由「神通」的角度切入，敘述有一村落的人民，都樂於到僧寺中聽具有六神通的法師說法，而不再去婬女之家，美麗的妓女為挽回頹勢，妝扮得妖嬈華麗，並在眾侍女的圍繞下，來到講堂蠱惑聽講信眾；正當聽講信眾被引誘得神魂顛倒，不再專心聽法之時，法師「以神通變此婬女，膚肉墮落唯有白骨，五內諸藏悉皆露現」，法師用神通力讓此婬女皮肉消失、五臟六腑都暴露出來，變成只有白骨的樣子。這時聽法大眾與此婬女皆受到巨大衝擊，對色身咸生厭患，並了悟世尊所說「一切諸法如幻、如化、如水聚沫」，然後法師「還攝神足，女服本形」，再以神通力讓婬女恢復原貌。

在此兩則故事中，「幻師」是以「幻術」將由木頭拼湊的機關木女變成活生生的妙女子；而「法師」則是以「神通」將原本美麗的妓女變成可怕的白骨女。二者同樣是要顯示五蘊色身虛幻無實的敘事聲調；但二者也都同樣的展現可以任意變化操控物象的能力，可見「神通」與「幻術」在展演上有其相類相涉的模糊地帶。

綜上所述可以發現「神通」與「幻術」，都能無中生有變化事物之表象，都能展現有如魔術般的奇蹟魅力；因此「神通」與「幻術」在展演上的確可能產生令觀者混淆不清的現象。

2. 觀看「神通」與「幻術」展演的敘事聲音

由於「神通」與「幻術」都能展現有如魔術般的奇蹟魅力，因此「神通」與「幻術」在展演行動上的確可能產生令觀者混淆不清的現象。究竟是「誰在看」？由誰的視角進行觀看而產生對「神通」與「幻術」的交涉誤區呢？「視角」指敘述者或人物與敘

事文中的事件相對應的位置或狀態，或者說敘述者或人物從什麼角度觀察故事，觀察的角度不同，同一事件會出現不同的結構和情趣。作為無聲的視角，必須依靠聲音來表現，也就是說只有通過敘述者的話語，讀者才能得知敘述者或人物的觀察和感受。[26] 以下試由敘述者或人物觀看「神通」與「幻術」展演的視角，分析其所發出的敘事聲音。

(1)佛教與外道鬥法自觀與互觀的敘事聲音

在佛教與外道的鬥法的敘事中，佛教常自觀是佛教「神通」與外道「幻術」的較量，例如《賢愚經》[27]中敘述舍利弗與六師外道鬥法時，「如是我聞」的經文敘述者，[28] 以其敘事視角就認定被其感知的焦點：六師外道的勞度差，其特色是「善知幻術」。而每當勞度差變出一樣新東西，敘述者則敘述另一被其感知的焦點：尊者舍利弗，是以「神力」（即神通）變出一物來剋住對方。最後從敘述者的視角所發出的敘述聲調是：舍利弗以「神力」，勝過勞度差的「幻術」。

如果不從經文的敘述者視角，而是從人物的視角來觀察感知，則可發現六師外道亦自認具有神通，而非行幻術，如《四分律》敘述諸外道向佛陀挑戰要求「捔現神力」，他們自己認為「汝沙門瞿曇自稱得阿羅漢，我亦是阿羅漢；自稱有神通，我亦有神

---

[26] 參見胡亞敏：《敘事學》（武漢：華中師範大學出版，1994），頁19-20。

[27] 《賢愚經》（T.4, no.202, p.420b-c）。

[28] 「如是我聞」是所有《阿含經》經文定型式的開經句，此「我」代表的是佛陀弟子中「多聞第一」的阿難。參見丁敏：〈漢譯佛典《阿含經》神通故事中阿難的敘事視角試探〉，《佛學研究中心學報》第11期（2006年7月），頁1-30。然在大乘經典中亦多以「如是我聞」為定型式的開經句，因此「阿難」亦可視為大乘經典象徵性的敘述者。

通；自稱有大智慧，我亦有大智慧；今可共現過人法神力。若沙門瞿曇現一過人法，我當現二；若現二，我當現四；……若現三十二，我當現六十四；若所現轉增，我現亦轉一倍」，[29] 此是六師外道自認和佛陀一樣是有神通的。

也有從六師外道的視角來看，認為佛陀是在行使幻術，如《根本說一切有部尼陀那目得迦》[30] 敘述露形外道慈惠室利筏多長者假借供佛名目設下種種陷阱欲害佛陀，都被佛陀一一化解，而室利筏多長者也因此態度轉變相信佛陀，這時露形外道就對長者說：「**汝今隨順喬答摩所為幻術**」，由露形外道的視角所發出的敘事聲調，是將佛陀的神通變化定位為「幻術」。

佛教與外道都自認自己是行「神通」，而覺得對方是行「幻術」，其原因或是佛教六神通中的前五通，是共外道的五神通，不共外道的是第六通「漏盡通」；因此外道亦可有神通，所以在鬥法時，雙方互相詆謅對方行的是「幻術」，而宣稱自身是行「神通」。由此可見，「幻術」是雙方都認為「偽而不真」的魔術把戲，「神通」則是真實修行的功力展現；「幻術」是被貶斥的，「神通」則是被認可的。

(2)觀看比丘現神通的敘事聲音

由於「神通」與「幻術」在展演上皆能無中生有變化出種種表象，二者皆可行使魔術般的奇蹟，形成交涉的模糊地帶，致使社會大眾往往無法分辨「幻術」與「神通」的差別；因此「誰在看」、「如何看待」就是形成「神通」與「幻術」混淆的原因。例

29　《四分律》（T.22, no.1428, p.946c-950b）。

30　《根本說一切有部尼陀那目得迦》（T.24, no.1452, p.445a）。

如《增壹阿含·聲聞品》[31]中記載四大聲聞弟子欲以神通度化慳吝的跋提長者，跋提長者的家有「七重門，門門有守人，不得使乞者詣門。復以鐵籠絡覆中庭中，恐有飛鳥來至庭中」，跋提長者把自家完全密封，不讓任何人物可來乞食，亦不讓飛鳥可入中庭覓食。然而尊者阿那律、尊者大迦葉先後在拔提長者進食時，「從長者舍地中踊出」向長者乞食，長者雖不得已而給予一點食物，卻瞋恚異常，責問守門人，守門人回答：「我等不見此沙門為從何來入」，守門人沒有看見二位比丘先後從何來入。從長者的視角來看二比丘「從舍地中踊出」的神通，其所發出的聲音是：**此禿頭沙門善於幻術**，狂惑世人，無有正行」，也就是由跋提長者的視角來看，他認為阿那律和大迦葉都是可惡的「禿頭沙門」，並擅於以幻術狂惑世人，他是畏於他們的「幻術」的威脅，才給他們食物。

然而由長者之妻的視角來看，她向長者發出的敘述聲音是：

> 可自護口！勿作是語！言：「沙門學於幻術」。所以然者，
> 此諸沙門有大威神，所以來至長者家者，多所饒益。（T.2,
> no.125, p.647b）

長者之妻之所以知道二比丘是行「神通」而非「幻術」，乃由於她早已認識阿那律、大迦葉，並知道他們是有神通的大阿羅漢比丘，所以她認為長者指稱大聲聞弟子的「神通」為「幻術」，是「誹謗賢聖之人」，因為「釋迦弟子皆有神德」，他們行使神通是要助人饒益眾生的，並非要從眾生那獲取東西。

---

[31] 《增壹阿含·聲聞品》（T.2, no.125, p.647a-c）。

又如《根本說一切有部苾芻尼毘奈耶》[32]敘述蓮花色比丘尼未出家時不離欲染，若男子給其五百金錢就與男子交歡，在她出家證道成阿羅漢後，先前認識的婆羅門子，以傭力賺得五百金錢，還來追訪蓮花色尼欲與同歡。蓮花色尼「以神通力，出己眼睛置於掌內」，問婆羅門子：「仁今於此肉團有何所樂」，蓮花色比丘尼以神通力挖出自己的眼睛，是要以「眼非我、色非我」的教導來化解其對情欲的執著；然而由婆羅門子的視角來觀察感知的是「禿沙門女而作幻術」，認為蓮花色比丘尼行是使幻術來戲弄他，因此非常生氣，就以拳打蓮花色尼的頭部然後離去。

又例如《眾經撰雜譬喻》[33]記載目連在慳貪長者前展現神足通，欲度化之，由長者的視角來觀察感知，認為目連是：「汝欲得我物，故作此幻術」，目連知其不可度化而還佛所。

由上所述，可以發現從觀看者的視角，看到比丘行使神通有時所發出的敘事聲音，是詆譭比丘行「幻術」來幻惑人。

(3)刻意誤導觀看者感知焦點的敘事聲音

非但一般民眾分辨不清「神通」與「幻術」之別，佛門中的惡比丘亦故意誤導信眾的感知焦點，[34]將阿羅漢比丘的神通貶為

32　《根本說一切有部苾芻尼毘奈耶》（T.23, no.1443, p.929b）。

33　可參考《眾經撰雜譬喻》：「昔有慳貪長者，佛欲度之，先遣舍利弗，為說布施之福種種功德長者慳貪都無施意，見日欲中語舍利弗：『汝何不去？我無食與汝。』舍利弗知不可化，即還佛所。佛復遣目連，神足返化而為說法。長者復言：『汝欲得我物，故作此幻術。』目連知其不可化，即還佛所。」（T.4, no.208, p.533b）。

34　楊義：《中國敘事學》：「聚焦的中心點名曰『焦點』，它是一個文本的精神所注，文脈所歸，意蘊所集之點，或者說它是文本的最光亮之點。」（嘉義：南華管理學院出版，1998），頁267。

「幻術」以為攻詰,例如《彌沙塞部和醯五分律》[35]中記載有二惡比丘因懼怕被目連和舍利弗作擯羯磨驅逐出僧團,就事先告訴當地的信眾:「須臾當有二比丘來,一名目連,善知幻術現種種變;二名舍利弗善知呪法巧言惑人」,果真當目連現神足、舍利弗說法時,信眾們竊相說道:「**目連善知幻術,此則然矣……舍利弗善知呪法,亦復驗矣**」,認為二人果真是行幻術與咒法,其結果是「眾人都不信受,無有供養」,目連和舍利弗只好離開。

由上舉例可知「神通」與「幻術」之所以會混淆,是因在展演上都類似魔術變化,造成由不同人的視角來看待「神通」與「幻術」,會有不同的解讀而發出不同的敘事聲音;有時大比丘們想以展現「神通」的方式度人,反被譏諷為行「幻術」而不成功。

(三)舊詞新義的複調敘事

觀察佛陀在辯論時,他的方法往往是保留舊字眼,以新的意義來加以正當使用,以舊詞表達新義。[36]因此佛陀在面對外道批

---

[35] 《彌沙塞部和醯五分律》:「時舍利弗目連亦從迦夷來向此邑,頞鞞等聞作是念:此二人來,必為我等作惡名聲,斷我供養。便往語諸居士言:『若不能者正爾便去』。諸居士言:『長老安住!我終不為彼之所惑。』,二人既到,諸居士皆將大小迎逆問訊、頭面禮足却坐一面,於是目連為現神變,分身百千還合為一,石壁皆過、履水如地、坐臥空中如鳥飛翔、身至梵天、手捫日月、身上出火,身下出水,身上出水、身下出火;或現半身或現全身、東踊西沒、西踊東沒、南踊北沒北、北踊南沒、中踊邊沒、邊踊中沒,現神變已還坐本處。時諸居士竊相謂言:『目連善知幻術,此則然矣』。」(T.22, no.1421, p.21c-22a)。

[36] 查爾斯・埃利奧特(Sir Norton Edgecumbe Charles Eliot)著,李榮熙譯:《印度教與佛教史綱》(Hinduism and Buddhism: an Historical Sketch)第一卷:「佛陀在辯論時,他的方法往往是保留舊字眼,以新的意義來加以正當的使用。」(高雄:佛光出版,1990),頁419、677。

評其行「幻術」時，除了不教弟子們在大眾面前表演神通之外，更高層次的做法就是在義理的詮釋上，保留「幻術」此舊字眼，卻以佛教的教義來賦「幻術」以新的敘事聲音，例如《增壹阿含・善惡品》[37]記載當波斯匿王問佛陀：

> 尼揵子來語我言：**沙門瞿曇知於幻術，能迴轉世人。**世尊！此語為審乎？為非耶？（T.2, no.125, p.781b）

當外道向波斯匿王說佛陀「知於幻術」，能「迴轉世人」，[38]意在指控佛陀擅施幻術來讓世人顛倒迷惑。佛陀就順著外道說他「知於幻術」，能「迴轉世人」，而回答波斯匿王說的：

> 如是，大王！如向來言：我有幻法，能迴轉世人。（T.2, no.125, p.781b）

佛陀承認自己的確有幻法能迴轉世人，於是波斯匿王就問佛陀：

> 何者名為迴轉幻法？（T.2, no.125, p.781b）

佛陀回答：

> 其殺生者其罪難量，其不殺者受福無量；其不與取者獲罪無量，其不盜者獲福無量；夫淫泆者受罪無量，其不淫者受福無量；其邪見者受罪無量，其正見者獲福無量。我所解幻法者，正謂此耳。（T.2, no.125, p.781b）

---

[37] 《增壹阿含・善惡品》（T.2, no.125, p.781b）。

[38] 《大莊嚴論經》中亦有外道諷刺佛陀：「汝善作幻術，迴轉諸世間，今日沒火坑，更能為幻不？」（T.4, no.201, p.330c-331a）。

可知佛陀是以舊詞表達新義的方式，善巧方便地賦「迴轉幻法」以佛法的內容。所以波斯匿王聽完「迴轉幻法」的內容，就發出稱讚的聲音：

> 若當世間人民、魔、若魔天、有形之類，**深解此幻術者則獲大幸**。（T.2, no.125, p.781b）

由此一方面可看出佛教與其他教派在當時印度社會中競爭的激烈，一方面也可看出佛陀因應的智慧。而在敘事的聲調上，一則保留外道或一般民眾對「神通」、「幻術」的舊理解；另則賦予佛教「神通」、「幻術」以新意涵；「神通」、「幻術」於是產生了「複調」的敘事聲音。

三、大乘佛典中「神通」與「幻術」的複調敘事

最早出現的大乘佛典是般若系的經典，諸般若經中強調「諸法如幻」的觀點，所謂：

> 佛說諸法如幻、如夢，若有眾生如實知，是人不分別諸法若來、若去、若生、若滅。若不分別諸法、若來、若去、若生、若滅，則能知佛所說諸法實相，是人行般若波羅蜜，近阿耨多羅三藐三菩提，名為真佛弟子。[39]

因此「諸法如幻」就是「諸法實相」，明此諦義的眾生即是佛的真正弟子。而「諸法皆空」同樣的也是諸般若經中強調的觀點，所謂：

---

[39] 《摩訶般若波羅蜜經》（T.8, no.223, p.422a）。

> 如來所證諸法皆空。[40]

而「諸法皆空」即是「諸法如幻」，所謂：

> 菩薩摩訶薩，見諸法皆空如夢、如幻、如炎、如響、如影、如化。
>
> 是法如夢、如響、如幻、如化、如熱時焰、如光、如影，是諸法皆空。[41]

可知諸法是「一切如幻皆空」，[42] 說「諸法如幻」，側重於從諸法幻化展現的萬象描述；說「諸法皆空」則是偏重於直接從諸法的自性來點明。「諸法如幻」與「諸法皆空」是諸法的實相。在大乘佛法「諸法如幻皆空」的觀點下，對「神通」與「幻術」亦有舊曲與新調的敘事聲音。

（一）菩薩不行幻術的舊曲

延續《阿含經》的觀點，《大般若波羅蜜多經》中規定菩薩亦如沙門釋子般不可行幻術：

> 一切不退轉菩薩摩訶薩有執金剛藥叉神王，常隨左右密為守護，不為一切人非人等邪魅威力損害身心，……心行調善恆修淨命，不行幻術、占相吉凶、呪禁鬼神、合和湯藥、誘誑卑末、結好貴人、侮傲聖賢、親昵男女。[43]

---

[40]　《大般若波羅蜜多經‧第十一會》（T.7, no.20, p.1003b）。

[41]　以上二則經文分別見《放光般若經》（T.8, no.221, p.35b、p.125c）。

[42]　《大般若波羅蜜多經‧第八會》（T.7, no.220, p.979a）。

[43]　《大般若波羅蜜多經‧第四會》（T.7, no.220, p.827c）。

（二）菩薩自喻如幻師的新調

> 諸菩薩摩訶薩觀一切法都無實事、無我我所，皆以無性而
> 為自性，本性空寂、自相空寂。修行般若波羅蜜多，自立
> 如幻師為有情說法：謂慳貪者為說布施……。[44]

菩薩摩訶薩觀一切法都無實事、無我我所，所以「**自立如幻
師為有情說法**」，其救渡眾生時譬喻自己如幻師，知道一切救渡眾
生的行為，都是因應救渡對象的需要而幻化出的幻法，無所執
著，明白般若波羅蜜亦如幻法。[45] 在此「幻師」的意義已非偏重
在虛妄作假的面向，而是側重在對諸法的無所取、無所得層面。

（三）「幻術」與「神通」舊曲新調的敘事聲音

《大寶積經・授幻師跋陀羅記會》[46] 的經文敘事中，由不同人
物看待「幻術」「幻師」與「神通」的視角，可以發現「幻術」、
「幻師」與「神通」舊曲新調並存的敘事聲音，茲分析如下：

---

[44] 《大般若波羅蜜多經・初會》（T.6, no.220, p.1026c）。

[45] 《大寶積經》：「譬如幻師既善學已不離本座而能幻作種種色像，菩薩摩訶薩亦
復如是；既能善學般若波羅蜜如幻法已，即於一切如幻法中，隨其十方諸佛國
土，欲現形像作諸佛事，如意即能，所以者何，一切諸法皆如幻化，以是義故
所作隨心，譬如日月宮輪住虛空處，初不曾下入諸器中，其光普照靡不周遍；
菩薩如是安住不動，隨心普現十方佛前，或現聲聞緣覺等身、或現梵王帝釋等
像、或現四天轉輪王事、或現國主大臣政化、如是乃至示現一切惡趣眾生形
類，隨意即能，而亦初無興作之想。」（T.11, no.310, p.591b-c）類似觀點亦可
見於《大般若波羅蜜多經》（T.6, no.220, p.995a-c）、《大般若波羅蜜多經》（T.7,
no.220, p.68c、p.868a）等。

[46] 《大寶積經》（T.11, no.310, p.486b-492b）。

1. 如來「神通」與幻師「幻術」相異的敘事聲調

　　全知的敘述者在經文開始的敘述中，首先以其敘事視角，發出佛陀與參與此會的大比丘與大菩薩都是「得大神通、變現自在」；而如來更是「記說神變、教誨神變、神通神變，皆悉圓滿」；至於王舍城中的天下第一幻師跋陀羅，他的「幻術」是「除見諦之人及於信優婆塞優婆夷等，諸餘愚人**皆被幻惑無不歸信**」，也就是說敘述者發出相對於佛陀的神通，幻師跋陀羅的「幻術」，本質是「幻惑」人心的。此是佛教對「神通」與「幻術」舊有的敘事聲調。

2. 幻師跋陀羅看待佛陀「神通」與己「幻術」的敘事聲調

　　從跋陀羅的視角來看，王舍城中的人民大多信服他的幻術，唯有「瞿曇沙門猶未信伏」，而佛陀是得到王舍城人民禮敬供養的大沙門，於是他想和佛陀較試法力：「我今應當往彼較試，彼若歸我，摩竭提人必皆於我倍加恭敬」，認為如果他收服了佛陀，那王舍城的人一定會對他倍加恭敬。由此可知跋陀羅發出的敘事聲音是，他根本分不清「幻術」和「神通」有何不同，甚至認為自己的法力是可降服佛陀。於是跋陀羅不懷好意地請佛陀接受他的飲食供養，並認為如果佛陀真是「一切智」就會知道他的真正動機：「我今應當試驗於彼，若是一切知，見之者應知我意」，跋陀羅對「幻術」和「神通」的態度，也是一般民眾混淆不清「幻術」和「神通」的現象。

3. 佛陀看待「神通」與「幻術」的敘事聲調

　　佛陀將計就計，答應了跋陀羅的請供，敘述者此時插入其對佛陀之所以答應的詮釋：「爾時世尊觀彼幻師及王舍城諸眾生等，

根熟時至，為成熟故，默然受請」，此時由跋陀羅的視角來看則是：「既見世尊受其請已，復作是念：今此瞿曇不識我意，定知非是一切智人」，也就是發出佛陀的法力並不高明的聲調。這時在佛陀旁邊的目連點出跋陀羅的詭計：「此跋陀羅欲於如來及比丘眾有所欺誑，唯願世尊勿受其請」，佛陀告訴目連不用擔心，因為「貪瞋癡能為誑惑，我於是事久已斷滅。證得諸法本無生故，我於長劫安住正行，何有人能欺誑我者」。接著佛陀對目連說出「神通」與「幻術」的相異之處：

> 彼之所作非真幻化，如來所作是真幻化。所以者何？現證諸法皆如幻故。假使一切諸眾生類，皆成幻術如跋陀羅，比於如來百分千分，乃至算數譬喻所不能及。復告目連：於意云何？彼之幻師頗能變現三千大千所有世界令嚴飾不？答言不也。目連當知我今能於一毛端中，變現莊嚴恒沙世界，猶未盡於如來神力。（T.11, no.310, p.487a）

在大乘佛教「諸法皆如幻」的教義背景下，佛陀看待「神通」與幻師「幻術」的敘事聲調是：不但「幻術」是幻化，「神通」亦是幻化，所謂「六神通如幻如化、如夢所見」，[47]但「幻術」仍是「非真幻化」；「神通」才是「真幻化」，這是因為「如來現證諸法皆如幻」（T.11, no.310, p.487a）。

此外，佛陀為目連說明幻師的「幻術」和佛陀的「神通」相較，是不及如來的千分之一。在此佛陀舉二個例子，透過強烈的有無、小大、多少的對比來顯示「神通」與「幻術」法力相差之

---

[47] 《大般若波羅蜜多經・初會》（T.5, no.220, p.458a-c）。

遠：其一是幻師不能變現三千大千所有世界，並加以裝飾之；佛
陀則能於一毛端中變現出莊嚴的恒沙世界，而猶未盡於佛陀神
力。其二是佛陀說了許許多多能影響世界的風輪，如「有大風輪
名為碎壞，彼能破壞三千世界。復有風輪名毘嵐婆，能壞世界復
能成立。復有風輪名為鼓動，彼風常能旋轉世界……如是風輪我
若具說窮劫不盡」，而於此無量的風輪中，幻師是不能暫安住於其
中任何一個，但佛陀能住於如是風輪「如來能於如是風輪，行住
坐臥得無搖動，又復能以如是風輪內芥子中，現諸風輪所作之
事，然於芥子無增無損，而諸風輪不相妨礙」，所以「如來成就幻
術之法，無有限極」；也就是發出佛陀的**「神通力」，遠遠超越幻
師的「幻術」能力，二者根本不能相提並論的敘事聲調**。

4. 幻師跋陀羅自觀自覺其幻術有限的敘事聲調

全知的敘述者敘述幻師跋陀羅因別有居心，就選擇「王舍城
最下劣穢惡之處」，化作莊嚴的道場及師子座，此時四天王亦到此
處表明要幫助跋陀羅一起供養佛陀，徵詢跋陀羅的同意後，四天
王就變化出第二道場，而所變化出的道場「無量殊妙莊嚴之具，
倍於幻師幻化之事」。接著，天帝釋亦率領三萬諸天子等來到道
場，告訴幻師要幫助他一起供養佛陀，跋陀羅倍復驚悚地表示同
意，天帝釋就變化出猶如三十三天殊勝的宮殿。幻師跋陀羅見四
天王及天帝釋所化的宮殿如此殊勝，自形慚穢地想毀沒自己變現
的道場：「嗟歎驚悔，欲攝所化」，然而他變現出來的道場及寶座
竟「盡其呪術，幻化之事宛然如故」，用盡他的呪術卻無法隱沒，
跋陀羅大為驚怪，自心忖度：「此為甚奇！我從昔來，於所變化，
隱現從心，而於今時不能隱沒，必由為彼如來故然」，認為因為是

他要供養佛陀,所以才無法隱沒。此時天帝釋也在旁鼓勵跋陀羅:「若復有人於如來所,乃至發於一念之心,由斯善本,畢竟能作般涅槃因」,跋陀羅聽了非常歡喜,決定要供養佛陀。可知此段中敘述者的敘述聲調,對跋陀羅是充滿慈悲善巧地引導,採用不正面牴觸跋陀羅的想法作為,只是順勢引導他自觀自覺。因此,四天王及天帝釋明知其詭計卻不戳破他,反而用要協助跋陀羅的態度,相繼變化出比跋陀羅美妙無比的道場,讓跋陀羅看見而心生慚愧,想要隱去自己變化出的宮殿,無形中也打消了跟佛陀較量的心態。當跋陀羅無法隱沒自己變出的宮殿,其幻術失靈時,天帝釋依然不動聲色順著跋陀羅心思而鼓勵安慰他,引導跋陀羅的心念往嚮往佛陀的方向思索。

5. 跋陀羅供養佛陀場景的敘事聲調

全知的敘述者繼續敘述,第二天清晨如來率眾弟子赴幻師跋陀羅道場,敘述者敘述前來圍觀的大眾心理;王舍城的外道梵志婆羅門非常希望如來「為於幻師之所幻惑」,所以皆來集會;而佛教的諸比丘、比丘尼、優婆塞、優婆夷,則是想觀看如來的「神變及師子吼」,亦來集會;雙方人馬各有目的。敘述者接著敘述此時如來顯神通:「爾時如來以佛神力,令彼幻師、帝釋、四(天)王,各見世尊在於已所莊嚴之處」;幻師跋陀羅看到佛陀的神通又高於帝釋、四(天)王,頓時「捨於憍慢」,向如來悔過說:「我先於佛妄生欺誑,幻化種種莊嚴之事,後雖漸悔無能隱沒」,此時佛陀非但沒有責備跋陀羅自陳其「妄生欺誑」,反而既勸慰又教導跋陀羅:

> 一切眾生及諸資具皆是幻化，謂由於業之所幻故；諸比丘
> 眾亦是幻化，謂由於法之所幻故；我身亦幻智所幻故；三
> 千大千一切世界亦皆是幻，一切眾生共所幻故。凡所有法
> 無非是幻。因緣和合之所幻故。（T.11, no.310, p.487c）

佛陀將「幻化」的層次提高為「凡所有法無非是幻」，而告訴跋陀
羅其用幻化飲食來供養佛陀及大眾，又有什麼關係？會中有一師
子菩薩亦誦一偈：

> 幻師雖造作，幻術有其邊，如來所成就，幻術無窮盡，一
> 切諸天魔，莫能知邊際。（T.11, no.310, p.488a）

此偈的敘事聲音表明幻師的幻術有限度，而如來的「幻術無窮
盡」，此處將「神通」在諸法如幻的背景下，視同「幻術」，但仍
然和「幻師」的「幻術」有大區隔。

6. 佛陀展現神通和跋陀羅互動的敘事聲音

　　敘述者接著敘述佛陀展現神通，幻化出二位長者分別問幻師
跋陀羅：「汝今於此欲何所作？」跋陀羅皆回答：「我為供養沙門
瞿曇設諸飲食。」然而二位長者都對他說：「莫作是說」，不要如
此說，因為佛陀正在其它地方接受供養，而佛陀也以神通力，「佛
神力故」，讓跋陀羅看到佛陀和諸比丘果真「在闍王宮受供而
食」、「在於梵志里巷之中巡行乞食」。接著，佛陀又幻化出第三位
長者、天帝釋（釋提桓因）分別告訴跋陀羅：「如來今者在彼醫王
耆婆園中，為諸四眾宣說妙法」、「如來今在三十三天為眾說法」，
而「佛神力故，令彼幻師皆見如是」。然後，幻師跋陀羅突然看
見：

> 爾時幻師復於林樹花葉之間、及諸一切師子座上、并王舍
> 城里巷垣牆、室宅堂殿及諸勝處,皆見如來具諸相好。
> (T.11, no.310, p.488b)

當跋陀羅看見佛陀同時出現在王舍城的不同地方,並看到自己也
同時在每一個佛陀所在處「亦於一切諸如來所,自見己身悔過發
露」,遂向佛陀懺悔。就在這個片刻,跋陀羅證入念佛三昧「彼時
幻師,唯見佛身餘無所見,歡喜踊躍,而便獲於念佛三昧」,當跋
陀羅從三昧起,他合掌向佛說偈:

> 我昔於閻浮,幻化無過上,今比佛神通,無能及少分,由
> 是方了知,諸佛難思力,隨心能變現,化佛如恒沙。(T.11,
> no.310, p.488b-c)

此段敘事用佛陀處處展現分身的神通,讓跋陀羅親身經歷佛
陀的神通廣大,而發出自己幻術不如佛陀神通的敘事聲調。然後
阿難以第三人稱「阿難」之名,進入故事中成為故事人物,請求
佛陀:「我等願於如來以佛神力加持幻師,今所施設莊嚴之事,於
七日中令不隱沒」,此段敘述再次顯示神通的力量大於幻術,可以
協助幻術維持所幻化之物最大的極限:七日不毀壞。幻師跋陀羅
最後在聽了佛陀為他所說的「菩薩四法門」後「證無生忍」,並蒙
佛授記未來劫中成佛時號「神變王如來」。因此此經除了名之為
「授幻師跋陀羅記會」外,又名「**出生菩提**」、「**發覺善根**」,亦即
敘述佛陀以神通讓幻師跋陀羅親見親歷己之幻術與佛陀神通的天
差地別,發起善根與菩提心證道的故事。

在此則經文敘事中，我們可以發現「幻術」與「神通」舊曲新調並存的敘事聲音，從區隔幻師跋陀羅「幻術」與佛陀「神通」在本質與法力上天差地別的敘事聲音；到強調「諸法如幻」，佛陀的「神通」亦可稱之為「幻術」，只是幻師是「善知幻術」之技藝；而佛陀是「善知大慧幻術」，[48] 具有親證幻術的道體是諸法如幻的大智慧。在此融通神通與幻術之路，形成複調的敘事聲音。

四、結語

「神通」在佛教世界圖像中是被承認的，而「幻術」在佛教經典中則多為指涉虛假的魔術力。在佛教大小乘經典中，記載不少有關「神通」、「幻術」的敘事。我們發現在《阿含經》中「神通」與「幻術」，有著本質區隔的敘事聲調，「開發神通，正向涅槃」是修行之路，而「幻術」是不真之術、是惑人的技法。然而由於「神通」與「幻術」都能無中生有，變化事物之表象，並能展現有如魔術般的奇蹟魅力；因此「神通」與「幻術」在展演上的確可能產生令觀者混淆不清的現象，造成由不同觀者的視角來看待，會有不同的解讀而發出不同的敘事聲音。例如在佛教與外道的鬥法敘事中，佛教與外道都自認是行「神通」，而看待對方是行「幻術」。又例如從一般民眾的視角觀看比丘行使神通，常常發出的敘事聲音是以為其在行幻術來幻惑人。也有佛門中的惡比丘，為了自身的利養，故意誤導信眾將阿羅漢比丘的神通貶為「幻術」。此外，佛教更以「舊詞新義」的敘事方式，一方面保留外道或一般民眾對「神通」、「幻術」的舊理解；一方面賦佛教

---

48 《大方廣佛華嚴經》（T.9, no.278, p.628c）。

「神通」、「幻術」以新內涵；讓「幻術」與「神通」產生新舊意涵並存的複調敘事。到了大乘佛典中，在「諸法如幻」的視域背景下，「神通」除了被賦予亦是「幻術」的新敘事聲音，同時也保留「神通」與「幻術」有所區隔的原本敘事聲調，強調「神通」是真幻術，「幻術」是假幻術；「神通」的幻術變幻無盡，而「幻術」的技法有其限度；可見「神通」與「幻術」畢竟有其不同的層次與境界，形成大乘佛典中「神通」與「幻術」的複調敘事。整體觀之，可以發現「神通」、「幻術」在本質與行動展演等各方面，各有獨立的敘事聲調，亦有其相混的敘事聲調，二者之間呈現了多音複調的敘事聲音。

綜上所述可以發現，在阿含律部等經典中，「幻術」與「神通」有著不同的敘事聲音，「幻術」是不真之術、是惑人的技法；「神通」是由禪定中生出自在無礙、清淨真實的超能力。因此，在《阿含經》中「幻術」一方面被呵斥禁止，一方面則被用為譬喻，以幻師與弟子於四衢大道眾人中作幻術，幻化出若干群象、群馬、車乘、步從等等虛無不實之物，來譬喻五蘊六識之種種變化的本質皆屬偽幻無實。此外，佛教更以「舊詞新義」的敘事方式，讓「幻術」與「神通」產生新舊意涵並存的複調敘事。

結　論

　　本書以漢譯大小乘佛典中《阿含經》、五部廣律、《般若經》、《大寶積經》為主要範圍，嘗試運用敘事學的方法研究佛教的神通敘事。透過前面九章分析佛教神通理論、六神通類型的敘事特色，以及神通的多音複調敘事，可以歸納以下幾點結論：

　　一、在原始佛典《阿含經》中有關神通的重要論述，包括禪定與神通修鍊的互動程序、神通的類型與內容，乃至神通諸面向，多以「敘事中說理」的形式加以表達；換言之，就是透過講故事的形式來闡明理論。著名的《長阿含‧阿摩晝經》堪稱是最具體的例證，其中有關修定發通的完整論述，乃是放在由佛陀入住婆羅門村時，婆羅門派其大弟子阿摩晝前來檢驗佛陀是否具有解脫聖者的三十二大人相，從而引發阿摩晝和佛陀衝突爭辯過程中的九個事件之一來論述的。因此，由完整的故事脈絡來看佛陀對神通的論述，我們除了可清楚得知修定發通的理論內涵，也能明瞭佛陀折服對手所採取的高超詭譎之技巧，以及宗教間彼此的嚴格檢視。此外，《阿摩晝經》如此周詳地論述神通，竟是說給婆羅門聽的；另如《雜阿含‧第179經》佛陀重要的三種示現教化（神足變化示現、他心示現、教誡示現）亦是面對過去曾是「縈髮婆羅門」，現為比丘的一千弟子而說的；可見「神通」是當時印度各宗教普遍認可的修鍊經驗。然而在過去的研究中，往往只把故事中的神通理論孤立出來論說，忽略了神通理論其實多是放在故事中來展開；因此若能把理論放回故事的脈絡來重新審視，則可

發現更多的訊息。

　　二、除了在故事中論述神通理論外,《阿含經》及五部廣律中有關神通經驗的種種面向,例如:阿羅漢與神通、神通與幻術咒術等的交涉、可否在民眾前現神通、神通的誘惑與陷阱、神通不敵業力、修通與報通、幾果可得神通等等,諸如此類的眾多議題,亦多透過故事形式加以表達。究其原因,應是故事的事件與情境,可以作為描述神通經驗的載體。藉由神通故事能巧妙具體地教導有關神通的有限性、不確定性、危險性,以及世俗五神通與佛教六神通的差別等知識。在這些故事中,我們可以發現神通是心靈修鍊所展現的神奇妙境,以五神通為主的一切事相神通,都是由「心三昧神力」所展現的改變現象世界的力量;然必須在定中才能發起,若不入定,就不能發起作用;且其作用多是暫時性與功能性的,因此達到目的之後,即結束運用此功能。例如利用「神足飛行」往返兩地,抵達之後,經文多會交待「還捨神足如常法則」,不再以神足飛行,而是恢復用肉身雙足在陸地行走的狀態。又如「天眼通」、「他心通」也都是在尋人鑑心時才要發用;「宿命通」則是為了連結前世今生的因果業報。可以說,這些神通都是以此為方便的暫時性作用。然而,業力是推動、驅策現象世界輪迴的主導力量,故現象世界中暫時性的神通力往往抵不過恆常性的業力作用。凡此有關神通的種種觀念,在佛典中並非以論理或戒條形式逐一清楚列出,而是以故事形式散落在佛典各處,必須加以綜合歸納並分析其寓意,方能獲致。

　　三、自《阿含經》以來的各大小乘經律記載了由神足通、他心通、天眼通、天耳通、宿命通等理論,所呈現出繽紛神奇姿態萬千的神通故事。因此,當我們借鑑敘事學理論,運用敘事視

角、母題、動機、聲音、敘事時間、敘事空間乃至話語風格等敘事策略，深入分析各類型的神通故事文本，便不得不正視佛經故事本身迭宕生姿的情節結構與多樣性的敘事技巧，而能明白佛經故事的確具有敘事文學的特質。具體來說，在「神足飛行」的空間敘事中，當飛行成為事實，毋須仰賴雲朵、仙鶴、咒術或藥物，大大提升了生命自由的幅度，意謂一種精神自由的境界，是生命自身歷久而常新的嚮往。至於「神足變身」的母題敘事，各式各樣隱形、異身、本尊、分身、化人、降龍鬥法、外道鬥法的母題敘事，都能在中國神魔小說中發現它們的蹤影，見證此類神通母題的獨立性和傳承性。與外道鬥法的故事，更將鬥法大會描述得宛如一齣全民狂歡式的嘉年華會，脫離了日常看待神通的嚴肅性，淋漓盡致地鋪敘、摹寫各式各樣大顯神通的場景。這種敘事話語呈現戲謔與認真、嚴肅與諷刺、真與假相容共構的風格，而佛教每次鬥法必勝的敘事聲音，更暗示了彼時印度宗教競爭激烈的現象。

　　至於「天眼通」和「宿命通」二者，同是在視覺上不斷調校異於肉眼所能觀看的角度，一再呈現時間長流中已經隱沒不見或尚未發生的生命場景，可說是以虛擬實境的敘事方式，擴大了生前死後延續不斷的生命旅程。「天眼通」的故事除了記說死後投生之處，亦常展現人天兩界交通互動的場景，其敘事意涵一則表示天神護教的信仰，一則擴大了生命存在的空間。「宿命通」的「前世今生」故事，標示過去無可精確指認的模糊時間點，從中穿插各種過去世的故事，其意義在於可以不斷延長輪迴的時間，不斷阻礙生命超脫的出口，同時也不斷延長故事時間，最後收結於前世今生人物對照統一的結局中。就此來看，形成了一種大故事套

小故事的層層框架，講述某人累劫千生所扮演的形形色色的角色。它們從來無可驗證，卻可成為今生因緣果報的最佳註腳，而「前世今生」亦成為中國古典小說的敘事類型或框架結構。

　　四、故事呈現不同的敘事聲音，主要是暗寓故事主題本身的多面性，神通的複調敘事，正展現神通本質的弔詭性（paradox）。在目連神足第一的形象建構中，除可看到神通不如智慧的敘事意涵，也能由律部中目連現神通常引起諸比丘與信徒的爭議，聽到對神通亦貶亦揚的敘事聲音。在神通與幻術的複調敘事中，可知以五神通為主的事相神通與幻術戲法之間，有其模糊不清的界線，這也是展現事相神通的危險所在。神通企圖揭開聖俗之間過渡地帶的真相，因為神通不但改變了凡俗世界的時空律，也打開了生命超越的向度。因此神通往往變成僧尼顯聖的重要符號，由個人的宗教修持變成宗教信仰的重要傳媒。但一切事相神通，都應以《阿含經》中徹見無我的「漏盡通」，乃至大乘經典中知一切法如化幻、空性的「漏盡智證通波羅蜜多」，作為展現事相神通的基調。唯有如此，佛教神通才不致淪為魅惑眾生的工具；甚或遭人以怪力亂神橫加附會，產生混淆不清的「附佛異象」，（可參考佛光山《普門》雜誌，195 期、201 期分別製作〔附佛異象 I、II〕集（1995 年 12 月；1996 年 6 月）。

　　五、同一故事可由不同的文本表達出來，不同的文本所表達的可以是同一故事素材，故事可以獨立於文本之上，這種故事與文本的關係，亦在某些神通故事與經文文本的關係中呈現出來。例如《阿含經》中關於赤馬天子欲以神足飛越生死界的三則經文故事（見第四章）；《賢愚經·須達起精舍品》與《根本說一切有部毘奈耶破僧事》「給孤獨起精舍」（見第五章）；《增壹阿含經》

與《根本說一切有部毘奈耶藥事》「目連與舍利弗較量神足」（見第八章）等，都具有相同的故事核心事件，然衛星事件則各有剪裁增刪；甚至連經文文本的文體形式、話語風格亦各有不同的風貌，而形式和語言必然涉及各文本建構意義側重面向的問題。諸如此類故事與文本的關係，在佛典中有豐富的事例。此外，如果不從故事與文本的角度，而從文本與文本互相關涉的角度來看，亦可發現佛典神通故事呈現許多「互文性」（intertextuality）的現象。

六、神通是一則永不褪色的宗教神話，永恆地指向超越界的向度，然而事相神通究竟不是常態，亦非終極目的；「開發神通，正向涅槃」，應是神通指標性的定位，唯有證得「漏盡通」而臻於「心解脫」、「慧解脫」的境地，才能為佛陀的究竟神通作見證，展現生命光明自在無礙的風姿。神通故事的書寫，可以看作一種敘事的飛行，開拓敘事的航線，並在敘事策略上將不同的時間空間並列、比對、跳接，形成一個相互鏈接而又共存的浩渺時空；而在敘事意涵上，則企圖打破凡俗的世界圖像，改變生命對時間和空間的不同感受。

七、近世科學興起後，佛教學術研究重視佛典中的哲理思辯、坐禪入定、戒律規範、倫理論述，以及佛教歷史與社會等方面的研究；避免涉及容易引起爭議的神通問題。然由日本學者柳田聖山等人開始，陸續有東、西方學者提出應重新正視神通在佛教中的定位、作用等課題；宗教界則有南傳佛教上座部的高僧向智長老（Nyanaponika Thera, 1901-1994）[1]提出若堅持將奇蹟從佛

---

[1] 向智長老，生於德國，1936年在錫蘭出家，受教於三界智尊者（Ven. Nyanatiloka Thera），創辦康堤（Kandy）佛教出版社，著有多部著作：《法見》

教中排除,則不啻是調整佛法以符合外在的標準,而非以它特有的名相來接受它。事實上,在巴利經典中,常提到佛陀與阿羅漢弟子的神通,若說這些段落是後世添加的,除了個人偏見外,恐難有足夠的證據。雖然佛陀只是將神通奇蹟比喻為「教導的奇蹟」,但如此做並非要壓抑實相,而是為了凸顯它們的價值有限。當這些經典被整體考量時,結論就清楚地浮現,獲得超自然力被視為一件正面好事,有助於提升心靈成就者的境界與完整性。[2]

　　因此正視神通課題,研究佛教神通敘事,深入不同文本的敘事分析,既能釐清佛教神通的廬山真面目,又能欣賞神通故事的敘事趣味。本書只是此一研究的嘗試性開端,關於佛典神通故事其實還有一系列足可續作探討的議題,例如大乘佛典中「鉢」的不同意象敘事——《維摩詰經·香積佛品》中維摩詰展現神通,命令一位幻化菩薩前往「香積佛國」,請求香積如來給予飯食,香積如來就給了此幻化菩薩「一鉢飯」帶回維摩詰室。這小小一鉢飯即使分給了在場的眾人後,還是滿滿的。對於這一現象,有些在場的聲聞弟子無法明白,幻化菩薩則解釋這一鉢飯是如來無量功德福慧所修成,正使「四海有竭,此飯無盡」。除此之外,文殊菩薩系列的經典中亦有「鉢」的相關意象敘事;在佛典中,這類資料多不勝舉,以上隨舉二例堪見一斑。本書至此已完成一個奠基階段,餘則留待後續研究。

（The Vision of Dhamma）、《佛教禪觀心要》（The Heart of Buddhist Meditation）、《阿毗達磨研究》（Abhidhamma Studies）、《舍利弗的一生》（The Life of Sāriputta）,是為當代重要的上座部佛教教義詮釋者。

[2]　向智長老（Nyanaponika Thera）、何慕斯·海克（Hellmuth Hecker）合著,賴隆彥譯:《佛法大將舍利弗·神通大師目犍連》（Great Disciples of the Buddha）,（台北:橡樹林文化,2005）,頁207-208。

參考書目

說明

一、本書目依著作性質，分為佛典、現代研究專書、期刊或專書論文、學位論文、工具書五類。

二、現代研究專書、期刊或專書論文二類之下；再依「研究議題」分為佛教研究、文學研究、其他著作三類，並且依書寫語文排序，分為中文著作、翻譯著作、外文著作三類。

三、佛典見於《大正藏》者，依所出之《大正藏》冊數經號排序；不見於《大正藏》者附後，依作者、譯者、編者或校注者姓氏筆畫排序。

四、中、日文書目依作者姓氏筆畫排序，其他語文書目依作者姓氏字母排序。

一、佛典

後秦・佛陀耶舍、竺佛念譯，《長阿含經》（T.1, no.1）

宋・法天譯，《七佛經》（T.1, no.2）

宋・法天譯，《毘婆尸佛經》（T.1, no.3）

宋・施護等譯，《白衣金幢二婆羅門緣起經》（T.1, no.10）

吳・支謙譯，《佛開解梵志阿颰經》（T.1, no.20）

東晉・竺曇無蘭譯，《寂志果經》（T.1, no.22）

西晉・法立、法炬譯，《大樓炭經》（T.1, no.23）

隋・闍那崛多等譯，《起世經》（T.1, no.24）

東晉・瞿曇僧伽提婆譯，《中阿含經》（T.1, no.26）

西晉・竺法護譯，《離睡經》（T.1, no.47）

失譯人名今附東晉錄，《佛說兜調經》（T.1, no.78）

宋・施護譯，《佛說息諍因緣經》（T.1, no.85）

劉宋・求那跋陀羅譯，《雜阿含經》（T.2, no.99）

失譯人名今附秦錄，《別譯雜阿含經》（T.2, no.100）

東晉・竺曇無蘭譯，《佛說水沫所漂經》（T.2, no.106）

東晉・瞿曇僧伽提婆譯，《增一阿含經》（T.2, no.125）

吳・支謙譯，《須摩提女經》（T.2, no.128a-b）

吳・竺律炎譯，《佛說三摩竭經》（T.2, no.129）

吳・施護譯，《佛說給孤長者女得度因緣經》（T.2, no.130）

西晉・竺法護譯，《生經》（T.3, no.154）

失譯人名，《大方便佛報恩經》（T.3, no.156）

唐・般若譯，《大乘本生心地觀經》（T.3, no.159）

吳・支謙譯，《太子瑞應本起經》（T.3, no.185）

西晉・竺法護譯，《普曜經》（T.3, no.186）

唐・地婆訶羅譯，《方廣大莊嚴經》（T.3, no.187）

隋・闍那崛多譯，《佛本行集經》（T.3, no.190）

宋・法賢譯，《眾許摩訶帝經》（T.3, no.191）

後漢・曇果、康孟詳譯，《中本起經》（T.4, no.196）

吳・支謙譯，《撰集百緣經》（T.4, no.200）

後秦・鳩摩羅什譯,《大莊嚴論經》（T.4, no.201）

元魏・慧覺譯,《賢愚經》（T.4, no.202）

元魏・吉迦夜、曇曜譯,《雜寶藏經》（T.4, no.203）

吳・康僧會譯,《舊雜譬喻經》（T.4, no.206）

姚秦・鳩摩羅什譯,《眾經撰雜譬喻》（T.4, no.208）

晉・法炬、法立譯,《法句譬喻經》（T.4, no.211）

姚秦・竺佛念譯,《出曜經》（T.4, no.212）

唐・玄奘譯,《大般若波羅蜜多經》（T.5, no.220）

西晉・無羅叉譯,《放光般若經》（T.8, no.221）

後秦・鳩摩羅什譯,《摩訶般若波羅蜜經》（T.8, no.223）

後漢・支婁迦讖譯,《道行般若經》（T.8, no.224）

陳・月婆首那譯,《勝天王般若波羅蜜經》（T.8, no.231）

姚秦・鳩摩羅什譯,《妙法蓮華經》（T.9, no.262）

東晉・佛馱跋陀羅譯,《大方廣佛華嚴經》（T.9, no.278）

唐・實叉難陀譯,《大方廣佛華嚴經》（T.10, no.279）

姚秦・竺佛念譯,《最勝問菩薩十住除垢斷結經》（T.10, no.309）

唐・菩提流志譯,《大寶積經》（T.11, no.310）

西晉・竺法護譯,《阿差末菩薩經》（T.13, no.403）

西晉・竺法護譯,《佛說寶網經》（T.14, no.433）

西晉・竺法護譯,《佛說文殊師利現寶藏經》（T.14, no.461）

劉宋・求那跋陀羅譯,《大方廣寶篋經》（T.14, no.462）

姚秦・鳩摩羅什譯,《維摩詰所說經》（T.14, no.475）

吳・支謙譯,《私呵昧經》（T.14, no.532）

姚秦・鳩摩羅什譯，《思益梵天所問經》（T.15, no.586）

西晉・竺法護譯，《佛說海龍王經》（T.15, no.598）

西晉・竺法護譯，《修行道地經》（T.15, no.606）

姚秦・鳩摩羅什等譯，《禪法要解》（T.15, no.616）

東晉・佛陀跋陀羅譯，《佛說觀佛三昧海經》（T.15, no.643）

元魏・菩提流支譯，《入楞伽經》（T.16, no.671）

西晉・竺法護譯，《佛說盂蘭盆經》（T.16, no.685）

元魏・瞿曇般若流支譯，《正法念處經》（T.17, no.721）

唐・般刺蜜帝譯，《大佛頂如來密因修證了義諸菩薩萬行首楞嚴
經》（T.19, no.945）

唐・不空譯，《佛說摩利支天菩薩陀羅尼經》（T.21, no.1255a）

唐・不空譯，《佛說摩利支天經》（T.21, no.1255b）

劉宋・佛陀什、竺道生譯，《彌沙塞部和醯五分律》（T.22, no.1421）

後秦・佛陀跋陀羅、法顯譯，《摩訶僧祇律》（T.22, no.1425）

姚秦・佛陀耶舍、竺佛念譯，《四分律》（T.22 no.1428）

後秦・弗若多羅、鳩摩羅什譯，《十誦律》（T.23 no.1435）

唐・義淨譯，《根本說一切有部毘奈耶》（T.23 no.1442）

唐・義淨譯，《根本說一切有部毘奈耶藥事》（T.24, no.1448）

唐・義淨譯，《根本說一切有部毘奈耶破僧事》（T.24, no.1450）

唐・義淨譯，《根本說一切有部毘奈耶雜事》（T.24, no.1451）

姚秦・竺佛念譯，《菩薩瓔珞本業經》（T.24, no.1485）

北涼・曇無讖譯，《優婆塞戒經》（T.24, no.1488）

後秦・鳩摩羅什譯，《大智度論》（T.25, no.1509）

唐・玄奘譯，《阿毘達磨大毘婆沙論》（T.27, no.1545）

唐・玄奘譯，《阿毘達磨順正理論》（T.29, no.1562）

後秦・釋僧肇著，《寶藏論》（T.45, no.1857, p.147b）

隋・慧遠撰，《大乘義章》（T.44, no.1851, p.861a-b）

唐・義淨撰，《南海寄歸內法傳》（T.54, no.2125）

唐・慧琳撰，《一切經音義》（T.54, no.2128）

宋・希麟集，《續一切經音義》（T.54, no. 2129）

菅野博史校注，《長阿含經II》（東京：大藏出版，1994）

溫金玉釋譯，《四分律》（台北：佛光出版，1997）

義淨原著，王邦維校注：《南海寄歸內法傳校注》（北京：中華書局出版，1995）

二、現代研究專書

（一）佛教研究

1. 中文著作

丁敏：《佛教譬喻文學研究》（台北：東初出版，1996）

于凌波：《簡明佛教概論》（台北：東大圖書出版，1993）

印順：《原始佛教聖典之集成》（台北：正聞出版，1988）

林朝成、郭朝順：《佛教概論》（台北：三民書局出版，2000）

郭良鋆：《佛陀和原始佛教思想》（北京：中國社會科學出版，1997）

梁麗玲：《《賢愚經》研究》（台北：法鼓文化出版，2002）

葉露華：《佛言佛語──佛教經典概述》（台北：東大圖書出版，2002）

蔡耀明：《般若波羅蜜教學與嚴淨佛土──內在建構之道的佛教進路論文集》（南投：正觀出版，2001）

蔡耀明：《佛學建構的出路：佛教的定慧之慧與如來藏的理路》（台北：法鼓文化出版，2006）

霍韜晦：《現代佛學》（北京：中國社會科學出版，2003）

藍吉富主編：《大正大藏經解題（上）》，世界佛學名著譯叢25，（台北：華宇出版，1984）

釋大寂：《智慧與禪定──作為佛教神通的基礎》（台北：水星文化出版，2002）

2. 翻譯著作

中村元著，釋見憨、陳信憲譯：《原始佛教──其思想與生活》（嘉義：香光書鄉出版，1995）

水野弘元、中村元等著，許洋主譯；《印度的佛教》（台北：法爾出版社，1988）

水野弘元著，香光書鄉編譯組譯：《佛教的真髓》（嘉義：香光書鄉出版，2002）

水野弘元著，釋惠敏譯：《佛教教理研究──水野弘元著作選集》（台北：法鼓出版，2000）

平川彰著，莊崑木譯：《印度佛教史》（台北：商周出版，2002）

竹村牧男著，蔡伯郎譯：《覺與空──印度佛教的展開》（台北：東大圖書出版，2003）

柳田聖山著，毛丹青譯：《禪與中國》（台北：桂冠出版，1992）

柳田聖山著，吳汝鈞譯：《中國禪思想史》（台北：台灣商務印書館出版，1982）

向智長老（Nyanaponika Thera）、何慕斯・海克（Hellmuth Hecker）
　　合著，賴隆彥譯：《佛法大將舍利弗・神通大師目犍連》
　　（Great Disciples of the Buddha）（台北：橡樹林文化，2005）

佛使比丘（Buddhadāsa Bhikkhu）著，釋見愍、釋見澈、釋見可
　　譯：《一問一智慧》（Buddha-Dhamma for Students）（嘉義：
　　香光書鄉出版，2001）

查爾斯・埃利奧特（Sir Norton Edgecumbe Charles Eliot）著，李
　　榮熙譯：《印度教與佛教史綱》第一卷（Hinduism and
　　Buddhism: an Historical Sketch）（高雄：佛光出版，1990）

渥德爾（A. K. Warder）著，王世安譯：《印度佛教史》（Indian
　　Buddhism）（北京：商務印書館出版，2000）

關大眠（Damien Keown）著，鄭柏銘譯：《當代學術入門——佛
　　學》（Buddhism: A Very Short Introduction）（香港：牛津大學
　　出版，1998）

Erich Frauwallner著，郭忠生譯：《原始律典〈犍度篇〉之研究》
　　（南投：正觀出版，1992）

3. 外文著作

大藏經學術用語研究會編：《佛典入門事典》（京都：永田文昌
　　堂，2001）

平川彰：《律藏の研究》（東京：山喜房佛書林出版，1982）

John W. Schroeder, *Skillful Means: The Heart of Buddhist
　　Compassion,* Honolulu: University of Hawaii, 2001.

Julius Lipner, *Hindus—Their Religious Beliefs and Practices*, London
　　& New York: Routledge, 1994.

Karel Werner, "Bodhi and Arahattaphala, From Early Buddhism to Early Mahayana", *Buddhist Studies—Ancient and Modern*, ed. Philip Denwood & Alexder Piatigorsky, London: Curzon Press Ltd., 1983.

Mark Tatz tr., T*he Skill in Means Sūtra (Upāyakauśalya)*, Delhi: Motilal Banarsidass Publishers, 1994.

Michael Pye, *Skilful Means: a Concept in Mahayana Buddhism*, London: Duckworth, 1978.

Mircea Eliade, *Patañjali and Yoga*, New York: Schocken Books, 1975.

Mircea Eliade, *Yoga: Immortality and Freedom*, New Jersey: Princeton University Press, 1973.

Robert E. Buswell, Jr., *Encyclopedia of Buddhism*, New York: Macmillam Reference USA, 2004.

T. W. Rhys Davids and William Stede ed., *The Pali-English Dictionary*, New Delhi: Asian Educational Services, 1997.

（二）文學研究

1. 中文著作

王靖宇:《中國早期敘事文研究》（上海：上海古籍出版，2003）

申丹:《敘述學與小說文體學研究》（北京：北京大學出版，2004）

西西、何福仁:《時間的話題：對話集》（台北：洪範書店出版，1997）

吳海勇:《中古漢譯佛經敘事文學研究》（高雄：佛光出版，2001）

李鳳亮、李艷編：《對話的靈光：米蘭・昆德拉研究資料輯要》（北京：中國友誼出版，1999）

金榮華：《比較文學》（台北：福記文化圖書出版，1982）

周發祥：《西方文論與中國文學》（南京：江蘇教育出版，2004）

周慶華：《故事學》（台北：五南出版，2002）

胡亞敏：《敘事學》（武漢：華中師範大學出版，2001）

徐岱：《小說敘事學》（北京：中國社會科學出版，1992）

高辛勇：《形名學與敘事理論──結構主義的小說分析法》（台北：聯經出版，1987）

康韻梅：《唐代小說承衍的敘事研究》（台北：里仁書局出版，2005）

張世君：《《紅樓夢》的空間敘事》，（北京：中國社會科學出版，1999）

張素卿：《敘事與解釋──左傳經解研究》（台北：書林出版，1997）

陳允吉主編：《佛經文學研究論集》（上海：復旦大學出版，2004）

陳平原：《中國小說敘事模式的轉變》（北京：北京大學出版，2003）

陳兵：《佛教禪學與東方文明》（上海：上海人民出版，1996）

楊義：《中國敘事學》（嘉義：南華管理學院出版，1998）

董小英：《再登巴比倫塔──巴赫汀對話理論》（北京：三聯書店出版，1994）

趙毅衡：《苦惱的敘述者——中國小說的敘事形式與中國文》（北京：十月文藝出版，1994）

劉世劍：《小說敘事藝術》（長春：吉林大學出版，1999）

劉守華：《比較故事學》（上海：上海文藝出版，1995）

劉康：《對話的喧聲——巴赫汀文化理論》（台北：麥田出版，1995）

羅鋼：《敘事學導論》（昆明：雲南人民出版，1999）

譚君強：《敘事理論與審美文化》（北京：社會科學出版，2002）

2. 翻譯著作

史蒂文·科思（Steven Cohan）、琳達·夏爾斯（Linda M. Shires）著，張方譯：《講故事——對敘事虛構作品的理論分析》（Telling stories : a theoretical analysis of narrative fiction）（台北：駱駝出版，1997）

米克·巴爾（Mieke Bal）著，譚君強譯：《敘述學：敘事理論導論》（Narratology: Introduction to the Theory of Narrative）（北京：中國社會科學出版，2003）

米蘭·昆德拉（M. Kundera）著，董強譯：《小說的藝術》（L'art du Roman）（上海：上海藝文出版，2004）

佛斯特（E. M. Forster）著，李文彬譯：《小說面面觀——現代小說寫作的藝術》（Aspects of the novel）（台北：志文出版，2002）

里蒙·凱南（Shlomith Rimmon-Kenan）著，姚錦清等譯：《敘事虛構作品》（Narrative Fiction: Contemporary Poetics）（北京：三聯書店出版，1989）

浦安迪（Andrew H. Plaks）著：《中國敘事學》（Chinese Narrative）（北京：北京大學出版，1998）

蒂費納・薩莫瓦約（Tiphaine Samoyault）著，邵煒譯：《互文性研究》（L'Intertextualité: mémoire de la littérature）（天津：天津人民出版，2003）

熱拉爾・熱奈特（Gérard Genette）著，王文融譯：《敘事話語・新敘事話語》（Narrative Discourse, New Narrative Discourse）（北京：中國社會科學出版，1990）

（三）其他著作

司泰思（Walter Terence Stace）著：《冥契主義與哲學》（Mysticism and Philosophy）（台北：正中出版，1998）

伊利亞德（Mircea Eliade）著，王建光譯：《神聖與世俗》（Das Heilige und das Profane）（北京：華夏出版，2003）

坎伯（Joseph Campbell）著，朱侃如譯：《千面英雄》（The Hero with a Thousand Faces）（台北：立緒文化，1997）

崔默（Willam Calloley Tremmel）著，賴妙淨譯：《宗教學導論》（Religion: What is it?）（台北：桂冠出版，2000）

詹姆斯（William James）著：《宗教經驗之種種》（The varieties of religious experience: a study in human nature）（台北：立　文化，2001）

默西亞・埃里亞德（Mircea Eliade）著，廖素霞、陳淑娟譯：《世界宗教理念史——從釋迦牟尼到基督宗教的興起（卷二）》（Historie des Croyances et des Idées Religieuses II—De

Gautama Buddha au Triomphe du Christianisme）（台北：商周
出版，2001）

三、期刊或專書論文

（一）佛學研究

1. 中文著作

元弼聖：〈原始佛教的佛陀觀〉，《圓光佛學學報》，第5期，2000
年12月，頁117-140。

王晴薇：〈慧思禪觀思想中之「四念處」〉，《佛學研究中心學
報》，第13期，2007年6月，頁1-53。

王開府：〈原始佛教、根本佛教、初期與最初期佛教〉，《冉雲華先
生八秩華誕壽慶論文集》（臺北：法光出版，2003），頁
21-56。

古正美：〈定義大乘及研究佛性論上的一些反思〉，《佛學研究中心
學報》，第3期，1998年7月，頁21-76。

古正美：〈從佛教思想史上轉身論的發展看觀世音菩薩──中國造
像史上轉男成女像的由來〉，《東吳大學中國藝術史集刊》，
第15期，1985年2月，頁15-225。

古正美：〈錫蘭佛教記史文獻及中文佛教文獻所呈現的錫蘭早期佛
教發展面貌〉，《佛學研究中心學報》，第8期，2003年7月，
頁229-262。

何燕生：〈禪宗研究的第一人──柳田聖山與中國禪宗史研究〉，
《圓光佛學學報》，第11期，2007年3月，頁115-146。

呂凱文：〈當佛教遇見耆那教：初期佛教聖典中的宗教競爭與詮釋效應〉，《中華佛學學報》，第19期，2006年7月，頁179-207。

周伯戡：〈早期中國佛教的大乘小乘觀〉，《文史哲學報》，第38期，1990年12月，頁63-79。

周伯戡：〈早期中國佛教的小乘觀——兼論道安長安譯經在中國佛教史上的意義〉，《國立台灣大學歷史系學報》，第16期，1991年8月，頁235-271。

林朝成、張高評：〈兩岸中國佛教文學研究的課題之評介與省思——以詩、禪交涉為中心〉，《成大中文學報》，第9期，2001年8月，頁135-156。

林鎮國：〈龍樹中觀學與比較宗教哲學〉，藍吉富主編：《中印佛學泛論：傅偉勳教授六十大壽祝壽論文集》（台北：東大圖書出版，1993），頁25-43。

高明道：〈略談《大寶積經》〉，《法光》，第171期，2003年12月，頁2-3。

黃柏棋：〈初期佛教梵行思想之研究〉，《正觀雜誌》，第42期，2007年9月。

黃國清：〈竺法護《正法華經》「自然」譯詞析論〉，《中華佛學研究》，第5期，2001年3月，頁105-122。

楊惠南：〈「實相」與「方便」——佛教的「神通觀」〉，《論命、靈、科學——宗教、靈異、科學與社會研討會論文集》（台北：中央研究院社會學研究所籌備處、行政院國家科學委員會人文及社會科學發展處、聯合報出版，1997），頁127-145。

萬金川：〈存在、言說與真理〉，《詞義之爭與義理之爭──佛教思想研究論文集》（南投：正觀出版，1998），頁201-246。

慧嶽：〈律宗教義及其紀傳〉，《律宗概述及其成立與發展》，張曼濤主編「現代佛教學術叢刊」第88冊（台北：大乘文化出版，1981），頁23-208。

蔡伯郎：〈佛教心心所與現代心理學〉，《中華佛學學報》，第19期，2006年7月，頁325-349。

蔡耀明：〈《阿含經》的禪修在解脫道的多重功能──附記「色界四禪」的述句與禪定支〉，《正觀》，第20期，2002年3月，頁83-140。

溫宗堃：〈《須深經》的傳本及南傳上座部對《須深經》慧解脫阿羅漢的理解〉，《中華佛學研究》，第8期，2004年3月，頁9-49。

蔡耀明：〈菩薩所學的專業內涵及其相應研究〉，《法光》，第202期，2006年7月，頁1。

溫宗堃：〈從巴利經文檢視對應的雜阿含經文〉，南華大學「第一屆巴利學與佛教學研討會」宣讀論文，2006年9月29日。

溫宗堃：〈漢譯《阿含經》與阿毘達磨論書中的「慧解脫」──以《雜阿含·須深經》為中心〉，《正觀》，第26期，2003年9月，頁5-51。

羅正心：〈遠離邪命非法：阿含經裡釋迦牟尼佛對出家眾所示占相、咒術的態度──兼論他對神通的看法〉，《東方宗教研究：東方宗教討論會論集》，第3期，1993年10月，頁9-27。

釋章慧：〈《申曰經》經本定位與經題考〉，《中華佛學研究》，第8期，2004年7月，頁51-110。

釋開仁：〈從北傳論書窺探印順導師所詮的《須深經》〉，《第六屆「印順導師思想之理論與實踐」——印順導師與人菩薩行》（新竹：玄奘大學，2006），頁15：1-15：30。

2. 翻譯著作

Ven. Bhikkhu Bodhi 著，蘇錦坤譯：〈再訪井水喻——探索 SN 12.68 Kosambī《拘睒彌經》的詮釋〉，《正觀》，第38期，2006年9月，頁137-169。

3. 外文著作

大南龍昇：〈般若經における māyā（幻）と māyākāra（幻術師）〉，載真野龍海博士頌壽記念論文集刊行會：《般若波羅蜜多思想論集》（東京：山喜房佛書林，1992），頁359-373。

小沢憲珠：〈瑜伽論における神通行〉，《佛教の実踐原理》（東京：山喜房佛書林，1977），頁19-39。

山口務：〈《十地經》における天眼通について〉，《印度哲学仏教学》，第7期，1992年10月，頁142-152。

山口務：〈《十地經》における如意通について〉，《印度哲学仏教学》，第15期，2000年10月，頁70-85。

山口務：〈《十地經》における他心通について〉，《印度哲学仏教学》，第16期，2001年10月，頁104-112。

山口務：〈《般若經》における宿命通について〉，載真野龍海博士頌壽記念論文集刊行會：《般若波羅蜜多思想論集》（東京：山喜房佛書林，1992），頁25-45。

朴点淑：〈菩提心と菩薩〉，《印度学仏教学研究》，第51卷第2
期，2003年3月，頁892-894。

羽矢辰夫：〈原始仏教におけるyathābhūtaの概念〉（An interpretation of yathābhūta in early Buddhism），《仏教学》，第35期，1993年12月，頁25-40。

伊藤瑞叡：〈法華經壽量品如來秘密神通之力考〉，《成田山佛教研究所紀要》，第11期，1988年3月，頁1-12。

舟橋一哉：〈阿含における解脱の思想展開の一斷面——心解脱と慧解脱〉，《佛教研究》，第26卷第1期，1946年10月，頁16-36。

舟橋尚哉：〈『大乘莊嚴経論』の一考察——神通品を中心として〉，《印度学仏教学研究》，第42卷第1期，1993年12月，頁214-218。

村上嘉實：〈神通力の思想〉，《佛教史佛教學論集：野村耀昌博士古稀記念論集》（東京：春秋社，1987），頁3-20。

金兒默存：〈四禪說の形成とその構造原始佛教に於ける實踐〉，《名古屋大學文學部研究論集（The Journal of the Faculty of Letters Nagoya University）》，第18期，1957年1月，頁123-144。

金宰晟：〈慧解脱について；On Liberating by Wisdom（paññavimutti）〉，《印度学仏教学研究》，第51卷第2期，2003年3月，頁827-831。

高瀬法輪：〈四禪說の一考察〉，《印度学仏教学研究》，第13卷第1期，1965年，頁202-205。

藤田宏達：〈原始仏教・初期仏教・根本仏教〉，《印度哲学仏教学》，第2期，1987年10月，頁20-56。

Biswadeb Mukherjee（穆克紀）, "A Pre-Buddhist Meditation System and its Early Modifications by Gotama the Bodhisattva (I)", 〈論四禪──喬達摩菩薩如何改定此一佛教前已有的法門（上）〉，《中華佛學學報》，第8期，1995年7月，頁455-481。

Biswadeb Mukherjee（穆克紀）, "A Pre-Buddhist Meditation System and its Early Modifications by Gotama the Bodhisattva (II)", 〈論四禪──喬達摩菩薩如何改定此一佛教前已有的法門（下）〉，《中華佛學學報》，第9期，1996年7月，頁309-339。

Edaward Hamlin, "Magical Upāya in the Vimalakīrtinirdeśa sūtra", *The Jounral of the International Association of Buddhist Studies*, vol. 11, no.1, 1988.

James McDermott, "The Skill in Means (Upāyakauśalya) Sutra", *Journal of the American Oriental Society*, vol. 118, Jan-Mar 1998.

Paul Harrison, "Mediums and Messages: Reflections on the Production of Mahayana Sutras", *The Eastern Buddhist*, vol. 35, no.2, 2003, pp.115-151.

Paul Harrison, "Searching for the Origin of Mahayana Sutras: What are We Looking for?", *The Eastern Buddhist*, vol. 28, no.1, 1995, pp.48-69.

Paul J. Griffiths, "Indian Buddhist Meditation", *Buddhist Spirituality: India, Southeast Asian, Tibetan, and early Chinese*, Takeuchi Yoshinori ed., New York: Crossroad, 1995, pp.34-66.

（二）文學研究

丁敏：〈小乘經律中阿羅漢生命空間的特性〉，《佛學與文學學術研討會論文集》（新竹：玄奘人文社會學院出版，2003），頁157-182。

丁敏：〈佛教經典中神通故事的作用及其語言特色〉，《佛教文學與藝術學術研討會論文集・文學部分》（台北：法鼓文化出版，1998），頁23-57。

丁敏：〈阿含廣律中佛陀成道歷程「禪定與神通」的敘事分析〉，《政大中文學報》，第3期，2005年6年，頁87-123。

丁敏：〈當代中國佛教文學研究步評介──以臺灣地區為主〉，《佛學研究中心學報》，第2期，1997年6年，頁233-280。

丁敏：〈漢譯佛典《阿含經》神通通故事中阿難的敘事視角試探〉，《佛學研究中心學報》，第11期，2006年7月，頁1-30。

朱崇科：〈神遊與駐足：論劉以鬯「故事新編」的敘事實驗〉，《香港文學》，第201期，2001年9月，頁46-53。

李玉珍：〈佛教譬喻文學中的男女美色與情慾──追求美麗的宗教意涵〉，《新史學》，第10卷第4期，1999年12月，頁31-65。

李鳳亮：〈複調小說：歷史、現狀與未來──米蘭・昆德拉的複調理論體系及其建構動因〉，《沉思與懷想》（北京：中國社會科學出版，2003），頁90-108。

金榮華：〈「情節單元」釋義──兼論俄國李福清教授之「母題」說〉，《華岡文科學報》，第24期，2001年3月，頁173-182。

張煜：〈佛教與中國文學關係研究的晚近力作——讀吳海勇《中古漢譯佛經敘事文學研究》〉，《中國比較文學》，第2期，2005年2月，頁172-173。

蕭麗華：〈近五十年（1949-1997）台灣地區中國佛教文學研究概況〉，《中國唐代學會會刊》，第9期，1998年11月，頁13-141。

四、學位論文

黃雪梅：《慧解脫所依二智及定地之研究》（台北：華梵大學東方人文思想研究所碩士論文，1999）

黃敬家：《高僧傳記的文學敘事：贊寧《宋高僧傳》研究》（台北：台灣師範大學國文研究所博士論文，2007）

楊璟惠：《佛教修行「方便」之義理解析——從漢譯字詞到佛經經典的理解》（台北：政治大學宗教研究所碩士論文，2007）

潘順堂：《原始佛教的止與觀之研究——以「如實智見」作為切入點》（台北：華梵大學東方人文思想研究所碩士論文，2005）

薛瑩：《敘事之技與敘事之道——論浦安迪的中國四大奇書研究》（武漢：華東師範大學碩士論文，2004）

釋諦玄（陳渝菁）：《文殊類經典所蘊涵不二中道之義理及其實踐——以文殊法門就生命境界之提升與轉化為關切核心》（台北：政治大學宗教研究所碩士論文，2006）

Bradley S. Clough, *Noble Persons and Their Paths: A Study in Indian and Theravāda Buddhist Soteriological Typologies*, Ph.D. Dissertation, New York: Columbia University, 1999.

五、工具書

【工具書－紙本】

平川彰編纂：《佛教漢梵大辭典》（日本：京都，1997）

林光明、林怡馨著：《梵漢大辭典》（台北：嘉豐出版，2005）

荻原雲來編纂：《梵和大辭典》（台北：新文豐出版，2003）

荻原雲來編纂：《漢譯對照梵和大辭典》（台北：新文豐出版，1979）

慈怡主編：《佛光大辭典》（高雄：佛光出版，1989）

羅竹風主編：《漢語大辭典》（台北：東華書局出版，1997）

水野弘元：《パーリ語辞典》（東京：春秋社，1992）

Damien Keown, *A Dictionary of Buddhism*, N.Y.: Oxford University, 2003.

John Powers, *A Concise Encyclopedia of Buddhism*, Oxford: Oneworld Publications, 2000.

Robert E. Buswell, Jr. ed., *Encyclopedia of Buddhism*, N.Y.: Macmillan Reference, 2004.

T.W. Rhys Davids and William Stede ed., *The Pali-English Dictionary*, New Delhi: Asian Educational Services, 1997.

【電子佛典－光碟版】

佛光山文教基金會：《佛光大辭典電子版》（高雄：佛光山文教基金會出版，2002）

佛光山文教基金會：《佛光大藏經電子版‧阿含藏》（高雄：佛光山文教基金會出版，2002）

【學術網址】

佛學數位圖書館暨博物館，網址：http://ccbs.ntu.edu.tw/DBLM/
cindex.htm

香光尼眾佛學院圖書館，網址：http://www.gaya.org.tw/library/

The Pali Text Society's Pali-English Dictionary，網址：http://dsal.
uchicago.edu/dictionaries/pali/

國家圖書館出版品預行編目資料

佛教神通：漢譯佛典神通故事敘事研究 / 丁敏 著
－－ 初版. －－ 臺北市：法鼓文化，2007.09
面； 公分. －－（智慧海；49）
參考書目； 面

ISBN 978－957－598－408－3（平裝）

1. 佛教文學 2. 阿含部 3. 研究考訂
224.515　　　　　　　　　　　　　　96018031

智慧海 49

佛教神通：
漢譯佛典神通故事敘事研究

著者／丁敏
出版者／法鼓文化事業股份有限公司
編輯總監／釋果賢
主編／陳重光
責任編輯／沈宜樺
美術編輯／兩隻老虎廣告設計有限公司
地址／台北市北投區公館路186號5樓
電話／(02) 2893-4646　傳真／(02) 2896-0731
網址／http：//www.ddc.com.tw
E-mail／market@ddc.com.tw
讀者服務專線／(02) 2896-1600
初版一刷／2007年9月
初版二刷／2009年6月
建議售價／新台幣550元
郵撥帳號／50013371
戶名／財團法人法鼓山文教基金會－法鼓文化
北美經銷處／紐約東初禪寺
Chan Meditation Center (New York, U.S.A.)
Tel／(718) 592-6593　Fax／(718) 592-0717

法鼓文化